英文契約書の
理論と実務

大塚章男［著］

The Theory and Practice of
Drafting International Contracts

中央経済社

はじめに

　本書は，国際取引にかかわる英文契約を学ぼうとする大学生，法科大学院生，渉外弁護士，企業の法務スタッフの方々のために，英文契約書の作成について必要とされる，理論上及び実務上の留意点について解説することを目的としている。国際取引法の実務に長年従事してきた弁護士として，また大学で講義を行う教員として，英文契約書を作成するについての注意点を具体例を挙げつつ解説した。

　1986年に渉外弁護士となって以来，国際取引及び英文契約書の作成に携わってきた。当初「渉外」の分野に足を踏み入れるつもりはなかったので，当時としては少なかった英文契約書の作成に関する書籍を読んだりして学んだ。実務では，所属事務所の書式をもとに，交渉相手方のアメリカやイギリスの弁護士が作成した契約書を参考にしたりして，自分なりのノウハウを蓄えてきた。

　2001年に大学院で法学博士号をいただき，その後法科大学院の教授となり，国際取引法や英文契約書作成などの講座を持つようになった。すると，今まで実務家として検討してきたことを，比較法を含め，より理論的な側面から深掘りするようになった。また，大学院で英文契約書作成の講義をするにあたって，1冊で充分な教科書が意外にないことに気づいた。売買やライセンスや合弁など，個別分野には秀でた書籍がたくさんある。しかしながら1冊ですべての典型的な契約類型を取り上げその主要な条項を網羅している教科書は意外に少ない。また，単なる書式集では，契約条項の切り貼りだけで，「なぜ」について理論的に教えてくれない。理論的な側面にも言及した本が欲しい。こういった要望に応える本を書いたつもりである。

　本書の執筆にあたっての基本方針としたのは，①英文契約書作成の実務において，需要の高い契約書の類型を取り上げる，②実際の契約書の作成に耐え得る，必要十分な条項を盛り込む，③各条項の意味や役割を理屈の上からできるだけ解説する，という点である。

　本書の特色の一つは，例えば売買契約であれば，売主側の保護を重視した条項，買主側の保護を重視した条項，中立的な条項と言うように「依頼者の立場に立った」条項を提案した点である。本書で提案した条項はあくまでサンプルに過ぎない。すべての場面で対応可能なサンプルは存在しない。しかしながら，売買契約で「売主優位」の条項案は，ライセンス契約で「ライセンサー優位」

の条項を起案する際に役立つかもしれない。法律実務家としての起案の勘所を捉えていただきたい。

　もう一つ本書の特色と言えるのは，紛争解決条項，すなわち準拠法と裁判管轄の条項について，国際私法や国際管轄の観点からやや詳しく説明したことにある。日本では通則法と民事訴訟法の規定が適用されることになるが，準拠法条項や裁判管轄条項を作るにあたって，理論上どのような内容にするかが悩みとなる。もちろん動産売買契約，労働契約，ライセンス契約，合弁契約と，適用法規が異なってくる。この点について契約類型ごとに留意点を示した。

　このように，本書は単なる英文契約書の書式集ではない。構成としては，最初に，英米法における契約の基礎知識，英文契約書に特有の表現，英文契約書に頻繁に使用される一般条項をまとめて解説している。Ⅱ以降では，英文契約書として必要性の高い契約類型を選び出して，その重要な条項を丁寧に解説した。売買契約，販売店契約，ライセンス契約，ローン契約，雇用契約，サービス契約，合弁契約，株式譲渡契約といった主な典型契約を解説した後に，その応用形・派生形の契約を解説するという順番で解説している。典型契約（例えばⅦライセンス契約）の主要条項がどのように非典型契約（例えばⅦ-4 フランチャイズ契約）で使用されるかを理解できれば，様々な他の契約の作成に応用ができる。そうしたことを念頭に置いた構成と解説になっている。

　本書の解説には，英米法にも目を向け，留意点をあげたつもりである。但し，英文契約書の作成実務は，日進月歩に進化している。法律も各国で制定・改正される。すべての国の最新の法律のすべてを知ることは不可能である。しかしながら，本書を熟読していただければ，ある程度すべての法分野において応用が利くキーポイントとなる基礎理論と基礎実務を習得いただけるはずである。重要なことは，基本を正しく理解することである。なお，英文の条項には翻訳をつけた。正しく理解する上で，法律用語を正しく翻訳することは大切だからである。なお，「any（いかなる）」「and/or（及び／又は）」などの訳出はかえって理解を妨げることになるので，訳文では所々これらを省略している。

　国際取引契約を作成する目的の一つは，将来発生する可能性のある紛争をできるだけ予測しその紛争解決ルールを事前に提供することにある。それは，共通の法制度・裁判制度をもたない当事者間に新たなルールを作る作業に似ている。したがって国際取引契約書は厚くなるのである。それによって紛争の発生を未然に防ぐという観点もある。その意味で，国際取引契約の交渉とドラフト

は，予防法学や戦略法務の極みと言ってもいいかもしれない。

　本格的なグローバル化の時代を迎え，これまでノウハウを培ってきた輸出関連企業はもちろん，中堅企業や中小企業だけでなく第一次産業分野にとっても，海外への進出は避けては通れない課題となっている。ぜひ，本書を活用していただきたい。

　本書の出版にあたっては，中央経済社の露本敦編集長に大変お世話になった。この場をお借りして感謝の意を表したい。また，これまでさまざまお世話になった方々に，合わせ感謝を申し上げたい。

　2017年6月

大塚　章男

CONTENTS 英文契約書の理論と実務

 Ⅰ 国際取引をめぐる契約の特色・1

1 国際取引契約とドメスティック契約はどう違うか・1
2 契約書を作成する上での留意点・3
3 英米法における契約法の特色・4
4 表現上の留意点・6
　(1) "shall", "will", "may" 等の用法・6
　(2) 日時, 期間に関する表現・8
　(3) 数値に関する表現・10
　(4) 英文契約に頻繁に使用される慣用的な表現・10
　(5) 語源をラテン語とする表現・14
　(6) 同じ意味の単語の重複使用・14
　(7) here-, there- の表現・15

 Ⅱ 予備的合意書
(Letter of Intent)・17

1 概　説・17
2 独占的交渉権と保全処分・21
3 Fiduciary-out 条項・22
4 法的拘束力の有無・23
5 契約締結上の過失・24

 Ⅲ 機密保持契約
(Confidentiality Agreement)・27

1 「秘密」「ノウハウ」の法的意義・27
2 条項の解説・29

一般条項
　　（Miscellaneous）・39

1　概　説・40
2　表　題・40
3　前　文・40
4　説明条項（Whereas 条項）・41
5　不可抗力・43
6　期　間・45
7　解　除・46
8　機密保持・48
9　準拠法・49
10　仲　裁・51
　（1）仲裁の種類・51
　（2）国際仲裁のメリット・デメリット・52
　（3）ニューヨーク条約と仲裁法・52
　（4）仲裁条項・53
11　国際裁判管轄・56
　（1）国際裁判管轄・56
　（2）専属的管轄・56
　（3）送達代理人・58
12　通　知・58
13　完全合意・61
14　救済方法・62
15　権利放棄・62
16　分離可能性・63
17　当事者関係・64
18　譲渡禁止・64
19　国家主権免責放棄条項・66
20　その他主要条項・66
21　後文と署名欄・68

CONTENTS 3

 動産売買契約
(Sales Agreement)・69

Ⅴ-1 動産売買契約 ………………………………………………… 69

　1　概　説・69
　2　準拠法と CISG との関係・70
　　(1)　概　要・70
　　(2)　適用範囲・70
　　(3)　当事者自治・71
　　(4)　契約の成立・72
　　(5)　当事者の権利義務と違反に対する救済・72
　　(6)　CISG とインコタームズ（INCOTERMS）との関係・75
　3　裁判管轄・76
　4　契約の条項・77
　　(1)　売買合意・77
　　(2)　価　格・78
　　(3)　支払い・83
　　(4)　船積み・86
　　(5)　危険と所有権の移転・89
　　(6)　海上保険・91
　　(7)　検査とクレーム・92
　　(8)　保証（warranty）・97
　　(9)　補償（hold harmless）・104
　　(10)　知的財産の保護・109
　　(11)　一般条項・113

Ⅴ-2　OEM 供給契約 ………………………………………………… 114

　1　概　説・114
　2　主要条項の解説・115
　3　準拠法・125

VI 販売店・代理店契約
(Distributorship Agreement/Agency Agreement)・127

VI-1 販売店契約 …………………………………… 127
1 代理店契約との違い・128
2 条項の解説・129
　(1) 定　義・129
　(2) 販売店の指名・独占性・130
　(3) 最低購入数量・133
　(4) 情報交換と販売促進・135
　(5) 個別契約の締結・138
　(6) 当事者の関係・141
　(7) 商標の使用・142
　(8) 解除後の処置・145
　(9) 解除の制限・146
3 準拠法・148

VI-2 代理店契約 …………………………………… 148
1 概　説・148
2 条項の解説・149
　(1) 独占的代理店の指名と義務・149
　(2) 代理店の役割・153
　(3) 費用の負担・154
　(4) 本人による支援・155
　(5) コミッション・155
　(6) 外国公務員贈賄・157

VII ライセンス契約
(License Agreement)・161

VII-1 ライセンス契約 …………………………………… 161
1 概　説・161

2　条項の解説・163
　　　(1)　定　義・163
　　　(2)　ライセンスの対象・165
　　　(3)　特許とノウハウの違い・165
　　　(4)　許　諾・166
　　　(5)　技術情報の開示・171
　　　(6)　技術支援・172
　　　(7)　ロイヤルティ・174
　　　(8)　商標の使用・180
　　　(9)　改良発明・187
　　　(10)　保証，責任制限，侵害排除・190
　　　(11)　契約終了後の措置・196
　　　(12)　機密保持条項・198
　　　(13)　譲渡禁止・199
　　3　裁判管轄と準拠法・199
　　　(1)　管　轄・199
　　　(2)　準拠法・200

Ⅶ-2　特許譲渡契約 ……………………………………………… 201

Ⅶ-3　キャラクター・マーチャンダイジング契約 ……………… 203

Ⅶ-4　フランチャイズ契約 ………………………………………… 208

　1　概　説・208
　2　条項の解説・209
　　(1)　フランチャイザーの義務・213
　　(2)　フランチャイジーの義務・214

Ⅶ-5　共同開発契約 ………………………………………………… 218

　概　説・218

Ⅷ　ローン契約
（Loan Agreement）・223

　1　概　説・223

2　条項の解説・224
　　3　保証状・236

IX　雇用契約 (Employment Agreement)・241

1　雇用法と雇用契約・241
2　条項の解説・242
　(1)　雇用の合意・242
　(2)　契約期間及び更新・243
　(3)　仮採用期間について・243
　(4)　従業員の職務・244
　(5)　報　酬・248
　(6)　雇用契約の解約・252
　(7)　企業秘密・256
　(8)　競業避止/勧誘禁止・258
　(9)　発明・著作物についての知的財産権・259
3　雇用契約の国際裁判管轄及び準拠法について・263
　(1)　裁判管轄・263
　(2)　準拠法・264

X　サービス契約 (Service Agreement)・267

X-1　サービス契約 …………………………… 267
1　雇用契約との比較・267
2　条項の解説・268

X-2　コンサルティング契約 …………………………… 277

CONTENTS 7

 合弁契約
（Shareholders Agreement）・287

1　合弁契約の特徴・288
2　条項の解説・289
　(1)　設　立・289
　(2)　資本制度・291
　(3)　会社の運営・293
　(4)　タグ・アロン・ライツとドラッグ・アロン・ライツ・307
　(5)　コール・オプションとプット・オプション・310
　(6)　会計・税金・312
　(7)　協力関係・314
　(8)　期間と終了・318
　(9)　解除原因を規定・319
3　撤退条項・322
4　準拠法・323
5　国際裁判管轄・324
6　議事録（MINUTES OF THE MEETING）・324

 株式譲渡契約
（Stock purchase Agreement）・329

1　概　説・329
2　条項の解説・331
　(1)　定義と売買合意・331
　(2)　表明及び保証（Representations & Warranties）・332
　(3)　義務条項（Covenant 条項）・342
　(4)　クロージングの前提条件（Condition Precedent）・345
　(5)　クロージング（Closing）・349
　(6)　救済方法・350
　(7)　補償（Indemnification）・350
　(8)　解除（Termination）・353

XIII　修正契約・和解契約等・355

1　修正契約書・355
2　相殺合意書・357
3　和解契約書・359

参考：
動産売買契約〔全文〕・365

索　　引・377

凡　例

〔法令等〕

通則法→法の適用に関する通則法

民訴法→民事訴訟法

U.C.C.→Uniform Commercial Code（米国統一商事法典）

インコタームズ→Incoterms（International Commercial Terms の略）
　（貿易取引条件とその解釈に関する国際規則）

〔判決等〕

大判（決）→大審院判決（決定）

最判（決）→最高裁判所判決（決定）

高判（決）→高等裁判所判決（決定）

地判（決）→地方裁判所判決（決定）

〔判例登載誌等〕

民集→大審院・最高裁判所民事判例集

下民集→下級裁判所民事裁判例集

判時→判例時報

判タ→判例タイムズ

金商→金融・商事判例

金法→金融法務事情

国際取引をめぐる契約の特色

1 国際取引契約とドメスティック契約はどう違うか

　国際取引契約を作成するにはどのような点に留意するべきか。それには，純粋に国内で完結する契約（以下「ドメスティック契約」という）との違いを見てみよう。

　ドメスティック契約の特色は，①契約書の言語は日本語で作成される，②日本法が適用される，③契約内容に関し紛争が生じた場合には，訴訟は日本の裁判所に提訴される，④契約当事者は日本国内に資産を有しているので，判決が確定すれば直ちに日本国内で強制執行を行うことができる。

　これに対し，国際取引契約は以上の①ないし④の多くの点でドメスティック契約と異なっている。それでは国際取引契約を作成するにあたってどのような点に留意すべきであろう。

　国際取引契約書を作成する上で大切なことの一つは，国によって法制が異なることを理解することである。様々な法や条約などが適用される可能性を認識することである。例えば英米法では約因（consideration）がなければ契約は成立しない。担保物権においても日本におけるような抵当権，質権，先取特権と全く同じ担保物権は存在しない。mortgage lien, pledge, などそれと似たような法制度はあったとしても全く同じではない。また，例えば，債権の消滅時効や相殺は，日本では実体法上の問題だが，英米法では訴訟上の問題ととらえている。説明するときに何が同じで何が違うのかを適切に説明できなければならない。

　日本で契約書を作成したとしても，国際取引に適用されるのは日本の私法，公法だけではない。及びこれにより選択された各国の民商法等の私法，実質法の適用関係を定める国際私法（牴触法ともいう），特許法などの知的財産法，独禁

法などの競争法，外為法，輸出入取引法，通商法などの貿易・外資規制，法人税法や関税法などの税法，国際裁判管轄を含め裁判手続に関する民事訴訟法，仲裁法，外国判決・仲裁判断の執行に関する民事執行法など，国内法だけでも様々存在する。さらに，重要な統一私法として，ウィーン売買条約や工業所有権保護に関するパリ条約，外国仲裁判断の承認・執行に関するニューヨーク条約，送達に関する民訴条約などがあり，さらに地域自由貿易協定（NAFTAなど）やGATT/WTOにも留意すべきであろう。二ヵ国間条約として，日米の租税条約や友好通商条約，投資保護条約などもある。さらに国際商業会議所（ICC）の作成したインコタームズや信用状統一規則を知ることも必要である。このように広範な法規や条約の最新版をすべて知ることは不可能である。

　さらに，商慣習や社会経済的背景が異なることもある。紛争を裁判外で信義誠実で解決する社会がすべてと考えるととんでもないことになる。

　ところで，国際取引契約書は長い厚いと言われることがある。法制度が異なる当事者間で契約を結ぶのである。契約の成立要件はどこの国の法律によるのか？　契約違反は？　解除はできるか？　その国で執行できるか？　どの国の法律が適用されてもできるだけ当事者の意図が実現されるように工夫するのが国際取引契約書である。もちろん強行法規に反しない限りであるが。私的自治の原則，契約自由の原則の範囲内でお互いの主張の調和点，到達点をまとめたものが契約書なのである。将来発生する可能性のある紛争をできるだけ想起してその紛争解決規範を事前に用意するのが契約書作成の意味であり，それはある意味"法を作る作業"に似ている。したがって，国際取引契約書は長く厚くなるのである。

　準拠法を明確にしておけばいいのではないか（例えば日本法と指定する），と反論されるかもしれない。しかしながら，仮に準拠法を指定していても，それが有効とされるかは保証の限りではないし，有効な指定とされても，指定された実質法がその地（法廷地）で十分に機能するとは限らない（例えば強行法規や公法の優先適用）。さらに準拠法によって適用される実質法も年々変更されていくのであって，契約当時の当事者の認識と変わることもある。そういったリスクを回避しなければならない。さらに，当事者間の合意は契約書に書いたことがすべてである（「完全合意条項」）と規定されると，なおさらすべてを書かないといけなくなる。

　このような国際取引契約を作成するのは容易なことではない。どうすればよ

いか。一つは，一度は理屈を詰めて考えることである。例えば「完全合意条項」というものがある。これは国際取引契約書においては一般的に規定されるものであるが，なぜ必要なのか，どういう場面で問題になるのかということを一度はきちんと理解しておく必要がある。「完全合意条項」は"それまでの約束事はすべて最終契約書に盛り込むことにして，完全な合意書にしましょう"というものであるが，完全合意条項を入れたがために，最終契約に盛り込むことを失念すると，それまでの約束や権利が失われることになる。

また必要なもう一つの点は，様々な国際取引契約の作成に携わり経験値を上げることである。例えば，典型的な契約書を作成することによって，非典型的な契約書の作成においてどのような条項が必要なのか推測が出来るようになる。例えば，ライセンス契約の作成に習熟すれば，フランチャイズ契約の作成にどのような条項が必要なのかが推測できるようになる。

そして最も重要なことは，依頼者が何を目的としているのかを的確に判断して，契約書の条項を構築することである。これは上述の必要な条項を推測することも関連する。以前に類似の契約を作成した経験があれば，そこで必要とされた条項がこの契約でも求められるのか，修正された形で規定すべきなのかといった点が経験則から判断できることになる。経験値が低ければこうした考察はできない。何にしても毎回最善を尽くして契約書を作成していくことが，経験値を高めることになるし，そうしたことによってのみ契約書の作成に熟練できることになる。

2　契約書を作成する上での留意点

これは国際取引契約でもドメスティック契約でもほぼ同じであるが，①契約書の内容が関係当事者間の合意の内容をすべて網羅しているか否かを確認する，②契約書の内容が論理的一貫性を有しているか否かを検討する，③契約書の中に使用されている用語が統一されているか否かを再確認することである。さらに，国際取引契約では，④契約書の内容が合法的であるか否かを調査することが求められることがあるが，これは外国の弁護士に調査を依頼することが必要になるかもしれない。

3　英米法における契約法の特色

　英米法における契約法について，留意すべきいくつかの特色について論じておきたい。
　契約法の分野では英米法（common law）と大陸法（civil law）と分けて考えることが多い。英米法においては，契約（contract）とは2名以上の当事者間で結ばれた有効な合意を意味する。契約の成立要件は申込（offer）と承諾（acceptance）の合致，約因（consideration），契約能力（capacity），強制可能性（enforceability）である。このようにコモン・ローでは意思表示の合致と約因が成立（formation）に必要であり，原則として約因を必要とするのが大陸法系との大きな相違点である。強制可能性は詐欺防止法や unconscionability が考慮される。
　以上のように，コモン・ローにおいては，法的拘束力がある契約とするためには，原則として，意思の合致（agreement）に加えて，契約の相手方に提供する対価を意味する約因（consideration）が必要である。例外的に，捺印証書（deed）による場合は，約因がなくとも強制可能とされる。例えば片務的で交換取引が存在しない日本法における贈与契約は捺印証書によることになる。約因は当事者間の交換取引の存在を裏付けるものを意味し英米法上の契約の最大の特色とされる。
　「申込み」は，申込者（offeror）が被申込者（offeree）に対して，提示された条件を受諾することによって契約を成立させる権限を与えるものである。コモン・ローにおいては，承諾は明確であって，申込みの条件と完全に合致していなければならない。その内容が鏡に映った像のごとく同一でなければならないという意味で mirror image rule（鏡像原則）と呼ばれる。申込みで表示された内容と承諾として表示された内容に齟齬があれば，意思の合致はなく，契約は成立しないということになる。しかし，各社の標準書式によって取引が行われる現代においては，例えば物品の買主と売主のそれぞれが標準契約書式を利用して取引が行われる場合が少なくなく，「書式の戦い（battle of forms）」とよばれる現象が生じる。例えば，統一商事法典（U.C.C.）2-207条2項やウィーン売買条約（CISG）第19条は，この過酷さを緩和する努力といえる。
　さらに，一定の契約は詐欺防止法（Statute of Fraud）の規定に従い書面により作成されなければならない。これはエリザベスⅠ世時代の制定法である詐欺防

止法（Statute of Frauds）に由来している。アメリカでは種々の契約で書面によることを要求している。例えば，U.C.C.2-201 条では，500 ドル以上（新統一商事法典第 2-201 条では 5,000 ドル）の物品の売買契約は，相手方の署名のある書面によらなければ強制可能（enforceable）ではない。また，多くの州では，不動産権の売買契約，結婚を対価とする契約，履行に 1 年以上を必要とする契約，保証契約などに書面が要求されている。当事者間に合意が存在したにもかかわらず，同法の要件を満たさないが故に無効を主張する不都合が生じたため，イギリスでは同法の適用範囲を大幅に縮小することで問題の決着を図ったが，アメリカでは，同法の存在意義を認めつつ，その要件を修正，緩和する方向で問題解決を図ろうとしてきた。

　また書面主義という観点では，口頭証拠排除原則（U.C.C.2-202 条）がある。英米法には，「完成」(integration) された契約書が作成された場合は，これと矛盾するその契約作成前の口頭又は書面の証拠及び契約書作成時の口頭証拠が排除されるという原則（parol evidence rule）がある。これは口頭証拠排除原則といわれるが，実際には「口頭」の証拠に限定されず，契約当事者らの合意が表示された完成「書面」以外の証拠，すなわち，外部証拠（extrinsic evidence）を広く排除する。口頭の了解に頼ることの多い日本の契約の慣行とは大きく異なる。

　日本の契約法では，債務不履行に関しては過失責任原則が支配する。したがって，債務者が，その責に帰すべからざる事由により債務の履行ができなかったことを証明すれば，債務不履行について責任を問われることはない。しかし，英米契約法では，過失責任原則はとられていない。イギリスではとくに厳格に契約の履行を要求してきており，その例外として契約目的の達成ができない場合に限って契約の解消を認めるフラストレーション（frustration）や契約履行不能（impossibility of performance）の法理を発達させた。しかし，まだそれでも債務者に対して過酷であり，アメリカの統一商事法典第 2 編では impracticability という概念を導入し，免責の範囲を拡大している。また，国際取引に従事する者は，不可抗力（force majeure）条項を契約書に入れてこの過酷な法の適用を緩和しようとしてきた。

　イギリスには「コモン・ロー（common law）」と「エクイティ（equity）」という異なる 2 つの法制度が併存し，それぞれ別々の裁判所の手続も異なるものだった。しかしその後，この融合が行われ裁判所も手続も 1 つに統合され，現在では英米法（Anglo-American Law）という 1 つの法体系にまとめられている。

common law は「コモン・ロー」又は「普通法」，equity は「衡平法」とそれぞれ訳される。単純化すれば，英米法は common law と equity の総体である。

これは救済方法（remedy）においても異なる。「コモン・ロー上の救済」とは金銭による損害賠償（金銭賠償：monetary damages）のことであり，「エクイティ上の救済」には特定履行（specific performance 契約上の義務を履行させること）や injunction（差止命令），その他に rescission（取消し），rectification（修正）などがある。エクイティの裁判所（Court of Chancery）に訴えて，土地を売る，牛を引き渡すようにという特定履行を命じてもらう。エクイティには，コモン・ローができない裁定を行うという役割があった。例えば"all remedies available at law or in equity" と契約書に記載されるとき，「law」は，「法律」や「法的」という意味ではなく，「コモン・ロー（common law）」を意味する。したがって「remedy at law」は「コモン・ロー上の救済」であり，equity に対する common law を意味するのだと理解しなければならない（但し翻訳で「法的救済」と簡略にすることもある）。もちろん，「law」と「legal」が本来の「法律」や「法的」といった意味で用いられる場合もある。

4　表現上の留意点

国際取引契約を英文で作成する場合に，具体的に気をつけるべき表現を以下に示すこととする。

（1）　"shall"，"will"，"may" 等の用法
① shall

"shall" は単なる未来を表す未来形の助動詞としては使用しない。英文契約書で shall は非常に頻繁に用いられ，肯定文では，主として「義務」や「強制」を表す場合に使われる。翻訳としては，「〜とするものとする」という言い方が充てられるが，「〜しなければならない」という義務を表す場合もあるので，どちらを表しているかについて注意が必要である。義務・強制を表す表現としては，be obligated to, be required to なども使われるので，これらが出てきたら義務や強制を表す内容だということがわかる。

他方で否定文 shall not では，「禁止」を表す表現として使われる。この他の表現として，be prohibited from という表現も使われる。

② will

　"will"は，契約に基づく法律上の義務を表現する用語であるが，法的強制力が"shall"に比べて弱く，法的強制力がない場合にも使用されることがある。一般的に will が使われるのは，「単に将来の期待と見込み」を表現する場合に限られと考えてよい（例えば「本年 10 月が来たとき」）。法律英語では，意思が含意される場合には，原則的に shall が使われる。1 つの契約書に shall と will が混在する事態は回避すべきである。同じように義務や強制を表現したいのであれば，shall に統一しなければならない。例えば shall と will を混在させていると，will の文脈では義務や強制を意図していないとして法的拘束力を否定される可能性がある。用法の統一は重要である。なお，will は be expected to の意味に使用されることもある。

③ may

　"may"は，通常，許可や権利を表明する助動詞であり，契約上の権利（right），権限（power），特権（privilege）を示す場合に使用される。権利を示す場合に，その権利が法律的に強制できうる権利である場合には，"may"を使うよりは"be entitled to"や"have the right to"を使用すべきである。なお，権利がないという意味で"may not"を使用することも可能であるが，明確に禁止を表明する場合には，"shall not"を使用するべきである。

　許可を表す場合は be permitted to, be allowed to を使用する。

④ must

　いわゆる正統派の法律英語では，"must"が契約書の中で「義務」を表すために使われることはほとんどない。

⑤ should

　一般の英語表現では"should"は「～すべきである」の意味で使われるが，英文契約書では should は使われず，shall が使われる。また，should だけでなく，would, could, might なども使われない。これらは仮定法の使い方で婉曲な表現になるため，契約書で使わないほうがよいとされている。正確さを重視する契約書の中で使うと，意味が曖昧になりかねないため，使わないのが原則になっているからである。

⑥ can

　正統派の法律英語による英文契約書で「できる」「できない」を表す場合，原則として"can"，"cannot"は使われない。英文契約書では，それが法律的な意

味として「～する権利がある」という意味なのか，「～することが許される」という意味なのかをよく考えて，be entitled to か，be permitted to かを使い分ける必要がある。

意味内容からまとめると以下のようになる。
・「～しなければならない」＝「～する義務がある」
　義務・強制を表す表現として，be obligated to，be required to などを用いる。
・「～することができる」＝「～する権利がある」
　権利を表す表現として，be entitled to，have the right to などを用いる。
　権利を表すために may を使うことも考えられるが，may には「推量」や「許可」の意味もあり，契約書や法律文書ではどの意味なのか曖昧になりかねない。
・「～することができる」＝「～することが許される」
　may を用いることもできるが，意味を明らかにするためには be permitted to，be allowed to などを用いるべきである。
・「～することができない」＝「～することが許されない」
　may not を用いることもできるが，意味を明らかにするためには be not permitted to などを用いるべきである。仮に「～することが禁止されている」と禁止の意味を示す場合は be prohibited from を用いるべきである。

（2）　日時，期間に関する表現

　英文契約書には，契約の始期，終期をはじめ，日時，期間に関する規定が多く含まれる。それらは下記のような原則に基づくことになる。

① 　一定期日を表す場合には，"on" を使用する。
　I shall deliver the merchandise to you on October 30, 2016.

② 　期間を表す表示で，終期を示す場合
　日本語で終期を表す場合に，「いつまでに………」と訳する場合には，"by" 又は "before" を使用するが，その日を含むか否かで異なるので注意が必要である。
　"by" と表示した場合には，その日は含まれることになる。
　I shall deliver the merchandise to you by October 30, 2015.
　"before" と表示した場合には，その記載された日は含まれないことになる。
　I shall deliver the merchandise to you before October 31, 2015.

なお正確を求める英文契約としては，on or before（その日を含んで，その日までに）あるいは on and after（その日を含んで，その日以降に）が好まれ，これらは当該日時を明確に含む表現である。

将来の1時点（期限）を指して「まで」というときには by を使う。これに対し，その間の継続性を含意するときは"till (until)"を使う（例えば滞在期間など）。

 I shall have an option to buy the merchandise until October 30, 2016.

この場合には，"till"又は"until"だけでは，10月30日が含まれるのか，それとも含まれないのかが明確でないので，含む場合には，"till (until) and including"と，含まない場合には，"not including"と表示する。

③　期間を表す表示で，始期を表す場合

この場合には，"from"，"commencing with"，"after"を使用する。

"from"を使用した場合には，その日は含まれず翌日から起算することになる。よって，下記の場合10月29日は期間に入らず，期間の計算の始期は10月30日となる。

 I shall deliver the merchandise to you within thirty (30) days from October 29, 2016.

反対に"commencing with"を使用した場合には，その日は含まれ，下記の場合10月30日は期間の計算については算入される。

 I shall deliver the merchandise to you within thirty (30) days commencing with October 30, 2016.

"after"を使用した場合には，その日は含まれずその翌日から起算することになる。よって，始期は10月30日となる。

 I shall deliver the merchandise to you at any time after October 29, 2016 upon your request.

④　期間を表す場合

上記②と③を踏まえながら，期間を表す場合には，"from～to～"又は"commencing with～ending with～"と表示する。しかしながら，"from January 1 to June 30"だけでは，始期と終期に表示された1月1日と6月30日が含まれるのか，それとも含まれないのかが不明確なので，明確さを期すためには，"both days included (excluded)"を入れることが必要である。すなわち，"from January 1 to June 30, both days included"又は"for a period commencing with January 1 and ending with June 30"となる。

なお定期的な行為を表現するものとして，annual, semi-annual, quarterly, per annum, every two months, every fifth day of each month などがよく使用される。また以下の表現もよく用いられる。

The Agreement becomes effective on the date of execution of this Agreement or the date of arrival of the goods, whichever comes later (first). 本契約は，締結日か商品到達日か，いずれか後に（先に）到来する日に発効する。

（3） 数値に関する表現

「以上」，「以下」，「未満」などの表現はどうなるか。

more than 10, over 10 は「10 を超えて（10 を含まない）」を表し，less than 10 は「10 未満」を表す。one or more は 1 以上を表し，英文契約ではこれが好まれる。

ten or more = not less than ten = at least 10 は，いずれも「10 以上」を表す。

ten or less = not more than ten は「10 以下」を表す。

貨幣表示を伴う金額の表示は以下のようになる。

One Hundred Million Japanese Yen (￥100,000,000.00)

One Million US Dollars (US$1,000,000.00) なお Dollars と "s" を忘れないこと。

分数や小数の表示は以下のような表現となる。

1/3 one third

5/13 five thirteenths

3.2 three and two tenths

3.123 three and one hundred and twenty three thousandths

なお数値を表示する場合は "ten (10) days" などと文字と数字で併記するのが一般である。

"Japanese Yen sixty three million six hundred eighty six thousand nine hundred fifty four only (￥63,586,954.00)" とあり，数字と文字が異なる場合には文字が優先すると解されている。すなわち，50 万ではなく 60 万となる。

（4） 英文契約に頻繁に使用される慣用的な表現

契約書には昔から使用されている外国語や法律文書にしか使用されない外国語（後記 (5) はラテン語を語源とするもの）が使用されている場合も多い。比較的多くみられる用語を下記に示すことにする。

"as is"「現状有姿で」　A shall deliver the goods to B on an "as is" basis.

"arm's length"　2人の当事者が互いに独立した主体として取引をする関係を表す用語である。全くの独立した当事者間の取引は，"arm's length transaction"（「独立当事者間の取引」）といい，親会社・子会社間の取引など契約条件に特別な考慮を加えたりする場合を，arm's length の取引ではないという。"at arm's length" という表現でも使用される。

"as the case may be"「場合に応じて」The Seller shall deliver A or B, as the case may be.

"at one's discretion"　通常「その裁量で」と訳するが，当事者がその自由意思で何かをすることができる旨を契約書に明文で規定する場合に使用される。より裁量の度合いが高いとき"at one's sole discretion"とか，"at one's absolute discretion"とも表現する。"at one's choice"，"at one's judgement"，"at one's option"などの表現は「その選択で」などと訳するが，ほぼ同じ意味で使用されることがある。

"at one's own expense"，"at one's own account"，"on (for) one's account"「～の勘定で，危険で」"at one's (sole) responsibility"，"at one's own risk"もほぼ同じ表現である。

"prior to-"「～の前に」，"subsequently-"「～の後に」，"simultaneously with-"「～と同時に」

"commission or omission"「作為・不作為」をいう。commission は「契約上又は法律上しなければならないことをすること」，omission は「契約上又は法律上する義務があることをしないこと」を表す。

"for any reason whatsoever"「いかなる理由であれ」

"for the purpose of"「～のために」と訳す。契約書で単語の定義のために使用されることが多い。その際"他のところにおける意味はいざ知らず，この契約，この条項では，以下の意味で使用される"との趣旨を示す。for the sole purpose of などの表現もある。

"force majeure"語源はフランス語で「フォース・マジュール」と発音する。「不可抗力」と訳し，あらゆる契約における不可抗力を表現する。

"in behalf of-"，"on behalf of-"「～を代理して，～のために」。"in favor of-"「～の有利に」

"indemnify"「補償する」と訳する。通常"hold harmless clause"と呼ばれる条項のなかにセットの形で使用される場合が多い。"defend, indemnify and hold harmless (a person) from and against (any damages)"「(損害賠償）に対し（人）に補償し，これを防御し免責させる」

"including, but not limited to"「〜を含むが，それだけに限らない」と訳す。including だけでよいが，念を入れて例示であることを示す表現である。"including, without limitation" という表現も同じある。

"Notwithstanding-"「〜にもかかわらず」"notwithstanding the foregoing,"「上述にかかわらず」でよく使用する。

"on condition that -"「〜を条件として」。"on the condition that-" という表現もある。"subject to-"「〜を条件に」と訳すが，契約の発効条件としての停止条件的な使い方をする。"subject to the condition that -" という表現もある。なお "subject to" は「従う」「準拠する」など遵守条項として使用される場合もある（例えば,「本契約は日本法に準拠する」など）。

"otherwise" この用例は多くの場合「別段の定めのある場合を除き」,「別途合意する場合を除き」という決まり文句の中で使われる。例えば, "Unless otherwise agreed between the parties, the Receiving Party shall not disclose the information to any third party." また "Unless otherwise agreed in writing, …" という使い方などバリエーションがある。さらに "Except as otherwise (expressly provided for in this Agreement), -" という表現もある。文頭，文中，文末のいずれにも独立したフレーズとして使用可能である。"Except as expressly provided for in this Agreement, -" という otherwise がない言い方もある。

";provided, however, that-"「但し，〜（を条件）とする」, "provided that-" という簡易な表現も同じ意味である。

"To the contrary"「反対の」上の notwithstanding と合わさって, "Notwithstanding anything to the contrary in this Agreement" で,「本契約における反対の記載にかかわらず」という表現もある。

"To the best of one's knowledge"「〜の知る限り」善意・悪意での問責を回避する。

"To the extent that", "as long as"「〜の範囲内で，〜の限りにおいて」なお "to the fullest extent possible under the applicable laws" というと「準拠法が許容する最大限の範囲で」となる。

"upon one's request", "at the request of-" は「〜の要求により」, "on demand", "upon request" も「要求で」の意味である。

"without prejudice to"「～を損なうことなく」例えば，"without prejudice to any remedy at law and in equity"などのように用いる。趣旨としては「～に加えて」となる。
　"…or (er)"と"…ee"「～する者」，「～される者」を意味する語尾であり，意味さえおかしくなければかなりの動詞に自由につけられる。

　　　Consignor―Consignee　　　Licensor―Licensee
　　　Employer―Employee　　　Franchisor―Franchisee
　　　Guarantor―Guarantee　　　Mortgagor―Mortgagee
　　　Offeror―Offeree

"X and/or Y"は文字通り「X及び/又はY」と訳出することが多いが「XとYの両者又は一方」と訳したほうがこなれた訳になることも多い。

　下記は用法ではなく，英文契約書においてよく用いられる単語・熟語である。
　"premises"「前述事項，前記事項」と訳す。語源はフランス語で，通常は「家屋敷，構内」の意味であるが，英文契約書では「前述事項」とか「前記事項」とか訳され，whereas条項中の約因の中で頻出する。
　"condition precedent"「前提条件，停止条件」
　"seven (7) days prior written notice"「7日前の書面による通知」
　"liquidated damages"「損害賠償の予約」
　"d/b/a=doing business as-"正式な会社名の他に通称や屋号があるときに用いる。
　"jointly and severally"「連帯して」The Guarantor is jointly and severally responsible for the debt.
　"exert/make/use one's best efforts to do-"「～の最善の努力をする」。"reasonably/practically best efforts"という表現もある。
　"Without first obtaining written consent of the other party"「まず他方当事者の書面による同意を得ないで」
　"infringement or threated infringement"「侵害と侵害の恐れ」"infringement or alleged infringement"「侵害と侵害主張」（allegedは証拠があるか否かを問わない）。
　"exempt/discharge/immune/release-"「～を免除する」
　"expire"と"terminate"「期間満了」と「（契約）解除」。契約の終了原因とし

て異なる。

"express or implied"「明示又は黙示の」

（5） 語源をラテン語とする表現

"proviso"「但書」のことである。契約書の中の他所にある但書に言及するときに使用される。但書自体は，前述した"provided that-"又は"provided, however, that-"というような表現に導かれるセンテンスである。その但書を示すときは，"as specified in the proviso of Article 4"のように表記される。

"inter alia"「就中（なかんずく）」と訳する。平易には，"among others", "among other things"である。

"bona fide"「善意で，善意の」と訳する。例えば，"bona fide purchaser." 英語で「誠実に」は"in good faith"である。"Through good faith negotiation"「誠実な協議により」。

"prima facie"「一応の」

"in lieu of-"「～の代わりに」＝instead of

"pari passu"「同順位で」A shall rank pari passu as to priority of payment with B.

"per annum"「1年当たり」

"mutatis mutandis"「必要なる変更をなしたうえで」と訳すが，本質的には同じであるが詳細（当事者や住所など）に必要な修正を加えて，という意味である。

"pro rata"「割合に応じて，比例して」と訳する。何かを2つ以上に分割するとき，単純に頭割りをせず割合に応じて比例配分するときに使用される。

（6） 同じ意味の単語の重複使用

terms and conditions 条件

due and payable; become immediately due and payable「直ちに期限が到来する」これを期限の利益喪失条項（acceleration clause）という。

any and all「すべての」

final and conclusive「最終の」

from and after「～以降」

in full force and effect「効力を有する」なお come into effect で「有効となる」，

remain in full forth「有効のまま存続する」。

　null and void「無効の」

　save and except「〜を除いた」

　made and entered into「締結された（契約）」

　for and in consideration of「〜を対価として」

　convey, transfer and assign「移転する」

　for and during the period of「〜の間」

（7） here-, there- の表現

英文契約書によく使用される"here-"は，"-this"と文法的に置き換えられる。契約書中に使用される場合にはこの this は this Agreement を示す。in this Agreement の代わりに herein が使用される。

"here"は，狭くはその here- の使用されている文章（例えば this Article, this Paragraph など），広くは本契約全体を指す。here- という語を使用する場合，この範囲内の何かを代入して読んで意味が通じれば正しい使用方法といえるが，不明確になる可能性があるので，herein よりは in this Agreement を用いるほうが，煩雑さを避ける点を除けば，意味が明確になる点で好ましい。

以下に英文契約書に使用される here- の用語を示す。その他 hereof, hereunder, herewith などもよく使用される。

　a. hereby "A party hereby agrees as follow" というように，これは by means of this Agreement「本契約書により」の意味で用いられる。但し，「本契約書により直ちに」（right now by means of this Agreement）の意味で用いられることもある。

　b. hereto "the parties hereto" は "the parties to this Agreement"（本契約の当事者）として多用される。

　c. hereafter「本契約書より後で」の意味で未来を指す語である。after this Agreement のことであり，通常は，本契約書の締結や作成の時点から後を指すときに用いる。また now and hereafter は「契約日現在又はその後に」の意味であり，丁寧な言い方である。

　d. herein「本契約書に」の意味で, in this writing のことであるが. in this Agreement, in this Article と明確に表示することが望ましい。

　e. hereinafter「本契約書のこれ以下（の記述）において」の意味であり，after

this in this Agreement のことである。その契約書の中で，この語がある箇所から以降の範囲を指す。定義をする際に，「(hereinafter referred to as…)（以下……と称す）」というような形で頻出する。

　f.　heretofore, hereunto 「本契約書までに」の意味で，before this Agreement, unto this Agreement のことである。対象となる契約書や文書より以前の時間を示す。unto は，to の古語であり時間に関連して使用される。

　他方で，"there-" は，文法的には "-that" "-it" に置き換えられる。here- と同じように，thereof, thereunder, therewith などと使用される。これらのいずれの場合にも，there は既述の語句を指す場合に使用される。例えば，直前に the Products が出てきており，それに続いて defects therein とあれば，defects in the Products の意味である。しかし，直前に，"there" を指す語句が複数考えられる文脈で "there-" を用いることは危険である。こういった二義を許すような場合には，"defects in the Products" と略さずに記述するべきである。

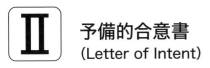

II 予備的合意書
(Letter of Intent)

1　概　説

重要な取引の交渉の過程で Letter of Intent（LOI）又は Memorandum of Understanding（MOU）といった書面が作成されることがある。LOI は今後なされる交渉によって締結される正式契約までの覚書の役割を果たすもので，本契約の調印に向けて交渉事項が残っている場合に，確認された基本事項が簡潔に記載される。記載内容は，当事者の目的，本契約の内容などに互るが，詳細なものからごく簡潔なものまで幅がある。詳細になればその後の交渉で自由が利かなくなるし，簡潔すぎれば LOI を結ぶ意味が低くなる。M&A においては，最終契約締結に向けて誠実交渉義務，デュー・ディリジェンスへの協力義務，独占的交渉の義務，秘密保持義務等が定められることが多い。

以下は，LOI を取り交わすことが多い企業買収（株式譲渡契約）を目的とした LOI の例を示す。

Letter of Intent

April 1, 2017
Mr. Green
President and CEO
ABC Corporation…,
LosAngeles, CA, U.S.A.

Re: Share purchase transaction

Dear Mr. Green,
　This letter of Intent ("LOI") confirms the intention of ABC Corporation (the "Seller")

and of XYZ Corporation (the "Buyer") (the Seller and/or the Buyer hereinafter referred to as collectively "parties" or individually "party") that the Seller shall sell its subsidiary, SubCo Limited (the "Target") to the Buyer, and the Buyer shall purchase the Target from the Seller (the "Proposed Transaction").

　This LOI does not contain all of the terms of the said Proposed Transaction, and the parties hereto acknowledge that they shall complete negotiation on related issues before the Proposed Transaction will be consummated. This LOI is an expression of an intent only, does not express an agreement of the parties or an offer to enter into an agreement, and is not intended to and does not create any legal or equitable obligations with respect to said Proposed Transaction.

予備的合意

2017年4月1日
グリーン様
社長兼CEO
ABC社
（住所）

株式購入取引の件

拝啓
　本予備的合意書（「LOI」）は、売主がその子会社であるSubCo社（「対象会社」）を買主に売却し、買主は売主からこの対象会社を購入するというABC社（「売主」）及びXYZ社（「買主」）（以下、売主と買主とを「両当事者」と総称し、又は各々「当事者」という）の意図（「予定取引」）を確認するものである。
　本LOIは、上記予定取引のすべての条件を規定しておらず、両当事者は、予定取引を完了する前に関連する問題点につき交渉を完了しなければならないことを承認する。本LOIは、意図の表明にすぎず、両当事者の合意や契約締結の申込みを表明するものではなく、また上記予定取引に関し法律上又は衡平法上の義務を創出することを意図しておらず、また創出しない。

　LOI（レター）という表題がついていても、レター形式でなくcontract形式でもよい。以下に契約書形式の場合の前文を示す。

Letter of Intent

This Letter of Intent is made and entered into as of April 1, 2016 by and between ABC Corp (the "Seller") and XYZ Corp (the "Buyer") with respect to Buyer's possible pur-

chase of the issued and outstanding shares of the Seller's subsidiary, SubCo ("Target").
……
IN WITNESS WHEREOF, the parties have caused this LOI to be executed by their duly authorized representatives as of the date first above written.

予備的合意

本LOIは，売主の子会社（「対象会社」）の発行済み株式の買主による購入に関し，ABC社（「売主」）とXYZ社（「買主」）の間で2016年4月1日に作成されたものである。
……
本LOIの証として，両当事者は，頭書の日付で，正当に権限を付与された代表者をして本LOIに署名せしめた。

　この場合は通常の契約書の署名欄と同じように両当事者が署名する。なお，MOUで作成する場合は，通常この契約書形式となる。

1　Target Corporation
　　The Target is a corporation organized and existing under the laws of the State of Delaware, having its principal place of business at ******, New York, N.Y., U.S.A. The issued and paid-up capital of the Target is U.S.$10,000,000.00 consisting of 10,000 shares without par value, all of which are legally or beneficially owned by the Seller (the "Shares").

1　対象会社
　　対象会社は，デラウェア州に基づき設立し存在する法人であり，ニューヨーク州ニューヨークの〇〇に主たる事務所を有している。対象会社の発行済み株式及び資本は1000万ドルであり，これは無額面の1万株からなる。このすべては適法に売主が所有している（「本株式」）。

2　Purchase Price
　　Based on the information provided for to the Buyer on the date hereof, the Buyer proposes to purchase for cash all of the Shares, at a price of $10,000- per share, however, subject to adjustment reflecting the due diligence examination by the Buyer, the profit or loss of the Target from the said date of balance sheet to the date of the closing (the "Closing"), and assets and liabilities of the Target as at the Closing.

2　購入価格
　　本LOIの日において買主に提供した情報に基づき，買主は，本株式のすべてを1株当たり1万ドルで現金で購入することを申し出るが，買主による買収監査，貸借対

照表の上記日付からクロージング（「クロージング」）の日までの対象会社の損益，及びクロージングにおける対象会社の資産と債務を反映した調整に服する。

3　Payment
In exchange for the delivery by the Seller of a certificate or certificates representing the Shares accompanied by a share transfer certificate(s) duly executed by the Seller, the Buyer shall pay the purchase price to the Seller.

3　支払い
売主が適法に作成した株式譲渡証明書と共に本株式を表章する株券を売主が引き渡すのと交換に，買主は売主に対し購入代金を支払うものとする。

4　Time Schedule
It is understood that the Buyer can conclude its due diligence and that the parties hereto shall exert their best efforts to execute a definitive agreement not later than April 1, 2016. The Closing is anticipated to take place on August 31, 2016.

4　日程
買主は買収監査を行うことができ，両当事者は2016年4月1日までに最終合意を締結する最善の努力をするものとする。クロージングは2016年8月31日に実施する予定とする。

5　Directors, Officers and Employees
The Seller shall use its best efforts to cause all the directors, officers and key employees of the Target to remain with the Target after the Closing.

5　取締役，役員と従業員
売主は，クロージングの後すべての取締役，役員及び重要な従業員が対象会社に残るよう最善の努力をするものとする。

6　Exclusive Negotiations
The parties hereto shall proceed to negotiate with each other in good faith on the terms and conditions of the Proposed Transaction. The Seller agrees not to negotiate, enter into or continue discussions with any other party, or solicit directly or indirectly, or furnish information to any other party for transactions or arrangements similar to the Proposed Transaction during the sixty (60) days period following the date of this LOI.

It is understood that money damages would not be a sufficient remedy for any breach of this provision and that the Buyer shall therefore be entitled to seek equitable relief, including an injunction or specific performance, in addition to other remedies available at law or in equity.

6 独占的交渉
両当事者は，予定取引の条件について誠実に相互に交渉を行うものとする。売主は，本 LOI の日から 60 日間，予定取引と類似の取引又は契約のため第三者と交渉し，協議に入り若しくは協議を継続し，又は直接・間接に第三者を勧誘したり情報提供したりしないものとする。
金銭賠償は，この条項の違反についての十分な救済ではなく，したがって買主は，その他法律又は衡平法上の救済方法に加えて，差止請求又は特定履行請求を含む衡平法上の救済を申し立てる権利を有するものとする。

2　独占的交渉権と保全処分

　買い手はデュー・ディリジェンスなどに多額の費用がかかり，売り手が他の買い手候補との交渉に切り替えてしまうリスクを下げるため独占的交渉条項を規定することが多い（上記第 6 条）。この交渉期間は 60 日から 90 日が多い。拘束期間が不必要に長期であると無効とされる場合もあろう。LOI や MOU に独占的交渉権の規定を置くことはよくあるが，その実効性については，我が国では以下のような判例に留意すべきである。
　A 社と B 社で経営統合を目的とした基本合意書を締結しその中で独占交渉権を相互に保証する規定があったが，B 社が C 社と統合交渉を開始したため，A 社はこの統合交渉の差止めの仮処分を求めた。最決平成 16 年 8 月 30 日（民集 58 巻 6 号 1763 頁）は，「独占交渉権自体は，その条項に基づく義務はいまだ消滅していない」としつつ，B 社らが上記条項に違反することにより A 社が被る損害は事後の損害賠償によっては償えないものではないこと，A 社と B 社らとの間で最終的な合意が成立する可能性は相当低いこと，差止仮処分が認められた場合に B 社らが被る損害は相当大きなものと解されることなどを理由に保全の必要性を欠くとし，仮処分自体は認められなかった。したがって，日本では，独占交渉権の規定に違反しても，損害賠償にはなりえても交渉差止めの仮処分命令とはならない。そこで考えられるのがペナルティ条項である。正しくは「損

害賠償の予定（Liquidated damages）」条項である。

> Either party who breaches this provision shall pay liquidated damages amounting to 5% of the value of the Target.

本条に違反する一方当事者は対象会社の価格の5％相当の損害賠償の予約を支払うものとする。

　損害賠償の予定額は，損害の適切な推定・評価に基づくものでなければならず，法外な金額を規定すれば，それは公序良俗に反し無効とされることもある。

3　Fiduciary-out 条項

　株式会社の取締役は，会社に対して忠実義務を負っており，会社の価値を最大化するために行動しなければならない。これは会社を売却する場合にも該当する。そこで，買い手候補者と基本契約を締結し，交渉を開始したとしても，その後，他により良い買い手が見つかれば，当該交渉を解消し，新たな買い手と新たな契約を締結し，交渉をしなければならない。この基本契約の中で，よりよい買い手が見つかったら，独占的交渉権を解約できる旨を定めた条項を，Fiduciary-out 条項という。アメリカ会社法上，取締役が株主に対して負っている信認義務（Fiduciary duty）を尽くさせるため，M&A 取引契約に基づく義務から被買収会社の取締役を解放し，より望ましい買収提案を検討して株主の最善の利益を実現するための条項のことをいう。アメリカの M&A 実務においては通常定められる条項である。以下の Fiduciary-out 条項は，上記の独占交渉権条項（第6条）の第1パラグラフの後に置くのがよいであろう。

> The above restrictions shall not apply if either party hereto receives an offer or proposal for the Proposed Transactions from any third party and said party's directors' failure to consider such offer or proposal would constitute a breach of their fiduciary or other duties owed under the laws of Japan.

一方当事者が第三者から予定取引の申し出を受け，この当事者の取締役がこの申し出を考慮しないことが日本法上負う信認義務等に違反する場合，上記制限は適用されない。

> 7 Confidentiality
>
> The parties hereto shall keep strictly confidential the existence and content of this LOI and any negotiation on the Proposed Transaction between the parties hereto, except that each party may disclose to its advisers, counsels and employees with a need-to-know as it deems necessary. Neither party shall make any public disclosure or publicity release thereof without the consent of the other party, provided, however, that, notwithstanding the foregoing, each party shall be permitted to make such disclosures as may be required to comply with or to prevent violation of all applicable federal or state laws.

7 機密保持

両当事者は，本契約の存在と内容，及び両当事者間の予定取引に関する交渉を厳格に機密として保持するものとし，但し各当事者が必要と認めた知る必要がある顧問，カウンセル及び従業員にこれを開示することができる。両当事者は，他方当事者の同意なしに，これを公に公表しないものとし，但し前記にかかわらず，各当事者はすべての連邦法又は州法を遵守するため，又はその違反を回避するため必要とされる開示を行うことができる。

我が国金融商品取引法上，上場会社又はその子会社によるM&A取引の決定は，軽微基準に該当する場合を除き，基本的に適時開示義務の対象となる（インサイダー取引規制に関する166条）。そこで，LOIの当事者が上場会社又はその子会社である場合，当該LOIの締結が金商法に基づく適時開示義務の対象となるかが問題となる。

この対象となるか否かの判断はLOIの内容の性質によるところが大きいが，LOIを結べば原則として適時開示を問題にすべきである。適時開示義務の判断にあたっては，実質的な意思決定機関が当該取引の実行を事実上決定したといえるかが重要な要素となり，M&Aが実行される可能性と，規定の法的拘束力の有無を中心に判断される。LOIにおいて取引の基本条件が法的拘束力のある形で合意されている場合，その機関決定により原則として当該基本合意書の開示が必要となると考えてよいであろう。

4　法的拘束力の有無

LOIやMOUが「契約」として当事者に法的拘束力が生じるかは大きな論点である。

8　Non-binding
The parties hereto agree that this Letter of Intent shall not be legally binding upon the parties hereto except Articles 6 (Exclusive Negotiations) and 7 (Confidentiality) hereof.

8　非拘束性
本LOIは，第6条（独占的交渉）及び第7条（機密保持）を除き，両当事者を法的に拘束しないことに，両当事者は合意する。

　ソフトウェアのライセンス契約の交渉過程でMemorandum of Understandingを手書きで作成・署名した事案で，東京高判平成12年4月19日判時1745号96頁は，"本件MOUは，本契約の締結を目指して協議を進めるために，その基礎となるべき基本的な事項について了解に達した事項をメモ書きにしたものに過ぎず，法的拘束力を有するものとして作成署名したものと認めることはできない"と判示した。しかしこの原審たる東京地裁は反対の判断を下していた。法的拘束力の判断の難しさを示している。したがって，LOIやMOUには，法的拘束力を有するか否かを明示すべきである。

5　契約締結上の過失

　仮にLOIやMOUに法的拘束力はなくても，契約締結上の過失の法理により，誠実交渉の義務に違反した当事者が損害賠償責任を負うこともある。交渉当事者が，単なる接触の段階を超えて具体的な商談の段階に入り相互間に特別の信頼関係が生じた後は，信義誠実の原則に支配され，信義則上要求される注意義務に違反して交渉を打ち切ったものは損害賠償の責任を負う（例えば東京高判昭和62年3月17日判時1232号110頁）。したがって，LOIやMOUを作成した以上は，誠実な交渉義務が生じると考えるべきである。

Good Faith Negotiation
It is understood that the parties hereto shall exert our best efforts to execute a definitive contract with respect to the Proposed Transactions on or before September 1, 2016.

誠実交渉
両当事者は2016年9月1日までに予定取引に関し最終契約を締結すべく最善の努力を行うこととする。

LOI が法的拘束力を有すると規定した時には以下のような解除条項を設ける必要が生じるであろう。

Termination
If the parties by the end of the exclusive negotiation period have not concluded a final agreement or another form of co-operation, then this LOI between the parties shall be terminated. With exception of the liabilities related to this LOI, the parties shall have no further liabilities or obligations of any kind to each other.

解除
独占的交渉の期間の終了までに両当事者が最終の合意又は別の形の協力について締結しない場合には，両当事者間の本 LOI は解除するものとする。この LOI に関連する責任を除き，いずれの当事者も相手方に対していかなる種類の責任又は義務をも負わないものとする。

[後文，署名欄]

If the terms and conditions set forth hereinabove reflect the intention of the Seller, would you kindly arrange the Seller's acceptance of this LOI, in the space provided below, and return one copy to the undersigned.

Very truly yours,
XYZ Corporation

_____
Name:
Title:

Accepted and agreed:
this 10th day of April, 2017
ABC Corporation

_____
Name:
Title:

　上記の条件が売主の意図を示しているなら，下記所定の場所に売主が本 LOI に受諾の旨を表明し，写し一部を下記署名者へ返送してください。　　　敬具

_____
XYZ 社

〒〒〒〒〒〒〒〒〒〒〒〒〒〒〒〒〒〒〒〒〒〒〒〒〒〒〒〒〒〒〒〒〒〒〒〒〒〒〒肩書・氏名

上記受諾しました。
2017 年 4 月 10 日
ABC 社

_____

肩書・氏名

機密保持契約
(Confidentiality Agreement)

```
表題
前文
説明部分
 1. 定義（「秘密情報」の原則と適用除外）
 2. 秘密義務
 3. アクセス制限
 4. 使用目的制限
 5. 所有権，ライセンス許諾
 6. 保証
 7. 期間，解除
 8. 情報の返還
 9. 損害賠償
10. 救済方法
11. 一般条項
後文
```

機密情報を開示するにあたって，その機密性を保持することを約させるための契約である。Non-disclosure Agreement（NDA）や Secrecy Agreement, Confidentiality Agreement の題名が使用される。この契約のみが単独で締結されることは少なく，本体契約の締結を目指した情報提供の際に本契約が締結されることが多い。

1 「秘密」「ノウハウ」の法的意義

まずここで法律上の「秘密」又は「ノウハウ」の法的保護について述べてお

く。

　日本では，不正競争防止法が適用され，これによれば「営業秘密」とは，「秘密として管理されている生産方法，販売方法その他の事業活動に有用な技術上又は営業上の情報であって，公然と知られていないもの」(法2条6項) と定義されている。すなわち，秘密管理性，有用性，及び非公知性という3要件を全て満たしていることが求められる。特に秘密管理性が認められるためには，秘密として管理しているだけではなく，客観的にも秘密として管理されていると認識できる状態にあることが必要とされている。情報にアクセスできる者が制限されているか，またアクセスした者にそれが営業秘密であることを認識できるようにしているかが問われる。営業秘密の不正取得・使用・開示行為に対しては，民事上は差止請求 (法3条)，損害賠償請求 (法4条)，信用回復措置請求 (法14条) が認められており，営業秘密の不正取得・使用・開示行為については，懲役若しくは罰金又はこれらが併科される (法21条1項1号〜7号)。

　米国法における営業秘密の保護の基本はコモン・ロー (州法) と「統一営業秘密法 (UTSA)」である。加えて，1996年経済スパイ法 (the Economic Espionage Act) がある。これは企業スパイ行為として，①外国政府，組織又は代理人による「経済スパイ行為 (economic espionage)」及び②個人又は競合業者による「営業秘密の不正取得 (theft of trade secrets)」の2つの行為を規制している。いずれの行為についても，(1) 正当な権限なくして，営業秘密を窃取，取得，複製，アップロード，送信若しくは伝達した者，(2) それが正当な権限なくして窃取若しくは取得されたものであることを知って，営業秘密を受領，買入れ，所持した者，又は (3) これらの行為を試みたり，若しくはそれを共謀した者に刑事責任を科している。とくに①についてその行為の要件は，州際・国際取引の対象たる商品・サービス関係の営業秘密を，保有者以外の者に利益をもたらす意図をもって，保有者を害することを知りつつ故意に窃取し，無権限で取得し，持ち出し，隠蔽し 無権限で複製し 若しくは 情を知りつつ買受け等をしたこと又はそれらを準備し若しくは共謀したことである。この「営業秘密」であるが，「形式や種類を問わず，金融，科学，技術，経済又は工学に関するあらゆる情報」がそれに含まれると定義している。しかし，営業秘密が保護されるためには，その保有者が当該情報を秘匿すべく合理的な措置を執っていること，一般に知られておらず且つ公衆が容易にアクセスできないこと，及びその情報が独立した経済的価値を有することが求められる。

2　条項の解説

> Article 1.　Definitions
> As used herein, the following terms have the respective meanings as set forth below:
> The term "Confidential Information" means any and all scientific, technical, industrial and economic data and information owned or possessed by the Disclosing Party and to be disclosed by the Disclosing Party to the Receiving Party, whether in writing or orally or through any other media, during the period of this Agreement.

> 第1条　定義
> 本契約中，次の用語はそれぞれ下記の意味を有するものとする。
> 「本機密情報」とは，本契約の期間中に，開示者より被開示者に対して開示される（書面によるか口頭によるか，又はその他の媒体によるかを問わない），開示者が所有又は権利を保有する科学的，技術的，産業上及び経済上のデータ及び情報の一切を意味する。

　以下は機密情報を定義した詳細な文例である。問題となるのは，機密情報を「社外秘」などの表示をした場合に限定するかどうかである。下記はこれを要求したものである。

> The term "Confidential Information" means and refers to all confidential or proprietary information, protocol, documents, samples and materials owned by, licensed to or under the control of the Disclosing Party regarding the Disclosing Party's new models manufactured or to be manufactured by the Disclosing Party, including but not limited to all features, performances, information of new models, ideas, designs, research results, source code information, know-how, business methods, production plans and marketing plans, whether printed or in machine-readable form or otherwise, designated and/or marked by the Disclosing Party as "Confidential" when disclosed to the Receiving Party.

> 「本機密情報」とは，開示者によって製造される開示者の新モデルに関する，開示者が所有するか，開示者にライセンスされたか，又は開示者の管理下にある秘密の若しくは財産的な情報，プロトコル，文書，サンプル及び資料の一切を意味する。かかる情報には，開示者によって開示された際に「秘密」と明示若しくは表示された新モデルの特徴，性能及び情報，アイディア，デザイン，研究結果，ソースコード情報，ノウハウ，ビジネス方法，生産計画並びにマーケティング計画の一切（印刷物であるか機

械で可読な形式であるかその他であるかを問わない）が含まれるが，これらに限定されない。

通常，機密情報の適用除外を明確に規定する。これにより，機密情報が厳密に確定されることになる。

Article 1.　Confidential Information

The Receiving Party shall keep and maintain the Confidential Information provided by the Disclosing Party in strict confidence and shall not disclose any portion of it to any third party. The Receiving Party shall hold strictly confidential any and all data, information, and knowledge derived and obtained out of or in relation to the Confidential Information during the negotiation and shall not disclose any portion of them to any third party. Either party shall not disclose the existence of the fact that both parties enter into the relationship hereunder and the contents thereof.

The said confidential obligation shall not apply to any information which:

(a) at the time of disclosure is in public knowledge, or after disclosure becomes part of public knowledge through no fault of the Receiving Party;

(b) after disclosure by the Disclosing Party, is published or becomes generally available to the public, otherwise than through any act or omission on the part of the Receiving Party;

(c) is in the lawful possession of the Receiving Party at the time of disclosure, as can be shown to by reasonable written record, and which was not acquired directly or indirectly from the Disclosing Party;

(d) before disclosure has been developed by the Receiving Party independently of any information disclosed, or after disclosure may be developed independently by the Receiving Party, both as proved by its written records;

(e) before disclosure has been lawfully acquired by the Receiving Party from a third party having the right to disclose it, or after disclosure may be acquired lawfully by the Receiving Party from a third party having the right to disclose it with the third party's approval to disclose, both as proved by written documents;

(f) is required to be disclosed by administrative or judicial action provided that the Receiving Party immediately after receiving written notice of such action notifies the Disclosing Party of such action to give the Disclosing Party the opportunity to seek any other legal remedies to maintain such Confidential Information in confidence as herein provided;

(g) is disclosed by the Disclosing Party to a third party without similar restriction of confidential obligation; or

(h) is approved for disclosure by written authorization of the Disclosing Party.

第1条　機密情報

被開示者は，開示者により提供された本機密情報を厳に秘密として保ち，その一部でも，第三者に開示しないものとする。被開示者は，交渉中に本機密情報から派生し又はこれに関連して得られたデータ，情報及び知見の一切を厳に秘密に保持し，その一部でも第三者に開示しないものとする。各当事者は，両当事者が本契約にもとづく関係にあるという事実及びその内容について，これを開示しないものとする。但し，上記の機密保持義務は，下記の情報には適用されない：

(a) 開示の時点で公知であるか，若しくは開示の後に被開示者の責によらずして公知となった情報。
(b) 開示者による開示の後，被開示者に起因する作為又は不作為によらずして公表されるか，又は公知のものとなった情報。
(c) 開示の時点で被開示者が適法に所有していた情報で，妥当な書面の記録によりそれを証明しうるとともに，開示者から直接又は間接に取得したものではない情報。
(d) 開示の前に被開示者が開示情報から独立して開発していたか，若しくは開示の後に被開示者が独立して開発した情報で，いずれも書面の記録により証明しうる情報。
(e) 開示の前に被開示者が開示権限を有する第三者から適法に取得していたか，若しくは開示の後に被開示者が開示権限を有する第三者から開示の了解を得て適法に取得した情報で，いずれも書面の記録により証明しうる情報。
(f) 行政若しくは司法により開示が要求された情報。但し，被開示者はかかる開示要求の通知を書面で受け取り次第，直ちにその要求を開示者に通知し，本契約の規定どおりにこの本機密情報を秘密として保持するために，他の法的救済を申し立てる機会を与える。
(g) 開示者が，同様の守秘義務を課さないで，第三者に開示した情報。及び
(h) 開示者の書面による許可により，開示が承認された情報。

　NDAで規定すべき重要な義務は，機密情報を開示・漏洩しないこと，所定の目的以外に機密情報を使用しないことである。前者の非開示義務は，機密の管理体制を構築することを含む。

［秘密保持義務］

Article 2.　Confidential Obligation

For a period of three (3) years from the date of disclosure of the Confidential Information (the "Confidential Period"), the Receiving Party agrees to safeguard and hold in trust and confidence and not to disclose to any third party, the Confidential Information disclosed by the Disclosing Party and not to use the Confidential Information for any purpose other than the purpose hereunder, without prior written consent of the Disclosing Party.

第2条　秘密義務
本機密情報の開示日から3年間（以下「機密期間」という）、被開示者は開示者が開示した本機密情報を保護し、安全且つ秘密として保管し、いかなる第三者にも開示せず、また開示者の事前の書面による同意がない限り、本機密情報を本契約の目的以外に使用しないことに合意する。

[アクセス制限]

Article 3. Restriction to Access
The Receiving Party shall limit access to the Confidential Information, only to those of its officers, employees, contractors and advisors who are necessary to be involved in the business intended hereunder, provided that such officers, employees, contractors and advisors shall assume, by a written confidentiality agreement or employment rules, the same obligation as the Receiving Party is bound hereunder. The Receiving Party shall use the strictest degree of care and scrutiny to avoid disclosure, publication, or dissemination as the Receiving Party would use with respect to its own confidential information.

第3条　アクセス制限
被開示者は、本機密情報に対するアクセスを、本契約の事業に従事するために必要な役員、従業員、受託者及び顧問に限るものとする。但し、これらの役員、従業員、受託者及び顧問が、秘密保持契約又は就業規則により、被開示者が本契約上で約束したのと同様の義務を負担することを条件とする。被開示者は自らの機密情報と同様の最も厳格な注意を払って、開示、公表又は流布を回避するものとする。

[管理のためのシステムを定める]

Information Control
1 The Receiving Party ensure that all written materials relating to or containing the Confidential Information be maintained in a restricted access area and plainly marked to indicate the secret and confidential nature thereof to prevent unauthorized use or reproduction thereof.
2 The Receiving Party appoints the persons listed below as its information control ob-

server to receive, on its behalf, all the Confidential Information under this Agreement. The Receiving Party may change its information control observer by giving the Disclosing Party written notice of the name and address of its newly appointed information control observer.
XX; YY

情報管理
1 被開示者は，本機密情報に関する，又はそれを含む一切の書面による資料は，無権限の使用又は複製を防ぐため，入室禁止区域に保管し，これらが秘密の性格のものであることを明示するよう確保する。
2 被開示者は，下記の者を，本契約に従うすべての本機密情報を被開示者に代わって受領する被開示者の情報管理者として指名する。被開示者は，新たに指名する情報管理者の氏名及び住所について書面による通知を開示者に行うことにより，情報管理者を変更することができる。
XX; YY

[複写制限]

Restriction to Copy
The Receiving Party shall not copy, reprint and/or reproduce a part or whole of the Confidential Information, without prior written consent of the Disclosing Party.

複写制限
被開示者は，開示者の事前の書面による同意がない限り，本機密情報の一部若しくは全部を複製してはならない。

[独自の開発を禁止しないという規定]

Independent Developments
This Agreement shall not restrict or prohibit the Receiving Party from independently developing, producing or distributing its products or service which contains or includes any information being the same as or similar to the Confidential Information or the products using the Confidential Information which the Disclosing Party has provided to the Receiving Party.

独自の開発

本契約は，被開示者が，本機密情報と同一若しくは類似の情報を含んだ製品若しくはサービス，又は開示者が被開示者に提供した本機密情報を利用した製品を独自に開発，製造，販売することを制限若しくは禁止しないものとする。

Article 5. Ownership and License

All the Confidential Information disclosed hereunder and all inventions and developments which arise from such Confidential Information, shall be and remain the sole property of the Disclosing Parry.

Disclosure of the Confidential Information to the Receiving Party hereunder shall not constitute any option, grant or license to the Receiving Party under any patent, know-how or other intellectual property rights heretofore now or hereinafter held by the Disclosing Party.

第5条　所有権とライセンス

本契約に基づいて開示される一切の本機密情報，並びに当該機密情報から生じる一切の発明及び開発は，開示者が継続して独占的に所有するものとする。

本契約に基づく被開示者に対する本機密情報の開示によって，開示者が過去，現在，将来に保有する特許，ノウハウ，その他の知的財産権にもとづき，被開示者に対し選択権，権利付与若しくは実施権を付与することにならない。

[機密情報について保証しないとの条項]

Article 6. No Warranty

THE DISCLOSING PARTY DISCLAIMS ALL WARRANTIES, WHETHER EXPRESS OR IMPLIED, CONCERNING THE ACCURACY, SUITABILITY OR ANY OTHER CHARACTERISTIC OF THE CONFIDENTIAL INFORMATION. THE RECEIVING PARTY AGREES THAT THE DISCLOSING PARTY SHALL HAVE NO LIABILITY TO THE RECEIVING PARTY OR ANY OF ITS DIRECTORS, OFFICERS, EMPLOYEES, AND OTHER AGENTS RESULTING FROM THEIR USE OF ANY CONFIDENTIAL INFORMATION.

第6条　非保証

開示者は，明示又は黙示に，機密情報の正確性，適合性その他いかなる性質についても，一切の保証から免責される。被開示者は，開示者が被開示者又はその取締役，役員，従業員その他代理人に対し，これらが機密情報を利用した結果について責任を負わないことに合意する。

通常 NDA はそれ自体を目的として締結されるのではなく，別の目的を達成するため情報を提供する前提として締結されることがほとんどである。したがって，目的たる契約が締結されたときに，NDA の役目は終了するといってよい。とはいっても通常の契約と同様に解除条項を規定する場合もある。

Article 7. Term and Termination
This Agreement shall be effective from the Effective Date for a term of one (1) year; provided, however, that either Party may terminate this Agreement at any time prior to the expiration of the one-year term by giving written notice of termination to the other Party.

第7条　期間と解除
本契約は効力発生日から1年間有効であり，但し，一方当事者が相手方に対し，1年間の満了前に，書面による解除の通知をすることで本契約を解除できる。

Termination by Breach
In the event that either of the parties breaches any provision of this Agreement the other party may at its discretion terminate immediately the disclosure of the Confidential Information under this Agreement by sending written notice to the breaching party.

違反による解除
本契約当事者のいずれか一方が本契約の条項に違反した場合，他方当事者は，自らの裁量で，違反当事者に対して書面の通知を送付して，本契約にもとづく本機密情報の開示を即時に終了することができる。

[契約終了後の情報の返却を定める条項]

Article 8. Return of Information
Upon expiration hereof pursuant to Article 5 (Expiration of Term) or termination by breach pursuant to Article 6 (Termination by Breach), or within fourteen (14) day after the Disclosing Party makes written request for the return of the Confidential Information, the Receiving Party shall return to the Disclosing Party the Confidential Information together with all copies, thereof; provided, however, that the Receiving Party may retain one copy of each of the Confidential Information as archive in its legal counsel's office in order to be able to monitor its obligations hereunder.

第8条　情報の返還

本契約第5条（期間の満了）にもとづく期間満了時に，若しくは第6条（契約違反による解除）にもとづく解除の時に，又は開示者が本機密情報の返還を書面で要求した後14日以内に，被開示者は，本機密情報をその一切の複製物とともに開示者に返還しなければならない。但し，被開示者は，それぞれの本機密情報の写しの各1部を，本契約上の義務履行の確認を行うことができるよう，アーカイブとして，その顧問弁護士の事務所に保管することができる。

［結果損害を含め一切の賠償責任を負うとする規定］

Article 9.　Damages
For breaches of any provision of this Agreement by either of the parties, the other party is entitled to recover, and the breaching party shall be liable for, money damages which include not only direct damages caused from the breaching party's defaults but also incidental or consequential damages.

第9条　損害賠償
一方当事者の本契約条項の違反に対して，他方当事者は，違反当事者の契約不履行に起因する直接損害のみならず，偶発的又は結果的な損害賠償を含めた金銭賠償を回復する権利を有し，違反当事者はこれらを賠償する責任を負うものとする。

［損害賠償の予約条項］

The Receiving Party agrees that in the event the Receiving Party breaches any provision hereof, the Receiving Party shall be responsible for all the damages incurred to the Disclosing Party by such breach. Both Parties agree that in case of breach of duties hereunder by the Receiving Party, the Receiving Party shall pay the liquidated damages of Ten Million Japanese Yen (10,000,000.00) to the Disclosing Party in order to compensate for the damages arising from such breach, as liquidated damages.

被開示者が本契約の条件に違反した場合，被開示者はかかる違反によって開示者に与えたすべての損害に対して責任を負うことに合意する。両当事者は，被開示者が本契約に定める義務に違反した場合，かかる違反から生じた損害を補償するため，開示者に対し，約定損害賠償として日本円で¥10,000,000.を支払うことに合意する。

[差止命令の権利を規定した例文]

Article 10. Remedies
The Receiving Party acknowledges that monetary damages may not be adequate remedy for any breach of this Agreement. As a result, the Receiving Party agrees that the Disclosing Party, in addition to any other rights or remedies available hereunder at law or in equity, shall be entitled to an injunction, as a remedy for any such breach or threatened breach, to be issued by any court of competent jurisdiction enjoining and restraining the Receiving party, its employees and any other users authorized by the Receiving party from committing any violation or threatened violation of this Agreement, and the Receiving Party hereby consents to the issuance of such injunction.

第10条　救済手段
被開示者は金銭の損害賠償が本契約の違反の救済として適切な救済でないことを承認する。結果として，被開示者は，開示者が，コモン・ロー又は衡平法により本契約上利用できる他の権利及び救済方法に加えて，本契約違反の救済として，被開示者，その従業員その他の使用許可者による本契約の違反行為又はそのおそれを禁止し抑止する旨の管轄権のある裁判所が命じる差止命令を得る権利を有することに合意し，また被開示者はこの差止命令に同意する。

IV 一般条項
(Miscellaneous)

```
表題
前文
説明条項(Whereas 条項)
本文
不可抗力
期間
解除
機密保持
準拠法
裁判管轄又は仲裁
一般条項(Miscellaneous)
  通知
  完全合意
  救済方法
  権利放棄
  分離可能性
  当事者関係
  譲渡禁止
  主権免除条項
  贈収賄禁止
  存続条項
  見出し
  言語
  副本
後文
署名欄
```

1 概説

　ここでは英文契約に一般的に使用される様式や条項についてまとめて論じておく。一般的に契約書で「一般条項」は Miscellaneous とか General Provisions とかの見出しのもとにまとめて記載される。ここで論じるのは，そうした「一般条項」にとらわれず英文契約書の様式・条項（契約類型ごとに特殊な条項以外）をも含めまとめて紹介する趣旨である。

2 表題

　英米法では，合意を Agreement，正式な契約，特に約因の要件を満たすものは Contract と表現するが，国際契約においては，この厳密な使い分けをしていない場合が多い。国際的契約書のタイトルとして使う場合には，どちらを使ってもよい。例えば License Agreement, Joint Venture Agreement は，表記として通用している。

3 前文

　頭書では通常各当事者の名称，（法人であれば）設立準拠法，住所，契約の名称，契約日等について記載されることが多い。
　当事者は正式な名称を用いるべきである。通称を表記するときは"a.k.a"を用いる。契約書内で，その後（hereinafter）各当事者を「売主」「買主」又は「ライセンサー」「ライセンシー」などと呼称することが多い。これはその契約の特色を端的に示す当事者の性質であるから，そのような観点で略称を付すべきである。住所は，当事者が法人のとき，通常登記簿上の本店の所在地を示すことが多い。また住所は，本文中の「通知」の宛先として利用されることがあるが，登記簿上の本店所在地と実際の本拠地とは異なることがあるので，注意する必要がある。これが異なるときは通知条項に別途の送付先を記載する。前文で契約の日付を記載することが多いが，通常これは実際に署名し作成した日を記載することになる。契約の日と契約発効日とを一致させることを意図して発効日を契約の日付として記載することがある。そうしたいのであれば契約締結日と

は別に契約発効日を規定すればよいのであり，そのために契約日をずらすことは好ましくない。少なくとも契約の日とされた日が裁判上は締結日と推定されることは覚悟しなければならない。

4　説明条項（Whereas 条項）

　上記の前文は法的拘束力が生じる。しかしながら説明条項は，契約に至る背景，経緯，動機などを記載するものであり，通常は法的拘束力がないとされる。この説明条項では，例えば，合弁契約であれば，"一方当事者が金と技術を持っていてＡ国での製品の製造販売を希望しており，他の当事者はそのＡ国のマーケットの状況を熟知しており，両者協力してＡ国でその製品の製造販売を行うことになった"，などと記載される。しかしながら，この説明条項は，本文の内容を解釈するための解釈基準となり得るとされている。したがって，少なくとも説明条項が本文の解釈の参考とされることは覚悟すべきである。

　英米法を準拠法とする場合，約因の理論により，consideration を記載すべきである。申込及び承諾により契約が成立するのではなく，さらに成立要件として consideration が必要となる。

　伝統的な記述では，前文から Whereas 条項までが一文でつながっている（ピリオドをつけない）。

SALES AGREEMENT

This SALES AGREEMENT, made and entered into as of this first day of June, 2016, by and between:

(1) ABC Corporation, a company organized and existing under the laws of the state of California, with its principal office at xxx California Street, San Francisco, California 94100, U.S.A. (hereinafter referred to as the "Seller"), and

(2) XYZ Co., Ltd., a company organized and existing under the laws of Japan, with its principal office at x-x, XX chome, Chiyoda-ku, Tokyo, 101-xxxx Japan (hereinafter referred to as the "Buyer"),

WITNESSETH:

WHEREAS, the Seller is one of the leading companies in manufacturing and selling certain products hereinafter set forth;

WHEREAS, the Buyer has a marketing channel in Japan; and

WHEREAS, both parties hereto are willing to enter into a sales and purchase agreement

concerning such products under the terms and conditions hereinafter set forth;
NOW, THEREFORE, in consideration of the premises and the mutual promises contained herein, the parties hereto agree as follows:

売買契約書
(1) カリフォルニア州法に基づいて設立され存続しており、米国カリフォルニア州94100 サンフランシスコ市カリフォルニア・ストリート xxx 番地に主たる事務所を有する ABC コーポレーション（以下「売主」という）と、
(2) 日本法に基づいて設立され存続しており、〒101-xxxx 日本国東京都千代田区 XX 丁目 x-x に主たる事務所を有する株式会社 XYZ（以下「買主」という）との間و、2016 年 6 月 1 日に締結された本売買契約は、以下のことを証するものであり、
売主は、以下に定める製品を製造販売するトップ企業であり、
買主は日本で販売網を有しており、
両当事者は、以下に記載の条件で、この製品につき売買契約を締結することを希望しており、
よって、ここに、本契約に含まれる約束と相互の合意を約因として、本契約の当事者は次の通り合意する。

WHEREAS の意味は "as" と同じで、「なので…」が最も近い訳語となる。本例文では契約締結に至る経緯や背景を紹介する文章になっている。"Whereas" で始まる条項のことを "Whereas Clause" と呼んでいる。契約書の中で果たす役割から、リサイタル (Recitals) 条項と呼ぶこともある。その後に "in consideration of" の条項を記載することになる。

以下に、WHEREAS 型ではなく、リサイタル条項型を示す（内容は上記と同じ内容を想定する）。

RECITALS:
1　The Seller is…．
2　The Buyer has…．
3　Both parties hereto are willing to…．

AGREEMENT
NOW IT IS HEREBY AGREED AS FOLLOWS:

前文
1　売主は…．
2　買主は…．

3 両当事者は…を希望している。
合意事項
よって，ここに次の通り合意する。

5　不可抗力

　契約締結後，当事者の責任に帰せられない予期しない事由が発生し，そのために契約の履行ができないことがある。これを広く不可抗力（Force Majeure）と呼んでいる。これはフランス語であり，フォース・マジュールと発音する。「契約は守られなければならない」という原則からすれば，例外を規定するものである。

　そもそも英米法ではフラストレーション理論があり，契約締結時には当事者が予想しなかった事態が生じたため，契約の履行が後発的にできない場合には契約が消滅することになる。しかしこの法理の適用はケースバイケースであり適用の保証はない。したがって，契約上不可抗力条項を規定して，後発的な履行不能の事態の帰趨について明確化しておくことが必要となる。

　日本民法は過失責任主義を採用しており，不履行があっても当然に債務者の責めに帰すべからざる事由（不可抗力）のとき債務不履行の責任を負わないので，あえて不可抗力条項を合意する必要性は少ない。しかしながら，ウィーン売買条約によれば過失責任主義は放棄されているので，この条約の適用があるときは，不可抗力による免責を合意しておくことが必要となる。

　不可抗力事由として履行を免責される事由の具体的な範囲について，例えば，自然災害，戦争，内乱の他に，さらにはサイバーテロや経済破綻などがこれに含まれるかは，契約履行をめぐる最も重要なテーマの一つである。明定しておけばその事由は原則として不可抗力事由に当たることになり，不可抗力に当たらないと主張する側がその立証責任を負うことになる。他方で明示していない事象が起きてこれを不可抗力としたいときは，それを主張する者が立証責任を負うことになる。なお不可抗力条項は，限定列挙か例示列挙かが争われる場合がある。例示列挙であるとすれば，そのような記述（例えば including, but not limited to, の表現）をすべきである。なお，物の引渡しについては物理的な行為を求められるのに対し，金銭債務の履行はこれを要しないため，金銭の不払いに不

可抗力は適用されないとする規定もありえる。

　不可抗力の本質的な意味は，それにより債務不履行責任を負わないということである。したがって不可抗力事由が継続している間は債務不履行にならない。しかしながらこの主張を許すためいくつかの条件を定めることがある。例えば不可抗力が生じた場合には速やかに通知をするとか，不履行による損害を最小限にするべく努力をすべきである（duty to mitigate）とかである。さらに，一定期間不可抗力が継続する場合（例えば 90 日間）契約解除をすることができるとする規定を置く場合もある。これは不可抗力条項に本質的な効果ではないが，履行が望めない当事者を長期間契約で拘束するのは妥当でないとの意味から付加されるものである。

　なお不可抗力条項と類似した理論に，ハードシップ条項, impracticability 条項といった理論があり，これらはそれぞれ要件や効果が異なっているので違いを理解する必要がある。例えば，ハードシップ条項は，経済環境等が契約締結時から著しく変化し，そのため一方当事者に対し履行を強制することが極めて困難となったり不公平となったりした場合に，その当事者の申し出があれば，契約当事者が契約条件の変更を協議できるとする条項である。

Force Majeure
1　Neither party shall be liable to the other for any delay or failure in the performance of its obligations under this Agreement when and to the extent such delay or failure in performance arise from any cause or causes beyond the reasonable control of said party ("Force Majeure"), including, but not limited to, act of God ; acts of government or governmental authorities, compliance with law, regulations or orders, fire, storm, flood or earthquake; war (declared or not), rebellion, revolution, or riots, strike or lockouts; provided, however, that the party that is in said delay or failure in the performance shall notify the other of the occurrence without delay and that good faith efforts shall be made to minimize the effect of such delay or failure.
2　The provisions of this Article shall not relieve either party of obligations to make payment when due under this Agreement.
3　If the Force Majeure conditions in fact persist for ninety (90) days or more, either party may terminate this Agreement upon written notice to the other party.

不可抗力
1　いずれの当事者も，本契約上の義務の履行が遅滞し又は履行がなされなかった場合，当該遅滞又は不履行がその当事者の合理的な支配を超える事由（以下「不可抗

力」という）により引き起こされた限度において，相手方に対し責任を負わないものとする。かかる事由は，天災地変，政府又は政府機関の行為，法律・規則・命令の遵守，火災，嵐，洪水，地震，戦争（宣戦布告の有無を問わない），反乱，革命，暴動，ストライキ，ロックアウトを含むが，これらに限定されない。但し，遅滞又は不履行にある当事者が遅滞なくその発生を通知し，履行遅滞又は不履行の効果を最小限にする誠実な努力をすることとする。
2　本条の条項は，本契約で期限が到来した各当事者の支払い義務について免除しない。
3　不可抗力の状況が 90 日以上継続する場合，各当事者は他方当事者への書面による通知により本契約を解除できる。

6　期　間

Term
This Agreement shall become effective on June 1, 2017, and shall remain in full force and effect for a period of three (3) years from such date, unless sooner terminated in accordance with the terms of this Agreement.

期間
本契約は 2017 年 6 月 1 日に発効するものとし，本契約の条項に従い期限前に解除されない限り，その後 3 年間，有効に存続するものとする。

［自動更新条項の例］

This Agreement shall become effective on the date first above written and unless sooner terminated pursuant to Article 10 hereof, shall continue in effect for a period of two (2) years from such date, and thereafter shall be automatically extended for successive periods of two (2) years each, unless either party shall have otherwise notified to the other party in writing at least six (6) months prior to the expiry of this Agreement or any extension thereof.

本契約は冒頭記載の日に発効するものとし，第 10 条の規定に従い期限前に解除されない限り，その日から 2 年間有効とする。その後，当事者のいずれか一方が本契約又はその延長契約の満了日の 6 ヵ月前までに書面をもって相手方に別段の通知をしな

い限り，2 年間ずつ自動的に延長されるものとする。

　自動更新条項は一定程度当事者間に信頼関係がある場合に規定するものであって，むやみに自動更新を規定することは危険である。なお，相手方に契約更新の合理的な信頼が生じているときに更新拒絶すればその更新拒絶が無効となる場合もあることに留意するべきである。新規の契約であれば，敢えて更新条項を設ける必要もない。

[一定以上の販売実績を達成した場合は自動更新とする条項]

This Agreement shall commence in full on the Effective Date and shall be effective for a period of two (2) years from the Effective Date to March 31, 2017. If during the said period XYZ have made net sales of the Products of at least United States Dollars Five Million Only (US$5,000,000.00), then the term of this Agreement shall be automatically extended for a further period of two (2) years that is up to March 31, 2019.

本契約は発効日に完全に開始し，発効日から 2017 年 3 月 31 日まで 2 年間の有効とする。その 2 年の期間中に XYZ が本商品を純販売額で 500 万米ドル（US$ 5,000,000）以上販売した場合には，本契約の期間はさらに 2 年間，すなわち 2019 年 3 月 31 日まで自動的に延長される。

7　解　除

　解除できるケースを契約書に取り決めておけば，それぞれのケースで解除の有効性をめぐる紛争を防ぐことができる。また，後述の CISG の適用場面では，解除事由を規定しておくことが重要になる（25 条，49 条，64 条参照）。解除事由として代表的な事由には，催告解除，支払不能，倒産，解散，合併等，その他の重要な契約違反などがある。契約書で解除事由とするかどうかを検討すべき事項は契約の種類によっても異なる。例えば，最低販売数量の規定のある独占的代理店契約，最低購入量のある長期売買契約，ミニマム・ロイヤルティの規定のある独占的ライセンス契約などでは，当該年度の目標が達成できない場合を解除事由とするのが通常である。さらに，①相手方のコントロール（支配株主の持株比率）の変更，②他の契約の条項の違反（クロス・デフォルト），③長期にわたる不可抗力事由の継続（前述）などがある。

Termination

Either party may, without prejudice to any other rights or remedies, terminate this Agreement by giving a written notice to the other with immediate effect, if any of the following events should occur:

(a) if either party fails to make any payment to the other when due under this Agreement and such failure continues for more than fourteen (14) calendar days after receipt of a written notice specifying the failure;

(b) if either party fails to perform any other provision of this Agreement, which failure remains uncorrected for more than thirty (30) days after receipt of a written notice specifying the failure;

(c) if either party files a petition in bankruptcy or civil rehabilitation proceeding, or a petition in bankruptcy or civil rehabilitation proceeding is filed against it, or either party becomes insolvent, bankrupt, or makes a general assignment for the benefit of creditors, or goes into liquidation or receivership;

(d) if either party ceases or threatens to cease to carry on business or disposes of the whole or any substantial part of its undertaking or its assets; or

(e) if control of either party is acquired by any person or group not in control at the date of this Agreement.

解除

下記のいずれかの事項が発生した場合，いずれの当事者も，相手方に書面による通知をすることにより，他の権利又は救済手段を失うことなく，本契約を解除することができ，解除の効果は直ちに発生する。

(a) いずれかの当事者が期限の到来した本契約上の相手方に対する支払いを怠り，当該不履行を明記した書面による通知を受領後，14暦日を超えて当該不履行が継続するとき，

(b) いずれかの当事者が本契約の他のいずれかの規定の履行を怠り，当該不履行を明記した書面による通知を受領後，30暦日を超えて当該不履行が是正されないとき，

(c) いずれかの当事者が破産・民事再生手続を申し立て若しくは破産・民事再生手続を申し立てられ，又は支払不能若しくは破産に陥り，又は総債権者の利益のために包括的な譲渡を行い，又は清算若しくは管財人の管理下に入ったとき，

(d) いずれかの当事者が事業を営むことを停止し若しくはそのおそれがあるとき，又は事業若しくは財産の全部若しくは重要な一部を処分したとき，又は

(e) いずれかの当事者の支配権が，本契約日に支配下にない人又はグループにより取得されたとき。

[支配権変更条項の例]

The control of either party shall be deemed to have been changed if the ownership of more than fifty percent (50%) of all outstanding voting shares of said party shall have been transferred to any person, entity or corporation other than the shareholder(s) of said party as of the date hereof.

一方当事者の支配は，本契約の日付現在のその当事者の株主以外の第三者に全議決権の50%を超える部分が移転した場合，変更したものとみなされる。

8　機密保持

Confidentiality
1　Each party shall maintain in strict confidence and safeguard all business and technical information ("Confidential Information") which is disclosed by one party to the other in connection with this Agreement and which is designated confidential at the time of disclosure.
2　Each party agrees; (a) not to use the Confidential Information, except for the performance of this Agreement, (b) not to disclose the Confidential Information to any third party, except to its employees, officers, directors or advisors on a need-to-know basis, and, (c) to treat the Confidential Information with the same degree of care with which it treats its own confidential information of like importance.
3　The obligations under this Article shall not apply to:
　(a) information now in the public domain or which hereafter becomes available to the public through no fault of either party hereof;
　(b) information already known to either party hereof at the time of disclosure ;
　(c) information disclosed to either party hereof by any third party who has a right to make such a disclosure;
　(d) information independently developed by either party hereof through the work carried by its employees, agent, or representatives; or
　(e) information approved for release in writing by either party.
4　The obligation under this Article shall continue for five (5) years after the expiry or termination of this Agreement

機密保持

1　各当事者は，本契約に関連して一方当事者から相手方に開示され，開示時点で機密と指示されたすべての事業情報及び技術情報（「本機密情報」）を厳に秘密に保持し，安全に保護しなければならない。
2　各当事者は，(a)本機密情報を本契約の履行目的以外に使用しないこと，(b)必要性のある各当事者の関係者たる従業員，役員，取締役又は顧問以外の第三者に本機密情報を開示しないこと，(c)同程度の重要性をもつ自社の機密情報を扱う際に払うのと同程度の注意を払って本機密情報を扱うことに合意する。
3　本条に基づく義務は下記の情報には適用しないものとする。
　(a) 現在公知である情報又は本契約当事者の過失によらずに今後一般公衆に知られるようになる情報，
　(b) 開示の時点ですでに相手方に知られていた情報，
　(c) 開示する権利を有する第三者から本契約当事者に開示された情報，
　(d) 当事者の一方が，その従業員，代理人又は代表者の作業によって独自に開発した情報，又は
　(e) 当事者の一方が書面で開示を承認した情報。
4　本条に基づく義務は，本契約の満了又は解除から5年間存続するものとする。

　後述のように本契約に「完全合意条項」を規定することを前提とすると，仮に本契約の前にNDAを締結していたとしても，NDAは同条項によって失効する。それを前提に本契約の機密保持条項をどうするか考えるべきである。場合によっては，NDAと同程度の詳細な規定を置くべきかもしれない。なお，機密保持義務の記載方法については，Ⅲを参照のこと。

9　準拠法

　準拠法の選択については国際私法によることになるが，まず注意すべき点は，これは国際裁判管轄権のある法廷地国の国際私法が適用されるということである。したがって日本で裁判が行われる場合は，法の適用に関する通則法が適用され，アメリカで裁判が行われればアメリカ（連邦及びその州の州法）の牴触法原則が適用される。
　通則法第7条は当事者自治の原則が規定してある。これによれば，契約の成立及び効力は当事者が契約当時に選択した国の法律によることになる。但し，裁判地の国際私法により，労働法，消費者保護法等の法領域においては，契約自由の原則が制限される可能性があることに気をつけなければならない。例え

ば通則法第 11 条, 12 条によれば, 消費者契約, 労働契約の準拠法決定については特則を定めており当事者自治は制限されている。さらに注意すべきことは, これとは別に法廷地国の絶対的強行法規が強制的に適用をされるということである。例えば日本の消費者契約法の一定の条項（8 条ないし 10 条）については, その立法趣旨に鑑みると絶対的強行法規とされる可能性が高く, これは"当事者の適用を求める意思表示"を要する「特定の強行規定」（11 条 1 項, 12 条 1 項）とは異なり, 当然に絶対的に適用されると考えられる。

さらに, 動産・不動産に関する所有権等についてはその目的物の所在地法によるとされている（通則法第 13 条）。また特許や商標等の譲渡, ライセンスについては, その登録国法によるとされ, 著作権のそれについてはベルヌ条約 5 条 3 項により保護国法とされる。物権や準物権においては準拠法の指定は及ばないのである。また不法行為においては, 原則として加害行為の結果が発生した地の法によるとされている（通則法第 17 条）。さらに通貨等については通貨発行国法が適用され, 営業日休日などについては原則として履行地法によるとされている（なお森下哲朗「通貨法」櫻田他編『注釈国際私法第 1 巻』649 頁（有斐閣 2001）参照）。

また前述したように, 動産売買には CISG が直接適用されることにも留意すべきである。

［準拠法条項］

Governing Laws
This Agreement and any dispute relating thereto shall be governed by, and construed in accordance with, the laws of the state of New York and the United States of America, without reference to principles of conflicts of laws. The application of the United Nations Convention on Contracts for the International Sales of Goods shall be excluded.

準拠法
本契約及び本契約に関する紛争は, 牴触法ルールの適用を排除して, ニューヨーク州とアメリカ合衆国の法律に準拠し, 同法に従って解釈されるものとする。国連物品売買統一法条約（CISG）の適用を排除する。

本例文では, 国際私法, 法の牴触による適用法の選択のルールを考慮することを排除するとしている。ニューヨーク州あるいは他の国の牴触法ルールを適

用すると，その結果，指定国以外の国の準拠法が実質法として適用されるかもしれない。「法の牴触のルール」によって，この契約の準拠法，適用法がニューヨーク州以外の国の法律になってしまうのを防ぐ目的がある。

[貿易条件をICCによるとする文案]

The trade terms under this Agreement shall be governed by and interpreted by the provisions of the International Commercial Terms (2010) made by ICC.

本契約の貿易条件はICC作成のインコタームズ2010年に従う。

　F.O.B.やC.I.F.等の貿易条件の解釈は国ごとに異なる可能性があるため，インコタームズによると規定する。

[クロス方式の準拠法選択による条項]

If Purchaser claims to Seller, this Agreement shall be governed by the laws of Japan, and if Seller claims to Purchaser, this Agreement shall be governed by the laws of UK.

買主が売主にクレームする場合，本契約は日本法に準拠するものとし，売主が買主にクレームする場合，本契約はイギリス法に準拠するものとする。

　この条項は，クロス方式の裁判管轄・仲裁の条項とペアで用いられることが多い。例えばクレーム主体が非日本法人の場合（文例では買主側でイギリス法人），日本で提訴（仲裁申立て）し，その紛争は日本法に準拠するということになる。しかし，裁判・仲裁になるまで準拠法が決まらないのであるから，契約解釈に不安定さが生じることになる。

10　仲　裁

（1）　仲裁の種類

　仲裁には常設の仲裁機関による場合とアドホック仲裁がある。常設仲裁機関としてはICC国際商業会議所，アメリカ仲裁協会（AAA），日本商事仲裁協会などがある。アドホック仲裁も有効であるが，後述のように，きちんと仲裁条項を取り決めておかないと無効になる可能性がある。アドホックの場合はUN-

CITRAL（国連国際商取引委員会）の仲裁規則によることが多く，それが安心であろう。

（2） 国際仲裁のメリット・デメリット

仲裁と裁判のどちらを選択するかであるが，その長所と短所は表裏の関係にある。裁判は裁判官を選べない，仲裁は仲裁人を選ぶことができる。裁判は公開が原則であるが，仲裁は非公開である。裁判は法律の専門家である裁判官が審理する。仲裁人は法律の専門家ではない可能性もある。しかし法律問題よりむしろ事実問題である事案もあり，例えば海難事故などでは法律的な知識はそれほど重要でないかもしれない。裁判は少なくとも二審が保障されている。しかし仲裁は1回限りであり是正の機会がないし，また仲裁判断の内容が不当であっても裁判で無効確認をすることは困難である。したがって仲裁で適切でない仲裁人に当たると回復不能となる。費用の観点から言えば，仲裁は仲裁人に対する報酬と仲裁機関への事務費用を払う。これに対し訴訟は訴訟物の価額に従って又は定額で裁判費用を払う。しかし通常多額になるのは弁護士報酬である。弁護士報酬は時間制であるとすると，どちらに時間がかかるかであるが，通常それは裁判である。書面のやり取りを繰り返し，証拠調べ（アメリカではディスカバリー制度がある）などに時間がかかる。しかし何といっても仲裁の一番の長所は外国の仲裁判断の承認執行の点であり，これにはニューヨーク条約の適用があり，ある程度これが保障されていることである。

ある国がニューヨーク条約（「外国仲裁判断の承認及び執行に関する条約」）（以下「NY条約」という）に加盟していれば，外国の仲裁判断の承認執行がその加盟国で可能となる。加盟しているか否かは一覧表で即座にわかる。2014年現在で，このNY条約の締約国は149ヵ国を数え主要国を網羅している。これに対し外国判決の承認執行の場合は，後述するように当該外国と相互保証があるか否かを確認しなければならない。これはかなりの手間がかかるしリスクが発生する。外国との取引の紛争解決に仲裁がよく利用されるのはそこに理由がある。

（3） ニューヨーク条約と仲裁法

加盟国の日本はNY条約1条3項の相互主義の留保をしていることに留意しなければならない。したがって，簡単にいえば，仲裁判断をした外国がNY条約に加盟していない場合，日本の裁判所はこの外国の仲裁判断を承認執行しな

くてよい。しかしながら，日本には国内法として「仲裁法」が存在していることにも注意しなければならない。仲裁法は，仲裁判断の承認・執行（45条，46条）において，国内外の仲裁判断を区別しない（3条3項）。外国の仲裁か否かの判断はどう決まるかであるが，簡単にいえば仲裁地が日本であるときは内国仲裁，外国の場合は外国仲裁となる。外国仲裁については，その仲裁判断が内国仲裁の仲裁判断と同じ要件を具備していれば，確定判決と同じ効力が認められるということである。したがって，**NY**条約で"相互主義の留保"をしていることは事実上意味を失っている。これは承認執行すべき国が日本でなく外国であっても同じ事態がありえ，その外国に「仲裁法」と同じような国内法がないかを調査する必要が生じる。

（4）　仲裁条項

> Arbitration
> Any difference or dispute between the parties hereto concerning the interpretation or validity of this Agreement or the rights and liability of the parties hereunder shall be settled by arbitration in Tokyo, Japan in accordance with the Commercial Arbitration Rules of the Japan Commercial Arbitration Association. The award thereof shall be final and binding upon the parties hereto. The language of the arbitration shall be English.
>
> 仲裁
> 本契約の解釈若しくは有効性又は当事者の権利及び責任に関する当事者間の見解の相違又は紛争は，日本国東京における仲裁により解決されるものとする。仲裁は，日本の国際商事仲裁協会の商事仲裁規則に従って行われるものとする。仲裁判断は最終的とし，両当事者を拘束する。仲裁言語は英語とする。

　仲裁条項では，仲裁機関，仲裁規則，仲裁地の規定が必須である。いずれでも欠けると混乱が生じる。例えば，「本契約から生じるすべての紛争は仲裁による」とだけ規定すると，国際的二重起訴（つまり二重仲裁）状態が生じることは想像に難くない。なお仲裁条項は訴訟で妨訴抗弁となる（仲裁法14条1項）。

　仲裁合意の有効要件として，仲裁適格性（arbitrability）に留意すべきである。これはNY条約2条1項，5条2項に規定され，さらに仲裁法13条1項は「民事上の紛争」を対象とする旨規定しこれを示している。なお，将来生じる個別労働関係紛争を対象とする場合（仲裁法附則4条），将来生じる消費者・事業者間の民事上の紛争を対象とする場合（但し消費者側が仲裁合意を有利に援用できる）

(同附則3条）は日本では仲裁適格性が認められない。

[クロス方式の仲裁の例]

All disputes arising under this Agreement shall be submitted to final and binding arbitration. If the respondent in such arbitration is XYZ, the arbitration shall be held in Tokyo, Japan in accordance with the rules of the Japan Commercial Arbitration Association. If the respondent is ABC, the arbitration shall be held in San Francisco, California, U.S.A. in accordance with the rules of the American Arbitration Association.

本契約から生ずるすべての紛争は，最終的で拘束力のある仲裁に付託されるものとする。被申立人が**XYZ**の場合，仲裁は日本国東京において日本の国際商事仲裁協会の規則に従って行われるものとする。被申立人が**ABC**の場合，仲裁は米国カリフォルニア州サンフランシスコにおいてアメリカ仲裁協会の規則に従って行われるものとする。

　上の文案では，**XYZ**は日本法人，**ABC**は加州に本拠地を置く法人が想定されている。前述のクロス方式の準拠法選択も参照のこと。

　仲裁合意の成立・効力の準拠法はどのように考えるべきか。クロス方式の場合に問題となったのが，リングリング・サーカス事件である。最判平成9年9月4日（民集51巻8号3657頁）は，これに関する明示の指定がない場合は仲裁地（この事件では**NY**）の法が仲裁契約準拠法となる旨の黙示の合意があったとする。

[仲裁でディスカバリーを認める条項]

In addition to the authority conferred on the arbitration by the Commercial Arbitration Rules of the American Arbitration Association and law, the arbitrators shall have the authority to order such discovery and production of documents, including the depositions of party witnesses, and to make such orders for interim relief, including injunctive relief, as they may deem just and equitable.

アメリカ仲裁協会の商事仲裁規則と法律によって仲裁に認められている権限に加えて，仲裁人は，証言録取（デポジション）を含むディスカバリー及び書類提出を命ずる権限，並びに仲裁人が正義且つ衡平とみなす差止命令を含む中間的な救済を命ずる権限を有するものとする。

[調停の条項]

Mediation
If any dispute or breach shall arise in connection with this Agreement, and if such dispute or breach cannot be settled through direct and amicable negotiation between the parties, the parties shall submit the dispute to mediation with a mediator to be mutually agreed upon by the parties. The mediation may be initiated by the written request of either party and notice thereof be sent to the other party, and shall be concluded within five (5) months of receipt of such notice, unless otherwise agreed by the parties.

If the two parties have reached a settlement agreement, either party may submit the dispute to the American Arbitration Association ("AAA") which shall, according to its internal arbitration procedures, give an arbitration award based on the contents of the settlement agreement.

In the event of the failure of any mediation as provided for above, the parties shall then settle the dispute by binding arbitration to be conducted at a mutually convenient location determined by the committee of the said mediation. Such arbitration shall be conducted in accordance with the rules then in effect of AAA by three (3) arbitrators appointed in accordance with such rules.

調停
本契約に関して紛争が生じ，その紛争が両当事者間の直接の友好的な交渉によって解決できない場合，両当事者はこの紛争を両当事者が相互に合意した調停人の調停に付託するものとする。調停は，一方当事者の書面による要請により開始することができ，この通知は他方当事者に送付されるものとし，両当事者が別段の合意をしない限り，調停はこの通知の受領から5ヵ月以内に終結するものとする。
両当事者が和解に達した時，一方当事者はこの紛争をアメリカ仲裁協会に付託することができ，アメリカ仲裁協会は，その内部仲裁手続に従い，この和解の内容に基づき仲裁判断を言い渡す。
上記の調停が不調に終わった場合，両当事者は上記調停の委員会によって決定された相互に便利な場所において実施される拘束力のある仲裁によってこの紛争を解決するものとする。この仲裁は，そのルールに従って任命された3名の仲裁人によってアメリカ仲裁協会のその時有効とされる規制に従って実施されるものとする。

　調停は，簡便であるとの長所もあるが，仲裁をすぐに申立てできない（上記では5ヵ月間）という短所もある。

11　国際裁判管轄

（1）　国際裁判管轄

　国際的な裁判管轄については，各国の国際民事訴訟法によることになる。したがって日本に国際的な裁判管轄があるか否かを判断するには，日本の民事訴訟法に置かれた国際裁判管轄の規定によらなければならない。もちろん国際裁判管轄の合意の成立・効力等についてもそれによることになる。日本では合意の有効性については民事訴訟法3条の7によることになり，契約条項を記述するときはこれに留意すべきである。注意すべき点は，外国裁判所のみに提訴できる旨の合意の要件は，その外国裁判所が法律上も事実上も裁判権を行うことができることである（同条4項）。例えばその外国裁判所が管轄合意を有効として認めないとかの理由で訴えが却下される場合とか，戦争などで裁判所が機能していない場合とか，原告の裁判を受ける権利を奪うことがないようにする趣旨である。

　なお，同法3条の10は，3条の5が定める専属管轄ルールにより日本の裁判所が専属管轄を有する場合には，3条の7（合意管轄）を含む管轄の規定の適用が排除されるとしている。よって，会社に関する訴え（3条の5第1項），登記又は条文登録に関する訴え（同条第2項），知的財産権に関する訴え（同条第3項）については，外国の裁判所を専属裁判管轄とする合意をしても日本の裁判所の管轄を排除できないことになる。

　また，条文にはないが，公序に反することを内容するような場合についてはそのような管轄合意は認められないとされている。チサダネ号事件・最判昭和50年11月28日（民集29巻10号1554頁）を参照のこと。

　さらに消費者契約や労働関係事件について特則がある。例えば労働関係事件については，民訴法3条の4及び3条の7に注意すべきである。この点については，後述Ⅸ3（1）を参照のこと。

　管轄の合意がなければ，日本であれば，民訴法3条の2が定める一般裁判管轄のほか，3条の3に規定する特別管轄権に従うこととなる。

（2）　専属的管轄

　裁判管轄の合意をするにあたって専属的管轄か非専属的管轄か，どちらにす

べきか。まず，契約条項上どちらか判別し難い場合に，事後的にどちらと解釈すべきかについて裁判例は分かれている。したがって条項には専属か非専属か明示すべきである。非専属的管轄は付加的な管轄の合意と解釈される。

　仮に専属的な裁判管轄を定めると，当然ながら他の国の裁判所に訴えを提起できなくなる。そうすると，防御的に，いわゆる対抗訴訟（二重訴訟）を提起する可能性はなくなる。したがってこれに十分留意して専属管轄とするか否かを決定すべきである。不利な国での専属管轄を規定するくらいであれば，あえて裁判管轄（仲裁も）をまったく規定しないのも実務的には有益な対処法である。

　どこの国の裁判所を専属管轄とするかは悩ましい問題である。その国の法制度や裁判制度を重視すべきことはもちろんであるが，その判決を他国で執行できるかどうかという観点も決定的に重要である。合意した管轄地において勝訴判決を得て，その国においてそれを執行することで完結する場合は問題は少ない。しかしながらその勝訴判決を外国において執行しなければならない場合は，その外国における「外国判決の承認執行」の問題に直面することになる。そこで問題となるのが，相互保証の要件である。日本では民事訴訟法118条4号に規定がある。この相互保証がどこの国とあるかは条約を見ればわかるわけではない。日本において，相互保証があると判断された国は，アメリカのカリフォルニア州，ハワイ州等，香港，スイスのチューリヒ州，オーストラリアのクイーンズランド州，ドイツなどである。これらは判例を調べなければわからない。いずれにしても外国における勝訴判決の承認執行の必要性が見込まれる場合に，相互保証がない国の裁判管轄の合意をする事態は回避しなければならない。

[国際裁判管轄]

Jurisdiction
Any dispute arising out of, or in relation to this Agreement shall be subject to the exclusive jurisdiction of the Tokyo District Court.

裁判管轄
本契約から発生する一切の紛争は，東京地方裁判所の専属管轄権に服するものとする。

　前述のように，クロス方式の裁判管轄の条項もありえる。「10　仲裁」の項を参照のこと。

（3） 送達代理人

　裁判管轄の条項に送達受取代理人を定めることがある。送達代理人とは，裁判所から送達される訴状や呼び出し状を受領する権限を有する代理人である。通常は会社の本拠地の国以外で裁判を起こしやすくするため指定される。国際的な訴状の送達をするには国際司法共助が必要となり，民訴条約や送達条約等によることになる。この場合は外交手段をとることになり日数がかかる。例えば東京地裁を専属管轄とする合意をした場合，東京地裁→高裁→最高裁→外務省→日本国領事館→外国の指定当局 or 中央当局→相手方，という手続で，外国側へ訴状が送達される（但し外国側での関係機関は手続により異なる）。しかしながら，外国会社に日本での送達（受領）代理人がいれば，送達条約による時間のかかる手続を取らずに，当該送達代理人に対し送達をすれば効果が生じることになる。これはアメリカなど裁判手続が当事者主義でなされる国においては効果的に機能する。しかしながら日本においてはそうは行かない。原告が訴状を裁判所に提出した後，第一回期日の相談の際に，送達代理人の合意の存在を書記官に説明し，裁判所として被告からの送達場所及び送達受取人の届け出を待って，その者に送達をすることになろう（道垣内正人『国際契約実務のための予防法学－準拠法・裁判管轄・仲裁条項』232頁（商事法務2012））。但しこれは被告がこの合意を遵守することが前提となる。被告がこれに反する態度をとれば，原則に戻って送達条約等による送達をせざるを得ないことになる。

　……ABC Corporation hereby irrevocably designates, appoints and authorizes, as process agent, Mr. XX and/or YY, attorneys-at-law of the law office of XXX for the purpose of accept of service of any process or any other documents relating to said legal proceeding.

　……ABC社は，上記法的手続に関連して訴状又はその他の書類の送達を受領するため，XXX事務所の弁護士XXとYYを送達代理人に指名し任命し授権し，これは取消し不能とする。

12　通　知

　契約の履行や解除に関連し，通知はしばしば重要な役割を果たす。国際取引において，例えば通知（意思表示）の効力発生が発信主義なのか到達主義なのか不確実なことが多い。そのため通知条項は明確に規定しておく必要がある。

特に，通知の宛先，送付方法，効力発生の時期について明記しておくことが重要である。通常宛先については，契約書の冒頭部分に当事者の住所がされておりまた署名欄に代表者が記載されているためこれに従って通知することが考えられる。しかしながら，冒頭部分の住所は当事者の特定のため登記簿上の住所などが記載されることが多く，現実の通知先とは趣旨が違うかもしれない。さらに電子メールやファックスによる送付の場合は，ファックス番号やメールアドレス等も記載しておく必要が生じる。さらに迅速性の観点から電子メールやファックスによる通知を認める場合でも，正式な通知として別途に更に書留郵便によることも考えられる。また前述したように，準拠法にかかわらず，通知の効力発生の時期を規定しておく必要がある。もう一つ問題が生じるのは，通知条項の対象となる通知の範囲である。継続的契約に基づく個別契約の申込や承諾，契約解除などの意思表示だけでなく，その他のすべての当事者間の交信は通知条項によることを定めておくことも考えられる。但しあまりにも瑣末な交信まで通知条項によることを求めるのは非効率である（例えば書留郵便を常に求めるなど）。また，通知条項にはない通知手段での受信を継続し異議を述べず黙認していると，権利放棄の状態が生まれる可能性が生じることにも注意すべきである（後述 15 の **No Waiver** 条項参照）。

［一般的な通知条項］

Notice
Any notice required or permitted to be given hereunder shall be in writing and shall be addressed to the parties at their respective addresses first above written in this Agreement, to the attention of the person who executed this Agreement on behalf of such party (or to such other address or person as a party may specify by notice given in accordance with this Article). All notices shall be deemed given on the day of receipt of facsimile transmission, seven (7) days after mailing by certified mail, return receipt required, or seven (7) days after sending by an internationally recognized courier service which provides a delivery receipt, including DHL and Federal Express.

通知
本契約上要求され又は許容される一切の通知は書面でなされるものとし，本契約の冒頭に記載した住所に宛て，各当事者を代表して本契約に署名した人を気付として（又は本条に従った通知により指定する他の住所又は人に宛てて）送付されるものとす

る。すべての通知は，ファクシミリによる場合はその受信日，受領通知付き配達証明郵便による場合は投函から7日後，配達証を発行するDHLやフェデラル・エクスプレスを含む国際的に認知されたクーリエサービスによる場合は発送から7日後にそれぞれ到着したとみなすものとする。

[別途の送付・送信先を定めたもの]

All notices required or permitted to be given under this Agreement shall be made in writing and shall be sent by registered or certified airmail, with receipt confirmed by a signed return receipt, or by facsimile transmission, or by email, to the following respective addresses/facsimile numbers/email of the parties hereto or to such other addresses/facsimile numbers/email as the Parties may designate in writing from time to time in accordance with this Article.
Seller:
    ABC Corporation
    Attention: Smith
    XXX, New York, 00000 USA
    Facsimile: XXX
    Email: X@X
Buyer:
    XYZ Co., Ltd.
    Attention: Jones
    XXX, Tokyo, 00000 Japan
    Facsimile: XXX
    Email: X@X

本契約上要求され又は許容される一切の通知は書面でなされるものとし，書留郵便又は内容証明郵便（配達証明付き），又はファックス又はemailによって，下記の当事者の各々の住所，FAX先，email先に宛てて，又は本条により書面によって適宜通知する住所，FAX先，email先に宛てて送信するものとする。
売主：
    ABC Corporation
    スミス気付け
    アメリカ合衆国ニューヨーク州……
    Facsimile: XXX
    Email: X@X

買主：
　　　XYZ 株式会社
　　　ジョーンズ気付け
　　　日本国東京都……
　　　Facsimile: XXX
　　　Email: X@X

13　完全合意

　完全合意条項とは，契約当事者間において契約に関する事項についてはその契約書がすべてであって完結していることを宣言する条項である。したがってそれまでの口約束や書面による合意はすべて失効する。英米法では，文書化されていない口頭の合意は契約内容として認めないという「口頭証拠排除法則（Parol Evidence Rule）」（U.C.C.2-202）が存在している。そのルールを具体化したのが完全合意条項（Entire Agreement）である。国際的な契約においてはこのような完全合意の条項が一般的に置かれている。なお日本においても下級審判決ながら完全合意条項の有効性は認められている（東京地判平成7年12月13日・判タ938号160頁）。完全合意条項を規定するのであれば，それまでの重要な合意をすべて本契約に条項化しなければならない。例えば本契約の前に秘密保持契約を結んでいる場合，本契約の中に完全合意条項があればこの秘密保持契約は無効となる。したがって本契約中に十分な秘密保持条項を規定しておく必要が生じる。

　なお，完全合意に引き続き，契約の変更も書面によらなければならないとの規定を置くことがよくある。完全合意（すなわち書面化）をさらに徹底化したのがこの変更条項であり，この規定の目的は，相手方が契約締結後，口頭合意により契約を修正又は変更したと主張するのを排除することにある。契約変更については書面による契約（例えば修正合意書）とするのが最も適切である。

Entire Agreement
This Agreement constitutes the entire agreement between the parties hereto and supersedes any prior written or oral agreement between the parties concerning the subject matter. No modifications of this Agreement shall be binding unless executed in writing by both parties.

完全合意
本契約は，両当事者間の完全なる合意を構成しており，本件主題に関する両当事者間の書面又は口頭による従前の一切の合意に優先する。本契約の変更は両当事者が署名した書面によらない限り，拘束力がないものとする。

14　救済方法

　救済手段の行使については累積的にこれを認める条項と排他的にしかこれを認めない条項に大きく分けられる。一つの権利を行使しても他の権利を行使できるかについて疑義があるとすればこれを明記すべきである。すなわち，コモン・ローの国であれば衡平法とコモン・ローの権利の行使について，また，一般的に損害賠償，契約解除，差止め請求など複数の救済方法について，これを累積的に認めるのであれば，一般的にこの条項を置くべきである。

[累積的行使を認める文例]

Remedies
Each right, power and remedy of each party hereto, as provided for in this Agreement whether now or hereafter existing at law or in equity, or by statute or otherwise, shall be cumulative and concurrent, and shall be in addition to every other right, power and remedy provided for in this Agreement now or hereafter existing at law or in equity, or by statute or otherwise.

救済手段
本契約に規定されている各当事者の各権利，権原及び救済方法は，コモン・ロー又は衡平法上か，又は制定法その他によるか，現在か今後のものかを問わず，累積的であり併存するものであり，またコモン・ロー又は衡平法上か，又は制定法その他によるかを問わず現在又は今後存在する本契約所定のその他の権利，権原及び救済方法に追加するものである。

15　権利放棄

　権利を行使しなくてもそれは黙示の権利放棄とはならない旨の規定である。

契約法上は本来保有している権利でも、相手方に対して行使しないことがたびたび重なると、その後に行使しようとしても権利を放棄したとみなされることがあり、これを回避するための規定である。英米法には禁反言の原則、エストッペル（Estoppel）がありこれが背景となっている。仮にこの条項を規定しても消滅時効（出訴期限）や除斥期間によって権利が行使できなくなることは避けられない。

No Waiver
No failure or delay of either party to require the performance by the other of any provision of this Agreement shall in any way adversely affect such provision after that. No waiver by either party of a breach of any provision of this Agreement shall be taken to be a waiver by such party of any succeeding breach of such provision nor a waiver of the provision itself.

権利不放棄
当事者のいずれか一方が相手方に本契約のいずれかの規定の履行を要求せず、又はその要求を遅滞しても、それにより、その後その規定にいかなる意味でも悪影響を及ぼさないものとする。当事者のいずれか一方が相手方による本契約違反に対する権利を放棄しても、その後の同じ規定の違反に対する権利を当該当事者が放棄したとか、当該規定そのものを放棄したとはみなされないものとする。

16　分離可能性

契約の一部が強行法規に反する等の理由で無効とされる場合がある。このような場合に契約全体が無効となるかどうかが問題になる。このような議論を避けるために分離可能性の条項を置く必要がある。但し本質的な条項が無効とされ契約の目的を達成できない場合にまで契約を有効とし存続させるのは合理的でないので、このような場合は一部無効とせず全部無効とせざるを得ない。しかしながら本質的条項かどうかという点は難しい判断である。また一部条項が無効とされた場合にその結果をどうするかも難しい問題である。その条項がなかったものとして残余条項のみの履行を考えれば済むのか、それとも最低限の修正を加えて解釈するのか、対応を考えなければならない。

Severability
In the event that any of the provisions of this Agreement proves to be invalid, illegal or un-

enforceable, that will not in no way affect, impair or invalidate any other provision, and all other provisions of this Agreement will be in full force and effect.

分離可能性
本契約のいずれかの条項が無効、違法又は履行不能となったときは、それはいかなる意味でも本契約の他の条項に影響せず、有効性を損なわず、無効にしないものとし、また本契約の他の条項はすべて完全に有効とする。

17　当事者関係

多くの契約は独立の契約当事者間の契約であり、代理権を授与したり、その他相手方を法的に拘束するような権限を与える契約関係ではない。しかし外部から見れば外形上は本人・代理人、又はパートナーと見えるかもしれない。そのリスクを回避する必要がある。

Relationship of the Parties
The relationship of the parties hereto under this Agreement is that of independent contractors. Nothing herein shall be deemed to make either party an agent, partner or joint venture of the other. Further, nothing herein shall be deemed to grant to either party in any manner any right or authority to assume or create any obligation or other liability of any kind, express or implied, on behalf of the other, or bind the other.

当事者の関係
本契約に基づく両当事者の関係は独立の契約当事者間のそれである。本契約のいかなる条項も、一方当事者を他方当事者の代理人、パートナー又は合弁事業者とみなすものではない。また、一方当事者に、他方当事者の代理人として、明示又は黙示の義務その他の責任を他方当事者のために創設したり、他方当事者を拘束する権限を付与するものではない。

18　譲渡禁止

契約の譲渡には、契約上の地位の譲渡（つまり契約の当事者の変更）と契約上の権利義務の譲渡がありえる。契約の履行は当事者間の信頼関係（又は与信等）に基礎を置いているので譲渡は原則として認めるべきでない。但し、例えば当事

者の子会社に限って譲渡を認めるという条項も見られ，この場合は譲渡人（親会社）の責任をどうするか（例えば保証人的立場に立たせるか）が問題となる。

No Assignment
1 Neither party shall assign, sell, pledge, encumber or otherwise convey this Agreement, or any of its rights and interests in this Agreement without prior written consent of the other party. Any purported assignment, sell, pledge, encumberance or other conveyance made in violation of this provision shall be null and void, and shall be cause of termination hereof.
2 Subject to the restrictions on assignment contained herein, this Agreement shall inure to the benefits and be binding upon the parties hereto and their respective successors and assigns.

譲渡禁止
1 いずれの当事者も，相手方の書面による事前の同意なしに，本契約並びに本契約に基づく権利及び権益の一切を譲渡，売却，入質，担保設定又は他の方法で移転しないものとする。本条項に違反して企図された譲渡，売却，入質，担保設定又は他の移転は無効であり，本契約の解除事由を構成する。
2 本契約の譲渡制限に従い，本契約は両当事者及び各々の承継人及び譲受人の利益に生じ，またこれらを拘束する。

[譲渡を条件付きで認める文例]

XYZ may upon notice to ABC assign or transfer the whole or part of its rights and obligations under this Agreement to its Affiliate; provided in such case that :
(a) the assignor shall first obtain the execution by its assignee of an agreement whereby the assignee binds itself to the non-assigning party to observe and perform all the obligations and agreements of its assignor ; and
(b) the assignor shall remain in all respects responsible to the non-assigning party for the performance of the assignor's obligations set forth in this Agreement.

XYZ は **ABC** に通知することによって，本契約に基づく権利及び義務のすべて又は一部を「関連会社」に譲渡することができる。但し，この場合下記の条件を満たす必要がある。
(a) 譲渡人がまず譲受人に同意書に署名させ，その同意書により譲受人に譲渡人のすべての義務及び合意を遵守し履行するよう非譲渡当事者に対し約束させること，並びに

(b) 譲渡人が，本契約に規定する譲渡人の義務の履行につき，非譲渡当事者に対してすべての点で引き続き責任を負うこと．

19　国家主権免責放棄条項

　我が国では「外国等に対する我が国の民事裁判権に関する法律」（民事裁判権免除法）が 2010 年 4 月から施行されている．すでにアメリカでは 1976 年に外国主権免除法（Foreign Sovereign Immunities Act）が制定されている．国家や関連機関が外国の裁判管轄権に服することはないが，書面による合意がある場合（5 条 1 項 2 号）や商業的取引の場合（8 条 1 項）については裁判権から免除されない．商業的取引か否かは行為の性質によって決することになるが，安全のために 5 条の合意をしておくべきである．契約に日本の裁判管轄条項があれば 5 条の合意は認められる．さらに，外国政府を執行権に服させるためには，書面による合意（17 条 1 項 3 号）を得ておかないと，勝訴判決を得てもそれを執行できないことになるので注意が必要である．

Waiver of Sovereign Immunity
XYZ National Corporation hereby irrevocably agrees not to claim and hereby irrevocably waives in any proceedings for the enforcement of this Agreement, any and all privileges or sovereign immunity, including the privilege of sovereign immunity from suit or immunity of the property from attachment or execution, to which it may be entitled under international or domestic laws, as a procedural defense or otherwise.

国家主権免除の放棄
XYZ 国営会社は，抗弁その他として当該会社が国際法又は国内法により有する一切の特権又は主権免除を，いかなる手続においても，本契約の執行のため，主張せずまた放棄するものとし，これらは取消不能とする．これには訴訟からの主権免除の特権及び財産の差押さえ又は強制執行からの主権免除が含まれる．

20　その他主要条項

　以下は主要な条項の例のみを示しておく．

Ⅳ　一般条項（Miscellaneous）

Survival

The provisions of Articles __ (Confidentiality), __ (Governing Law) and __ (Arbitration) shall survive the expiration or termination of this Agreement.

存続条項
第__条（秘密保持），第__条（準拠法）及び第__条（仲裁）の規定は，本契約の満了又は解除後も存続するものとする。

Headings

The Section headings set forth in this Agreement are for convenience only and shall not be considered for any purpose in interpreting or construing this Agreement.

見出し
本契約に記載の条項見出しは便宜のためだけのもので，本契約の翻訳や解釈の際に考慮されない。

Language

The governing language of this Agreement shall be English. If a Japanese translation hereof is made for reference, only the English original shall have an effect of a contract and such Japanese translation shall have no effect.

言語
本契約の支配言語は英語とする。その日本語訳が参照のため作成されても，英語の原本のみが効力を有し日本語訳は効力を有しない。

Counterparts

For the convenience of the parties, this Agreement may be executed in one or more counterparts, each of which shall be deemed an original, but all of which together shall constitute one and the same documents.

副本
両当事者の便宜のため，本契約は1通以上で作成することができ，その各々が原本とされ，但しそのすべてが1つの文書を構成する。

　　counterpartsを副本と訳すこともあるが，上記では正本に対する副本という意味ではないので，特に訳出する必要はない。

21　後文と署名欄

IN WITNESS WHEREOF, the parties here to have caused this Agreement to be executed by their duly authorized representatives as of the date first above written.

ABC　:　ABC Corporation

By _____
Name :
Title : Chief Executive Officer and President

XYZ　:　XYZ Co., Ltd.

By _____
Name :
Title : Representative Director

本契約の証として，両当事者は，頭書の日付で，正当に権限を付与された代表者をして本契約を締結せしめた。

ABC　:　ABCコーポレーション

署名　_____
氏名：
肩書：　CEO兼社長

XYZ　:　XYZ株式会社

署名　_____
氏名：
肩書：　代表取締役

Ⅴ 動産売買契約
(Sales Agreement)

Ⅴ-1　動産売買契約

表題
前文
Whereas Clauses
1. 定義（Definitions）
2. 売買合意（Sale and Purchase）
3. 価格（Price）
4. 支払い（payment）
5. 船積み（shipment）
6. 危険・所有権移転（Transfer of Risk and Title）
7. 保険（insurance）
8. 検査とクレーム（Inspection and Claim）
9. 保証（Warranty）
10. 責任制限（Limitation of Liability）
11. 知的財産権の侵害（Infringement of Intellectual Property Rights）
12. 一般条項（General Terms）
後文

1　概　説

　ここで対象とする売買契約は1回限りの売買契約を前提としている。継続的売買契約や売買基本契約は対象とはしていない。これは，Ⅵ-1　販売店契約の項を参照していただきたい。すなわち，メーカーと販売店との関係は継続的売買契約関係であり，継続的契約から生じる個別契約については同所で詳述している。

論じる順番であるが，まず適用される統一私法や準拠法について論じておきたい。国際的な動産売買については，ウィーン売買条約 (CISG) の適用が重要になるからであり，これと国内実質法やインコタームズなどとの適用関係も論じておく。

2 準拠法と CISG との関係

(1) 概 要

ウィーン売買条約は，国境を越えて行われる動産の売買に関する条約で，契約の成立や当事者の権利義務などの基本的な原則を定めた国際条約である (1980 年採択，1988 年発効)。正式名称は「国際物品売買契約に関する国連条約 (United Nations Convention on Contracts for the International Sale of Goods)」(以下「CISG」という) である。アメリカ，中国，ドイツ，フランス，イタリア，カナダをはじめとする世界 73 ヵ国が加盟している一方，主要国では日本とイギリスのみが未加盟だったが，日本も 2009 年加盟した。

CISG の第 1 部が適用範囲 (第 1 章) 及び総則 (第 2 章)，第 2 部が契約の成立，第 3 部が物品の売買について総則 (第 1 章)，売主の義務 (第 2 章)，買主の義務 (第 3 章)，危険の移転 (第 4 章)，売主及び買主の義務に共通する規定 (第 5 章) で構成される。

(2) 適用範囲

売買契約当事者の所在する国がいずれも締約国である場合は自動的に CISG が適用される (1 条 1 項 a 号)。また一方が非締約国であっても，国際私法により締約国の法を適用する場合にも CISG は適用される (1 条 1 項 b 号)。つまり，日本 (締約国) と非締約国の企業との売買契約であっても，国際私法の定めにより，日本法が適用されることになれば (日本法ではなく) CISG が適用されることになる。法廷地が日本で通則法が適用される場合には，準拠法指定がある場合 (7 条)，これがない場合 (8 条) がありえる。問題となるのは後者であるが，動産売買は売主にとって「特徴的給付」であるから売主の常居所地の法律が適用されることとなり (8 条 2 項)，したがって例えば売主の常居所地が日本なら CISG が適用されることになる。なお，EU 加盟国に適用されるローマ I 規則 (「契約債務の準拠法に関する規則」) には，準拠法の選択を認め (3 条 1 項)，他方で売買契

約について売主の常居所地国法とする規定（4条1項a号）が置かれており，これは通則法の構造と同じと考えてよい。これで分かるように，第1条1項a号の適用場面でなく，また準拠法の指定をしなくても，CISGの適用の可能性は生じるのであり，CISGを排除したいのであれば，その旨を確実に規定しなければならない（6条）。さらに，ここで注意すべきはアメリカ（締約国）など第95条宣言をしている国である。この宣言をしている場合，第1条1項b号の適用場面において，国際私法の定めにより，アメリカ法が適用されることになればCISGでなくアメリカ法が適用されることになる。

またCISGは消費者契約や競売には適用されない（2条）。プラント輸出契約は労務提供がその主たる部分でない限りCISGが適用される（3条2項）。また製造物責任には適用されない（5条）。

さらに，CISGの規律事項は，①売買契約の成立及び②売買契約から生ずる当事者の権利義務に限定されており，契約の有効性や所有権の移転については，国際私法の準則に従って適用される実質法に委ねられている（4条）。したがって，契約の有効性（行為能力，意思表示の瑕疵，強行法規違反，代理など）については債権準拠法によることになり，他方，対象物の所有権移転等は物権準拠法によることになる。例えば，準拠法指定（通則法7条）がありつつCISGが適用される場合であっても（1条1項b号），詐欺による契約の効力の問題に関する適用法は指定された実質法によることになる。また，物権準拠法（通則法13条）は，準拠法指定があるか否かに関係なく適用される。

（3）　当事者自治

当事者はCISGの適用を排除又は変更することができる（6条）。CISGの規定の大部分は任意規定とされる。CISGは全面排除又は個別排除することができ，この適用排除をオプト・アウト（opt-out）という。この場合は，売買契約において明示的にCISGを排除する文言を規定しなければならない。CISGを全面排除するのであれば，例えば準拠法条項で"This Agreement shall not be governed by the United Nations Convention on Contracts for the International Sale of Goods."と規定する。個別に変更するのであれば，CISGの特定の条項等を示し排除する旨を，又はCISGの当該条項と矛盾する内容の条項を規定して排除することになる。売買契約書で，「本契約の準拠法は日本法とする」と定めても，CISGの適用は排除されないことに注意すべきである。

CISGにおいて，当事者は，合意した慣習及び当事者間で確立した慣行に拘束される（9条1項）。したがって，CISGが適用される場合でも，合意した慣習や当事者間で確立した慣行は，CISGに優先する。さらに，合意がなくても，業界などで確立した慣習であれば，これを適用するとの黙示の合意があったとされる（同条2項）。ここでいう「慣習」には，インコタームズのような国際慣習も含まれるとされている。売買契約書にインコタームズによるとの明示の規定があれば，CISGの規定に優先してインコタームズの規定が適用されることになる。したがって，CISGが適用される売買契約でインコタームズ2010を援用すれば，第6条や第9条により，インコタームズが優先することになる。

第9条1項は当事者間で確立した慣行に拘束力を認めるが，例えば従来の取引で通知期間の徒過が繰り返し黙認されてきた場合に当事者間で権利放棄の合意ありと看做されるリスクがある。したがって，権利不放棄（No-waiver）条項や完全合意（Entire Agreement）条項を明記する対策が必要である。

（4） 契約の成立

CISG第2部は申込みと承諾による契約成立について規定している。その大枠は日本法と変わらないが，相違点としては以下があげられる。
① 申込みは原則として撤回可能である（16条1項）。
② 商人間であっても，原則として諾否通知義務は存在せず，沈黙や不作為も承諾とはならない（18条1項2文）。
③ 承諾の通知について到達主義が採用されている（18条2項）。
④ 申込みと承諾の内容が完全に一致しない場合であっても，その違いが申込みの実質的な変更に当たらなければ，申込者が遅滞なく異議を述べない限り，その変更を加えた承諾内容で契約が成立する（19条2項）。

CISGによる契約成立過程が不都合であれば，これと異なる条項を契約書に規定すべきである。特に第19条2項によれば，例えば継続的売買契約関係における個別契約について，一方的に変更された承諾を放置しておくと契約が成立したとみなされて債務不履行（例えば発注したのに出荷せず放置した）責任を追及されることもありえる。したがって，この点の対処が必要となる。

（5） 当事者の権利義務と違反に対する救済

契約当事者の権利義務について，CISG第3部は，売主と買主の義務をそれぞ

れ詳細に規定したうえで（売主の義務につき30条～44条，買主の義務につき53条～60条），その義務違反に対する救済方法（履行請求，契約解除，代金減額，損害賠償）を定める（45条～52条，61条～65条，71条～88条）。CISGは，例えば売主の義務として，①物品の引渡義務，②物品関連書類交付義務，③所有権移転義務（以上，30条），④契約適合物品の引渡し義務（35条），⑤第三者の権利の目的でない物品を引渡す義務（41条，42条）などを規定している。

(a) 義務違反について当事者に過失がなくても，損害賠償責任が発生する（45条1項(b)，61条1項(b)）。CISGは過失責任主義を放棄しており，客観的な義務違反があれば救済を認め，これに対する無過失の抗弁を認めない。但し，自己の支配を超える障害（不可抗力）については第79条で損害賠償からの免責を認めている。さらに，契約解除にも債務者の帰責事由を必要としない（49条，64条）。

(b) 一元的に"契約違反""不履行"によって規律し，それに対する救済を定めている。すなわち履行遅滞・履行不能・不完全履行という債務不履行の分類をとらず，原始的不能・後発的不能の区別をしていない。

CISGには履行不能の概念がないので，契約締結時に目的物が滅失損傷している場合（原始的不能）であっても，それは売主の引渡義務違反の問題として，他の義務違反と同様に処理される。また，契約締結後に目的物が滅失損傷した場合（後発的不能），これも売主の義務違反の問題として処理される。つまり，売主の損害賠償責任が発生し（過失責任主義の否定），買主の代金支払義務の存続は，解除の可否の問題として処理される。

また，債務不履行と瑕疵担保を統合して規律している。瑕疵担保責任のような特別の制度はなく，売主は，契約適合物品を引渡す義務を負い（35条），瑕疵担保は，この義務の違反の問題として他の義務違反と同様に処理される。売主が引渡す物品の契約適合性については第35条で判断されるが，例えば「特定目的適合性」についてこれを満たさなければ契約不適合になる（35条2項b号）ことに留意すべきである。この場合の買主の救済方法は45条以下に規定している。

(c) CISGでは，物品の「引渡し」と危険の移転の問題を区別し，且つ，「引渡し」（delivery）と物品の「契約適合性」（conformity of the goods）の問題とを分離している（潮見・中田・松岡編『概説 国際物品売買条約』73頁（法律文化社2010））。

売買契約が物品の運送を伴う場合には，買主に送付するために物品を最初の

運送人に交付することが「引渡し」にあたる (31条a号)。まずCISGの下では，契約不適合の物品が引渡された場合にも「引渡し」があったとされ (ビールの発注でワインの交付も引渡しになる)，そのうえで契約不適合に関しては，各種の救済手段によって処理されることになる。契約不適合の物品が交付されたとき，買主は，損害賠償請求権 (45条1項b号)，代替品引渡請求権 (46条2項)，修補請求権 (同条3項)，契約解除権 (49条)，代金減額権 (50条) を行使することができる。

またCISGでは，売主が引渡義務を履行したということと，危険が移転することが分けて考えられている。つまり，引渡しとは別個に危険の移転は決せられる。危険の移転時期の問題はどの時点までに生じた目的物の滅失損傷が売主の義務違反に当たるかという問題であり，危険が売主から買主に移転した時期以降に物品の滅失・損傷があったとしても，買主は，代金の支払を拒絶・減額することができない (66条)。実務上は，CIFやFOBなどの定型条件によって危険の移転時期を約定することになろう。

(d) 契約解除は原則として「重大な契約違反」(契約に対する期待を実質的に奪うような不利益をもたらす「重大な契約違反」(25条) をいう) がある場合で違反当事者が売主である場合にはこれに加えて「追完権」(48条) が考慮される (49条1項a号，買主側につき64条1項a号)。契約違反があっても，契約目的を実質的に達成できるのであれば，解除を認める必要はなく，修補請求，損害賠償，代金減額など，契約を維持したうえでの救済を優先することが合理的であると考えられたからである。さらに，売主の物品引渡し (但し上記の「引渡し」参照) がないか，買主の物品受領又は支払いがない場合において，相手方が定めた付加期間 (47条，63条) 内に履行しない場合にも解除が可能である (49条1項b号，64条1項b号)。売主の追完権は買主の契約解除権を制限する強力な規定であるため，売主による追完を認めるか否かを決定し契約書に規定するべきである。さらには，第25条にいう「重大な契約違反」の具体的判断が難しい。我が国民法上のいわゆる催告解除は認められない。契約書に解除事由を明示に列挙することでこのリスクを回避する必要性がある。

(e) 買主は物品受領後実行可能な限り短い期間内に物品を検査する義務を負い (38条1項)，合理的期間内に不適合を特定した通知を売主にしない場合は物品の不適合を主張できない (39条1項)。CISGでは物品の保証期間は「物品の引渡しから2年間」とされており，買主は不適合の通知を，物品が現実に引き

渡された日から2年以内に行わないと，もはや不適合を主張できない（39条2項）。以上の買主の検査・通知義務は解釈の余地が大きい規定であるため，契約書に，検査，通知時期，保証期間を明記する等の対策をとるべきである。先進国の基準では2年の保証期間は長すぎるので，例えば保証期間を"six (6) months after the date of inspection"と契約書に規定する必要がある。

(f)　債務者が義務違反に陥っている場合であっても，債権者に協力を求める規定（売主の追完権48条），損害軽減義務（77条，アメリカ法の"duty to mitigate"），物品保存義務（85条，86条）などが設けられている。また，履行期到来前であっても，契約違反が予想される場合に予防的な救済が認められている（不安の抗弁（71条），履行期前の契約解除（72条），分割履行契約の解除（73条））。

（6）　CISGとインコタームズ（INCOTERMS）との関係

前述のとおりCISGは全て任意規定なので（6条），当事者間で別段の合意があれば，当該合意が優先する。したがって，基本契約書や個別の売買契約書で「本契約における貿易条件は，インコタームズ2010によって解釈する」などと規定すれば，多くの場面でCISGは排除されインコタームズによって解釈することになる。但し，CISGとインコタームズの守備範囲は以下のように異なるので，インコタームズによると規定していればCISGを全面的に排除したことになるかといえば，答えは否である。CISGとインコタームズとは二者択一の関係ではなく，補完関係にある。

	CISG	インコタームズ
契約成立の要件	○第4条	×
契約当事者の権利義務	○第4条	○
危険移転時期	○66条以下	○
契約違反における救済	○45条以下，61条以下	×
契約の有効性	×第4条	×
所有権移転時期と効果	×第4条	×

3　裁判管轄

　　裁判管轄の合意がない場合の動産売買契約特有の管轄問題について述べておく。

　　日本で訴えを提起しようとする場合は，日本の国際裁判管轄の問題であり，前述のとおり，日本の民事訴訟法が適用される。ここで関連する第3条の3第1号は，契約上の債務の履行の請求を目的とする訴え，又は契約上の債務の不履行による損害賠償の請求その他契約上の債務に関する請求を目的とする訴えに限定しており，さらに契約で定められた債務履行地が日本国内にあるとき又は契約で選択された準拠法によれば債務履行地が日本国内にあるときに限られる。このような場合，履行地での訴訟は当事者の予測や便宜にかなうからである。典型的には，例えば横浜港渡しとする貨物が引き渡されない場合の引渡し請求の訴えや，代金が不払いの場合の代金請求の訴えである。

　　「当該債務の履行地」が日本にある場合に限られるので，一契約上複数の債務の履行が問題となる場合，それぞれの債務ごとに管轄権の有無が判断される。例えば貨物の引渡地が日本でなく，代金支払地が日本である場合には，日本の裁判所は貨物の引渡し請求訴訟の管轄権を有しない。

　　「契約において定められた」（3条の3第1号）とは，インコタームズの取引条件を引用する場合も含まれ，その引渡地が「履行地」となる。「契約において選択された準拠法」には黙示の選択も含まれる。CISGは「選択された準拠法」といえるか。CISG31条は貨物引渡場所を，57条1項は代金支払場所を規定しているが，これらは法定の債務履行地なので選択された準拠法とはいえない。なお，契約で債務の履行地が定められておらず，且つ準拠法選択もされていない場合は，第3条の3第1号の管轄は生じない。

　　民訴法改正前のものであるが，売主である日本の法人が，その買主である中華人民共和国の法人の依頼を受けて信用状を開設した同国の銀行に対して当該信用状に係る支払いを日本において求めた訴訟で，「義務履行地」（5条1号）を根拠に日本の国際裁判管轄を認めた裁判例がある（東京高判平成24年9月26日金商1438号20頁）。

　　さらに財産所在地管轄（民事訴訟法3条の3第3号）が生じる可能性もある。これは請求の目的が日本国内にあるとき又は代金の支払いを請求する場合に差押え可能財産が日本国内にあるときに認められる管轄である。

4　契約の条項

(1)　売買合意

Article 2.　Sale and Purchase
The Seller agrees to sell and deliver to the Purchaser and the Purchaser agrees to purchase and take delivery from the Seller, the Products set forth in Article 1.1 hereof in accordance with the terms and conditions under this Agreement.

第2条　売買
本契約の条件に従って，売主は，第1.1条に規定する本製品を買主に売り渡し，引渡すことに合意し，買主は，これを売主から買い受け，引渡しを受けることに合意する。

　CISG第14条1項は申込につき以下のように規定する。「一人又は二人以上の特定の者に対してした契約を締結するための申入れは，それが十分に確定し，且つ，承諾があるときは拘束されるとの申入れをした者の意思が示されている場合には，申込みとなる。申入れは，物品を示し，並びに明示的又は黙示的に，その数量及び代金を定め，又はそれらの決定方法について規定している場合には，十分に確定しているものとする。」

　国際的な動産売買契約において，何が主要な取引条件であろうか。通常は商品，価格，数量，引渡し・船積み，支払い，保険等が主要な条項と考えられている。

[仕様書を引用する条項]

The Products to be delivered hereunder shall in all respects conform to the specifications set forth in Exhibit A as attached hereto.

本契約に基づき引渡す本製品はすべての点において本契約書に添付の別紙Aに記載の仕様書に合致するものとする。

> [製品ごとに数量を特定する]
>
> The total quantity of the Products to be purchased and delivered hereunder shall be the quantities specified in the schedule below;
> Products　　　Total Quantities in Metric Tons
> XXX　　　　　XXX　M/T

本契約に基づき購入し引渡す本製品の総数量は以下に記載の数量とする。
製品　　　　　総数量（MT）
XX　　　　　　XXX　M/T

（2）　価　格

　貿易取引は，F.O.B.（Free On Board 本船渡し）条件や C.I.F.（Cost, Insurance and Freight 運賃保険料込み）条件などというように，貿易条件で分類される。したがって，貿易取引契約を書くには，F.O.B. や C.I.F. 条件など代表的な貿易条件を，インコタームズ（Incoterms）など国際ルールの定義に基づいてよく理解しておくことが大切である。

　インコタームズとは，国際商業会議所（I.C.C.）が F.O.B. や C.I.F. などの貿易条件の統一解釈を定めた規則のことである。正式名は「貿易条件の解釈に関する国際規則（International Rules for the Interpretation of Trade Terms）」という。貿易取引条件の解釈がそれぞれの国で異なり，しばしばトラブルの原因となったため，これらの誤解やゆきちがいを回避する目的で制定された。現在でも，例えばアメリカでは貿易条件として「1941 年改正米国貿易定義」が適用され，その中では 6 種類の F.O.B. 条件が定義されている。インコタームズは，1936 年に最初の規則が制定されて以来，数次の改訂を経ている。現在の国際貿易取引で最も幅広く採用されている規則であり，最新版は 2010 年に制定された規則で，11 種類の貿易条件について規定している。そこでは売主・買主間の物品の引渡しに関する危険の移転の分岐点，責務や費用（運送の手配と運賃の支払い，保険の手配と保険料の支払い，通関手続と費用の負担等）の負担区分など各取引条件の下で売主・買主が各々行うべき義務が規定されており，当該取引条件を選択・採用することで多くの決め事が決着する。但しインコタームズは，法律でも条約でもないので，契約当事者が"インコタームズ 2010 を援用する"と合意したとき初めて契約内容となるので，契約書にその旨を明示しなければならない。

○あらゆる輸送形態に適した規則（Rules for Any Mode or Modes of Transport）
 ・EXW　Ex Works　工場渡し
 ・FCA　Free Carrier　運送人渡し
 ・CPT　Carriage Paid To　輸送費込み
 ・CIP　Carriage and Insurance Paid To　輸送費保険料込み
 ・DAT　Delivered at Terminal　ターミナル持込渡し
 ・DAP　Delivered at Place　仕向地持込渡し
 ・DDP　Delivered Duty Paid　関税込み持込渡し
○海上及び内陸水路輸送のための規則（Rules for Sea and Inland Waterway Transport）
 ・FAS　Free Alongside Ship　船側渡し
 ・FOB　Free On Board　本船渡し
 ・CFR　Cost and Freight　運賃込み
 ・CIF　Cost, Insurance and Freight　運賃保険料込み

[インコタームズ2010での貨物の危険の移転時期と費用負担]

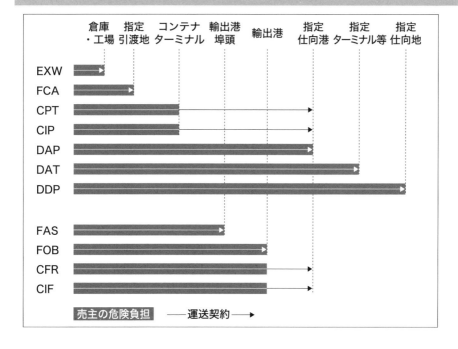

以下では F.O.B. と C.I.F. を例にとって若干説明する。F.O.B. 契約では、インコタームズの定義によると、売買契約で定められた船積港（Port of Shipment）で売主が契約に適合した貨物を本船に船積みする。これにより、売主の引渡し義務が完了する。本船を手配するのは買主である。貨物に対する危険負担は、貨物を船上に置いた時、売主から買主に移る。例えば F.O.B. Yokohama Port US $100,000– というのは、横浜港を船積み港とした F.O.B. 条件で、F.O.B. 価格は10万ドルということを示す。

一方、C.I.F. 契約では、売主が荷揚げ港までの海上運賃（Freight）と保険料（Insurance）を負担する。売主は、自分で仕向地行きの本船を手配し、契約上規定された船積港で船積みする。F.O.B. と C.I.F. では、本船を手配するのが、売主なのか買主なのかが逆になる。C.I.F. では海上保険契約も売主が締結する。売主は、船積書類として、船荷証券（Bill of Lading）、海上保険証券（Marine Insurance Policy）、商業送り状（Commercial Invoice）を買主に提供する。これにより、売主の物品引渡し義務が履行される。例えば C.I.F. Los Angeles Port $110,000– というのは、LA 港を荷揚げ港とした C.I.F. 条件で、C.I.F. 価格は11万ドルということを示す。C.I.F. 価格が F.O.B. 価格より高額なのは海上運送費と海上保険料が加算されているからである。

Article 3. Price

1　The unit price payable by the Purchaser for the Products shall be One hundred U.S. dollars ($ 100.00) on a F.O.B. San Francisco Port basis. Total price of the Products shall be Three Million United States Dollars ($3,000,000.00).

2　Unless otherwise expressly provided for in this Agreement, the price and trade term "F.O.B." shall be interpreted in accordance with INCOTERMS 2010, as amended.

第3条　代金

1　買主が本製品に対し支払う本製品の単価は、F.O.B. サンフランシスコ港渡し条件で 100 米ドルとする。本製品の総額は、300 万米ドルとする。

2　本契約で明示に別段の定めない限り、価格と貿易条件 F.O.B. は、2010 年版インコタームズ（改訂された時は改訂版）に従って解釈されるものとする。

外貨で払う場合は為替相場をどの時点（支払期日か引渡し時か）でどこが（特定の外為銀行か新聞紙 Wall Street Journal などか）指定する相場かを明記する必要がある。

[代金の支払期限を定める]

The price specified in the Agreement shall be firm and final and shall not be subject to any adjustment for any reason whatsoever. Unless otherwise specified in the Agreement, the price shall be paid in the specified currency within sixty (60) days from date of delivery of the Products, or within sixty (60) days after the Purchaser's receipt of the Seller's invoice, whichever is later.

本契約記載の代金は最終的なもので理由の如何を問わず調整しない。本契約に別段の記載がない限り，代金は，本製品の引渡し日から60日以内，又は請求書を買主が受領の日から60日内の，どちらか遅く到来する期限で，所定の通貨で支払う。

　貨物の引渡は契約に従った数量でなければ"本旨引渡し"とならない。しかしながら，対象貨物の特性（例えば原油など）によっては若干の増減も本旨引渡しと認める合意がありえる。その場合は本旨引渡しを前提に，その増減について代金の調整が行われることになる。なお一定の範囲の数量の増減を許容する条項を"more or less clause"という。

[過不足を認める条項]

The quantity of oil to be lifted by any tankship may be increased or decreased at the time of loading by up to five percent (5%) of the quantity specified in the Accepted Quantity, at the option of the Purchaser and in its sole discretion.

タンカーが運送する石油の数量は，買主の裁量で，船積み時に，許容数量の数量の5%まで増減することができる。

[過不足分の精算条項]

If the actual quantity of oil delivered to the Purchaser, as determined by an independent inspector at the time of delivery thereof, should be less than 20,000 metric tons, then the Seller shall promptly pay the Purchaser for the difference calculated according to the base price; and if the actual quantity so determined should be greater than 20,000 metric tons, the Purchaser shall promptly pay the Seller for the amount of such excess, determined by applying the base price.

引渡し時の独立検査官の判断により，引渡された現実の石油の数量が2万MT未満の場合，売主は基本代金に従って計算した差額を買主に直ちに支払い，他方，現実の数量が2万MTを超える場合，買主は基本代金に従って計算した超過分を売主に支払う。

輸出入に関する関税負担，その増加の負担をどちらにするかについてはF.O.B.などの貿易条件によりつつ，特約することもあり得る。例えばF.O.B.では，原則として，輸出の通関費用，関税等は売主負担，輸入の通関費用，関税等は買主負担とされているが，これを修正する特約も可能である。

[F.O.B.条件をとり，諸費用負担は買主とする例]

1　Subject to the provision in this Article, the Seller shall sell the Products to the Purchaser at the prices set forth in the then current Price List. It is understood and agreed that such prices shall be F.O.B. price and not include any import duties or sales, use or excise taxes of any jurisdiction, all of which, if and to the extent applicable, are the responsibility of the Purchaser, and all charges, fees and expenses incurred after delivery of the Products shall be borne and paid by the Purchaser.
2　Any increase or additional tariffs, surcharges, duties or other import fees which become applicable after any Products are ordered, shall be payable by the Purchaser.

1　本条に従い，売主は最新の「価格表」にて定めた価格にて本製品を買主に販売する。当該価格は，F.O.B.建てとし，輸入税，販売税，利用税，消費税を含まないことに合意する。これらの適用がある場合これらすべては買主の負担とする。引渡後に課される一切の手数料，費用は買主の負担とする。
2　注文後に増加・追加した関税，追加税，公租公課やその他の輸入手数料は買主が負担する。

[諸費用負担は売主とする例]

All taxes, export duties, fees, banking charges and/or other charges incurred on the Products, containers and/or documents including certificates of origin in the country of shipment or delivery shall be the responsibility of the Seller and for the Seller's account. In the event of failure of or delay in shipment or delivery of the Products due to any reason whatsoever attributable to the fault of the Seller, the Seller shall, without prejudice to the other rights or remedies the Purchaser may have under this Agreement or applicable laws, reimburse to the Purchaser (i) the dead freight payable by the Purchaser and (ii) all other actual costs incurred by the Purchaser in respect of the Products as a result of such failure or delay in shipment or delivery of the Products.

本製品，コンテナ，及び書類（船積み又は引渡しの国の原産地証明を含む）に対し課される一切の税金，輸出税，手数料，銀行手数料，及びその他の費用は，売主の責任であり，売主の勘定とする。売主の責任に帰する事由により，本製品の船積み又は引渡しが不履行又は遅延となった場合，売主は，買主が本契約又は適用法に基づき有するその他の権利又は救済方法に加えて，買主に対し以下を弁償する，①買主が支払うべき不積み運賃，及び②本製品の船積み又は引渡しの不履行又は遅延の結果として本製品に関し買主が負担する一切のその他の実費。

（3）　支払い

支払方法としては信用状決済と電信送金がありえる。信用状統一規則（The Uniform Customs and Practice for Documentary Credits (UCP)）は，信用状の内容について，国による法律の相違から生じるトラブルを避けるべく国際商業会議所（ICC）によって制定された国際ルールである。現在は，2007年に改定されたUCP600が一般に用いられている。

[信用状による支払いの例]

Article 4.　Payment
1　Unless otherwise stipulated herein, within fifteen (15) days after conclusion of this Agreement, the Purchaser shall establish an irrevocable and confirmed letter of credit, through a prime bank of international repute, which letter of credit shall be in a form and upon terms satisfactory to the Seller and shall be in favor of the Seller in an amount equal to one hundred percent (100%) of the total contract price of the Products, and shall be payable in United States Dollars. The terms of such letter of credit shall be in strict compliance with the terms of the Agreement.
2　The letter of credit set forth above shall be negotiable against a draft at sight signed by the Seller upon the presentation of the following shipping documents:
　i)　A full set of negotiable clean on-board bills of lading made out to the order of the Seller and endorsement;
　ii)　Commercial invoice duly signed by the Seller in three (3) copies;

    iii) Marine insurance policy endorsed in blank for 110 per cent (110%) of the invoice value;
    iv) Certificate of inspection issued by an independent inspector;
    v) Consular invoices, if required by the Purchaser; and
    vi) Certificate of origin, if required by the Purchaser.
3 The letter of credit shall:
    i) refer to this Agreement by its number,
    ii) be subject to Uniform Customs and Practice for Documentary Credits, 2007 revision, ICC Publication No. 600, or any subsequent revision or amendment thereto,
    iii) provide for partial availability for partial shipment,
    iv) authorize reimbursement to the Seller for such sums, if any, as may be advanced by the Seller for consular invoices, inspections fees, banking charges and other expenditures made by the Seller for the account of the Purchaser,
    v) be maintained for a period of not less than thirty (30) days after the last day of the month of shipment for negotiation of the draft covering such shipment, and
    vi) be available for negotiation with any bank.

第4条　支払い
1　本契約に別段の規定なき限り，契約締結後15日以内に，買主は，国際的に高評価の一流銀行で，取消し不可能の確認信用状を開設する。この信用状は，売主が満足する形式と条件によるものとし，本製品の契約金総額の100％に相当する金額で売主を受益者とするものとし，米ドルで支払われるものとする。この信用状の条件は本契約の条件に厳密に合致するものとする。
2　上記の信用状は，下記の船積書類の提示がある場合，売主が振出した一覧払い為替手形と引き換えに買い取られるものとする。
    ⅰ）譲渡可能・無故障船荷証券一式（指図式で宛て先白地で売主により裏書されたもの）
    ⅱ）売主により署名された商業送り状　3部
    ⅲ）送り状金額の110パーセントをカバーする金額で付保された海上保険証券（宛て先空欄で裏書されたもの）
    ⅳ）独立検査人により発行された検査証明書
    ⅴ）領事送り状（買主により要求された場合）
    ⅵ）原産地証明書（買主により要求された場合）
3　上記の信用状は，
    ⅰ）その契約番号により本契約に言及する。
    ⅱ）2007年版信用状統一規則 UCP600 又は改訂版に従うものとする。
    ⅲ）分割船積みに対しても分割して支払われることを規定する。

iv）売主が買主の勘定で行った領事送り状，検査費用，銀行手数料，その他の費用につき前払いをした金額につき売主に補償することを認める。
v）船積にかかる手形の買取のため船積月の末日から30日以上効力を維持するものとする。且つ，
vi）いかなる銀行による買取も可能とする。

［信用状開設の不履行の場合］

If the Purchaser fails to establish such Letter of Credit within the time stipulated and in the form specified above, the Seller shall reserve the right, without prejudice to any other remedies it may have, to terminate the Agreement or defer the shipment of the Products, or resell or hold the Products for the Purchaser's risk and account, and all accounts payable by the Purchaser to the Seller for the Products, if any, delivered under this Agreement shall, upon the Seller's declaration, become immediately due and payable in full in cash, and the Purchaser shall take full responsibility for any consequence arising from such failure. The Purchaser shall, upon the Seller's demand, pay to the Seller interest on overdue accounts at the rate of fifteen percent (15%) per annum. All bank charges outside Japan, including collection charges and stamp duties, if any, shall be for the account of the Purchaser.

買主が上記の期限内に，且つ上記の形式でそのような信用状を開設しなかった場合には，売主はその他の権利に付加して，本契約を解除するか，本製品の船積みを遅らせるか，又は買主の危険と勘定で当該本製品を再販するか保持するかの権利を留保するものとする。本契約により引渡した本製品につき買主が支払うべき一切の勘定は売主の宣言により全額直ちに期限が到来し，買主はそのような不履行から生じる如何なる結果に対しても全責任を負うものとする。買主は売主の要求で年利15％で遅延金額につき利息を支払う。日本国外の一切の銀行手数料（回収手数料及び印紙税を含む）は買主の勘定とする。

［電信送信による支払いの例］］

1 Payment for the Products shall be made by the Purchaser by telegraphic transfer to the bank account(s) designated by the Seller in United States Dollars within twenty (20) days after the receipt by the Purchaser of the Seller's invoice, at the Seller's costs and expenses.
2 Unless otherwise agreed between the parties, invoices will be issued and mailed by the

Seller to the Purchaser upon the delivery of the Products at the place of the delivery set forth in this Agreement.

1　本製品に対する支払いは，売主の請求書を買主が受領後 20 日以内に，買主が，自己の費用で，売主により指定された銀行口座に米ドルで電信送金することによって行うものとする。
2　当事者間で別途に合意されない限り，本契約に規定された引渡し場所で本製品の引渡しが行われ次第，売主は買主に請求書を発行し送付するものとする。

［支払遅延の場合遅延利息を定める規定］

In the event the full amount of any invoice issued by the Seller under this Agreement is not paid by the Purchaser when due, any unpaid amount shall bear interest from the due date until paid in full, at an interest of fourteen percent (14％) per year or the maximum interest rate permitted by the usury law of the Purchaser's country, if any, whichever is lower, on the basis of 360 days.

売主の発行した請求書の全額を買主が期日に支払わない場合，当該期日から全額を支払うまで，1 年 360 日として，年 14％又は買主の国の利息制限法で認められる最高利率のいずれか低いほうの利率により，未払額に対し遅延利息を支払うものとする。

（4）　船積み

　　売主の引渡しの基本的義務は，通常，契約に定められた期日（time of shipment）までに，定められた場所（port of shipment；port of loading）で，契約商品を，本船に引き渡すことにより行われる。

［F.O.B. 条件による場合の例］

Article 5.　Shipment
1　Delivery of the Products shall be made at San Francisco Port, California, on or before April 1, 2017, on a F.O.B. San Francisco Port basis.
2　The port of the destination of the Products shall be Yokohama Port, Japan.
3　In case of a F.O.B. contract, the Purchaser shall, at its own expenses, arrange for ocean freight of the Products from the port of shipment stated in this Agreement to the port of destination of the Products. As soon as practicable after ocean freight is secured by the

Ⅴ　動産売買契約（Sales Agreement）　87

Purchaser, the Purchaser shall notify the Seller of the name of the vessel and the estimated time of arrival (E.T.A.) of the vessel at the port of shipment.
4　Time of shipment is of the essence of this Agreement.
5　Date of bill of lading shall be accepted as conclusive evidence of the date of shipment.
6　Partial shipment shall not be permitted.
7　The trade term "F.O.B." shall be interpreted in accordance with INCOTERMS 2010 as amended.

第5条　船積み
1　本製品の引き渡しはF.O.B.サンフランシスコ港条件で，2017年4月1日以前にカリフォルニア州サンフランシスコ港で行われる。
2　本製品の仕向港は，日本の横浜港とする。
3　F.O.B.契約の場合，買主は，自己の費用で，本契約に定める船積港から本製品の仕向港までの海上輸送を手配するものとする。買主による海上輸送の手配ができ次第，買主は売主に対し，本船の名前と船積港への到着予定日を通知するものとする。
4　船積み時期は，本契約の重要な条件である。
5　船荷証券の日付は，船積み日の決定的証拠となる。
6　分割船積みは許容されない。
7　貿易条件のF.O.B.という用語は，インコタームズの2010年版（又はその改訂版）により解釈される。

　"Time of shipment is of the essence" は time essence 条項という。日本ではCFR条件による売買契約が定期売買（定期売買につき民法542条では無催告解除を規定し，商法525条では当然解除を規定する）とされた判決がある（神戸地判昭和37年11月10日判時320号4頁，東京地判平成2年4月25日判時1368号123頁）。CISGにおいては解除事由が限定されていることから（49条1項，64条1項参照），このような条項を置くことで少なくとも通常の催告解除ができるように留意すべきである。なおこれを規定するなら以下のような例文になろう。

　"Failing to ship the Products within 15 days may, upon written notice to the Seller, forthwith terminate this Agreement."

　また船荷証券の日付をconclusive evidenceとすることによって紛争の発生を未然に防ぐことができる。

[買主の重大な債務不履行]

The Seller shall deliver the Products to the carrier designated by the Purchaser at the point of delivery designated in Schedule A attached hereto on each Delivery Date; provided, however, that the Seller shall not be obligated to deliver the Products if any invoice previously issued by the Seller under this Agreement is past due. The Purchaser's failure to designate a carrier or other refusal to accept delivery of the Products in the manner provided for above shall constitute a material breach of its obligations under this Agreement.

売主は本製品を各引渡日に本書添付の別紙 A 所定の引渡し場所で買主の指定運送人に引渡す。但し売主が本契約にもとづき事前に発行したインボイスが期限経過の場合売主は引渡し義務を負わない。買主が運送人を指定せず，又は前記の方法で本製品の受領を拒絶することは本契約の重大な債務不履行を構成する。

[C.I.F. 条件の例]

Delivery of the Products shall be effected at Yokohama Port, Japan, on or before the 23rd day of December, 2016, on a C.I.F. Yokohama Port basis.

本製品の引渡しは C.I.F. 横浜港条件で，2016 年 12 月 23 日以前に，日本の横浜港で行われるものとする。

[売主の船積み遅延の場合又はそれが予期される場合の条項]

1　Time of shipment or delivery is of the essence of the Agreement. In the event the Seller fails to make timely shipment or delivery of the Products, the Purchaser may upon written notice to the Seller and at the Purchaser's sole discretion, immediately terminate the Agreement or extend the period for shipment or delivery in either event without prejudice to all other rights or remedies the Purchaser may have under this Agreement or applicable laws.

2　If the Seller's failure to make timely shipment or delivery of the Products or otherwise perform its obligations hereunder is reasonably anticipated, the Purchaser may demand the Seller to provide, within a reasonable time, bank guarantee or any other adequate assurance, satisfactory to the Purchaser of the due performance of this Agreement by the Seller (collectively the "Adequate Assurance"), and withhold the performance of this Agreement by the Purchaser. In the event that the Adequate Assurance is timely provided by the Seller or that concerns regarding due performance by the Seller are extinguished, the Purchaser shall perform its obligation hereunder within such period as reasonably necessary for the performance thereof after the Purchaser is aware that the Seller has provided the Adequate Assurance or that such concerns have been extinguished.

1　船積み又は引渡しの時期は本契約の重要事項である。売主が本製品の船積み又は引渡しを適時に行わない場合，買主は，売主に書面による通知を行い，買主の裁量により，直ちに本契約を解除するか又は船積み若しくは引渡しの期間を延長することができ，このいずれの場合も買主が本契約又は適用法に基づき有するその他一切の権利又は救済方法に累積されるものとする。
2　売主が本契約に基づく本製品の船積み又は引渡しの適時の実行又はその他の義務の履行を行わないことが合理的に予期される場合，買主は売主に対し，合理的な期間内に，売主による本契約の適法な履行につき買主が満足するような銀行保証状又はその他の適切な保証（「本保証」と総称する）を提供するよう求め，また買主は本契約の履行を差し控えることができる。適時に売主が本保証を提供するかあるいは売主による適切な履行に関する懸念が消失した場合，売主がその本保証を提供したこと又はその懸念が消失したことを買主が認識した後に，買主は，その履行について合理的に必要な期間内に本契約に基づく義務を履行するものとする。

（5）　危険と所有権の移転

　インコタームズでは，F.O.B. 条件，C.I.F. 条件などの場合につき，売主から買主への危険負担（risk）の移転時期を規定している。危険負担とは，売買契約の対象商品が海上輸送又は航空輸送中に，暴風雨・遭難・爆発・火災・盗難などさまざまな理由で滅失又は損傷した場合に，その損失等を売主・買主のどちらが負担するかという問題である。F.O.B. 条件，C.I.F. 条件のいずれの場合も，インコタームズ 2010 では，船積港で本船に積み込むことによりリスクが買主に移転することを定めている。

　動産の所有権（ownership; title）の移転時期については，CISG にもインコタームズにもまったく規定していない。これは国際私法の物権準拠法による（通則法 13 条参照）。なお，動産の所有権の移転時期はいつかであるが，これは法制度（実質法）の違いを意識する必要がある。物権の移転には意思表示のみで足り，他に物権移転のための行為を必要としない立場を意思主義といい，日本法やフランス法はこの立場に立つ。すなわち，日本民法 176 条は意思表示（契約）のみで所

有権移転の効果が生じる。物権の移転には意思表示のみでなく，他に物権移転のための行為が必要と考える立場を形式主義といい，ドイツ法はこの立場に立つ。すなわち，動産の所有権を移転するためには，所有権者がその物を譲受人に引き渡し，所有権が移転すべきことについて両者が合意することを要する（ドイツ民法典929条）。このような法制度の差異を理解すべきである。

Article 6. Risk and Title
Risk of and title to the Products shall pass from the Seller to the Purchaser at the time when the Products are on board the vessel at the port of the shipment.

第6条　危険と所有権
本製品の危険と所有権は，本製品が船積み港で本船に置かれたとき，売主から買主へ移転する。

　本製品に関する危険と所有権は，本製品が船積港で本船に置かれた時点で売主から買主に移転するものとする。この条項は危険の移転時期につき F.O.B. や C.I.F. と整合的である。

[検査合格時に移転する特約]

Risk of and title to the Products shall pass from the Seller to the Purchaser at the time when the Products have passed the inspection by the Purchaser at the port of the destination.

本製品の危険と所有権は，本製品が仕向け港で買主による検査に合格したとき，売主から買主へ移転する。

　この売買契約が F.O.B. や C.I.F. 条件を使用しているときに，上記の条項は如何なる意味を有するか。危険の移転と所有権の移転の両者が含まれているが両者は分けて検討するべきである。

　危険負担（債権債務）の問題は債権準拠法（通則法7条により指定があればそれによることになる）による。しかし，CISG を明示に排除していない限り CISG が直接適用されることになる。CISG 第67条1項によれば運送人への引渡しにより買主に危険は移転する。しかし合意された C.I.F. 条件によって危険は買主に移転することになる（C.I.F. 条件の合意で67条を排除している。しかし結果として両者の結論に大きな変わりはない）。ところが，上記特約によれば，危険は検査合

格時となっているので，これによることになる。

　他方で物権関係にはCISGの適用はない（4条）。所有権の移転は物権準拠法の問題であり，準拠法の指定とは無関係である。通則法13条2項によれば，契約締結時の所在地法である国の物権準拠法によることになる。

　なおもちろん，危険と所有権の移転時期を別規定にすることもありえる。例えば，危険の移転時期は貨物が本船に置かれたときとしつつ，代金完済のときに所有権が移転するとする規定は見かける。

Title Retention
Even after the Seller has delivered the Products to the Purchaser, the Seller shall retain the title to the Products until the time when the Purchaser pays the Seller the Price and all other payments in full which shall be payable from the Purchaser to the Seller under this Agreement.

所有権留保
売主が買主に対し本製品を引渡した後といえども，売主は，買主が売主に対し本契約に基づき支払うべき代金及びその他の支払いを完済するまで，本製品に対する所有権を留保するとする。

（6）　海上保険

　実務上，インコタームズで基本的な付保条件が規定されており，例えばC.I.F.条件の場合には，売主が売主の費用で買主のために海上保険を付保することになる。保険金額には商品価格に買主の期待利益として10％を加えた110％の金額を保険価格とすることが一般である。また，保険条件として当事者間で取り決めがない場合，F.P.A.条件で付保されることになっている。F.P.A.条件とは，"Free from Particular Average"（分損不担保）をいう。全損（Total Loss）と共同海損（General Average）をカバーする。

［一般的な海上保険条項］

Article 7.　Insurance
1　The Seller shall effect all risks (Institute Cargo Clauses) marine insurance with underwriters or insurance companies of good repute in the amount of one hundred and ten percent (110%) of C.I.F. value of the Products.

2 Any additional insurance required by the Purchaser shall be for the Purchaser's account. The Seller is not under the obligation to effect such additional insurance, unless the Purchaser's written request is received by the Seller at least thirty (30) days before the date of scheduled shipment of the Products.

第 7 条　保険
1　売主は，評判がよい保険業者又は保険会社との間で，本製品の C.I.F. 価格の 110% につき，全危険担保条件（ロンドン保険業者協会貨物約款）の海上保険契約を締結する。
2　買主が要求する追加の保険は，すべて買主の勘定とする。売主は，本製品の船積予定日の少なくとも 30 日前に買主からの書面による要請を受領しなければ，追加の保険を付保する義務を負わないものとする。

(7)　検査とクレーム
　輸出地の船積時の品質と輸入地の陸揚時の品質との間に差異を生じることも少なくない。したがって，何時の検査の結果を売買契約当事者間の最終確定品質として採用するのかを明確に定めておくべきである。F.O.B. 条件や C.I.F. 条件にあっては，危険の移転などが船積時に売主から買主に移転するのを原則とするので，船積時品質条件が適用されることが多いであろう。但し，商品特性から，荷揚げ港を最終検査値とすることも少なくなく，これは上記の危険等が船積み時に移転することと矛盾するわけではない。検査とクレームの条項につきいくつかのバリエーションを以下に示す。

[売主による検査に関する簡易な規定]

Inspection
The quality and quantity of the Products shall be determined by a mutually acceptable surveyor at the expense of the Seller prior to loading. The Seller shall send a certificate issued by such surveyor of the quality and quantity of the Products to the Purchaser without delay.

検査
本製品の品質及び数量は，売主の費用により，相互に受諾できる検査人によって船積み前に決定される。売主は，本製品の品質及び数量につき当該検査人が発行した証明書を遅滞なく買主に送付する。

[売主側で検査, 但し最終目的地での買主検査権を留保する規定]

The Products sold under this Agreement shall be subject to inspection of the Seller at the Seller's premises prior to the shipment. Such inspection by the inspection standards and procedures of the Seller, unless otherwise instructed by the Purchaser, shall be final and conclusive in respect of quality and/or conditions of the Products. Such inspection, however, shall not, in any way, prejudice the Purchaser's right of inspection of the Products after the delivery at the final destination or rejection of the defective Products. In case the Purchaser requires inspection by appointment of an inspector, the Purchaser shall, prior to shipment, inform the Seller of the name of such inspector to inspect the Products at the final destination. The inspection by the Purchaser of quality and quantity of the Products after the delivery at the final destination shall be final between the Seller and the Purchaser. Such inspection fee shall be for the account of the Purchaser.

本契約に基づき売却される本製品は, 船積み前に売主の構内で売主による検査を受けるものとする。売主の検査の基準及び手続による検査は, 買主が別段の指示をしない限り, 本製品の品質及び状態に関し最終的且つ決定的とする。但し, かかる検査は, 最終目的地での引渡し後に本製品を検査し, 又は瑕疵ある本製品を拒絶する買主の権利をいかなる意味でも損わないものとする。買主が検査員指名により検査を要求する場合, 買主は売主に対し, 船積みの前に最終目的地で本製品を検査するためこの検査員の氏名を通知するものとする。最終目的地での引渡し後に買主が行う本製品の品質及び数量の検査は, 売主と買主間で最終的とする。この検査費用は買主の負担とする。

　原則論としては, 上記規定の最初の2文で十分である。例外規定を「但書」で置いたのがこの規定の重要な点である。検査の結果クレームが生じる場合があるが, 以下例文をあげる。

[クレーム提起に関する規定]

The Purchaser shall give the Seller written notice of any claim within thirty (30) days after the arrival of the Products at the port of destination, or within six (6) months after the arrival of the Products at the port of destination in the event of a latent defect. Unless such notice, specifying full particulars of the claim and accompanied by proof certified by an authorized surveyor, is sent by the Purchaser within such thirty (30) day or six (6) month period as the case may be, the Purchaser shall be deemed to have waived all claims.

最終目的港で本製品の到達から30日以内に, 又は隠れた瑕疵の場合最終目的港で本

製品の到達から6ヵ月以内に、買主は売主へクレームの通知を書面で行う。この30日又は6ヵ月の期間内に、クレームの詳細を記載した通知を検査人の証明書を付して買主が送付しない限り、買主は一切のクレームを放棄したものとみなされる。

[検査とクレームを一体として規定（売主優位）]

Article 8.　Inspection and Claim

1　The Purchaser shall inspect the Products as to quantity and, as far as reasonably possible, as to conformity with the specifications promptly after discharge of the Products at the destination thereof. If the Purchaser finds any shortage of, or non-conformity in, the Products, it shall notify the Seller in writing the details of such shortage or non-conformity within fourteen (14) days of such discharge, accompanied by an authorized surveyor's certificate of inspection. The Seller shall have the right to be present at the time of such inspection. Unless any such notice is received by the Seller during said period, the Purchaser shall be deemed to have accepted the Products and to have waived all claims for any shortage of the Products or any non-conformity in the Products which should reasonably have been discovered during the Purchaser's inspection. Failure to specify such details shall also constitute a waiver of all such claims. Notwithstanding such alleged shortage or non-conformity, the Purchaser shall make payment in full for all Products as provided for herein, and the alleged shortage or non-conformity shall be treated as a claim subject to the provision of this Agreement.

2　In case of any claim for which the Seller is responsible, the Seller has an option to either repair or replace non-conforming Products or parts thereof, replenish the shortage in the case of shortage, or refund the purchase price of the non-conforming Products not exceeding the amount of invoice value of such Products or parts thereof, which are the sole and exclusive remedies available to the Purchaser. In case of replacement or replenishment, delivery shall be made to the Purchaser in the same manner as set forth herein.

第8条　検査とクレーム

1　買主は、本製品が最終目的地で荷揚げされてから直ちに、本製品の数量を検査し、且つ合理的に可能な範囲で本製品が本仕様に合致しているかどうかを検査しなければならない。買主が本製品の数量不足や本仕様との不一致を発見した場合、買主は、荷揚げから14日以内に、検査員の検査証明書とともに書面にて売主にその不足や不一致の詳細を通知しなければならない。売主はかかる検査に立ち会う権利を有する。当該通知期間内に売主が通知を受領しなかった場合は、買主は本製品の受入れを容認したものとみなし、検査期間中に合理的に発見されてしかるべき本製品の

る。この詳細を述べない場合もクレームの放棄を構成する。かかる数量不足や本仕様との不一致の申立てがあっても，買主は本契約にて定めた全ての本製品に関する対価を全額支払うものとし，かかる数量不足や本仕様との不一致の申立てについては，本契約の条項に従ったクレームとして処理される。
2　売主が責任を負うべきクレームの場合，売主は，仕様に合致しない商品又はその部品を修理又は交換するか，数量不足のとき不足を塡補するか，仕様に合致しない商品の代金を（請求金額以内で）返還するかを選択するオプションを有する。以上は買主につき唯一の救済である。交換や塡補の場合，買主への引渡しは本契約の条件に従う。

　14日以内に検査証明書を付してクレームをしないと失権するという売主に有利な規定である。

［隠れた瑕疵（latent defects）を規定した条項］

Any claim by the Purchaser, except for latent defects, shall be made in writing as soon as reasonably practicable after the arrival of the Products at their final destination and unpacking and inspection thereof. The Seller shall be liable for any latent defects of the Products at any time after delivery of the Products, notwithstanding the inspection and acceptance of the Products by the Purchaser or any subsequent purchaser, provided that notice of claim shall be made in writing as soon as reasonably practicable after discovery of such defects.

買主によるクレームは，隠れた瑕疵を除き，本製品の最終目的地到着，開梱及び検査後，合理的に可及的速やかに書面でなされるものとする。売主は，本製品の隠れた瑕疵については，買主又は本製品のその後の購入者による検査と合格にかかわらず，本製品の引渡し後のいつでも責任を負うものとする。但しクレーム通知はその瑕疵発見後合理的に可及的速やかに書面でなされるものとする。

　隠れた瑕疵は検査の際に発見できないから「隠れた」瑕疵なのであって，検査，その後のクレーム期間の後も，合理的期間内であれば，責任追及を認めるべきであろう。

［検査とクレームを一体として規定（買主優位）］

Article 8.　Inspection and Claim

1　The Purchaser shall have the right to inspect the Products as to quantity and, as far as reasonably possible, as to conformity with the specifications after discharge of the Products at the destination thereof. Inspection of any Products by the Purchaser shall not constitute acceptance thereof nor shall it constitute a waiver of any claim or right which the Purchaser or its customer may have with respect thereto.

2　In the event that any claim is made by the Purchaser, the Seller shall, at the Purchaser's option, do any of the followings:

   (a)　repair or replace the non-conforming Products or non-conforming parts or components of the Products,

   (b)　replenish the shortage, in the case of shortage, and/or

   (c)　repay the purchase price of the non-conforming Products which the Seller has received.

3　In the event of any breach by the Seller of any of the warranties or conditions of this Agreement, the Purchaser shall have the right to dispose of them for the account of the Seller at such price and time as the Purchaser may deem reasonable. In addition to the above remedies, the Seller shall reimburse the Purchaser for any and all costs, expenses, losses and damages arising in connection with any claim alleged by the Purchaser.

第8条　検査とクレーム

1　買主は，本製品が最終目的地で荷揚げされた後本製品の数量を検査し，且つ，合理的に可能な範囲で，本製品が本仕様に合致しているかを検査する権利を有する。買主による本製品の検査は，本製品の検査合格を意味するものではなく，買主又はその顧客が本製品に関して有するいかなるクレームや権利の放棄を意味するものでもない。

2　買主よりクレームがあった場合，売主は買主の選択により下記の事項を行う。

   (a)　本仕様と合致しない本製品，又はその部品・構成品の修繕又は交換

   (b)　数量不足の場合，不足分の補塡，及び／又は

   (c)　本仕様と合致しない本製品に関し売主が既に受け取っていた代金の払戻し

3　本契約の保証又は条件に売主が違反した場合，買主は，買主が合理的とみなす価格と時期で売主の責任で本製品を処分する権利を有する。上記の救済に加え，売主は，買主より申立てられたクレームに関して生じた全ての費用，損失，損害を買主に補償しなければならない。

　　検査は買主の権利であり，検査をしてもクレームの権利を失わず，また救済方法は買主が選択できるという買主に有利な規定である。

（8） 保証（warranty）

　米国統一商事法典（U.C.C.）においては warranty の語が用いられている。よく問題になるのは warranty と guaranty の違いである。基本的に warranty は担保責任に近く，guaranty はいわゆる保証に近いと考えてよい。すなわち，warranty は，契約の対象物がある品質を有すること，又は売主が対象物に正当な権原を有することを保証する（warranty）というように使用される。これに対し guaranty は，原則として，主債務者を前提としてこの不履行により生じる補充的な履行責任と考えられる。

　英米法の下にあっては，品質保証に関して明示の保証（express warranty）と黙示の保証（implied warranty）が存在する。当事者間の定める保証としての明示の保証は，契約締結時の売主の明示の約束による保証であり，黙示の保証は，以下のように，売主の約束の有無にかかわらず法によって当然に売主が負担することになる保証である。したがって，黙示の保証は，明示の保証と矛盾しないかぎり，一方の存在が他方の存在を排斥するものではなく，併存するものである。U.C.C. によれば，明示の保証は U.C.C. § 2-313(l) に規定される。この品質保証については，商品適合性（merchantability）に関する保証と特定の目的に対する適合性（fitness for particular purpose）に関する保証がある。

　売買契約から生じる保証に関しては，売主がその物品を取り扱う商人である場合には，明示的に排除又は制限しないかぎり，その売買契約において，その物品が商品適合性をもつことの黙示の保証が生じる（U.C.C. § 2-314(1)）。他方，買主が売主に対して，明示又は黙示の方法で，なぜ物品を必要とするのかその特定の使用目的を告知し，その物品の選択を売主の判断に任せ，購入を決定したときは，売主は買主に対し，契約に基づいて供給される物品は，その特別の使用目的に合致するものであることの黙示の保証をしたものであるとされる。売主はその物品が，その目的に十分適合しないときは，買主に対して，保証違反による損害賠償責任を負うことになる（U.C.C. § 2-315）。

　これらの明示又は黙示の保証は，その排除又は制限が合理的妥当であるかぎり，売主の明示の表示によって排除することができるし損害賠償額を制限することもできる（U.C.C. § 2-316(l)(2)(3)）。したがって，売主としては，契約上適切な排除・制限を心がけ，また保証を排除・制限する文言は，U.C.C. の同条項の要請に従い，目立つように（"conspicuous"）すべて大文字で表記すべきである。

　なお CISG においては，物品の契約適合性（第35条）として規定をしており，

保証（warranty）という用語は使用していないが，前述の統一商事法典の規定と多くの点で類似している。

契約作成実務からいえば，保証条項は両当事者（売主・買主）間の力関係が如実に表れるところである。すなわち，売主が強い場合保証条件は制限的であるが買主が強い場合保証は拡大する。以下では，売主と買主それぞれに有利な条項を示す。

[売主優位の詳細な保証条項]

Article 9.　Limited Warranty

1　The Seller warrants to the Purchaser that Products shall conform to the specifications. The Seller's warranty shall continue for a period of twelve (12) months from the date of each applicable bill of lading. EXCEPT AS PROVIDED HEREIN, THE EXPRESS WARRANTIES SET FORTH IN THIS ARTICLE ARE EXCLUSIVE, AND NO OTHER WARRANTIES OF ANY KIND, WHETHER STATUTORY, WRITTEN, ORAL, EXPRESS OR IMPLIED, INCLUDING, WITHOUT LIMITATION, WARRANTIES OF FITNESS FOR A PARTICULAR PURPOSE OR MERCHANTABILITY SHALL APPLY TO THE PRODUCTS.

2　The foregoing warranties are conditional upon the Products being handled, stored, installed, tested, inspected, maintained and operated in the manner specified by the Seller, or if not specifically specified by the Seller then in a commercially reasonable manner. They shall not apply to any Products (i) on which the original identification marks and serial numbers have been removed or altered, (ii) which have been modified without the Seller's written approval, (iii) which have been subjected to abuse, misuse, improper instruction and maintenance, negligence, accident or tampering on the part of the Purchaser and/or the end user, (iv) which have been repaired by other than the service representatives approved by the Seller, (v) which fail to meet the warranty as a result of acts or omissions of any person other than the Seller, or (iv) which are normally consumed in operation.

3　Unless otherwise agreed in writing, the Seller's obligation under the said warranty shall be limited to repairing or replacing at the Seller's discretion any Products or parts thereof which, under normal and proper use and/or maintenance, proves defective in material or workmanship, provided that notice of any such defect and satisfactory proof thereof to the Seller shall be given promptly the Purchaser. The above remedies are the exclusive remedies of the Purchaser for any claim that the Products fail to the specifications.

4 When any Products are repaired or replaced by the Seller hereunder, the repaired or replaced Products shall be subject to the same warranties, the same conditions and the same remedies as the original Products, provided that the warranty period therefor shall be the balance of the applicable warranty period relating to the repaired or replaced Products.

5 THE SELLER SHALL NOT BE LIABLE FOR (i) LOSS OF PROSPECTIVE PROFITS, OR FOR ANY INDIRECT, INCIDENTAL OR CONSEQUENTIAL DAMAGES ARISING FROM ANY DELAY IN DELIVERY, DAMAGE TO OR DEFECT, NON-CONFORMITY OR SHORTAGE OF PRODUCTS, OR (ii) ANY PRODUCT LIABILITY CLAIMS MADE AGAINST, OR LIABILITY INCURRED BY, THE PURCHASER IN RELATION TO PERSONAL INJURY AND/OR PROPERTY DAMAGE ARISING FROM USE OF PRODUCTS. In no event shall the Seller's liability for any claim of any kind exceed the purchase price of the Products.

第9条　限定責任

1 売主は買主に対し，本製品が仕様に合致していることを保証する。売主の保証は，各本製品の船荷証券の日付より12ヵ月継続する。本契約で定められた以外，本条項に記載の明示の保証は唯一のものであり，種類の如何を問わず，制定法か，書面によるか口頭によるか，明示か黙示かを問わず，特定目的の適合性又は商品適合性を含むがこれに限定されず，その他の保証は本製品に適用されないものとする。

2 前述の保証は，本製品が売主の指定した方法（もし売主にて特に指定がなければ商習慣的に合理的な方法）により扱われ，保管され，据え付けられ，テストされ，検査され，維持され，且つ使用されることを条件とする。以下の本製品については当該保証は適用されない。(i) 当初のIDマークやシリアルナンバーが除去又は変更された本製品，(ii) 売主の書面による承諾なしに変更された本製品，(iii) 買主又はエンドユーザーの側の悪用，誤用，不適切な指示・保管，過失，事故又は改ざんにあった本製品，(iv) 売主の認定サービス業者以外の手により修繕された本製品，(v) 売主以外の者の作為又は不作為の結果，保証を満たさなくなった本製品，或いは (vi) 自然摩耗した本製品。

3 書面による別段の合意がない限り，上記保証に基づく売主の義務は，売主の裁量により本製品又はその部品を，修繕又は交換することに限定される。これは，通常且つ適切な使用又は保管のもとで，材料又は仕上がりにおいて瑕疵が証明される場合であり，その瑕疵の通知と売主に満足がいく証明が買主に直ちに交付されることを条件とする。本製品が仕様に合致しないとのクレームにつき，この救済は買主にとって唯一の救済である。

4 本契約に基づき本製品が売主により修繕又は交換される場合，かかる修繕後又は交換後の本製品は当初の本製品と同様の保証，条件，救済方法の対象とする。但し，

その保証期間は修繕又は交換された本製品の当初の保証期間の残りとする。

5　売主は、(i) 引渡しの遅延、本製品の毀損、瑕疵、不適合又は数量不足から生じる得べかりし利益の喪失、間接・偶発・結果損害、又は (ii) 本製品の使用により生じた人身傷害又は物的損害に関し、買主に対して提起された、又は買主が被る製造物責任クレームについては、責任を負わない。いかなる場合でも、クレームに対する売主の責任は本製品の購入代金を超えないものとする。

　この文例の第1項は仕様書の合致以外は一切保証しないという意味である。U.C.C. でいうところの「特定目的適合性」や「商品適合性」も保証しないと定めている。第2項は、保証を履行するための前提条件を定めたものである。売主に無断で変更を加えた場合や濫用した場合には保証は及ばないことを示す。第3項は保証義務があったとしても修繕か交換に限られると述べる。その他にも、責任を負うに当って様々な条件が付されている。商人対商人の契約であれば、このような限定は有効とされる可能性が高い。第5項は、結果損害等については一切責任を負わないとする。

　なお、責任を減免する規定は、すべて大文字で表示することになっている。これは、前述のように、免責合意は目立つよう記載すべきという U.C.C. § 2-316 からきている。

[保証責任につき期限を規定した条項]

The Seller warrants that the Products sold shall conform to the Seller's specifications within six (6) months from the date of delivery to the end user or within four (4) months from the date of the transport document, whichever occurs first.

最終消費者への引渡し日から6ヵ月以内、又は運送書類の日付から4ヵ月以内のどちらか早く到来する時まで、売主は、本製品が売主の仕様書に合致することを保証する。

[売主優位の簡易な保証条項]

Disclaimer of All Warranties

1　It is specifically confirmed that all of the Products are hereby sold and delivered to the Purchaser on an "as is" basis. SELLER EXPRESSLY DISCLAIMS ALL WARRANTIES, EITHER EXPRESS OR IMPLIED, INCLUDING IMPLIED WARRANTIES OF MERCHANTABILITY OR FITNESS FOR A PARTICULAR PURPOSE.

2 IN NO EVENT SHALL SELLER BE LIABLE FOR (a) SPECIAL, INDIRECT OR CONSEQUENTIAL DAMAGES, (b) LOSS OF ANTICIPATED PROFIT OR REVENUE, LOSS OF USE, COST OF CAPITAL, DOWN-TIME COSTS, OR COST OF SUBSTITUTE PRODUCTS, FACILITIES, SERVICES OR REPLACEMENT POWER; OR (c) ANY OF THE FOREGOING SUFFERED BY A CUSTOMER OF PURCHASER.
3 The Purchaser further acknowledges that the Seller's liability on any claim, whether in contract, tort or otherwise, for any loss or damage arising out of or connected with, or resulting from the manufacture, sale, delivery, resale, repair, replacement, use or performance of any Products shall in no case exceed the price for the Products which gives rise to the claim.

保証義務の否認
1 全ての本製品が現状有姿で買主へ販売されるものであることを特に了解する。売主は，如何なる明示又は黙示の保証（商品適合性や特定目的適合性の黙示の保証を含む）をも明確に拒否する。
2 売主は如何なる場合においても下記に対する責任を負わない。(a) 特別，間接又は結果損害，(b) 得べかりし利益の喪失，使用損失，資本支出，休業コスト，又は代替品・設備・サービス若しくは交換に要した労働のコスト，又は (c) 買主の顧客が被った上記損失。
3 買主はさらに，契約，不法行為その他を問わず，本製品の製造，販売，引渡，再販，修繕，交換，使用又は性能に関して発生した損失又は損害に対する売主の責任はクレームを生ぜしめた本製品の価格を超えないものであることを了解する。

この例文は，売買が「現状有姿」売買として，一切保証をしないという，売主に有利な条項である。対象商品の特性からこのような売買もありえるところである。Disclaim は（保証を）否認する，排除する，という意味でよく用いられる。

［買主優位の詳細な保証条項］

Limited Warranty
1 The Seller hereby warrants to the Purchaser and to its customers that the Products shall (i) strictly conform to the Specifications, descriptions, drawings, data and samples thereof, (ii) strictly comply with all governmental regulations and safety standards in the country where the Products are sold, (iii) be free from defects in design, material, work-

manship, instruction manuals, labeling, warning instruction or the like, (iv) contain good and merchantable title to the Products free of any encumbrance, lien or other security interests, (v) be of merchantable quality and fit for the ordinary purposes for which the Products are used and for the particular purposes for which the Purchaser and its customer intend to use them, and (vi) be adequately contained, packed and labeled and conforms to the promises and affirmations of fact made on the container and label. This warranty shall survive any inspection, delivery, acceptance or payment by the Purchaser.

2   If the Purchaser alleges any claims on the above-mentioned warranty for a period of twelve (12) months from the date of original installation or eighteen (18) months from the shipment date to the Purchaser of the Products, whichever comes later, the Seller shall promptly, at the Purchaser's option, either repair, replace or refund the purchase price of, any Products which do not comply with the Seller's warranty and shall reimburse the Purchaser for any and all costs, expenses, losses and damages arising from or in connection with said non-compliance.

3   When any Products are repaired or replaced by the Seller hereunder' the repaired or replaced Products shall be subject to the same warranties, the same conditions and the same remedies as the original Products.

4   The foregoing obligations hereunder shall survive the expiration or termination of his Agreement.

限定的保証

1   売主は買主及びその顧客に対し以下を保証する。(i) 本製品が仕様、明細、図面、データ及びサンプルに厳格に合致していること、(ii) 本製品が販売される国におけるあらゆる政府規則及び安全基準に厳格に合致するものであること、(iii) 本製品のデザイン、原材料、出来栄え、指示書、ラベル、警告その他に瑕疵がないこと、(iv) 本製品に一切の負担、質権又はその他の担保権がなく本製品の良好且つ市場価値のある所有権を有していること、(v) 本製品が商品価値を有していること、また、本製品が使用される通常の目的並びに買主と買主の顧客が企図した特定の使用目的に合致するものであること、(vi) 本製品が適切に梱包しラベルされ、この包装・ラベルの事実表示に合致すること。この保証は買主による検査、引渡、検収又は支払があったとしても存続する。

2   最初の据え付けの日から12ヵ月間、又は本製品の買主への船積日から18ヵ月間のうちいずれか後に来るほうの期間内に、買主が上記保証につきクレームをする場合、売主は、買主の選択により、売主の保証条件を遵守しない本製品につき、直ちに修繕し、交換し、又はその購入代金を返還するものとし、またこの不遵守に関連して発生した一切の費用、損失及び損害を買主に対して弁償するものとする。

3   売主による本製品の修繕・交換があった場合、修繕・交換された本製品にはもとも

との本製品と同一の保証，条件，救済が適用される。
4　上記義務は，本契約の期間満了又は解除後も存続する。

　本条の保証は，前述の"売主優位の保証"とは全く逆のことを言っている。保証の対象が多く，また救済方法も，本条は代金返戻が入っており，また損害賠償の制限もなされていない。

［保証違反の場合］

In the event of any breach by the Seller of such warranty, the Purchaser shall have the right to reject the Products and the Seller shall pay the costs of inspecting and testing the rejected Products. The Purchaser shall have the right to require the Seller to repair or replace at the Seller's expense defective Products or parts hereof without prejudice to any other remedy and the Seller shall be liable for all loss and/or damages caused by the Seller's breach of warranty under the Agreement.

売主がこの保証に違反した場合，買主は本製品を拒否する権利を有し，売主は拒否された本製品を検査・試験する費用を支払うものとする。買主は，売主に対し，その他の救済方法に追加して，売主の費用で，瑕疵ある本製品の全部又は一部を修理し又は交換するよう要求する権利を有する。また売主は，本契約に基づく売主の保証の違反により引き起こされた損失又は損害の全部につき責任を負うものとする。

［売主が原因究明，改善をするとの規定］

If any claim is made or any suit is instituted against the Purchaser arising from or out of or in connection with any defect or alleged defect of the Products, the Seller shall at its own expenses and upon request of the Purchaser investigate or research the causes of accident, occurrences, injures or losses affecting any person or property as a result of the manner in which the Products are designed, manufactured, packaged, labelled, delivered, sold, or used, and shall use its best endeavors to correct or eliminate such causes within a reasonable period and provide to the Purchaser any and all assistance including but not limited to technical and other information, documents, data, materials and witnesses which are deemed necessary or useful for the defense to such claim, suit or action as to the Products hereunder.

本製品の瑕疵に関連してクレームや訴訟が買主に対し行われた場合，売主は，買主の

要求により自己の費用で，本製品が設計され，製造され，梱包され，ラベルが付され，引渡され，販売され又は使用された結果生じた，人身又は財産に影響を及ぼす事故，事件，被害又は損失の原因を調査するものとし，そして合理的期間内にこの原因を是正又は除却し，且つ買主に対し一切の支援（本契約に基づく本製品に関するこのクレーム，訴訟又は手続に対する防御につき必要又は有益とみなされる技術上その他の情報，書類，データ，素材及び証人を含むがこれらに限定されない）を提供するにつき最善の努力をするものとする。

[責任の制限]

Limitation of Liability
1　Either party may seek damages for material breach without terminating this Agreement.
2　The Seller and the Purchaser agree that damages, costs, and attorneys fees arising out of breach are available in an action for material breach by either party.
3　In no instance shall either party be liable to the other for special, consequential or indirect damages arising out of breach.

責任の制限
1　一方当事者は，本契約を解除することなく，重大な違反につき損害賠償を請求することができる。
2　売主及び買主は，一方当事者による重大な違反に対する訴訟において，違反から生じた損害賠償，費用及び弁護士報酬が請求可能であることに合意する。
3　一方当事者は，他方当事者に対し，違反から生じる特別損害，結果損害又は間接損害につき責任を負わないものとする。

（9）　補償（hold harmless）

　　製品の瑕疵を原因として第三者の生命・身体・財産に被害が生じたことにより損害賠償責任を問われる場合，つまり製造物責任については，売主・買主間でその責任の所在を決めておかなければならない。ここでいわゆる hold harmless 条項が必要になる。さらに製造物責任保険（後述）を付保することも検討すべきであろう。
　　ここで製造物責任の準拠法について一言する。通則法は，一般の不法行為準拠法とは別に，生産物責任につき特例を定めている（18条）。これによれば，原

則として引渡しを受けた地の法により，但し予見可能性を害するときは生産業者等の主たる事務所の所在地の法による。但し，「引渡し地」よりも密接関連のある地が他にあれば，20条により，その地の法が適用されることになる。

また，アメリカで人的管轄権を認めるためには，被告と法廷地の間に「最小限度の接点」（minimum contacts）が存在するかが問われる。製造物責任の場面では，「通商の流れ（stream of commerce）」理論により，法廷地内の消費者によって購入されることを予期して製品を「通商の流れ」に置いた企業は，その法廷地の裁判所の人的管轄権に服することになる。

[ごく一般的な簡易な hold harmless 条項]

Article 10. Hold Harmless
Each party shall save and hold the other harmless from and against, and shall indemnify the other for any liability, loss, cost, expenses or damages, howsoever caused by any injury (whether to body, property, or personal or business character reputation) sustained by any person or to property arising out of any act, neglect, default or omission of it, or any of its agents, employees or other representatives, and it shall pay all sums to be paid and discharged in case of an action or in any such damages or injuries.

第10条 補償
各当事者は他方当事者に対し，その当事者，又はその代理人，従業員その他代理人の行為，過失，不履行又は不作為を理由として人又は財産が被る被害（身体，財産又は個人的若しくは営業上の評判に対するものかを問わず）から生じる一切の責任，損失，費用，出費又は損害賠償に対し補償し免責させるものとし，また各当事者は，訴訟又はその損害若しくは被害の場合に支払い免責するべき一切の金額を支払うものとする。

このような hold harmless 条項は，通常一文となっており大変読みづらいが，"hold 人 harmless from 損害 arising from 事象・行為"という構造になっているのが普通なので，この関係を発見できれば難しくはない。製造物責任でいえば，商品の瑕疵によって第三者が被害を被り買主（第三者への転売主）に損害賠償請求をするとき，"売主は買主を hold harmless する"との条項があれば，買主はこの損害賠償請求訴訟につき売主にその補償を求めることができる。第三者は買主へ損害賠償請求することは自由なのでそれ自体は避けられないが，補償するということで，買主は保護される。なお，蛇足ながら，4行目5行目の"it"は

each party である。

[汎用性の高い補償条項]

Article 10.　Indemnification
Notwithstanding any other term of this Agreement, the Seller shall indemnify, defend and hold harmless the Purchaser, and its current or future directors, officers, technical and professional staff, employees, and agents and their respective successors, heirs and assigns (collectively the "Indemnitees"), against any claim, liability, cost, damage, deficiency, loss, expense or obligation of any kind or nature (including without limitation reasonable attorney's fees and other costs and expenses of litigation) incurred by or imposed upon the Indemnitees or any one of them in connection with any claims, suits, actions, demands or judgments arising out of this Agreement (including, but not limited to, actions in the form of tort, warranty, or strict liability).

第10条　補償
本契約の他の条項にかかわらず，売主は，買主及びその現在・将来の取締役，役員，技術・専門スタッフ，従業員及び代理人，並びにそれぞれの承継人，相続人及び譲受人（「被補償者」と総称する）に対し，本契約から生じる一切のクレーム，訴訟，要求又は判決（不法行為，保証又は厳格責任の訴訟を含むがこれらに限定されない）に関連し被補償者が負担する一切のクレーム，責任，費用，損害賠償，損失，費用又は義務をその性質にかかわらず（合理的な弁護士報酬及びその他の訴訟費用を含むがこれに限定されない）補償し，防御し免責させる。

　　上記は"Indemnitees"（被補償者）を用いたもので，汎用性が高い。対象損害につき留意すれば，他の契約類型でも使用可能である。また"indemnify, defend and hold harmless"とワンセットでよく使われる。

[詳細な hold harmless 条項]

Article 10.　Hold Harmless
1　The Seller shall indemnify and hold the Purchaser, its subsidiaries and affiliates and their directors, officers and employees harmless from any and all losses, damages, obligations, liabilities, costs and expenses (including, without limitation, reasonable legal fees and expenses) arising out of or in connection with (i) any claim of a third party regarding any breach of representation or warranty or any defect in the design, materials

or workmanship of the Products regardless of whether such defect is caused by the negligence of the Seller, (ii)any claim of a third party with respect to the Products, including, without limitation any claim or infringement of trademarks, trade names, emblems, designs, copyrights and other intellectual property arising or in connection with the Purchaser's sale of the Products and (iii) any claim, suit or action of a third party for injury to or death of any person arising out of or otherwise in connection with the Products sold by the Seller to the Purchaser; provided, however, that the following is excluded from the Seller's obligation to indemnify and hold harmless: (a) the negligent failure of the Purchaser to comply with any applicable governmental requirements or to adhere to the instruction and/or warning of the Products; or (b) the negligence by an officer, agent or employee of the Purchaser.

2   In complying with the provision of paragraph 1.1 above, the Seller shall at its own expense defend against any such claim, provided that if in the Purchaser's sole opinion the Seller fails to mount an adequate defense to such claim, the Purchaser shall have the right to so defend or, its sole discretion, to make any settlement of such claim, and the Seller shall cooperate with such efforts (including, without limitation, technical and other information, documents, data, materials and witnesses as may be requested by the Purchaser in its opinion necessary for such defense to such claim), and any expenses, including reasonable attorney's fees, which the Purchaser may be required to pay or incur in defending said actions and the amount of any judgement which it may be required to pay shall be promptly reimbursed to the Purchaser upon demand.

第10条　補償

1   売主は、(i) 表明・保証の違反、又はその瑕疵が売主の過失によるか否かにかかわらず、本製品のデザイン、原材料又は出来栄え上の瑕疵に関して第三者より提起されたクレーム、(ii) 本製品に関する第三者からのクレーム（買主の本製品の販売に関し生じた商標、トレードネーム、エンブレム、デザイン、著作権その他の知的財産権についての侵害やクレームを含む）、(iii) 売主が買主に対して販売した本製品に関し生じた人身傷害や死亡事故について第三者より提起されたクレーム又は訴訟、以上に関し発生した一切の損失、損害、義務、責任、費用（妥当な弁護士費用を含む）について、買主、その子会社、関係会社、それらの取締役、役員、従業員を補償し、免責する。但し、下記については、売主が補償し、免責するという義務から除外される。(a) 買主が行政上の義務を誤って遵守せず又は本製品の指示又は警告に誤って従わない場合、或いは、(b) 買主の役員、代理人若しくは従業員による過失の場合。

2   上記第1項の規定の遵守に際し、売主は自己の費用で上記クレームに対する防御を行う。但し、売主がこのクレームに対し適切な防御を行っていないと買主が判断した場合、買主はこのクレームの防御をし、又は自己の裁量にてこのクレームの和

解をする権利を有し，また売主はこれに協力（買主がこのクレームに対する防御のために自己の判断で必要と認め要請する技術上その他の情報，書類，データ，材料及び証言の提供を含むが，これに限定されない）するとともに，合理的な弁護士報酬を含む買主が防御に際し支払うべき又は負担する一切の費用，及び同人が支払うべき判決の金額は，要求と同時に直ちに買主に弁償するものとする。

さらに製造物責任については保険の付保責任を規定しておく必要もあろう。

［製造物責任保険の条項］

The Purchaser may, but shall not be obligated to, obtain and maintain product liability insurance in Japan for Y100,000,000. with insurers and in a form which are determined by the Purchaser in its own discretion to cover any and all losses, damages, liabilities, penalties, claims, demands, suits or actions, and related costs and expenses of any kind including but not limited to expenses of investigation, counsel fees, judgements and settlements for injury to or death of any person or property damage or any other loss suffered or allegedly suffered by any person or entity and arising from or out of or otherwise in connection with the Products. The Seller shall pay or reimburse to the Purchaser all premium incurred by the Purchaser as to this product liability insurance. The Seller shall not be liable to the Purchaser in any way if the insurance obtained and maintained by the Purchaser is or proves to be in any way inadequate.

買主は，日本で1億円の製造物責任保険を購入することができるがこれは義務ではなく，その保険会社と形式は，一切の損失，損害賠償，責任，罰金，クレーム，要求，訴訟又は手続並びに一切の関連する費用をカバーするため自分の裁量で決定するが，これらには本製品に関連しこれから生じる人又は団体が被る人の傷害・死亡，物損その他の損失に対する調査費用，弁護士報酬，判決及び示談金を含むがこれに限定されない。売主はこの製造物責任保険に関し買主が被る一切の保険料を買主に支払い弁償するものとする。買主が購入した保険が不適切であることが証明された場合，売主は買主に対し責任を負わないものとする。

［保険条項の別案］

The Seller shall obtain and maintain at the Seller's expense, a policy of product liability insurance for bodily injury, US$1,000,000.00 for each person US$10,000,000.00 for each occurrence or accident, and for property damage, US$100,000.00 for each occurrence or accident and with such company or companies as shall be satisfactory to the Purchaser. All such policies shall at all times show the Purchaser as a named insured. All such policies shall provide that coverage thereunder shall not be terminated or changed without at least thirty (30) days prior written notice to the Purchaser. The Purchaser shall be furnished certifi-cate(s) of insurance and evidence of renewal. The purchase of such insurance or furnishing of said certificates shall not be in satisfaction of the Seller's liability hereunder or in any way modify the Seller's liability.

売主は，売主の費用負担において，人身傷害については1人100万ドル，1事故1000万ドルの，対物損害については1事故10万ドルの保険額にて，且つ買主の要求を満たす保険会社において，製造物責任保険を購入し，これを維持するものとする。かかるすべての保険証券には，常時買主を被保険人の名義人として表示するものとする。かかるすべての保険証券には，買主に対し少なくとも30日以前の書面による通知なくして補償範囲を終了又は変更しないことを記載するものとする。買主には，保険証書及び更新の証書が供与されるものとする。かかる保険を付保すること若しくはかかる証書を供与することにより，本契約に基づく売主の責任を満たすものではなく，また売主の責任をいかなる方法でも修正するものではない。

　　売主が製造物責任保険を購入する義務を認める例文である。保険金額を指定し，買主等を追加被保険者として記載を求める。最後の1文は，製造物責任保険を購入しても，それをもって売主は賠償責任を果たしたことにはならないことを確認するものである。

(10)　知的財産の保護
　　対象商品が知的財産権を含んでいる場合においては，この権利の保証や防御についての規定が必要になる。なお，例えば特許対象商品につき，特許権者が輸出を制限又は禁止する合意をしてこれを製品に表示すれば，それは有効となり第三者にも対抗できる（並行輸入を差し止めることができる）が，これはBBS事件・最判平成9年7月1日（後述）を参照のこと。

[買主の不争義務]

Article 11.　Intellectual Property Rights
1　The Purchaser shall not remove, conceal, move or alter the prescribed trademarks, tradenames and labels attached to the Products.

2   The Purchaser acknowledges that the Intellectual Property Rights and all rights arising therefrom shall remain the sole property of the Seller. The Purchaser shall not obtain or attempt to obtain, in any country, any right, title or interest in or to any of the Intellectual Property Rights, nor shall the Purchaser challenge contest, dispute or assist in challenging, contesting or disputing directly or indirectly through any entity the validity of any of the Intellectual Property Rights.

第11条　知的財産権
1　買主は，本製品に付された所定の商標，商号及びラベルを除去したり，隠したり，移動させたり，改造してはならない。
2　買主は，本知的財産権及びそれより派生する一切の権利が売主のみの財産であることを了解する。買主はいかなる国においても本知的財産権に対する権利，権原，権益を取得し又は取得を企図してはならず，自ら若しくは第三者を通じて直接又は間接的に本知的財産権の有効性を争い，これを支援してはならない。

[知財に関する保証と hold harmless 条項（買主優位の条項）]

Article 11.　Patents, Trademarks, etc.
1   The Seller shall warrant to the Purchaser that the Products are free from infringement or violation of any patent, copyright, trade secret, trademark or other proprietary. The Seller shall indemnify and hold the Purchaser harmless from any claim or dispute which may arise in connection with infringement of patents, trademarks, utility models, designs, copyrights, trade secrets or any other intellectual property rights in connection with the Products, whether in the Seller's country or the country of destination indicated in this Agreement. In case of any claim by a third party against the Purchaser, the Purchaser shall notify the Seller in writing of the commencement of any such claim and the Seller shall at its own expense defend any such suit and/or settle the same.
2   In case of any claim or dispute in connection with any such infringement, the Purchaser may, at its sole discretion, terminate this Agreement or any part of this Agreement without prejudice to any other rights the Purchaser may have under the applicable law or the Agreement.
3   Notwithstanding anything herein to the contrary, the Seller assumes no liability whatsoever if an infringement claim arises out of: i) compliance with the Purchaser's design or specifications, or ii) any addition to or modification of the Products, or any combination thereof with other products by or under the instruction of the Purchaser, any customer or third party without the Seller's express authorization thereof, or iii) use of the

Products in the practice of a process or system specified by the Purchaser or any customer, and the Purchaser shall indemnify and hold the Seller harmless from and against all claims, losses, liabilities or obligations arising as a result of such infringement or alleged infringement.

第11条　特許，商標等

1　売主は買主に対し，本製品がいかなる特許，著作権，営業秘密，商標その他の財産権を侵害しないことを保証する。売主は買主に対し，売主の国においてか，本契約所定の目的国においてかを問わず，本製品に関する特許，商標，実用新案，意匠，著作権，営業秘密又はその他の知的財産権の侵害に関し生じる一切のクレームや紛争につき補償し免責させる。第三者から買主に対しクレームが提起された場合，買主は，かかるクレームの開始につき書面にて売主に通知するものとし，売主は自己の費用で訴訟を防御しこれを解決するものとする。
2　この侵害に関するクレーム又は紛争が生じた場合，買主はその自由裁量で，法律上又は契約上買主が有するその他の権利に追加して，本契約の全部又は一部を解除することができる。
3　本契約に別段の条項があっても，侵害クレームが，i)買主のデザイン又は仕様に従った場合，又はii)売主の明確な許可なしに，買主，顧客又は第三者が，若しくはそれらの指示に基づき本製品への追加や修正をし，又は他商品と組合せた場合，又はiii)買主又は顧客の指定した手続又はシステムで本製品を使用した場合から生じたとき，売主はいかなる責任も負わないものとし，買主は，かかる侵害又は侵害の申立てにより生じた一切のクレーム，損失，責任，義務から売主を補償し免責させなければならない。

売主が知的財産権の有効性につき保証し，また侵害訴訟につき売主負担をしている。更に，買主の解除を認めており，買主優位の規定である。

[売主優位の詳細な条項]

1　The Seller does not warrant in any way that the Products are free from infringement or violation of any patent, copyright, trade secret, trademark or other proprietary right, and if any claim by a third party against the Purchaser asserts that the Products infringe upon any patent, copyright, trade secret, trademark or other proprietary right, the Purchaser shall at its own expense defend any such suit and/or settle the same. The Purchaser shall immediately notify the Seller in writing of the commencement of any such claim, and upon the Purchaser's request the Seller shall assist and cooperate with the Purchaser in such defense and settlement; provided, however, that in any event the Purchaser shall assume any damages, losses, expenses and costs arising from such infringement or violation.

2　If any such claim is brought against the Purchaser or the Seller or if at the Seller's opinion the Products are likely to become a subject of such claim, the Seller shall be entitled at its sole option (i) to remove said Products and refund the purchase price thereof to the Purchaser, less a reasonable charge for depreciation, and/or (ii) to discontinue further supply of the Products in spite of any provisions hereof and without any breach hereof. Additionally, in the event that any dispute or claim arises in connection with the above proprietary rights, the Seller shall reserve any and all rights to cancel or nullify the Agreement at the Seller's discretion. The foregoing shall be the entire liability of the Seller in respect of infringement of any patent, copyright, trade secret, trademark or any other proprietary right of any third party and is in lieu of all warranties, express or implied, with respect thereto, and in no event shall the Seller be liable for any damages, including, but not limited to, loss of anticipated profits or other economic loss.

1　売主はいかなる方法によっても，本製品が特許，著作権，営業機密，商標その他の財産権を侵害していない旨の保証を行わず，第三者が買主に対し，本製品が特許，著作権，営業機密，商標その他の財産権を侵害していると主張した場合，買主は自己の費用にて防御し解決するものとする。買主はかかる第三者のクレームが生じた際は直ちに売主に対して書面による通知を行い，売主はかかる防御又は解決に対し買主の要求に応じて買主に協力する。但し，いかなる場合においても，買主はかかる侵害により生じた損害，損失，費用を負担する。

2　かかるクレームが買主又は売主に対して提起された場合，または本製品がかかるクレームの対象となる可能性が高いと売主が判断した場合，売主は自己の裁量で (i) 本製品を回収し，代金より相当の減価償却分を差し引いた金額を買主に返還する，(ii) 本契約のいかなる条項にもかかわらず，契約違反とされることなく，本製品の供給を停止する，以上のいずれか一方又は両者を選択することができる。加えて上記財産権に関して紛争又はクレームが生じる場合，売主はその裁量で本契約を取消し又は無効とする一切の権利を留保するものとする。上記が，明示又は黙示による保証に代わる，第三者の特許，著作権，営業秘密，商標その他の財産権の侵害に関する売主の責任の全てであり，いかなる場合においても売主は，いかなる損害（逸失利益やその他経済的損失を含む）に対しても責任を負わない。

　　上記とは逆に，売主は知的財産権の保証を行わず，侵害訴訟の対処も買主負担となっている。

(11) 一般条項

輸出入管理についての許可を得る必要が生じることがある。これを売主の責任とするか，単なる有効要件とするか，また不可抗力を構成すると規定するか，考えが分かれるところである。

> **Article 12.　Import and Export Control**
>
> The Seller shall be responsible for timely obtaining an export license and other governmental authorization required in the Seller's country, and failure in procuring such license and authorization for any reason whatsoever shall not constitute force majeure set forth in Article 11 hereof. All sales here under shall at all times be subject to the Japanese Foreign Exchange and Foreign Trade Law, regulations of the Japanese government, and any amendments thereof.
>
> **第12条　輸出入許可**
>
> 売主は，売主の国において必要とされる輸出許可及びその他の政府の許可を適時に取得する責任を負うものとし，理由の如何を問わず，この輸出許可その他の許可を取得しないことは本契約第11条所定の不可抗力とはならない。一切の販売は，常に日本の外国為替及び外国貿易法，日本政府の規則及びそれらの改正法に従うものとする。

V-2　OEM供給契約

説明部分
定義
製造及び供給の委託等
購入予想
個別契約
商標等
価格
納入・受け入れ検査
所有権・危険の移転
支払い
瑕疵担保責任
交換・補修用部品及びアフターサービス
製造物責任
知的財産権等
改良技術
仕様変更
下請け
製造の中止及び個別契約の解除
一般条項

1　概　説

　OEM（Original Equipment Manufacturing）とは，相手先の商標・ブランドや商品名で部品や完成品を受託製造することをいう。すなわちメーカーが納入先である委託者の注文により，委託者のブランドの製品を製造すること，又はある企業がメーカーに対して自社ブランド製品の製造を委託することをいう。例えば，A社がB社の委託を受けてB社ブランドの製品を製造してB社に売り渡し，B社がこれを市場で販売する場合であるが，この場合A社はその製品の「原」製造者であっても，製品自体からはその事実が分からない。英語でOEMが「原」製造を意味するのは，製品の実際の製造者以外の者の商標でその製品が市場で販売されるために，実際の製造者が誰であるのかが表面化しにくいた

めである。

　ある分野で特定のメーカーが優れた技術を製品に応用して製造，販売している場合，後発メーカーは自社で新たに技術開発投資をせず，そのメーカーとOEM契約を結んだ上で，製品供給を受けることにより，自社ブランドで直ちに市場に参入できる。発注を受けたメーカーは，同じ商品でデザインを少し変え，他社ブランド用と自社用を製造することで，量産効果によりコストダウンを図ることができる。OEM供給には完成品供給と部品供給の2種類がある。ノートパソコンでは，多くの企業が液晶やCPUなどの主要部品で他社からOEM供給を受けている。

　OEM契約の法的性質は，いわゆる製作物供給契約（請負供給契約）とされる。製作物供給契約は，売買に関する規定と請負に関する規定を混合的に適用すべき混合契約であると考える説が有力だが，売買の規定と請負の規定が抵触する場面の解釈上の疑義を避けるため（所有権の帰属及び移転の時期，危険の移転時期など），明文で規定すべきである。以下，OEM契約に特徴的な条項を示したい。

2　主要条項の解説

　以下の文案では，OWNER・委託者（製造委託者でありブランド所有の会社）とSUPPLIER・供給者（受託製造者）として記述することとする。まず，Whereas条項を示す。

> **WHEREAS**, OWNER is desirous of selling arbitrarily, procuring, purchasing and reselling certain video tape recorders (the "Products"), which bear the brand name of "**AQUA**" to be manufactured by SUPPLIER under the specifications provided by OWNER, and entering into the OEM SUPPLY AGREEMENT ("the Agreement") with SUPPLIER,
> **WHEREAS**, SUPPLIER is engaged in the manufacture of products similar to the Products which will be the subject of this Agreement and is desirous of entering into the Agreement with OWNER providing of the manufacture and supply of such Products for OWNER.

委託者は，委託者の仕様書により製造し"AQUA"の商標を付したビデオ録画機（「本製品」）の販売，購入，再販を希望しており，供給者とOEM供給契約を締結することを希望しており，
供給者は本契約による本製品に類似の製品の製造に従事しており，委託者へ本製品の製造・供給を行う委託者との契約を締結することを希望している。

OEM 生産の場合は，製品の仕様は依頼者が決め，完成した製品の管理権や所有権は受託者に帰属することになる。依頼者は OEM 生産受託者と製造委託契約（OEM 契約）を締結し，仕様書，図面，原料，資材の供給及び製造上の機密保持などに関して取り決める。以下では，動産売買契約やライセンス契約の条項と重複しない範囲で，解説を加える。

製造委託の一類型としてノックダウン方式があるが，最初に特徴的な条項を示しておく。

[ノックダウン方式の例]

"Method of knock-down" shall mean that the Licensee purchases components and parts from the Licensor, and the Licensee makes or makes ready for parts other than components and parts supplied by the Licensor and manufactures the complete Licensed Products in the Territory.

「ノックダウン方式」とは，ライセンシーが，構成品及び部品をライセンサーから購入し，ライセンサーが供給する構成品及び部品以外の部品をライセンシーが製造，又は準備し，許諾地域で完成した許諾製品を製造することをいう。

[ノックダウン方式による販売実施権の許諾]

Article 2.　Knock-Down and Sales
The Licensor hereby grants to the Licensee a license to manufacture the Licensed Products in the method of knock-down and sell them in the Territory. In order to proceed this knock-down project the Licensor agrees that he shall assist the Licensee and provide the Licensee with necessary technical information and know-how relating to the Licensed Products.

第2条　ノックダウン及び販売
ライセンサーは，許諾地域内において，ライセンシーに対し，ノックダウン方式により許諾製品を製造し，販売する実施権を付与する。ノックダウン製造計画を推進するため，ライセンサーは，ライセンシーを援助し，許諾製品に関する必要な技術情報及びノウハウをライセンシーに提供することに同意する。

[OEM契約における製品の一般的な定義]

Article 1.　Products
The term "Product(s)" used herein means the video tape recorders, as manufactured at SUPPLIER's own premises using OWNER's designs, plans and specifications.

第1条　製品
本契約で「本製品」は，委託者のデザイン，プラン及び仕様書を使用し，供給者の工場で製造するビデオ録画機をいう。

[独占的に製造委託をする規定]

Article 2.　Exclusivity
SUPPLIER shall manufacture the Products with OWNER's brand name "AQUA" in accordance with the order(s) of OWNER. SUPPLIER shall not sell the Products to anyone but OWNER without the prior written permission of OWNER and shall not sell, commercialize or export the Products to anyone but OWNER and/or OWNER's authorized agents.

第2条　独占性
供給者は，委託者の指示に従って「AQUA」の委託者のブランドを付して本製品を製造する。供給者は，委託者の書面による事前の許可なく委託者以外の誰にも本製品を売却しないものとし，委託者又は委託者の認可代理店以外の誰にも本製品を販売，輸出しないものとする。

[委託者からの情報等の提供]

Article 3.　Application Information
1　OWNER is prepared to make available to SUPPLIER on a non-exclusive loan basis free of charge the following application information concerning the Products as far as the same is currently available:
  a) detailed plans or specifications of the Products;
  b) design drawings to be used by SUPPLIER for the manufacture of the Products; and
  c) information concerning the process of the Products.
2　The technical information, which is provided by OWNER to SUPPLIER and comes into SUPPLIER's possession under this Agreement, shall be kept by SUPPLIER in

strict confidence, and shall constitute Confidential Information as set forth in Article 15 hereof.

第3条　情報の利用
1　委託者は，現在利用可能な範囲で，本製品に関し以下の情報を，非独占的な貸与条件にて無償で，供給者に利用させるものとする：
   a) 本製品の詳細な計画又は仕様
   b) 本製品の製造のため供給者が使用するデザイン図面，及び
   c) 本製品のプロセスに関する情報
2　委託者が供給者へ提供し本契約により供給者の占有に帰した技術情報は，供給者が厳格に秘密に保持し，またこれは第15条所定の機密情報を構成する。

［委託者からの技術支援］

Article 4.　Technical Assistance
During the term of this Agreement, OWNER may send its qualified engineers to SUPPLIER's plant(s) to assist SUPPLIER's employee in the manufacture of the Products under this Agreement, and SUPPLIER agree that it shall accept such engineers and provide such space, etc. as necessary to their work, and cooperate with them.

第4条　技術支援
本契約期間中，委託者は，本契約による本製品の製造で供給者の従業員を支援するため供給者の工場へ技術者を派遣することができ，供給者は，その作業に必要な技術者を受け入れ且つ場所を提供することを受諾し，これと協働することに合意する。

［製品の図面等の帰属］

Drawings and Descriptive Documents
All necessary drawings and technical specifications for the Products as well as quality control and testing instructions for the parts as well as for the ready made products shall be submitted to SUPPLIER by OWNER. Any drawing or technical documents submitted to SUPPLIER by OWNER prior or subsequent to the formation of this Agreement shall remain the exclusive property of OWNER.

図面及び説明書
既製品及び部品に関する品質管理と試験の指示書，並びに本製品に関して必要なすべ

ての図面及び技術仕様書は，委託者から供給者に対して提出される。委託者が供給者に対して提出したいかなる図面又は技術文書も，本契約成立の前後を問わず，委託者の独占的財産のままである。

[仕様の変更]

Article 5. Product Design and Design Change Procedures
1 SUPPLIER agrees to manufacture the Product(s) in accordance with the plans and specifications supplied by OWNER and shall not make any changes in the design of the Product(s) as set forth in the said plans or specifications without prior written approval of OWNER. SUPPLIER shall give OWNER prompt written notice of any perceived design flaws which might result in temporary production delays or unreliability of the Products.
2 OWNER reserves the right at any time during the term hereof to change specifications or plans as it deems necessary or desirable by giving reasonable written notice of detailed changes to SUPPLIER. SUPPLIER agrees to provide OWNER with a detailed production and delivery impact statement detailing the effect of adoption of the requested changes. SUPPLIER and OWNER shall then mutually agree upon a modified per unit price changes for Product(s) incorporating such specification or plan changes.

第5条　商品デザインとデザイン変更の手続
1　供給者は，委託者が提供する計画及び仕様に従い，本製品を製造することに合意し，委託者の書面による事前同意なしに，この計画又は仕様に記載の通り本製品のデザインに変更を加えないものとする。供給者は委託者に対し，本製品の一時的な製造遅延又は信頼性欠如の結果となるような，認識に至ったデザインの欠陥につき書面による通知を直ちに行うものとする。
2　委託者は，本契約期間いつでも，供給者へ変更の詳細を書面で通知することによって，必要又は望ましいと考えるように仕様又は計画を変更する権利を留保する。委託者と供給者は，この仕様又は計画の変更をとり入れた本製品についての修正した価格変更に相互に合意するものとする。

[買主の返品の権利を認めた規定]

Return of Products
OWNER only buys good Products and reserves the right to return at SUPPLIER's ex-

pense either for repair, replacement or credit all defective Products as a result of poor workmanship or defective materials, regardless of when and where they are found. SUPPLIER hereby warrants that any Products are free from serious defects. When any serious defect is found, this is to be regarded as an extraordinary situation and both parties shall immediately meet to resolve the problem. If such serious defect is not cured within 30 days from such finding, OWNER shall be forthwith entitled to terminate this Agreement.

返品
委託者は良好な商品のみを購入し，劣悪な仕上がりや瑕疵ある原料を原因とする瑕疵あるすべての本製品を，その発見の時期・場所を問わず供給者の費用で，修理，交換又はクレジットのため，返品する権利を留保する。供給者は本製品に重大な瑕疵がないことを保証する。重大な瑕疵が発見された場合，非常事態とみなし，両当事者は直ちに会って問題を解決する。この重大な瑕疵が発見から30日以内に是正されない場合，委託者は直ちに本契約を解除することができる。

[予定購入数量を規定する]

Article 6.　Purchasing Quantities

1　The OWNER shall schedule to purchase from SUPPLIER the Products in the quantities listed in Appendix 1, attached hereto.
2　OWNER may propose to SUPPLIER additional quantities and new products for purchase by OWNER with due consideration of production situation of SUPPLIER when such products and volume are compatible with the production capacity and capability of SUPPLIER, and SUPPLIER shall make best efforts to accept such orders from OWNER.

第6条　購入数量
1　委託者は，本契約に添付の付属書1に記載された数量の本製品を，供給者より購入することを予定するものとする。
2　委託者は，供給者の製造状況を考慮した上で，委託者が購入する追加数量及び新製品を，当該製品及び数量が供給者の製造能力及び技術力と相反しないときは，供給者に提案することができ，供給者は，委託者よりの当該注文を承諾すべく最善を尽くすものとする。

[定期的に購入予測を提出する規定]

Forecast of Purchase
1 OWNER shall prepare and forward to SUPPLIER every four (4) months its monthly requirement indicating the types and quantities by month.
2 Two (2) months prior to the delivery month, OWNER shall issue a formal purchase order, specifying the types and quantities to be delivered. Such purchase orders shall be primarily based on the forecast made by OWNER in the above paragraph.
3 OWNER agrees to make efforts to standardize the volume of monthly orders so that the production line of SUPPLIER can perform a sound and constant production operation.

購入予測
1 委託者は，型式及び数量を月別に示した月毎の必要量を，4ヵ月毎に作成して供給者に提出するものとする。
2 引渡し月の2ヵ月前に，委託者は，引渡すべき型式及び数量を特定した正式な購入注文書を発行するものとする。当該購入注文書は，上記の項にて委託者によりなされた予測に主として基づくものとする。
3 委託者は，供給者の製造ラインが堅実で確実な製造運転を行えるよう，月毎の注文数量を平準化すべく努力することに同意する。

Article 7.　Safety Standards
1 Notwithstanding Article 5 above, SUPPLIER, with the assistance and cooperation of OWNER, shall rewrite the plans or specifications of the Products provided for by OWNER as based on the Japan Industrial Standard ("JIS"), into those complying with applicable electrical and safety standards such as those established by Canadian Standards Association ("C.S.A.") and/or by Underwriters' Laboratories, Inc. ("U.L."). The costs and expenses of rewriting the plans or specifications shall be paid by OWNER. SUPPLIER shall manufacture the Products in accordance with such rewritten plans or specifications, and further warrants that the Products shall comply with said applicable electrical and safety standards.
2 If the Product(s) fail to comply with the specified standards provided by OWNER to SUPPLIER, SUPPLIER shall provide modifications and/or corrections at SUPPLIER's expense. If the Product(s) comply with the specified standards and need modifications, OWNER shall pay all costs and expenses associated with such modifications.

第7条　安全基準

1 　上記5条にもかかわらず，委託者の支援と協力により，供給者は，日本のJIS規格に基づき委託者が提供する本製品の計画又は仕様を，CSA又はULが設定する電気及び安全の基準に従ったものに書き換えるものとする。この計画又は仕様を書き換えるについての費用は，委託者が支払うものとする。供給者は，この書き換えた計画又は仕様に従って本製品を製造するものとし，さらに，本製品がこの電気及び安全の基準を遵守することを保証する。

2 　本製品が委託者から供給者に提供する特定の基準に従わない場合，供給者は供給者の費用で修正又は訂正を提供する。本製品が特定の基準に従わず修正が必要な場合，委託者はこの修正に伴う一切の費用を支払うものとする。

[金型の帰属]

Tools and Molds

1　All tools and molds shall be the property of OWNER and OWNER reserves the right to remove all the tools and molds from their locations when OWNER so desires after all the existing production obligations have been fulfilled by SUPPLIER. SUPPLIER or its sub-contractors shall have no right to use the tools or molds for any purpose other than manufacturing the Products for OWNER.

2　SUPPLIER shall replace tools and molds worn or broken at its own expenses, but the tools and molds will always remain the property of OWNER. SUPPLIER shall in advance inform OWNER in writing of any replacement of tools and molds. SUPPLIER may negotiate with OWNER for reasonable compensation for replaced tools and molds which have been removed by OWNER under paragraph 1 above.

工具及び金型

1 　すべての工具及び金型は，委託者の財産であるものとし，委託者は，供給者が既存の製造義務を履行した後，希望すればそれらすべての工具及び金型を所定の場所から撤去する権利を留保する。供給者又はその下請けには，委託者のために本製品を製造する以外の目的で工具又は金型を使用する権利はないものとする。

2 　供給者は，摩耗したり破損した工具及び金型を自己の費用で取り替えるものとするが，当該工具及び金型は，依然として委託者の財産である。供給者は，工具及び金型のいかなる交換も，委託者に対して事前に書面によりこれを知らせるものとする。供給者は，前項に基づき委託者が撤去した工具及び金型の交換に対する相応の補償のため，委託者と交渉することができる。

　金型の所有権等は非常に重要であり，その帰属及び処分は明文化すべきであ

る。

[知的財産権に関する規定]

Article 8. Intellectual Property Rights
1 Nothing herein contained shall be construed as granting a license for, or implying the transfer of any patent, trademark, copyright, design or know-how, etc. of the Products, or the Confidential Information disclosed hereunder. The ownership to such intellectual property rights or Confidential Information shall under all circumstances remain with OWNER as the true and lawful owner thereof.
2 SUPPLIER shall not, for any reason whatsoever, file any application for registration of intellectual property rights concerning any information, which is provided for or disclosed by OWNER under this Agreement.

第8条　知的財産権
1　本契約は，本製品の特許，商標，著作権，デザイン若しくはノウハウ等又は本契約に基づき開示される機密情報のライセンスを許諾したりこれらの譲渡を含意するものとは解釈されない。この知的財産権又は機密情報の所有権は，その真実且つ適法な所有者として依然として委託者の所有とする。
2　理由の如何を問わず，供給者は，本契約に基づき委託者が提供し又は開示する一切の情報に関する知的財産権の出願をしないものとする。

[OEMにとって商標の使用は重要なので別途規定する]

Article 9. Trademarks
1 SUPPLIER may apply for one or more trademarks for OWNER for any Products purchased by OWNER pursuant to this Agreement. SUPPLIER shall not apply for any trademarks as specified by OWNER in any manner, which might jeopardize the distinctiveness, significance or validity thereof, or use any other trademarks or trade names in connection with the Products.
2 SUPPLIER acknowledges that the trademarks ("AQUA") are the exclusive property of OWNER and SUPPLIER shall not sell or otherwise dispose of any Products bearing such trademark or other trademarks of OWNER.

第9条　商標
1　供給者は，本契約に従い委託者が購入する製品につき委託者のため1つ以上の商

標出願することができる．供給者は，その商標の特殊性，重要性又は有効性を危険にするような，委託者が指定する商標について出願しないものとし，また本製品に関連しその他の商標又はトレードネームを使用しないものとする．
2　供給者は，本件商標（「AQUA」）は，委託者の独占的な財産であることを承認し，また，委託者のその商標又はその他の商標を付した本製品を売却したりその他処分したりしないものとする．

[下請けの制限]

Article 10.　Subcontracting
SUPPLIER agrees to obtain OWNER's written approval before subcontracting this Agreement or any substantial portion thereof; however, this subcontracting limitation shall not apply to the purchase of standard commercial supplies, raw materials or small parts. OWNER shall provide a list of all materials, plans and parts which it believes contain "Confidential Information" and this paragraph only applies to such materials, plans and parts. OWNER's approval for subcontracting shall not be needed for such materials, plans or parts which do not involve Confidential Information. Upon OWNER's written request, SUPPLIER shall enter into a secrecy agreement with said subcontractors concerning materials, plans and parts containing Confidential Information.

第10条　下請け
供給者は，本契約の全部又はその重要な部分を下請けに出す前に委託者の書面による承諾を得ることに合意するが，但し，この下請け制限は，標準的な商業上の供給品，原料又は小さなパーツの購入には適用されない．委託者は，「機密情報」を含むと信じる一切の材料，計画及びパーツのリストを提供するものとし，本条は，その材料，計画及びパーツにのみ適用される．委託者の下請けの承認は，機密情報を含まないこの原料，計画又はパーツに必要とされない．委託者の書面による要求とともに，供給者は機密情報を含んだ原料，計画及びパーツに関しこの下請け業者と機密保持契約を結ぶものとする．

[供給者による保証]

Article 11.　Warranty and Warranty Claims
1　SUPPLIER shall warrant the following:
　　a)　all Products shall conform to the specifications and plans provided for by OWNER;

b) all Products and each part or component thereof shall be free from any defects in materials and workmanship; and
   c) all Products shall function in accordance with specifications and plans provided for by OWNER.
2 The period for warranty on each Product set forth in the preceding paragraph shall come into force after the date OWNER acknowledges that the Product, strictly and in any respect, conforms to and performs in accordance with, the specifications provided by OWNER, and continue for two (2) years thereafter.
3 If any Products are determined to be defective or non-conforming, in addition to all other remedies, OWNER shall have the right in whole or part to:
   a) Request for repair or replacement of any defective parts or components of the Products, without additional cost to OWNER and/or
   b) Retain and use the Products with reasonable compensation.
4 SUPPLIER shall also warrant the availability of spare parts for each Product for a period of up to five (5) years after the last delivery of that specific Product.

第11条 保証と保証クレーム
1 供給者は以下を保証する。
   a) すべての本製品は，委託者が提供する仕様書及び計画に合致する。
   b) すべての本製品及びその部品又は構成部品は，原材料及び仕上げにおいて瑕疵を含んでいない。
   c) すべての本製品は，委託者が提供する仕様書及び計画に従って作動する。
2 前項記載の本製品の保証期間は，本製品が委託者の提供した仕様書にすべての点で厳格に合致しており且つこれに従って作動することを委託者が承認した日から有効となり，その後2年間継続する。
3 本製品に瑕疵がある又は仕様書不一致と判断された場合，その他の救済方法に加えて，委託者は，以下の全部又は一部の権利を有するものとする。
   a) 委託者に追加の費用を負担させることなく，本製品の瑕疵ある部品又は構成部品の修繕又は交換を要求すること，又は
   b) 合理的な費用を払い，本製品を保持し使用すること。
4 供給者は，本製品の最後の引渡し日から5年間までの期間，本製品のスペアパーツが入手可能であることを保証する。

3 準拠法

なお，OEM契約の準拠法が問題となる。指定がない場合，通則法8条により

準拠法を決することになり，同条2項は特徴的給付をする者の常居所地を最密接関係地と推定する。OEMの場合，特徴的給付を行うものは受託者（現実に受注生産を行う）か委託者(仕様等を決定する)か争いがあるところである。したがって，例えば受託者の常居所地を最密接関係地と推定することには，簡単にはならない。したがって準拠法の指定をすべきである。

さらに，受託者から発注者への動産の売買の場面ではウィーン売買条約（CISG）の適用の可能性もあろう。したがって，適用を回避したければ明示的に排除すべきである。

VI 販売店・代理店契約
(Distributorship Agreement/Agency Agreement)

VI-1 販売店契約

販売店契約
表題
前文
Whereas Clauses
 1. 定義（Definitions）
 2. 販売店の指名（Appointment of an Exclusive the Distributor）
 3. 独占性
 4. 最低購入数量
 5. 販売促進，情報提供等
 6. 当事者の関係
 7. 個別契約
 8. 価格
 9. 支払
 10. 船積み
 11. 危険・所有権移転   〕 Ⅴ-1 参照
 12. 保険
 13. 検査とクレーム
 14. 保証（Warranty）
 15. 補償
 16. 商標（Trademarks）
 17. 契約終了後の義務
 18. 一般条項（General Terms）
後文

1　代理店契約との違い

　代理店（agent）は製品の所有権を取得することなく単に製品の売買の媒介又は取次あるいはそこまでも至らない売り込みの補助をする者をも含む概念である。本人と顧客を媒介するだけの媒介代理商や取次代理商を含み，法律行為を本人に代わって行う法律上の代理権を持った代理店（締約代理商）は極めて稀である。代理店の最も多い形態は，海外のメーカーからの依頼を受けて顧客に製品を売り込み，これが成功した場合には顧客がこのメーカーに製品を直接発注するというものである。売買契約は顧客とメーカーとの間で直接に締結され，代理店は契約当事者とはならず，顧客からの注文を獲得しこれをそのまま海外のメーカーに移牒する（soliciting orders）ことが，代理店の主な任務である。売買契約が成立した時点，あるいはメーカーが代金の支払いを受けた時点で（これは代理店契約の規定による），代理店はメーカーからコミッションを受領する。すなわちメーカーとの間で締結した準委任契約に基づき，契約をとってコミッションを稼ぐのが代理店である。

　これに対し販売店（Distributor）は，在庫リスクを負って製品を自己の名義と計算でメーカーから買い入れ，自己が見つけた顧客に転売し，そのマージンを得ることを目的としている。すなわち，メーカーから販売店，販売店から顧客という，転々売買が行われることになる。メーカーは製品を販売店に売却し所有権を移転するから，顧客からの代金回収のリスクはもっぱら販売店が負うことになる。メーカーから購入する価格と顧客に販売する価格の差額（マージン）が販売店の利益となる。この差額が代理店のコミッションに相当する。

[Whereas 条項の例]

Whereas, the Seller has been engaged in the manufacturing and sale of certain products in Japan;
Whereas, the Seller is desirous of exporting to USA and distribute in USA, said products; and
Whereas, the Distributor is desirous of importing from the Seller and selling said products throughout USA;

NOW, THEREFORE, …

売主は日本である製品の製造販売に従事しており，
売主はその製品をアメリカへ輸出しアメリカで販売することを希望しており，
販売店はその製品を売主から輸入しアメリカで販売することを希望しており，
よって，ここに…

2　条項の解説

（1）　定　義

　定義条項としては，対象製品，対象地域がまず考えられ，この2項目は販売店契約においては必須の2項目といえる。対象製品については，「パソコン」「冷蔵庫」などという包括的な規定ではなく，型番などによって特定すべきである。問題は今後発売される新製品であるが，これも自動的に含めるのか，又は下記のように販売店に第一拒否権を与えるのか検討すべきである。これは対象地域でも同じことがいえ，他の地域を追加的に許諾地域に加えるか販売店に選択権を与えることもあり得る。いずれにしてもメーカーと販売店の力関係による。

Article 1.　Definitions
The Products mean the products manufactured by the Seller and specified in the product list attached hereto as of the date hereof, which may be added to from time to time by the agreement of the parties hereto.
The Customers mean the ultimate purchaser or user of the Products who puechases the Products for its own use.
The Territory means Japan.

第1条　定義
本製品とは，売主が製造し，本契約書の日付で本契約書添付の製品リストに記載された製品をいい，これは両当事者の合意により適宜追加することができる。
本顧客とは，本製品を自己使用のため購入する，本製品の最終の購入者又は使用者をいう。
本地域とは日本をいう。

　なお，定義される多くの語は本契約第2条以下の条項中で定義されるかもしれない。

その場合，例えば以下のように規定する。

"The Individual Contract(s) means individual contract(s) to be made pursuant to the provision of Article 7 hereof."

（2）　販売店の指名・独占性

Article 2.　Appointment of an Exclusive Distributor
The Seller appoints the Distributor as an exclusive the Distributor of the Products within the Territory on the terms and conditions of this Agreement, and the Distributor accepts such appointment and undertakes to use its best efforts, at its own expenses, to promote the sales of the Products throughout the Territory at all times during the terms of this Agreement.

第2条　独占的販売店の指名
売主は，本契約の条件により，本地域内で，本製品の独占的販売店として販売店を指定し，販売店はこの指定を受諾し，本契約の期間中，常に，自らの費用で，本地域全域で本製品の販売を促進するために最善の努力を尽くすことを約す。

[販売店に新製品につき第一拒否権を与える]

The right of first refusal
The Seller hereby grants to the Distributor the right of first refusal of any new model of the Products to be manufactured by the Seller on a sixty (60) day option on the terms and conditions to be negotiated and agreed between the parties hereto in good faith. In the event the Distributor fails to exercise the said sixty (60) day option, the Seller shall have the right to seek other outlets or to make other arrangements in the Territory.

第一拒否権
売主は販売店に対し，両当事者が誠実に交渉し合意する条件で，60日間の選択により，売主が製造する本製品の新モデルにつき第一拒否権を与える。販売店がこの60日間で選択権を行使しない場合，売主は本地域において他の小売店を探し又はその他の契約を締結する権利を有するものとする。

[最恵条件を提示する規定]

Most Favored Treatment

The Seller represents that the terms and conditions of this Agreement are at least as favorable to the Distributor as the terms and conditions which the Seller is currently offering to other entities. In the event the Seller should offer to any other entity the terms and conditions which are more favorable than the terms and conditions of this Agreement, the Seller shall promptly notify the Distributor in writing thereof and offer those more favorable terms and conditions to the Distributor.

最恵条件
売主は，本契約の条項が，売主が現在他社に対して提案している条項と少なくとも同程度に販売店にとって有利なものであることを表明する。売主が他社に対して本契約の条項よりも有利な条件を提案した場合は，売主は販売店に対して直ちにかかる有利な条件を書面にて通知し，提案しなければならない。

[独占的販売店の指名]

Article 3. Exclusivity

1 The Distributor shall not, during the term of this Agreement, manufacture, purchase, import, sell, market or distribute in the Territory any products which in the Seller's opinion are similar to or directly or indirectly compete with the Products. The Distributor agrees to purchase the Products only from the Seller.
2 The Distributor shall refrain, outside the Territory and in relation to the Products, from seeking customers and from establishing any branch or other sales organization.
3 The Seller shall not, during the term of this Agreement, appoint any other distributor for the Products in the Territory and shall not supply, export or sell the Products to any person or entity other than the Distributor within the Territory.
4 Any inquiries or orders for the Products received by the Distributor from outside the Territory shall be promptly referred to the Seller. The Distributor shall not solicit orders or make any sales of the Products outside the Territory.
5 The Distributor shall not resell or re-export the Products directly or indirectly to any place or country outside the Territory, or resell the Products directly or indirectly to any other person, firm or corporation who is, to the best of the Distributor's knowledge and belief, reasonably considered to resell or re-export the Products outside the Territory.

第3条　独占性
1　販売店は，本契約の期間中，売主の判断により，本製品と類似し，又はこれと直接的若しくは間接的に競合する製品を本地域で製造，購入，輸入，販売，市販又は頒布しないものとする。販売店は売主のみから本製品を購入することに合意する。

2 販売店は，本地域外で本製品に関して，顧客を探すこと，及び支店その他の販売組織を設置することを控えることとする。
3 売主は，本契約の期間中，本地域内で本製品のために他の販売店を指定せず，また，本地域内で販売店以外の者に製品を供給，輸出又は販売しないものとする。
4 本製品に関し販売店が本地域外より受領したいかなる引合いや注文も，直ちに売主に通知するものとする。販売店は，本地域外において，本製品の注文を勧誘したり販売を行わない。
5 販売店は，本地域外の地域又は国に対し本製品を直接又は間接的に再販売又は再輸出しないものとし，また販売店の最善の知識によれば，本地域の外に本製品を再販売又は再輸出すると合理的に判断されるその他の者，団体又は法人に対し本製品を直接又は間接的に再販売しないものとする。

　独占的な販売店・代理店の指名の対価として，販売店や代理店は競合製品の取扱い制限（本条第1項），最低購入・販売数量の保証（後述），販売促進義務などが課されることが多い。販売地域を指定された場合（非独占でも），地域外の顧客からの引合いを売主に移牒することを求められることが多い（上記第4項）。また，地域外へ輸出すると予測される商社へ販売することも禁止される（上記第5項）。

　なお，例えば特許対象商品につき，転売や輸出地域を制限する合意も有効であるが，これはBBS事件・最判平成9年7月1日（後述）を参照のこと。

[exclusive と sole の違い]

　販売店契約（the distributorship agreement）において exclusive distributorship は通常「一手販売権」を示すとされている。一手販売権を与えられれば，製品のメーカーやサプライヤーでも，対象地域内で製品を販売することは禁止される。しかし sole distributor は「唯一の販売店」にすぎず，メーカーやサプライヤーであれば対象製品を販売できるとされる。これを「総代理店」と称することがある。このように，sole は，exclusive よりも排他性が弱いといわれている。これは代理店につき sole agent も同じである。しかしこれは法律上確定的なものではないから，そのように意図するのであれば，本文中でその旨記載するべきである。

[売主から販売店への紹介]

The Seller shall promptly refer to the Distributor all inquiries for the Products originating in or for ultimate delivery to the Territory.

売主は販売店に対し本地域からの引合い，又は最終的に本地域に持ち込まれる本製品の引合いすべてを直ちに提示する。

[メーカーは地域内の特定に顧客に直接販売できるとする規定]

The Seller shall have the right to sell or distribute the Products directly to any person, firm or corporation listed in Exhibit A in the Territory. However, the Distributor shall not be entitled to any profit or other remuneration with respect of any such sale or distribution.

売主は本地域における別紙A記載の人，団体，法人に対し直接に本製品を販売・頒布する権利を有するが，販売店はこの販売・頒布につき利益その他の報酬を得る権利を有しない。

[独占的代理店において，メーカーが地域内の特定の顧客に直接販売する場合]

The Seller shall have the right to sell, export or distribute the Products directly to any person, firm or corporation listed in Exhibit A in the Territory. In such case, the Agent shall be compensated by commission at the rate of three percent (3％) of the net invoice price of the Products against such direct sale, export or distribution by the Seller.

売主は本地域における別紙A記載の人，団体，法人に対し直接に本製品を輸出，販売又は頒布する権利を有する。この場合，代理店は，メーカーによるこの直接販売等に対する本製品の正味請求金額の3％にあたるコミッションを支払われるものとする。

（3）　最低購入数量

　独占的販売権を付与した以上，取扱地域における取扱製品の販売成績の成否は販売店の活動に依存せざるを得なくなる。したがって売主は最低購入義務の保証を取り決めることが重要となる。努力目標のような不明確な取り決めは極力避け明確な表現で規定するよう心がけるとともに，最低購入額や最低購入量の未達成は重大な契約違反（material breach）として，解約を直ちになしうるよう取り決める必要がある。なお，最低購入義務違反をもって直ちに重大な契約違反とみなし解約権を行使しないで，独占権（exclusive）を非独占権（non-exclusive）に変更したり，対象商品や地域を縮小したりして，契約関係の継続を図る方法もある。

［最低購入額の未達成で解除できるとの規定］

Article 4.　Minimum Purchase Quantity

1　For each one (1) year period commencing on the date hereof during this Agreement, the Distributor shall purchase from the Seller not less than a minimum quantity of the Products as set forth below:

1) The annual minimum quantity for the first year:
　_____

2) The annual minimum quantity for the subsequent year:
　_____

2　In case the Distributor shall fail to purchase the minimum quantity of the Products for any one-year period, the Seller may terminate this Agreement with immediate effect by sending a written notice to the Distributor within thirty (30) days after the expiry of the relevant period.

第4条　最低購入数量

1　本契約日に始まる本契約の期間中の各1年間に，販売店は下記の最低数量以上の本製品を購入するものとする。
　1）初年度の年間最低数量：_____
　2）2年度以降の年間最低数量：_____

2　販売店がいずれかの1年間に本製品を最低数量まで購入しなかった場合，売主は当該年度の満了後30日以内に販売店に書面による通知を送付することにより本契約を解除することができ，これは即時に発効する。

　最低購入数量は，初年度は多くを見込めないであろうから，年度を追って徐々に増加させることが多い。

［解除か独占権剝奪かの選択権を留保する］

The Distributor shall take delivery and pay for not less than the Minimum Purchase Quantity in each relevant period. In the event the Distributor fails to, or is likely to fail to, attain the purchase of the Minimum Purchase Quantity for any such period, the Seller at its sole option, may, by giving written notice to the Distributor: (a) terminate this Agreement; (b) convert the exclusive distributorship granted hereunder to a non-exclusive distributorship; (c) eliminate certain part or country of the Territory from the Territory granted hereunder; and/or (d) eliminate certain items of the Products from the subject of this Agreement. In addition, the Seller shall be entitled to recover its damages caused thereby, including but not limited to the profit the Seller would have received if the Distributor had purchased the Minimum Purchase Quantity.

販売店は，各期間において最低購入数量以上の製品を引き取りその対価を支払わねばならない。販売店がその期間において最低購入数量を達成できなかった，又はできない可能性が高い場合，売主はその裁量により，販売店に事前に書面にて通知の上，以下の全部又は一部を行うことができる：(a) 本契約を解除する。(b) 独占権を剥奪し非独占とする。(c) 本地域の一部を本契約の対象から除外する。(d) 本契約の対象製品から本製品の一部を排除する。加えて，売主はこれにより発生した損害賠償請求を認められる。これには，販売店が最低購入数量を購入していれば売主が得られたであろう利益も含まれるが，これに限定されない。

（4）　情報交換と販売促進

　販売店契約において，取扱製品の販売促進ないしは拡大のためには，相互に当該市場の情報や動向等について知りえた情報を交換し合う必要があることはいうまでもない。独占権付与の場合は特に，それら販売促進の義務を明記し同時に売主の販売活動促進の助成や協力を合わせて取り決めておくことが必要である。また，取扱製品の品質・効能等について販売店や代理店が誇大広告等をすることがあるので，宣伝活動やカタログ，ポスター等の宣伝資料等については十分に注意を払うことも重要となる。

[販売店の販売促進の責務と売主の協力を規定]

Article 5. Sales Promotion
The Distributor shall exert its best efforts to promote the sale of the Products in the Territory and shall at its own expenses advertise and promote the Products in the Territory and shall maintain offices and proper facilities including service depots, salesmen and other personnel sufficient for the performance of its obligations as an exclusive Distributor in conformity with the provisions of this Agreement. The Seller shall provide reasonable assistance to the Distributor with regard to advertising the Products in the Territory. However, the Distributor shall inform the Seller in advance for the consent by the Seller of its

ideas of advertising and promoting the Products in the Territory.

第5条　販売促進

販売店は本地域において本製品の販売を促進につき最善の努力をし，また本地域において本製品を自己の費用で宣伝し販売促進し，また本契約に従い独占的販売店としてその義務を履行するため十分な営業所，サービス・デポを含む適切な設備，販売員及びその他の従業員を維持するものとする。売主は販売店に対し本地域において本製品を宣伝するにつき合理的な支援を行うものとする。但し販売店は売主に対し，売主から同意を得るために，本地域で本製品を宣伝し販売促進するについての案を事前に通知するものとする。

　販売店に十分な販促をさせるため翌年度の販売促進計画を提出させることはよくあるが，加えて，宣伝費として一定の出費（例えば売上の1％等）を計上させる例もある。

[販売店に在庫・修理の責務を負わせ，二次代理店を禁じる規定]

Sales Promotion, Stock and Repair
1　The Distributor shall at all times during the term of this Agreement;
　(a)　engage in the purchase and sale of the Products for its own account and shall bear the risk, including, but not limited to, the risk of Customers' defaults or claims;
　(b)　establish and maintain a capable sales force which are necessary to promote, market, sell, distribute, and service the Products;
　(c)　maintain an adequate stock of the Products so as to enable it to meet the requirement and supply promptly all orders reasonably anticipated in the Territory; and
　(d)　maintain adequate spare parts and adequately trained staff and qualified merchandise to provide qualified customers and repair service.
2　Without the Seller's prior written approval, the Distributor shall not appoint any sub-distributor or agent to sell and distribute the Products.

販売促進，在庫及び修繕
1　販売店は，本契約の期間中は常に，
　(a)　自らの勘定で本製品の購入及び販売に従事し，顧客の債務不履行やクレームのリスクなどを負担する。
　(b)　本製品の販促，マーケティング，販売，頒布，サービスをするために必要な有能な販売員を確立し維持し，
　(c)　合理的に予想される地域内の必要量を満たすことができるよう，且つ，すべて

の注文品を迅速に供給できるようにするため本製品の十分な在庫を維持し，また，
  (d) 良質の顧客・修理サービスを提供するために十分なスペアパーツと十分に訓練されたスタッフ及び適切な製品を維持するものとする。
2 売主の書面による事前の承諾なしに，販売店は本製品の販売・頒布のため二次販売店又は代理店を指名しないものとする。

[情報交換：販売店の市場情報・購入計画の提供]

1 The parties hereto shall periodically or on the request of either of the parties hereto furnish information and market reports to each other to promote the sale of the Products as much as possible. The Distributor shall give the Seller such reports as inventory, market conditions and other activities of the Distributor as the Seller may require from time to time.

2 In order to allow the Seller to arrange for the availability of the Products, the Distributor shall notify the Seller of its quarterly purchase plan of the Products at least sixty (60) days before the first day of the subject calendar quarter; provided, however, that the first quarterly purchase plan shall be notified within ten (10) days after the Effective Date. The Distributor shall inform the Seller promptly of any change in such plan, provided that such change not to deviate materially from the original plan.

1 本契約当事者は，定期的に又は一方当事者の要求がある場合には，できる限り多く本製品の販売を促進するため相互に情報と市場報告を提供するものとする。販売店は売主が適宜要求する在庫品，市況状況及び販売店の他の活動などの報告書を売主に提供するものとする。

2 売主が本製品の仕入を実行できるように，販売店は売主に対して各四半期の初日の60日前までに当該四半期の本製品の購入計画を通知する。但し，発効日から10日以内に第1四半期購入計画を通知する。販売店は売主に対し，当該購入計画に変更がある場合は直ちに通知する。但し，当該変更は当初の計画から著しく乖離しないものとする。

　販売店は販売地域の市況を報告し，売主に四半期ごとの購入計画を提出する。売主はこれに基本的に応じる必要があるが，市況によっては（品薄等）交渉が必要になる場合もあろう。

[売主からの販促素材の提供]

In order to support the Distributor's activities, the Seller agrees to furnish the Distributor with or without charge from time to time with such reasonable quantity of catalogues, leaflets, and other advertising materials as the Seller deems reasonably necessary, in consultation with the Distributor, for effective sales promotion in the Territory. The Distributor shall have the right to translate any such materials into other languages and shall own the copyright in any such translations.

販売店の活動を支援するため，売主は，販売店と協議のうえ，本地域での効果的な販売促進のため売主が合理的に必要とみなす合理的な数量のカタログ，リーフレットその他の宣伝用資料を無償又は有償で販売店に適宜提供するものとする。販売店は，かかる材料を他の言語に翻訳する権利を有し，かかる翻訳の著作権を有する。

[技術情報の開示と当該技術情報の所有権の留保]

The Seller may provide the Distributor with pertinent technical information as the Seller deems reasonably necessary for effective sales promotion, all of which constitute a valuable asset of the Seller, and the Distributor shall immediately return to the Seller any and all copies of such technical information transferred hereunder upon expiration or termination of this Agreement, and the Distributor acknowledge and agree that such technical information is confidential and proprietary to the Seller, and the obligation of the Distributor under this paragraph shall survive any expiration or termination of this Agreement.

売主は，販売店に対し，売主が効果的な販売促進に合理的に必要と考える関連する技術情報を提供することができる。そしてこのすべては売主の価値ある財産を構成し，また販売店は本契約に基づき移転されたこの技術情報の一切のコピーを本契約の満了又は解除とともに直ちに返還するものとする。また販売店は，この技術情報が売主にとって機密であり財産的価値があることを承認し，また本条に基づく販売店の義務は本契約の満了又は終了後も存続するものとする。

（5） 個別契約の締結

　販売店契約は，売主・販売店間においては，特定の製品に関する継続的売買関係を規定した基本契約の性格を有するので，その契約の有効期間中は個別的取引が数多く行われることになる。販売店契約はあくまでも基本契約であるか

ら個別契約の対象になる取扱製品の品質条件，価格条件，数量条件，船積条件，支払条件等について具体的に規定するわけではない。個別の売買契約は販売店契約に基づき別個に締結されることになる。なお販売代理店契約と個別売買契約の内容が牴触した場合に，いずれの内容を優先させるかの規定が紛争の予防の面からも必要となる。

Article 7. Individual Sales Contract

1 Subject to the terms and conditions of this Agreement, the Seller shall sell the Products to the Distributor and the Distributor shall purchase the Products from the Seller for resale.
2 Each sale and purchase shall be evidenced by a separate individual sales and purchase contract ("Individual Contract"), which shall become effective and binding upon the parties at the time when an order placed by the Distributor is accepted by the Seller by issuing sales confirmation in the Seller's standard form of sales contract in use. A copy of such standard form in use as of the date of this Agreement is attached hereto as Exhibit A.
3 Each Individual Contract under this Agreement shall be subject to this Agreement. In case of any conflict between the terms of this Agreement and those of any Individual Contracts executed hereunder, this Agreement shall supersede and control.
4 The Distributor shall give firm orders for the Products at least six (6) weeks in advance of expected shipping date.

第 7 条　個別売買契約

1 本契約の条件に服することを条件として，売主は販売店に本製品を販売するものとし，販売店は売主から転売用に本製品を購入するものとする。
2 各売買は個別の売買契約（「個別契約」という）により証明されるものとし，その個別契約は，販売店が発した注文が，売主が使用中の売買契約標準書式の販売確認書を発行することによって売主により受諾された時に発効し，両当事者を拘束するものとする。本契約締結の日に使用されているその標準契約書式の写しは添付別紙Aとして添付したとおりである。
3 本契約に基づく個別契約は本契約に従うものとする。本契約の条件と本契約により締結された個別契約との間に齟齬がある場合には，本契約が優先し支配するものとする。
4 販売店は，出荷予定日の少なくとも 6 週間前に本製品の確定注文を出すものとする。

　個別契約の成立の時期については，売主が販売店からの発注書を受信したと

きか，これに対し売主が請け書を発信したときか等が考えられる。下記は売主が返信を怠ると受諾とみなすとの規定である。いずれにしても，個別売買契約にはCISGの適用の可能性があるから，その点を留意して十分な規定が求められる。

［放置したとき受諾とみなす条項］

In any case, each Purchase Order shall be deemed to have been accepted by the Seller unless the Seller rejects the order by written notice within ten (10) days after the Distributor has issued the order. The Seller shall use its best efforts to timely fill all the Distributor's orders and shall not reject the Distributor's order unreasonably.

いかなる場合でも，販売店による注文書の発行から10日以内に売主が書面により発注を拒絶しない限り，注文書は売主に受諾されたものとみなされる。売主は，販売店の注文に適時に応じるよう最善努力し，不当に販売店の注文を拒絶してはならない。

［価格変更の発効］

The Seller shall provide the Distributor at least thirty (30) days prior notice of any price increase, and any orders placed by the Distributor before the effective date of the price increase shall be at the pre-increase price.

売主は少なくとも30日前の通知により値上げをすることができ，値上げ発効前の販売店の発注は従前の価格が適用される。

［クレーム，リコール製品回収など］

1　In case any claim is made in relation to the Products, the Distributor shall have no obligation to purchase or take delivery of the Products until the Distributor shall be satisfied that (i) the Products are free from such alleged claim, and (ii) all causes of such claim have been completely corrected or eliminated.
2　The Seller shall, upon the Distributor's request, cooperate with the Distributor to recall any and all Products in the event such recall is required by law or is considered necessary or prudent at the Distributor's sole discretion.

1　本製品に関しクレームが提起された場合，販売店は，(i) 本製品がかかるクレームに

牴触せず，且つ(ii)かかるクレームの一切の原因が完全に是正され払拭されたことにつき納得しない限り，本製品の購入及び受領に関する義務を負わない。

2　売主は，リコールにつき法律上の要求があった場合，又は販売店の判断によりリコールが必要又は賢明とされた場合，販売店の要請により，本製品の回収に販売店に協力する。

なお，11. 危険・所有権移転（Transfer of Risk and Title），12. 保険（Insurance），13. 検査とクレーム（Inspection and Claim），14. 保証（Warranty），15. 補償（Hold Harmless），は，Ⅴ-1の該当部分と同じであるので，当該箇所を参照願いたい。

また，わが国の製造物責任法の適用において，業として輸入する販売店（例えば商社）は，「製造業者」（法2条3項1号）として，同法の責任を負うことに留意すべきである。

（6）　当事者の関係

販売店は，原則として取次や媒介であることを理解すれば，売主と販売店との関係は独立の契約当事者であることは自明である。しかしながら，「総販売店」「一手販売店」などというと，販売店は売主から委任を受けているのではないか等誤解を招くこともある。したがって，契約に際しては紛争の発生を防ぐ意味からも，当事者間の関係を明確に規定しておくべきである。特に代理店契約の場合，これを不明確なかたちにしておくと，結果として，本人がその意とは反対に直接顧客に対して責任を負い不測の損失を負わされる事態が発生するおそれがある。こうしたことから，販売店や代理店契約では，一般条項中にではなく，特別に規定する意味がある。

Article 6.　Privity

The parties hereto agree that the Distributor is an independent contractor fully responsible for its own actions and is not, and shall not hold itself out as, an employee, agent, representative, partner or joint venturer of or with the Seller. The Distributor shall have no authority to act for or on behalf of the Seller. The Distributor is free to set, in its sole discretion, its resale prices and other terms and conditions for the resale of the Products. The Distributor may represent itself as an authorized distributor of the Seller and shall use the Seller's tradename and trademark in connection with the marketing of the Products, but the Distributor shall make no other use of the name of the Seller or any derivative thereof, as trademark, tradename, corporate name or otherwise, and no license to use said name of the Seller is conferred on the Distributor hereby.

第6条　契約関係
両当事者は，販売店は自分自身の行為につき完全な責任を負う独立の契約者であり，また売主の従業員，代理人，代表者，パートナー又は合弁事業者ではなく，またそのように表示しないものとすることに合意する。販売店は，売主のために又はこれを代理して行為をする権限を有しないものとする。販売店は，その完全な裁量にて，本製品の再販売価格及びその他の再販売の条件を設定できる。販売店は，自分自身を売主の認定販売店と表示することができ，また本製品の販売につき売主のトレードネーム及び商標を使用するものとする。しかしながら販売店は，売主の名称又はその派生名称を商標，トレードネーム，法人名称その他として上記以外では使用しないものとし，また販売店に対し，売主の上記名称の使用のライセンスが与えられるものではない。

　"Privity"とは「契約関係」をいう。独立の契約当事者であることを前提としつつ，商売において販売店に売主側の商標等の使用を求めている。上記文例では，独立の契約者であり代理権限を有しないこと，他方で売主の認定販売店と表示ができるが商品販売に際しては売主の商標等を使用することが義務付けられている。

（7）　商標の使用
　商標は製品の販売に欠くことができない重要なものであり，出所表示と品質保証の2つの機能を有し，多年の使用実績の蓄積により信用が商標に形成される。

　販売店・代理店は売主の商標を付した取扱製品の販売を行うことにより，製品に対する売主のグッドウィルが確立される。逆に販売店・代理店が取扱製品に独自の商標を付して販売すると，製品に対するグッドウィルは販売店・代理店の商標に蓄積されることになり，売主の意図は必ずしも達成されなくなる。したがって，売主は販売店・代理店契約において売主の商標のみの使用を義務づけることがほとんどである。

Article 16.　Trademark
1　The Distributor acknowledges that the Seller is the sole and exclusive owner of the Trademarks. The Distributor shall not challenge or assist in challenging the validity of the Trademarks, directly or indirectly through any entity which may have any right, title or interest in or to any of the Trademarks. Nothing in this Agreement shall be construed

as granting to or conferring to the Distributor any right, license or otherwise, expressly, impliedly or otherwise, with respect to any of the Trademarks other than as expressly specified in this Agreement.

2　The Seller shall hereby grant the Distributor, subject to the terms and conditions herein stipulated, only in a manner approved by the Seller and in accordance with the Seller's instructions, the right to use the Trademarks in the Territory for and in connection with the advertisement, promotions, sale and distribution of the Products. Such use shall be limited to letter head and advertisement of the Products in the Territory and the Distributor shall by no means use any of the Trademarks on the label of any other products or as part of any trade or corporate name. The Distributor shall not remove, conceal, move or alter the prescribed trademarks, tradenames and labels attached to the Products.

3　The Distributor shall not seek to obtain any registration for any of the Trademarks or for any other word and device appearing on any of the Products.

4　Upon expiration or termination of this Agreement, the Distributor shall forthwith cease all further use of the Trademarks and any trademarks or trade or corporate names similar thereto; provided, however, that even after the expiration or termination of this Agreement, the Distributor may use the Trademarks solely in connection with the sale of the Products held in stock by the Distributor at the expiration or termination.

5　In case that the necessity for the Seller to register the Trademarks in the Territory arises, the Distributor shall agree to assist the Seller in taking necessary steps.

第16条　商標

1　販売店は売主が本商標の唯一独占の所有者であることを承認する。販売店は、自ら、若しくは本商標に対して権利、権原、権益を持ちうる第三者を通じて、直接又は間接的に本商標の有効性を攻撃しこれに協力してはならない。本契約のいかなる条項も、特に明示されたものを除き、販売店に対して本商標に関する権利やライセンスその他を明示又は黙示に供与するものではない。

2　売主は販売店に対し、本契約に所定の要件に従い、売主が許可する方法で売主の指示に従ってのみ、本製品の宣伝、販促、販売及び頒布に関し本地域で本商標を使用する権利を許諾する。この使用は、本地域での本製品のレターヘッド及び宣伝に限定される。販売店はその他の製品のラベルに又は法人名の一部として本商標を使用しないものとする。販売店は、本製品に付された当初の商標、商号及びラベルを除去したり、隠したり、移動したり、改造してはならない。

3　販売店は本商標又は本製品に表示されるその他の言葉及び図案につき登録出願をしないものとする。

4　本契約の満了又は解除と同時に、販売店は直ちに本商標及びこれに類似する商標又は法人名称をさらに使用することを停止するものとするが、但し、本契約満了又

は解除後も，販売店は満了又は解除時に販売店が在庫として保持する本製品の販売に関してのみ本商標を使用することができる。
5　本地域において売主が本商標の登録をすることが必要となった場合，販売店は売主が必要な手続をとるため支援することに同意する。

　上記の条文は，売主の独占的権利，販売店の不争義務，契約終了後の権利関係につき簡便に規定したものである。
　商標その他の知的財産権の保証，hold harmless 条項，商標が第三者から侵害された場合についての対抗方法等については Ⅴ-1　4(9)，(10)参照のこと。

[商標の保証をしない旨の条項]

Nothing herein contained shall be construed as a representation or warranty by the Seller that the Products are free from infringement or violation of any patent, copyright, trade secret, trademark or any other proprietary right of any third party.

本契約のいかなる条項も，本製品が第三者の特許，著作権，営業機密，商標その他の財産権を侵害していない旨の売主の表明と保証を意味するものではない。

[販売店側の対応義務として規定した条項]

Intellectual Property Rights

The Distributor shall constantly monitor that the Intellectual Property is not infringed upon by any third party in the Territory, and that the Products do not infringe on the intellectual property rights of third parties in the Territory. In case of there being any potential or alleged infringement, the Distributor shall promptly inform the Seller thereof and shall assist the Seller in connection with any actions arising therefrom as requested by the Seller from time to time.

知的財産権

販売店は，本知的財産が本地域で第三者によって侵害されていないか，また本製品が本地域で第三者の知的財産権を侵害しないかを定期的に調査するものとする。潜在的侵害又は侵害の主張がある場合，販売店は売主に対し，直ちにこれを通知するものとし，また適宜売主が要求するように，これから生じる一切の行為に関し売主を支援するものとする。

（8） 解除後の処置

解除については一般条項の項を参照されたい。但し，解除については，販売店契約の解除と個別契約の解除を別途に検討する必要があることに留意すべきである。

"The Seller is entitled to forthwith terminate this Agreement and/or any Individual Contract. Termination of this Agreement or any Individual Contract shall not relieve either party of any liability arising prior thereto."

[契約終了後の販売店の義務]

Article 17.　Obligations after Expiration or Termination

Upon expiration or termination of this Agreement and at no charge to the Seller, the Distributor shall immediately and/or continuously, as applicable:

(a) cease all promotion, marketing and sale of the Products;
(b) return to the Seller all data, materials, drawings, other documents, tools and equipment held by the Distributor in connection with this Agreement (and all copies thereof);
(c) refrain from using in any manner the Trademarks;
(d) furnish to the Seller complete and up-to-date lists of, and information on, all Customers and potential customers of the Products; and
(e) not, whether intentionally or otherwise, commit such acts as would lead a third party to believe that the Distributor is dealing with the Products or is the Seller's distributor.

第17条　期間満了又は解除後の義務

本契約の期間満了又は解除により，販売店は，直ちに且つ継続的に，且つ売主には一切の負担をかけることなく，以下を行う：

(a) 本製品に関する全ての販売促進活動，マーケティング及び販売を停止し，
(b) 売主に対して，本契約に関して販売店が保有している一切のデータ，材料，図面その他の書類，道具及び備品（そのコピーを含む）を返却し，
(c) 本商標の使用を停止し，
(d) 売主に対して，本製品の完全且つ最新の全ての顧客（潜在顧客含む）リストとその顧客の情報を提出し，且つ
(e) 販売店が本製品を取り扱っている，又は販売店が売主の販売店であると第三者に思わせるような行為を，意図的であると否とにかかわらず，行わない。

販売店契約の終了により，販売や販売促進活動を止めることはもちろんであるが，使用を許されていた商標の使用を停止したり，提供を受けていた販促資料等を返却するなどが求められる。また，販売店は在庫品を抱えているため，契約終了時の在庫品の処置が必要となる。下記の文案は，在庫品の売主による買戻しを認めるものである。なお，販売店による在庫品の一掃期間を認める規定もあり，これはライセンス契約のⅦ-1　2(11)を参照のこと。

[在庫品の買戻権を規定した例文]

Buy-back by seller
Upon expiration or termination of this Agreement, the Seller shall have the option right to buy back from the Distributor any new unsold Products purchased from the Seller and held in stock by the Distributor under this Agreement. It is agreed and understood that any "new" Products mean the Products which have not been used or damaged and have not been in stock more than four (4) months after shipment. The prices for buy-back shall be determined by the Seller through proper appraisal, and inspection, delivery and other terms shall be mutually agreed and decided between the parties hereto in good faith.

売主の買戻し
本契約の期間満了又は解除と同時に，売主は，本契約に基づき売主から購入し販売店が在庫として保持する新規の売却されていない本製品を販売店から買い戻す選択権を有するものとする。この「新規の」本製品とは，船積み後4ヵ月以内の在庫品であって，使用や破損をしていないものをいう。買戻しの金額は適切な鑑定を通じて売主が決定するものとし，また検査，引渡その他の条件については誠実に両当事者間で合意し決定されるものとする。

（9）　解除の制限

　販売店契約は継続的な取引契約である。継続的な取引契約の場合，製品の供給を受けるものが，契約の存在を前提として商品の販売及び販促のため人的・物的な投資をしているときは，その投資を保護するため契約の一定の継続性が要請される。したがって，日本をはじめ国によっては公平の原則からこのような投下資本の回収を阻害する契約の解除につき一定の制限を加え，解除するについて合理的な理由を必要とする解除制限法理が民法上も形成されていることがあるので注意が必要である。他方で，売主は解除に当たって損害賠償や補償

Ⅵ 販売店・代理店契約（Distributorship Agreement/Agency Agreement）　147

を請求されないように防御することも必要となる。以下はその例文である。

Upon the expiration or termination of this Agreement, the Seller may engage in dealings with any and all Customers, and the Distributor shall not be entitled to any compensation what so ever with respect thereto.

本契約の期間満了又は解除により，売主はいかなる顧客との取引にも従事でき，当該取引に関して販売店はいかなる対価をも受領する権利はない。

No Compensation for Termination
The Seller shall not be liable to the Distributor, because of termination of or refusal to renew this Agreement, for any compensation, reimbursement or damages, including but not limited to those on the account of the loss of anticipated profits or cost of capital and labor, expenditures, investments, leases or any type of commitments made in connection with this Agreement in any manner whatsoever. The Distributor hereby expressly waives, to the full extent permitted by the applicable law, the right to recover, and agrees not to seek to recover any incidental, consequential or special damages.

解除に伴う補償
売主は，販売店に対し，本契約の解除又はその更新拒絶を理由として，対価，補償又は損害賠償につき責任を負わない。これは，得べかりし利益の喪失，労働資本の費用，出費，投資，リース，その他本契約に関連しなされた約束を理由とするものを含むがこれらに限定されない。販売店は，適用法律上認める範囲内で，間接損害，結果損害又は特別損害を回復する権利を明示に放棄し，これらを請求しないことに合意する。

　中東や中南米などにおいては，代理店・販売店の保護法が制定されている。これは経済的にも法律的にも弱い従属的な立場に立ちがちな販売店，代理店を保護するためのものであるが，売主からの一方的契約の終了を制限し，終了後の販売店・代理店が救済を受けうるように種々の保護を講じている。代理店保護法の中心は基本的には契約終了の制限と終了後の補償にあるといえる。これらは強行法規であるから契約で排除することができないので，事前に各国の法制を調査しておくことが必要である。またこのほかに，例えば各国の反トラスト法（日本であれば独禁法）の適用により，販売店契約の解除が制限されることがある。

3　準拠法

売主・販売店間の販売店契約の条項及び販売店契約に基づく個別契約については，動産の売買契約であるから CISG の適用の可能性がある。したがって，販売店契約において準拠法の指定をする場合については注意が必要である。

VI-2　代理店契約（Agency Agreement）

表題
前文
Whereas Clauses
 1. 定義（Definitions）
 2. 代理店の指名
 3. 売主と代理店との関係
 4. 最低販売数量⇒VI-1　販売店契約の最低購入数量の項と同様
 5. 代理店の役務
 6. 費用の負担
 7. 売主の支援
 8. コミッション
 9. 計算報告書⇒VII-1　ライセンス契約の項参照
10. 会計書類の検査⇒同上
11. 保証
12. 補償
13. 知的財産権の侵害
14. 贈賄禁止条項
15. 契約終了後の処置
16. 一般条項（General Terms）
後文

1　概　説

なお，前述したように売主と代理店との関係はほとんどの場合において媒介

代理商であるから，「本人」と「代理店」という表記は本来好ましいとは言えない。しかしながら，以下の文案では，多くの先例に従って，「本人 Principal」と「代理店 Agent」という表現を踏襲することとする。

2　条項の解説

Whereas 条項と第1条（定義）については，Ⅵ-1　販売店契約の項を参照頂きたい。

（1）　独占的代理店の指名と義務

Article 2.　Appointment of an Exclusive Agent
2.1　Subject to the terms and conditions of this Agreement, the Principal hereby appoints the Agent as its exclusive marketing agent to promote and solicit orders for the Products in the Territory, and the Agent hereby accepts such appointment.
2.2　During the term of this Agreement, the Principal shall not directly or indirectly (i) solicit orders for, sell, distribute, market, lease or otherwise make available the Products within or for the Territory except through the Agent or (ii) grant a license to or otherwise permit anyone other than the Agent to sell or solicit orders for the Products, or to act as the Principal's distributor, agent or sales representative for the sale of the Products within or for the Territory. The Principal shall promptly refer to the Agent all orders and inquiries for the Products received from customers in the Territory not through the Agent, and the Principal agrees that in the event the Products are sold to such customers, the Agent shall be paid the full commission with respect to said Products in accordance with Article 8 hereof as though the Agent had solicited the order.
2.3　Any inquiries or orders for the Products received by the Agent from outside the Territory shall be referred to the Principal. The Agent shall not solicit or make any sales of Products to any party located outside the Territory.

第2条　独占的代理店の指名
2.1　本契約記載の条件のもと，本人は代理店を，本地域において本製品の販売促進及び受注活動を行う独占的代理店として指名し，代理店は上記指名を受諾する。
2.2　本契約の期間中，本人は，直接又は間接的に，(i) 代理店を経由することなく，本地域内で又は本地域向けに本製品の受注活動，販売，頒布，マーケティング，リース，その他本製品を取扱ったり，又は (ii) 代理店以外の第三者に対して，本地域内で又は本地域向けに本製品を販売するにつき，本製品を販売したり受注活動を行った

り，本人の販売店，代理店又は販売員として活動したりすることを許可したり認めてはならない。本人は本地域の顧客から代理店経由ではない注文や引合いがあれば直ちに代理店に連絡するものとし，当該顧客に対して本製品が販売された場合は，当該注文を代理店が獲得したときと同様に第8条に従って本人は当該本製品につきコミッション全額を代理店に支払う。

2.3　代理店は，本地域外から受けた本製品の引合いや注文を本人に連絡する。代理店は本地域外の顧客に対して本製品の勧誘・販売活動を行ってはならない。

[独占的代理店の義務]

In consideration of the exclusive right herein granted, the Principal shall not directly or indirectly sell or export the Products to the Territory through other channel than the Agent. The Agent shall not, without prior written consent of the Principal, directly or indirectly, sell, distribute, or promote the sale of any products competitive with or similar to the Products in the Territory, and shall exert its best possible efforts not to solicit, or accept orders for the purpose of selling the Products outside the Territory. The Principal shall refer to the Agent any inquiry or order for the Products the Principal may receive from others in the Territory during the life of this Agreement.

本契約により付与された独占権を約因として，本人は，直接・間接を問わず，代理店以外の他のチャンネルを通じて，本地域で本製品を販売し，又は輸出しないものとする。代理店は，本地域内において，直接又は間接を問わず，本人の書面による事前の同意がない限り，本製品と競合し，又は類似する製品を販売し，配布，又は販売を促進しないものとし，そして本地域外での本製品の販売を目的として注文を勧誘したり受諾したりしないよう最大の努力をなすものとする。本人は本契約の有効期間中，本地域内の他者から受けるいかなる引合いや注文も代理店に照会するものとする。

　　競争品取扱制限に関する"any products competitive with or similar to the Products"という表現は頻出する。

　　なお，sole agent や exclusive agent という名称から生じる違いについては，販売店の場合と同じに考えてよい。この点は132頁を参照願いたい。

[媒介代理店としての役割を明記した条項]

No Binding Authority

Ⅵ 販売店・代理店契約（Distributorship Agreement/Agency Agreement）

1. During the life of this Agreement, the Principal hereby appoints the Agent to be its exclusive agent to solicit orders for the Products from the customers in the Territory and the Agent accepts and assumes such appointment.
2. The Agent shall have no right, power or authority to accept any order or enter into any contract on behalf of the Principal or assume or create any obligation or responsibility as to the Principal of any kind, express or implied, or bind the Principal in any manner, unless, in each particular instance, the Agent is specifically authorized in writing by the Principal to do so.
3. In soliciting orders, the Agent shall adequately advise customers of the general terms and conditions of the Principal's sales note or contract form prior to confirmation of acceptance by the Principal, of the Agent being an independent contractor of the Principal, and of any contract being subject to the confirmation of acceptance by the Principal, and the Agent shall immediately dispatch any order received to the Principal for its acceptance or rejection.

拘束権限がないこと
1. 本契約の期間中，本人は代理店を本地域で本製品のため顧客から注文を勧誘する独占的代理店に指名し，代理店はこの指名を受諾する。
2. 特定の事案について本人から書面により代理店に対して特段の授権をしない限り，代理店は，本人を代理して注文を承諾し若しくは契約を締結すること，又は本人に明示・黙示に義務を負わせること，又はその他何らかの形で本人を拘束する権利や権限を有しない。
3. 注文を獲得するに際しては，代理店は顧客に対し，本人の承諾確認に先立ち，本人の売約書又は契約書の標準書式の一般条件，代理店は本人から別個独立した当事者であること，またいかなる契約も本人による受諾の確認が条件であることを適切に通知するものとし，また代理店は，受領した注文を本人が受諾又は拒否できるよう至急に連絡するものとする。

［媒介代理店関係における本人の立場に関する規定］

1. The Principal, at its sole discretion, may accept or reject in whole or part, any order which the Agent has obtained; provided, however, that the Principal shall not unreasonably reject such order.
2. The Principal shall not be liable to the Agent in any and all respects (i) for rejection in whole or in part of any order which the Agent has obtained, (ii) for failure or delay in the fulfillment or performance of any order obtained by the Agent and accepted by the Prin-

cipal, (iii) for any change in prices or modification in designs or specifications of the Products or (iv) for withdrawal of any Products if manufacturers of the Products for any reason whatsoever, with or without notice, discontinue or suspend the manufacture or supply of any of the Products or terminates a contract with the Principal relating to the Products.
3   All billings with respect to the Products shall be handled by the Principal and paid directly to the Principal. If any customer shall attempt to make payment to the Agent, the Agent shall direct such customer to make payment to the Principal. In any event, if the Agent receives payment from a customer, the Agent shall forward such payment to the Principal forthwith, and take appropriate action acceptable to the Principal to correct the customer payment procedures.

1   本人は，代理店が獲得した注文の全部又は一部につき，自己の判断に基づき承諾又は拒絶することができる。但し，本人は合理的な理由なくして，当該注文を拒絶してはならない。
2   本人は，(i) 代理店が獲得した注文の全部又は一部の拒絶，(ii) 代理店が獲得し本人が承諾した注文の不履行や履行遅滞，(iii) 本製品の価格やデザイン・仕様の変更，(iv) 本製造業者が本製品の製造又は供給を中止したこと，又は本製品に関する本人との契約を解除したこと（通知の有無や理由のいかんを問わない）に起因する本製品の取扱い中止について，代理店に対していかなる責任も負わない。
3   本製品の代金の請求は本人が行い，本人に直接支払われるものとする。代理店に対して支払おうとする顧客がいる場合は，代理店は当該顧客が本人に支払を行うよう指示しなければならない。いかなる場合でも，代理店が顧客からの支払を受領したときは，代理店は直ちに当該金額を本人に転送するとともに，顧客の支払手続を是正すべく本人が納得する適切な措置をとるものとする。

　代理店が獲取してきた注文を採否するにつき本人に絶対的な裁量を認めた規定である。もちろん注文が採用されず取引が成立しなければコミッションは生じないので，代理店にとっては死活問題である。したがって，不当に注文を拒否してはならないと定めている。

[二次代理店の指名]

Appointment of Sub-agent
1   The Agent shall not appoint any sub-agent for performing any obligations of the Agent hereunder without prior written consent of the Principal.

2　Appointment of sub-agent shall not relieve the Agent of its obligations hereunder. The Agent shall be liable for any and all liabilities, losses, costs and expenses (including reasonable legal fees) incurred by the Principal arising from any sub-agent's act or omission.

二次代理店指名
1　代理店は，本契約上の代理店の義務を履行する二次代理店を本人の書面による事前の同意なくして指名してはならない。
2　二次代理店を指名した場合といえども，代理店は本契約上の義務の履行につき責任を免れない。代理店は，二次代理店の作為又は不作為により本人が被った一切の責任，損害，費用（妥当な弁護士費用を含む）につき責任を負う。

（2）　代理店の役割

　代理店関係において代理店の役務を規定することは重要である（特に独占的代理店の場合）。販売店は在庫品リスクを負担して商品を購入して転売することから独立性は若干強いといえるが，代理店はそういったリスクを負わず注文をとることでコミッションを得る商売なので本人への依存性がやや高いといえる。そこでコミッションの対価としてどのような役務を負うのか特定しておく必要性がより高いといえよう。

［代理店の役務］

Article 3.　Agent's Services
The Agent shall perform the following services in a competent, professional and faithful manner;
i)　promote the sale of, and solicit orders for, the Products in the Territory;
ii)　submit quotations to customers in accordance with prices, terms and conditions specified by the Principal;
iii)　promptly refer to the Principal inquiries and orders for Products obtained by the Agent;
iv)　assist the Principal in negotiating, executing and implementing sales contract of the Products with customers;
v)　assist the Principal in collecting payments from customers;
vi)　assist the Principal in resolving dispute, claim or litigation with customers or in respect of the Products;

vii) regularly contact customers to keep them advised of changes in the Products;
viii) assist and advise the Principal in ascertaining market trends and requirements of customers as to the Products;
ix) provide the Principal with quarterly written reports regarding activities of the Agent, status of promotion and marketing of the Products and status of competitive products in the Territory; and
x) generally provide the Principal with such advice, information, assistance, facilities and services as the Principal may request in connection with the promotion and marketing of the Products.

第3条　代理店の役務
代理店は，適切に，専門家として誠実な方法で，以下の役務を提供する。
i) 本地域において本製品の販売促進・受注活動を行うこと。
ii) 本人指定の価格・条件に従って顧客に見積りを提出すること。
iii) 本製品の引合い・注文を入手した場合は直ちに本人に連絡すること。
iv) 顧客との本製品の販売契約の交渉・締結・履行に関し本人を補助すること。
v) 顧客からの代金回収に関し本人を補助すること。
vi) 顧客との間の，又は本製品に関する紛争・クレーム・訴訟の解決に関し本人を補助すること。
vii) 本製品に関する変更を知らせるため定期的に顧客に連絡すること。
viii) 本製品に関する市場動向や顧客の要求を確認するについて本人を補助し助言すること。
ix) 代理店の活動，本製品の販売促進・マーケティングの状況，本地域における競合品の状況に関する四半期報告を本人に提出すること。ならびに，
x) 本製品の販売促進・マーケティングに関し本人が要求する助言，情報，協力，設備や役務を本人に提供すること。

（3）　費用の負担

　代理店契約で代理店の役務とされた行為を行うためには費用の支出を余儀なくされる。この費用の負担につき，両者の見解に相違が生じ紛争に発展する可能性もある。よって，費用負担の有無，範囲等について紛争の発生を防ぐためにも契約において明確に取り決めることが必要である。

Ⅵ　販売店・代理店契約（Distributorship Agreement/Agency Agreement）　155

［費用の負担を明記した例文］

Article 6.　Costs and Expenses
Unless otherwise specially agreed, the Agent shall bear all expenses such as cabling, traveling and other expenses incurred in relation to the sale of the Products. The Agent shall, at his own expenses, maintain offices, salesmen, and others sufficient for the performance of the obligation of the Agent in conformity with any and all instructions given by the Principal.

第6条　費用
別段の合意なきかぎり，製品の販売に関し生じた電信，出張，その他の費用は代理店が負担する。代理店は，自身の費用で，本人からの全ての指示に従い，代理店の義務を履行するため十分な事務所，販売員，そして他のものを維持するものとする。

（4）　本人による支援

Article 7.　Support by the Principal
Upon the Agent's request, the Principal shall provide the Agent, free of charge, with a reasonable number of samples, catalogs, brochures and other marketing/promotional materials which may be useful to promote the sale of the Products in the Territory. The Principal shall also provide the Agent with technical advice and information which may be desirable for full understanding by the Agent of the Products.

第7条　本人の支援
本人は，代理店の要求により，本地域での本製品の販売促進に有用な妥当な数量のサンプル，カタログ，パンフレットその他のマーケティング／販促素材を無料で提供する。さらに，本人は代理店が本製品を十分理解するため望ましい技術指導・情報を提供する。

（5）　コミッション
　　コミッションに関する規定を示す。

Article 8.　Commission
In full and complete compensation for the performance by the Agent of all of its obligations hereunder and subject to the other terms and conditions contained herein, the Principal shall pay the Agent a commission of three percent (3%) of the sales price of the Prod-

ucts (sales price of the Products means, for the purpose of this Agreement, F.O.B. San Francisco price) sold to a customer as a result of the Agent's activities under this Agreement, payable upon the Principal's receipt of full payment for the sold Products from the customer, within ten (10) days after the Principal's receipt of the Agent's invoice.

第8条　コミッション
代理店による本契約の全ての義務履行の対価として，また本契約の他の条項に従い，本人は，本契約における代理店の活動の結果，顧客に販売された本製品の販売価格（本契約上，販売価格とは，F.O.B. サンフランシスコ価格をいう）の3％のコミッションを，本人による顧客からの本製品の代金全額の受領後，代理店からの請求書受領後10日以内に代理店に支払う。

[コミッションの発生条件を規定した条項]

No commission shall be deemed to be earned until (i) the Products have actually been received and accepted by a customer, (ii) the Principal has received full and final payment therefor, and (iii) all disputes with and claims from the customer have been resolved. Regardless of any reason therefor, the Agent shall not be entitled to any compensation with respect to sale of samples; Products not shipped; Products refused; Products returned; orders cancelled; orders for which payment in full has not been received by the Principal and the like.

(i) 顧客が本製品を現実に受領し受諾し，(ii) 本人が本製品の代金全額を受領し，且つ(iii) 顧客との間の紛争や顧客からのクレームがすべて解決するまで，コミッションは発生しない。理由のいかんを問わず，サンプルの販売，船積みされなかった本製品，拒絶された本製品，返品された本製品，取消された注文，本人が代金の一部でも未受領の注文などについては，代理店はいかなる報酬請求権も有しない。

　代理店手数料請求権の発生時期であるが，これについては紛争が生じ易い。その時期は本人の当該取扱製品に係る代金の受領をその条件とする旨の規定が好ましく実効的であろう。また支払時期について，個々の取引の完了毎に支払うのか，又は一定期間（例えば四半期毎とか）で締めてまとめて支払うのか等を取り決めておく。
　また，コミッションは本人作成の計算書により支払うことになる。これの正確性を担保するため本人側の会計帳簿等の保持と代理店からの閲覧請求に関す

Ⅵ 販売店・代理店契約（Distributorship Agreement/Agency Agreement）　157

る条項の記載が求められる。これらの条項はライセンス契約のロイヤルティ支払いと基本的には同じであるので，174 頁以下を参照のこと。

（6）　外国公務員贈賄

　日本のタイヤメーカーは，ラテンアメリカ諸国における販売を確保するため，現地代理店を通して，国営企業関係者から情報を入手していた。メーカーは現地代理店に国営企業関係者に渡す賄賂（総額 1 億 5000 万円）を含めた手数料を支払っていたが，同社担当者は，不正に資金が渡されていることを認識していたためアメリカ海外腐敗行為防止法（Foreign Corrupt Practices Act。以下「FCPA」という）が適用された。

　平成 9 年に OECD で外国公務員贈賄防止条約が採択されたことを受けて，日本においては，平成 10 年に不正競争防止法が改正されて外国公務員等に対する不正の利益の供与等の罪（以下「外国公務員贈賄罪」という）が導入された。平成 16 年には，外国公務員贈賄罪に日本国民の国外犯処罰を導入するため不正競争防止法が改正された。

　日本の不正競争防止法 18 条 1 項は，外国公務員贈賄条約第 1 条の規定に沿った規定である。すなわち，国際商取引に関して営業上の不正の利益を得るために行う，外国公務員等の職務に関する作為，不作為等をなさしめることを目的とした利益の供与，その申込み又はその約束を禁止している。本罪の対象となる行為の全部又は一部を日本国内で行った場合には，その国籍に関係なく（すなわち，日本人であれ外国人であれ），本法の適用を受ける（属地的適用）。また，日本人については，日本国外で当該行為を行った場合にも，本法の適用を受ける（属人的適用）。「国際商取引」は，取引当事者間に渉外性がある場合，事業活動に渉外性がある場合のいずれかを意味する。

　海外事業展開する日本企業に対する適用という点では，我が国の外国公務員贈賄罪に加えて，前出の FCPA とイギリス贈賄防止法（UK Bribery Act 2010）という 2 つの域外適用のある法律に注意する必要がある。

　FCPA の適用があるのは，①発行体（issuer），②国内関係者（domestic concern），③アメリカ国内で行為の一部を行った者，④共謀・幇助・教唆行為を行った者である。このうち，①はアメリカの証券取引所の上場企業等であり，②はアメリカ市民やアメリカ企業等をいう（属人的適用）。したがって日本人であってもアメリカに居住していれば該当するし，日本企業のアメリカ子会社も該当する。

③はアメリカの領域内で州際通商の手段を利用して行為の一部を行った者をいう（属地的適用）。但しこれは実務上広く解釈されており、アメリカの銀行口座が贈賄資金の決済に用いられただけでも該当しうる。最も重要なのは、④日本企業が贈賄行為者と共謀した、あるいは幇助・教唆したとして、また発行体や国内関係者の代理人として行動していたとして適用される可能性である。例えば、日本のエンジニアリング企業Ａが、1991年に他の3社とともにJV企業を設立し、1995年ナイジェリアのLNG施設建設を60億ドルで受注したが、受注にあたり、ナイジェリア政府高官に総額約2億ドルの便宜を図った。これはアメリカ銀行を経由してのナイジェリア政府高官への贈賄だったが、Ａ社はJV企業に出資するアメリカ企業との共謀若しくは幇助にあたるとされた。さらにこれに関連して、別の日本の商社Ｂは、JV企業との間で業務委託契約を締結しJV企業の受注に協力したが、前述のナイジェリア政府高官への賄賂にあたって、この商社Ｂが贈賄行為の仲介人であるとし、共謀及び幇助にあたるとされた。また、第三者を通じて贈賄が行われた場合では、そのような供与等に用いられることを知りながら第三者に支払った場合にも適用対象となる。本項冒頭のタイヤメーカーの事案がそれである。

イギリス贈賄防止法が日本企業に適用されるのは、「イギリス国内で事業の一部を実施している」場合である。そこで、まずイギリスに支店を有する企業に適用されることになる。イギリスに現地法人を有する場合は、事案によるが、イギリス子会社が親会社から完全に独立しておらず、親会社の支配が及んでいる場合、親会社自体がイギリスで事業を行っていると解釈され、同法の適用を受ける可能性がある。

Article 14. No Bribery

1 Neither of the parties nor its employees, agents, consultants or subcontractors, shall make any payment or give anything of value to any government official, including, but not limited to any officer or employee of any government department or agency, to influence his or its decision, or to gain any other advantage for the parties in connection with the performance of this Agreement.

2 The parties shall hold each of them harmless for all losses and expenses arising out of such violation of this Article.

3 In the event of any such violation of this Article, the party whose conduct does not violate this Article may, at its sole discretion, terminate this Agreement.

第14条　贈賄禁止

1 いずれの当事者もその従業員，代理人，コンサルタント，若しくは下請人も，政府の役人（政府部門又は機関の役職者若しくは職員を含む）に対して，本契約の履行に関連して当該役人又は機関の決定に影響を与えるために，又は当事者のために他の利益を得るために，支払いをなし又は高価物を贈与しないものとする。
2 当事者は，かかる違反により相手方に生ずるすべての損失及び費用を相手方に補償するものとする。
3 本条の違反が発生した場合，その者の行為が本条に違反していない当事者は，裁量により，本契約を解除することができる。

VII ライセンス契約
(License Agreement)

VII-1 ライセンス契約

表題
前文
Whereas Clauses
1. 定義
2. ライセンスの許諾
3. 技術情報の開示
4. 技術支援
5. ロイヤルティ
6. 計算報告書
7. 会計書類の検査
8. 商標使用と品質管理
9. 特許と商標の表示
10. 改良技術
11. 保証
12. 補償
13. 知的財産権の侵害
14. 契約終了後の処置
15. 一般条項
後文

1　概　説

　ライセンスとは，知的財産権を有する者（ライセンサー）が第三者（ライセンシー）に対しこれを利用して製品を製造し販売することを許可して対価を得る取引をいう。この契約がライセンス契約である。例えば特許のライセンス契約

には技術援助が伴うことも多い。より実務的な観点からみれば，ライセンス契約とは，特定の製品の製造や組立てに必要である特許やノウハウの使用を許諾し，その許諾された特許やノウハウを利用して製造や組み立てた製品に，商標の使用を認め，特定の地域においてその製品を製造，販売する権利を付与する旨を約束する当事者間の合意とみることができる。

知的財産権については古くから国際的な保護が必要と考えられたため，工業所有権については1883年にパリ条約，著作権については1896年にベルヌ条約という国際条約が存在し，その後何度も改正されつつ知的財産権の国際的保護の枠組みが形成されてきた。さらに，**WTO**でも**TRIPS**協定が知的財産権の保護を定めている。

例えば特許権については，各国の特許権が，その成立，移転，効力等について，それを認める国の法律によって定められており，その特許権の効力は当該国の領域内においてのみ認められるという属地主義の原則が妥当する。世界特許というものは存在せず，外国でも特許権を得たいと思う発明者は複数国で個別に特許を出願するか，特許協力条約（Patent Cooperation Treaty）に基づく国際出願制度を利用することができる。実務的にはパリ条約における優先権主義（特許出願から1年間有効となる）に留意すべきである。

[Whereas Clauses の例]

Whereas, the Licensor owns the valuable know-how and patents on certain products and is engaged in manufacturing and selling such products under such know-how and patents;
Whereas, the Licensee desires to use such know-how and patents to manufacture and sell such products; and
Whereas, the Licensor is willing to grant to the Licensee a license to use such know-how and patents for such manufacturing and selling;
NOW, THEREFORE, in consideration of……

ライセンサーはある製品につき価値あるノウハウ及び特許を有しており，このノウハウ及び特許に基づきこの製品の製造販売に従事しており，
ライセンシーはこの製品を製造販売するためこのノウハウ及び特許を使用することを希望しており，ライセンサーはライセンシーに対し，この製造販売のためこのノウハウ及び特許を使用するライセンスを許諾しようと思っている。
よってここに，……

2　条項の解説

（1）　定　義

> **Article 1. Definitions**
> In this Agreement, the following words and expressions shall, unless the context otherwise requires, have the following meanings:
> 1.1 "Licensed Products" means ＿＿＿＿＿＿＿＿＿ to be manufactured by the Licensee under the Proprietary Information and Patents.
> 1.2 "Patents" means all patents and patent applications, which are owned or controlled by the Licensor at the time of execution of this Agreement, as set forth in Exhibit A, and shall include also all the patents which may issue on the said applications.
> 1.3 "Proprietary Information" means all the technical information, knowledge, know-how, data developed, acquired or otherwise controlled by the Licensor at the time of execution of this Agreement, pertaining to the manufacture of the Licensed Products, as set forth in Exhibit B.
> 1.4 "Trademark" means ＿＿＿＿ .
> 1.5 "Territory" means Japan.
> 1.6 "Net Wholesale Price" is defined as the amount of the gross sales by the Licensee of the Licensed Products to the Licensee's customers in the Territory, less customary trade discounts (not exceeding six percent), insurance premiums, transportation and delivery charges, taxes and duties (VAT).
> In computing the Net Wholesale Price, no deduction shall be made for costs incurred in manufacturing, distributing, advertising, selling or storing the Licensed Products, returns, cash discounts, and uncollectable accounts.

第1条　定義
本契約では，下記の用語と表現は，文脈が別の解釈を要求している場合を除き，下記の意味を有するものとする。
1.1 「許諾製品」とは，技術情報と特許によってライセンシーが製造する＿＿＿＿＿をいう。
1.2 「特許」とは，添付別紙Aに記載の通り，本契約の締結時にライセンサーによって所有又は支配された特許と特許出願をいい，また，かかる出願により付与されるすべての特許を含むものとする。
1.3 「技術情報」とは，添付別紙Bに記載の通り，許諾製品の製造にかかわる，本契約締結時にライセンサーによって開発，取得又は別の方法で支配されるすべての技

術情報，知識，ノウハウ，データをいう。
1.4 「商標」は，＿＿＿＿＿＿をいう。
1.5 「許諾地域」は，日本をいう。
1.6 「純卸売販売額」とは，ライセンシーによる許諾製品の許諾地域のその顧客向け総販売額から，通常の値引き（6％を超えない），保険料，運送・引渡し諸費用，税金（付加価値税）及び関税を差し引いた額とする。
「純卸売販売額」を算出するにあたっては，許諾製品の製造，頒布，広告，販売，又は保管にかかった費用，返品，現金値引きや未収金を差し引かないものとする。

　対象特許を特定する方法としては，登録された国の登録番号又は出願番号で表示することが通常である。
　ライセンスの対象に技術情報やノウハウを含める場合，契約の内外でできるだけ特定することが重要である（機密保持の対象の問題である）。
　なお「純卸売販売額」はロイヤルティ算定の基礎となる。総販売額から控除すべき項目は，ライセンシーにとっては多いほうが有利であり，ライセンサーからは少ないほうがよい。これは両者の力関係による。上記以外の控除項目として議論される項目にはリベート，販売促進費，広告料，梱包費，返品額等がある。本例文の定義では，これらは控除されない。
　また，契約当事者の子会社（subsidiary）や関連会社（affiliated company）等が契約上登場してくることがあるのでこれを定義付ける場合もある。

[少し広い特許の定義を規定したもの]

The term "Patents" shall mean all patents and patent applications owned by the Licensor as set forth in Exhibit A, together with patents to be issued upon such applications as well as division, reissues, continuations, renewals and extensions thereof, and also all patents and patent applications of addition, which may come into existence at any time during the term of this Agreement and any renewal term thereof, relating to the Licensed Products.

「特許」の語は，別紙Aに規定されるライセンサーの所有する特許及び特許出願，さらに，当該出願により取得する特許はもとより，特許の分割，再発行，継続，更新及び延長を意味し，更には，本契約期間中及びその延長期間中いつでも存在することとなる許諾製品に関連するすべての追加的な特許及び特許出願を含むものとする。

(2) ライセンスの対象

ライセンスの対象となる権利は，特許，実用新案，意匠，商標，著作権などの知的財産権，その他ノウハウや営業秘密などに分類できる。しかしながら権利によって特性が大きく異なる。特許は公開されるが，ノウハウは非公開であり機密性が本質であって，相手方に開示すればそれで使命は終わる。通常，特許のライセンスでは，ある製品の製造方法に関するノウハウも提供される。特許だけではモノは製造できないからである。このように特許とノウハウが一体となってライセンスされることが多い。さらにライセンスの実効性を高めるために技術指導を行う場合もある。また実用新案について言えばこれを採用している国は少ない。

(3) 特許とノウハウの違い

特許は，特許法によりその権利が保護され，発明を業として独占的に支配し利益を受ける絶対的な排他性を有している。ノウハウは仮に第三者が後発として同一のノウハウを独自に開発したとしても，先行のノウハウ所有者はその第三者に対して自己のノウハウの独占を主張することはできない。これは不正競争防止法が適用される「営業秘密」でも同じである。

特許は，公開が原則であり強力な独占的な権利が付与されている。ノウハウは，その保護要件として最も重要な点は非公開性すなわち機密性である。したがって，ノウハウ保持者は自ら秘密性を維持ないし保持することは勿論のこと，契約の相手方に対してもノウハウの開示を禁じ，機密性を維持ないし保持することを義務付ける必要が生じる。

特許は，その効力が特許法により付与される独占権で，我が国では特許出願の日から20年をもって終了する（特許法67条）。但し，国によって保護期間は異なる。ノウハウの存続期間は秘密性と経済的価値の存続する期間となる。

[政府の許認可]

Approval of Government
The Licensee shall make its best possible efforts to obtain the approval of Government of the Licensee's country for this Agreement at its own cost as early as possible after this Agreement has been executed by the parties hereto.

If the Licensee is unable to obtain the approval of the Government of its country within three (3) months after the execution of this Agreement, this Agreement shall be of no further force and effect and shall be deemed to have been null and void from the beginning and any and all rights and obligations of the parties hereto shall no longer exist except that this shall not relieve the parties hereto of their obligation to maintain secrecy as set forth in Article 15 hereof.

政府の許認可
ライセンシーは本契約締結後可及的速やかに自己の費用で本契約につき自国の政府の許可を得る最善の努力をするものとする。ライセンシーが本契約締結から3ヵ月以内に自国の政府の許可を得られない場合、本契約はその後効力を有しないものとし、当初から無効とみなされ、一切の権利義務は存在しないものとする。但しこれにより両当事者は本契約第15条所定の秘密保持義務から免除されない。

　特許等のライセンスをするについては公法上の規制に注意すべきである。技術の輸出入にあたり，ライセンス契約を規制する公的規制は，各国の外国為替管理法や外資規制，ワッセナー協約，各国の独占禁止法，ガイドラインなど多種多様で多岐にわたり且つ経済社会情勢の変化等により頻繁に改正される。まず，これらの公的規制に関する最新の情報を入手することが必要不可欠である。例えばワッセナー協約は通常兵器と兵器応用可能汎用技術の移転規制を行っている。国際的な技術の移転については，各国の外為法上の規制が及ぶ場合がある。国内法としては，グラント・バック，パテント・プール，クロス・ライセンスなどが独禁法で問題とされることもあり，また知的財産法と独占禁止法との関係が問題となる場合がある（例えば独禁法21条）。

（4）　許　諾

[特許等のライセンス許諾の一般的な規定]

Article 2. License
The Licensor hereby grants to the Licensee, during the term of this Agreement, an exclusive, non-transferable and non-assignable license to manufacture, use and sell the Licensed Products in the Territory under the Patents, Know-How and other technical information provided by the Licensor hereunder. The Licensee shall manufacture the Licensed Products only at the factory in the Territory owned or controlled by the Licensee and ap-

proved in advance by the Licensor.

第2条　実施許諾
本契約期間中，ライセンサーは，本契約に基づきライセンサーにより提供される特許，ノウハウ及びその他の技術情報の下に，本地域において，許諾製品を製造，使用及び販売するための独占的，譲渡不能のライセンスをライセンシーに対し，付与する。ライセンシーは，ライセンシーにより所有又は支配され且つ事前にライセンサーにより承認された許諾地域内の工場においてのみ，許諾製品を製造するものとする。

[特許とノウハウのライセンス（別案）]

Article 2.　Grant of License
The Licensor hereby grants to the Licensee, during the term of this Agreement, an exclusive and non-transferable right and license, with the right to grant a sub-license, to use the Proprietary Information and the Patents, for the purpose of the followings:
i) manufacturing, or having manufactured the Licensed Products, at one or more plants located in the Territory, and
ii) selling, distributing and/or leasing the Licensed Products by the Licensee's distributors in the Territory.

第2条　ライセンスの許諾
ライセンサーはライセンシーに対し，本契約の期間中，下記の目的のために本財産的情報と本特許を使用する独占的で譲渡不可能な権利とライセンスを，サブライセンス許諾権とともに許諾する。
ⅰ）本許諾製品を本地域に所在する1以上の工場で製造し製造させること，並びに
ⅱ）本地域におけるライセンシーの販売店により許諾製品を販売，供給及び/又はリースすること。

　特許のライセンスについて言えば，特定の地域で，特定の特許を使用して，特定の製品を製造・販売することを許諾することであり，この3点が必須の要件である。さらにライセンス契約として最低限決定しなければならないのは，①対象は特許かノウハウかそれとも両方か，②ライセンスは独占か非独占か，③対象の地理的範囲はどこか，④対象商品は何か，今後の追加を認めるか，⑤実施は製造，販売の両方か，⑥ロイヤルティは，⑦商標の使用を求めるか，⑧期間はいつまでか，などである。
　許諾するライセンスの属性としては，exclusive or non-exclusive のほかに，

non-transferable(assignable)（譲渡可能），royalty-free（ロイヤルティ支払い不要），sub-licensable（再実施権を付与できる），irrevocable（取消し不能条件で）などがある。

　なお日本特許法上，専用実施権と通常実施権の2種類がある。ここで独占的ライセンス（exclusive license）と日本特許法上の専用実施権とは別物であることに注意すべきである。専用実施権は，特許庁の原簿に登録しなければ効力を生じない（特許法98条1項2号）。これは準物権的な権利である。特許権者と専用実施権者は自己の名で侵害差止請求（100条1項2項）や損害賠償請求ができる。なお，法68条で，専用実施権を設定すると，実施権を設定した特許権者も実施権を行使できなくなると規定する。この関連で，特許権者は専用実施権設定後も自ら差止請求できるか争いがあったが，最高裁はこれを肯定している（最判平成17年6月17日（民集59巻5号1074頁））。これに対し通常実施権は債権的な権利である（なお78条2項参照）。契約で独占的ライセンスとされ，しかし登録がされていないとき，それは専用実施権ではなく「独占的通常実施権」といわれる。

　なお独占的ライセンスの場合，ライセンサー自身が当該特許やノウハウを使用して商品を許諾地域で製造販売することを認めるか否かが問題となる。この点は販売店契約で独占的販売店として指名する場合と近似しているので，その部分を参照のこと。

　特許権者が国内において特許製品を譲渡した場合には，当該特許製品について特許権はその目的を達成したものとして消尽し，もはや特許権の効力は及ばないとされる（国内消尽）。それでは国際的な消尽はどうか。

　日本とドイツで特許の対象となっている製品をドイツから日本に並行輸入した事件（BBS事件）で，最判平成9年7月1日（民集51巻6号2299頁）は，国際的消尽を認めなかった。したがって，いわば物権的に並行輸入を差止めることはできないことになる。しかしながら，最高裁は，結論としては特許権者からの輸入差止め等を認めた。契約法理に依拠して，特許権者は，①譲受人に対しては当該製品について販売先又は使用地域から日本を除外する旨を合意した場合を除き，また②譲受人から特許製品を譲り受けた第三者及びその後の転得者に対しては特許製品に上記合意の内容を明確に表示した場合を除き，当該製品について日本において特許権を行使すること許されないとした。特許製品につき許諾地域を契約で縛るという方法は，アメリカでも同様に判例法上認められ

ている。したがって，特許権者は，通常の売買契約はもちろん，ライセンス契約や販売店契約において，販売地域を合意しこれを製品に表示すれば，それは有効となり第三者にも対抗できる（すなわち並行輸入を止められる）ということである。但し，これは日本で訴訟が起きた場合の結論であり，他国でもこの結論が保証されるものではない。なお国際的消尽を認めるか否かは，国ごとに決定できることになっている（TRIPS 協定 6 条）。

　サブライセンス（再許諾）の場合，特に親子会社等のグループ内の法人に再許諾する場合が予想される。いずれにしても下請け製造等させる際に第三者にノウハウ開示がなされるわけなので，再許諾の可否をライセンサーの同意にかからしめるのが通常である。

［独占的ライセンス付与の場合の競合品取扱いの禁止］

Competitive Products
The Licensee undertakes not to manufacture, use, sell or otherwise deal in any products competitive in price and quality with, or similar to the Licensed Products without prior consent in writing of the Licensor. The Licensee represents and the Licensor admits, however, that at the present time it is indirectly involved in the manufacture and distribution of "Product X", which are not in direct competition with those of the Licensor.

競合製品
ライセンシーは，ライセンサーの書面による事前の同意なくして，許諾製品と価格及び品質面で競合するか，類似するいかなる製品も製造，使用，販売又はその他取り扱わないことを約束する。但し，ライセンシーは，現時点において，ライセンサーの製品とは直接競合関係にない，製品 X の製造及び販売に，間接的に携わっていることを表明し，ライセンサーはこれを認める。

［許諾地域外へ再販売すると分かっている業者へ販売しない］

Except with the prior written approval of the Licensor, the Licensee shall not, directly or indirectly, export the Products to any territory than the Territory, nor shall the Licensee sell the Products to any person, firm or corporation within the Territory who, the Licensee knows or has reason to believe, intends to or may resell such Products outside the Territory.

ライセンサーの書面による事前の許可がない限り，ライセンシーは，直接又は間接に，許諾地域外に本製品を輸出しないものとし，また許諾地域の外に本製品を再販する意図を有し又はその可能性があるとライセンシーが認識し又はそう信じる理由がある許諾地域内の人，団体又は法人に対し本製品を販売しないものとする。

［ライセンスの撤回の権利を定める］

The Licensor shall have the right to withhold or withdraw any Licensed Property or part thereof from this Agreement if the Licensor believes in its good faith judgment that such use may violate or infringe any rights of any third party or may result in liability to the Licensor. Further, the Licensor shall have the right, in its sole discretion, to discontinue its use or exploitation of any Licensed Property and withdraw the same from the terms of this Agreement.

ライセンサーが，誠実な判断で，その使用が第三者の権利を侵害したり，又はライセンサーの責任となると判断した場合，ライセンサーは許諾財産の全部又は一部を本契約から留保又は撤回する権利を有する。更に，ライセンサーは，その裁量で，許諾財産の使用又は利用を中止し，これを本契約の条項から撤回する権利を有する。

［最恵条件を付与するとの条項］

Most Favorable Terms
If, during the term of this Agreement, the Licensor grants a license to manufacture, sell and distribute any Licensed Products under Licensed Patent to any other party on terms more favorable than those granted to the Licensee hereunder, then the Licensor shall so notify the Licensee promptly in writing, and the Licensee shall be entitled to adopt such more favorable terms but only for so long as and subject to the same conditions upon which these more favorable terms shall be enjoyed by such other party.

最恵条件
本契約期間中ライセンサーが本契約より有利な条件で第三者に許諾特許により許諾製品を製造，販売するライセンスを許諾する場合，ライセンサーはライセンシーにその旨直ちに書面で通知するものとし，ライセンシーはこの最恵条件を採用する権利を有するが，但しこの第三者が享受するその最恵条件と同一の条件に従うことを条件とする。

（5） 技術情報の開示

[技術情報の提供]

Article 3. Supply of Technical Information
The Licensor agrees to supply to the Licensee, as soon as possible after the Effective Date of this Agreement and the receipt of initial fee by the Licensor as provided hereunder, all know how including secret technical specifications, drawings and designs, technical manufacturing and marketing data relating to the Licensed Products which are in the Licensor's possession or under the Licensor's control at the said Effective Date. The Licensor, at the request of the Licensee, further agrees to supply to the Licensee all the said know how relating to the Licensed Products which may be developed or otherwise acquired by the Licensor hereafter during the life of this Agreement. Supply of technical information shall be made in accordance with the Japanese Industrial Standards (JIS) in one (1) reproducible copy.

第 3 条　技術情報の提供
ライセンサーは，本契約の発効日後そして本契約により規定されているライセンサーによる頭金の受領後できる限り速やかに，当該契約の発効日にライセンサーが占有しないしはライセンサーの支配下にある許諾製品に関する秘密の技術仕様書，図面とデザイン，技術上の製造・マーケティング資料を含むすべてのノウハウをライセンシーに提供することに合意する。更にライセンサーは，ライセンシーの要求により，今後本契約の有効期間中に開発又は取得した許諾製品に関するすべての当該ノウハウをライセンシーに提供することに合意する。技術情報は JIS 規格によりコピー 1 部を提供する。

[指定業者からのパーツの購入]

Purchase of Parts for Products
The Licensee shall, in order to ensure the quality of the Products to be manufactured hereunder, purchase all Parts from supplier designated by the Licensor, which are necessary for manufacture of the Products, during the term of this Agreement. In case the Licensee procures the Parts from other sources than the designated supplier, the Licensee shall inform the Licensor of the name, specification, quality and materials of the Parts and apply them to the Products after having a consultation with the Licensor in order that the Licensor

may ensure the quality of the Parts so procured.

パーツの購入
契約期間中，本契約で製造する本製品の品質を確保するため，ライセンシーはライセンサーの指定業者から，本製品の製造に必要なパーツ一切を購入するものとする。指定業者以外から調達するときは，ライセンシーはパーツの名称，仕様，品質及び素材をライセンサーに通知し，ライセンサーがパーツの品質を確保できるようにするため，ライセンサーと協議の上これを許諾製品に適用する。

　許諾製品の品質保持のために，特定の原材料等の購入義務を規定することがある。品質の保持など一定の合理性がある場合もあるが，理由なく拘束すると各国独禁法に牴触する可能性もあるので注意が必要である。

（6）　技術支援

　ライセンス契約の実効を期すために，ノウハウの開示に加えて，ライセンサーからの技術指導を受ける例が多い。この場合は技術指導の方法を規定するが，適格技術者の選択権の有無，技術者の人数，派遣期間及びその費用の負担等を具体的に取り決める。この技術指導の規定については，ライセンサーの技術者をライセンシーへ派遣する方式と，ライセンシーの技術者をライセンサーの工場等で受け容れ，工場を見学させたりする方式とがある。ライセンサーの技術者をライセンシーの工場等に派遣する場合に，技術者の待遇，特に日当が高いか安いかの点とそれに関連して生活費（例えばホテルや住居の規模や程度）やアブセント・フィー（absent fee）の問題が生じる。

[ライセンサーの技術者をライセンシーの工場等へ派遣する]

Article 4.　Technical Assistance
Upon request of the Licensee and at mutually convenient times, the Licensor shall send to the Licensee qualified engineers to aid and advise the Licensee in utilizing Know How, provided that such term shall not be more than thirty (30) days each and that the Licensee shall pay the full travel expenses (including first class round trip air fare) of such engineers plus living expenses of fifty dollars ($50.00) per day per engineer. The Licensee further agrees to pay the Licensor a daily absence fee in the amount of One thousand dollars ($1,000.00) per person. Taxes or duties of whatever nature imposed or levied on such daily absence fee shall be separately borne by the Licensee.

第4条　技術支援

ライセンサーは，ライセンシーの要請により相互に都合の良い時期に，ノウハウを活用するにつきライセンシーに援助と助言をするのに適切な技術者を派遣するものとする。但し，そのような期間は各人30日を超えないものとし，且つライセンシーがそのような技術者の全旅費（ファーストクラスの往復航空運賃）と技術者1人当たり1日50ドルの生活費を支払うものとする。さらに，ライセンシーは，ライセンサーに対して，1人当たり1日1,000ドルの不在補償料（アブセンス・フィー）を支払うことに同意する。この補償料に課される税金等は別途ライセンシーの負担とする。

［ライセンシーの技術者がライセンサーの工場等で技術指導を受ける］

Technical Assistance

The Licensor shall, upon request by the Licensee and at mutually convenient times, allow access to its facilities by the Licensee's engineers and assist and instruct such engineers in the content and use of Know How to enable them to acquire and learn skills and knowledge required for the design and manufacture of the Licensed Products, provided that such engineers shall not be more than four (4) in number at one time and such access, assistance and instruction shall not exceed an aggregate total of more than one hundred sixty (160) man-days during any one year of the term of this Agreement. The Licensee shall pay all travel, living and other expenses as well as the remuneration of all such engineers. The Licensor may at its discretion exclude any and all of the Licensee's engineers from any facilities of the Licensor other than those confined to operations directly related to the manufacture and sale of Licensed Products.

技術支援

ライセンサーは，ライセンシーの要請と相互に都合の良い時期に，ライセンシーの技術者が許諾製品のデザイン並びに製造に必要な技術と知識を獲得，習得することができるように，彼らがライセンサー施設へ出入することを認め，そしてそのような技術者にノウハウの内容や使用について援助し且つ指導するものとする。但し，そのような技術者は1度に4名を超えないものとし，且つそのような出入，援助及び指導は，本契約の有効期間の1年間で，合計して160人延べ日数を超えないものとする。ライセンシーはその技術者の給料は勿論のこと全旅費，生活費及び他の費用を支払うものとする。ライセンサーはその裁量で許諾製品の製造販売に直接関係する作業に限った人以外ランセンシーの技術者をライセンサーの施設から排除することができる。

[技術指導の条件の協議]

The period, time, method and reasonable details of the training shall be determined separately through mutual consultation between the parties.

訓練の期間，時期，方法及び合理的な詳細については，当事者間の相互の協議によって，別途決定されるものとする。

（7） ロイヤルティ

[一般的なロイヤルティの定め]

Article 5. Royalty

In consideration of the license granted hereunder, the Licensee shall agree to pay to the Licensor the following sum:

i) an initial license fee of Two Hundred and Fifty Thousand U.S. Dollars ($250,000) payable in one lump sum on or before April 1, 2016, which fee shall be non-refundable for any reason whatsoever.

ii) An annual running royalty:
An annual running royalty of six percent (6％) of the Licensee's Net Wholesale Price of the Licensed Products used, sold, leased or otherwise disposed of by the Licensee, for each contract year commencing on the Effective Date or the anniversary date thereof during the term of this Agreement shall be paid within thirty (30) days after the end of each contract year.

第5条 ロイヤルティ

本契約に基づき許諾されるライセンスの対価として，ライセンシーは下記の金額をライセンサーに支払うことに同意する。

ⅰ）イニシャル・ライセンス・フィーとして，25万米ドル（$250,000）を，2016年4月1日までに一括で支払い，これは理由の如何を問わず返戻不能とする。

ⅱ）年間ランニング・ロイヤルティ：
本契約の発効日又は本契約期間中のその1年後の応当日に始まる各契約年につき，ライセンシーが使用，販売，リース又は他の方法により処分した許諾製品に対する純卸売価格の6％に相当する年間ランニング・ロイヤルティを，各契約年の終了後30日以内に支払うものとする。

ライセンス契約では，いくつかのロイヤルティの決め方，支払い方法がある。まず，①実施の有無にかかわらず1回限り一定金額の支払いをするランプサム（定額）払い方式がある。これは対価全部の一括払いである。また，一般的な支払方法の1つは，②イニシャル・ロイヤルティと毎年あるいは半年，四半期（3ヵ月）ごとのランニング・ロイヤルティとの組み合わせによる支払い方式である。

イニシャル・ロイヤルティ（initial royalty）は，返戻しないのが普通である。いかなる目的をもって設定されるかによりその性格も自ずと異なるが，通常はノウハウ開示の対価という意義をもつと解されている。ノウハウは開示されれば使命を終えるので，契約が無効とされても返戻しないのである。

稼働ロイヤルティ（running royalty）は許諾製品の製造販売の数量を基準に，契約で定めた時期に約定された計算方式で計算される。対価の計算の対象期間及び支払日を可能なかぎり具体的に規定することが大切である。対価が税込みかそれとも税引き（純手取額）か，為替レートをどうするかを明確に取り決めることも必要である。

また，対価算定の基礎となる許諾製品の製造販売に関する報告はライセンシーの義務であるから，その報告の内容，時期，方法を明確に規定するとともに，その根拠となる会計書類の作成と保存の義務を具体的に規定することも重要である。ライセンシーが作成・保存する会計帳簿等の正確性を確認するためライセンサーが監査できること，その実施費用の負担，誤りが発見された時の対応等についても規定するべきである。

[ロイヤルティの計算のため"Sold"の定義を規定する]

Royalty obligations shall accrue upon sale of the Licensed Products. A Licensed Product is considered "sold" when it is invoiced, shipped, or paid for, whichever event occurs first.

ロイヤルティの支払義務は，許諾製品の販売によって発生する。許諾製品は，請求書が発行されるか，船積されるか又は支払いがなされたときのいずれか最も早いときに「販売された」とみなされる。

[ミニマム・ロイヤルティ]

Minimum Royalty

The Licensee shall pay to the Licensor Five Hundred Thousand United States Dollars (US $500,000) per annum as a minimum annual royalty ("Minimum Annual Royalty") within thirty (30) days after the commence of each contract year. The amount of the Minimum Annual Royalty paid by the Licensee to the Licensor shall be credited against the payment of the Running Royalty due and owing for such contract year for which the Minimum Annual Royalty is made.

ミニマム・ロイヤルティ
ライセンシーはライセンサーに，各契約年の開始から30日以内に，50万ドルの年間ミニマム・ロイヤルティ（「年間最低ロイヤルティ」）を支払う。ライセンシーがライセンサーに支払う年間最低ロイヤルティは，当該年間最低ロイヤルティが対応する当該契約年において支払うランニング・ロイヤルティの支払にクレジットされるものとする。

　ミニマム・ロイヤルティは，独占的ライセンスを付与する対価として設定されることが多い。ミニマム・ロイヤルティの設定により，最低限度の対価の保証を得るとともに，これに達しない場合はライセンサーからの契約解除に服させる意味がある。

　上記の例は，ミニマム・ロイヤルティは先に支払われるという構成である。ランニング・ロイヤルティの支払総額がミニマム・ロイヤルティに至るまで，ライセンサーはロイヤルティの支払いをしなくてよいことになる。年間のランニング・ロイヤルティの総額がミニマム・ロイヤルティに達しなかった場合，差額を最後に支払うという構成もありえる。

　独占的ライセンスを付与する場合はもちろん，非独占の場合でもライセンシーは販売促進の義務を負うことが多い。

[販促の義務として売上の2％を宣伝費に使用することを求める規定]

Sales Promotion
1 the Licensee shall at all times during this Agreement use its best efforts to promote and to sell all the Licensed Products under the Trademarks. The Licensee shall in each year spend on advertising and promoting the Licensed Products as amount equal to at least two percent (2%) of the total Net Sales Amount, in accordance with the advertisement plan to be approved by the Licensor.

2   Samples of all promotional materials or plans of advertisements referring to the Trademarks for intended use by the Licensee shall be submitted by the Licensee to the Licensor for its prior approval before the commencement of the Licensee's advertising campaigns to the public.

販売促進
1   ライセンシーは，契約有効期間中いつでも本商標の下で，すべての許諾製品を販売促進し，販売するために最善の努力を尽くすものとする。ライセンシーは，毎年，最低限，前年度の許諾製品の純売上総額の2％に相当する金額を，ライセンサーが承認する宣伝計画に従って，宣伝・販売促進のために使うものとする。
2   ライセンシーが使用予定の本商標を含んだ販売促進資料の見本又は広告の計画書は，ライセンシーが一般公衆に対する広告宣伝活動を開始する前にライセンサーに提出し，その事前承認を受けなければならない。

［ロイヤルティの計算報告書］

Article 6.   Statement
During the term of this Agreement and as soon as practicable after the end of each contract year and in any event within thirty (30) calendar days thereafter, the Licensee shall submit to the Licensor the report, in English showing the Net Wholesale Price as mentioned in Article 5 hereof, the amount of royalties to be payable, and other data for calculation thereof with respect to the Licensed Products manufactured and sold, used or leased during each such contract year.

第6条　計算報告書
本契約期間中，各契約年度の終了日後なるべく速やかに，そしてどんなに遅くても，各契約年度終了の日から30暦日以内に，ライセンシーは，その各契約期間中に，製造，販売，使用，リースされた許諾製品に関する第5条（ランニング・ロイヤルティ）に規定する純卸売価額，支払うべきロイヤルティ額及びその算出のために必要な他のデータを示す英語による報告書をライセンサーに提出するものとする。

［ロイヤルティの支払］

Payment of Royalty
All amounts set forth in the accounting statements shall be designated in local currency. The royalties payable to the Licensor pursuant to Article 5(1) hereof shall be paid in Unit-

ed States Dollars computed at the rate of exchange of the local currency to United States Dollars published by The Wall Street Journal, or the equivalent thereof as published in the local area, which is as of the date payment is made by the Licensee and shall be deposited by the Licensee directly to the Licensor's bank via wire transfer, as follows;
　　　　　[　　　　] Bank, [　　　] Branch, Account #[　　　], Account Holder [　　].
Provided, however, that in the event any payment due shall not be paid by the Licensee to the Licensor, the exchange rate shall be the more favorable rate to the Licensor of: (i) the exchange rate on the due date, or (ii) that on the date the Licensee shall have actually paid. All amounts past due shall be subject to a late charge of one percent (1%) per month (or the highest rate allowed by law if lower) from the date such payments were due.

ロイヤルティの支払い
　　計算書所定の一切の金額は現地通貨で表示する。第5条 (1) に従ってライセンサーに支払うロイヤルティは，ライセンシーが支払う日付の Wall Street Journal 又は現地で発行のこれに相当する公刊物で示された現地通貨から米ドルへの為替レートで計算して，ライセンサーに対し米ドルで支払うものとし，これは電信送金により，ライセンシーから直接以下のライセンサーの口座に送金するものとする：
　　　　　[　　] 銀行 [　　　] 支店，　口座番号 [　　　]，　口座名義人 [　　　]
但し，ライセンシーのライセンサーに対する支払いが支払期限になされない場合，①支払期日の為替レート，又は②現実の支払い日，のいずれかライセンサーに有利な為替レートを適用するものとする。一切の遅滞金額は，支払期限の日から，毎月1%（又は法律が許容する最高利率）の遅延手数料に服する。

[租税条約と納税証明書の提供を明記した条項]

Withholding Tax
Any and all taxes imposed or levied by the Government of Japan as provided for in Convention between Japan and The United States of America for the Avoidance of Double Taxation and the Prevention of Fiscal Evasion with respect to Taxes on Income on all payments made hereunder shall be paid by the Licensee in Japan on behalf of the Licensor at which time the Licensee shall furnish the Licensor with the official receipts of payment of such taxes.

源泉徴収税
所得税に関する二重課税と脱税を防止するための日米租税条約に規定し，日本政府が本契約による支払いに課す一切の税金は，ライセンシーがライセンサーを代理して日本で支払うものとし，このときライセンシーがライセンサーにその税金の納付証明書

を提供する。

　特許権，商標権などの工業所有権，著作権，営業秘密（ノウハウ）といった知的財産権のライセンスによる使用料（ロイヤルティ）には源泉徴収税が課税される。外国の事業者又は非居住者と国境を越えたライセンス取引をする場合も同様である。源泉徴収税は，ライセンサーが負担するもので，ライセンシーはライセンサーへのロイヤルティ支払いの際に源泉（天引き）して，ライセンサーに代わって国に納付することとなる。しかし，日本と二ヵ国間租税条約（「所得税に関する二重課税と脱税を防止するための租税条約」）を締結している国との間では，税率は20％から10％に引き下げられる。日本で納めたこの税金10％について，「外国税額控除（FTC）」となる。さらに例えば日米租税条約によれば免税となっている。租税条約の軽減税率の適用を受けるには，所轄税務署に事前に申請する必要がある。

[ライセンサーによる会計帳簿の検査を認めた条項]

Article 7.　Inspection of Accounting Books
The Licensee shall keep such true and accurate records, files and books of account as will show in detail the number and type of Licensed Products manufactured and sold and Net Wholesale Price thereof, and such records and books of account as well as other records relating to materials, procurements, manufacturing, inventory and sales shall, during normal business hours and upon five (5) business days notice, be open to examination for inspection at all reasonable times by representatives of the Licensor or an independent public accountant mutually acceptable to the parties hereto during the life of this Agreement and three (3) years thereafter. The Licensee shall also permit such representatives to take excerpts from and make copies of any entries or details of such records and furnish the Licensor with such other reports as may reasonably be required by the Licensor.

第7条　会計帳簿の検査
ライセンシーは，製造販売された許諾製品の数量とタイプ及びその純卸売価格を詳細に示す真実且つ正確な記録，ファイル及び会計帳簿を保持することとし，材料，調達，製造，在庫，販売に関連する他の記録と同様にその記録及び会計帳簿は，本契約期間中及びその後3年間，合理的な回数，5営業日前の通知をすることにより通常の営業時間中に，ライセンサーの代理人又は両当事者が認めた公認会計士による検査に服するものとする。ライセンシーはこの代理人に，この記録の記載又は詳細から抜粋し，

そのコピーをとることを許可するものとし，ライセンサーに対し同人が合理的に要求するその他の報告書を提供する。

[監査の結果ロイヤルティの支払に不足が判明した場合の規定]

In the event that an audit by the Licensor discloses an underpayment in the Royalties due the Licensor, the Licensee shall promptly pay the Licensor such discrepancy plus a late charge of one percent (1%) per month (or the highest rate allowed by law if lower), from the day such payments were due. If such audit discloses a discrepancy of five percent (5%) or more for any calendar quarter, the Licensee shall also reimburse the Licensor for all costs incurred by the Licensor in connection with the audit.

ライセンサーによる監査によって，ライセンサーへの本ロイヤルティの支払不足が明らかになった場合，ライセンシーはライセンサーに対し，その差額，及びその支払期限の日から毎月1％（又は法律が許容する最高利率）の遅延手数料を直ちに支払うものとする。当該監査により，ある四半期につき5％以上の不足が明らかになった場合，ライセンシーはライセンサーに対し，この監査に関し，ライセンサーが被った一切の費用も償還するものとする。

　上限を利息制限法などの強行法規が適用されることを考慮した規定となっている。また，監査の費用は原則ライセンサー負担とし，差額が大きい場合ライセンシー負担とするのが合理的である。

（8）　商標の使用
　ライセンシーがライセンス製品を販売する際，ライセンシーの商標を付すことは認めるべきでない。これによりライセンサーのグッドウィルが侵害されるからであり，したがって，使用するのであればライセンサーの商標のみを使用させることになる。商標の機能は，出所表示と品質保証であるから，この意味からも，ライセンシーにライセンサーの商標の使用を義務づけるべきである。しかしながら，許諾製品がライセンサー製造の製品と同一の品質ないし規格であるか，少なくとも，ライセンサーの要求する一定の品質，規格ないしは基準に合格することが前提になる。

[商標の使用許諾と品質管理]

Article 8. Use of Trademark and Quality Control
The Licensor hereby grants to the Licensee the exclusive right to use the Trademarks of the Licensor registered in Japan only to the Licensed Products which are manufactured by the Licensee hereunder, provided the Licensed Products shall conform to the standards of quality which the Licensor may from time to time establish. The Licensed Products shall be sold by the Licensee under the proper written indication showing that "Product is manufactured under license of ABC Limited". It is hereby expressly recognized and agreed that nothing in this Agreement shall confer upon the Licensee the right to use the Trademarks of the Licensor in any manner or in association with any product or trademark other than expressly permitted by the provisions of this Article 8.

第8条　商標使用と品質管理
ライセンサーはライセンシーに対し，本契約に基づきライセンシーが製造した許諾製品についてのみ日本において登録されたライセンサーの本商標を使用する独占的権利を許諾する。但し許諾製品はライセンシーが適宜設定する品質基準に合致するものとする。許諾製品は「本製品はABC社のライセンスにより製造された」ことを示す適切な表示のもとにライセンシーが販売するものとする。本契約において，ライセンシーに対し，方法のいかんを問わず，また本第8条により明示に許諾された以外の製品や商標と共に，ライセンサーの商標を使用する権利を与えるものではないことを明示に承認する。

　商標権のライセンスについて，フレッドペリー事件・最判平成15年2月27日（民集57巻2号125頁）を参照のこと。商標権者以外の者が，その登録商標と同一の商標を付したものを輸入する行為（並行輸入）は，許諾を受けない限り，商標権侵害となる。しかし，(1) 当該商標が外国の商標権者又はそのライセンシーにより適法に付されたものであり，(2) 当該外国の商標権者と我が国の商標権者とが同一人であるか又は法律的・経済的に同一人と同視し得る関係であり（内外同一性＝出所表示機能），且つ (3) 我が国の商標権者が直接的に又は間接的に当該商品の品質管理を行い得る立場にある（品質同一性＝品質保持機能）場合（以上の3要件を全て満たす場合）には，いわゆる真正商品の並行輸入として実質的違法性を欠くとした。フレッドペリー事件では，ライセンス契約で商標の使用許諾を受けたライセンシーが，商標権者の同意なく，許諾地域外である中国にある工場に無断で下請製造させたものであり，(1) と (3) の要件を欠くとして違

法とされた。したがって，契約書に許諾地域や下請け制限を規定すれば，それに違反して製造販売された商品の輸入・販売は日本で差し止めることができるということである。

Manner of Use of Trademarks

1　The Licensee shall not use Trademarks on the Products in any manner other than those previously approved by the Licensor, including forms and colors. The Licensee shall not chance the manner of use or combine Trademarks with any other letters, names, trademarks, marks or other indications.

2　All Products sold by the Licensee in the Territory under this Agreement shall, wherever practical, bear the following legend (in the language of the Territory):

"under license from XYZ Co., Ltd."

or when desirable, in an abbreviated form to be approved and authorized in writing by the Licensor. Such legend shall be legible and clearly visible to purchasers.

3　Two samples containers, packages, labels, advertisements, or promotional materials on which the Licensee desires to use Trademarks shall be first submitted to the Licensor, and the Licensee must obtain written approval of the Licensor prior to use thereof.

4　The Licensee shall not sell any Products, bearing the Trademarks, of such an inferior quality that may jeopardize the reputation and goodwill of the Licensor's products. For the purpose of this Agreement, the Licensor may from time to time inspect the Licensee's plants, offices, or warehouses. If, as a result of such an inspection by the Licensor it is seen at its judgment that the Trademarks are used by the Licensee on the Products of inferior quality or used improperly, the Licensee shall immediately stop such use of Trademarks on the Products.

5　The Licensee shall send to the Licensor two samples of each model of the Products at its own cost before the sale of such Products, and shall obtain prior written approval of the Licensee's sale of each such model from the Licensor. Notwithstanding the foregoing, the Licensee may start the sale of such Products if the Licensor fails to give the Licensee a notice suspending the Licensee's sale within fourteen (14) days after the Licensor's receipt of the samples.

商標の使用方法

1　ライセンシーは，形及び色彩を含めて，ライセンサーにより事前に承認されたもの以外の方法で，本製品について本商標を使用しないことに同意する。ライセンシーは，使用方法を変更せず，また本商標に他のいかなる文字，名称，商標，標章又は他の表示も結合させてはならない．

2　本契約に基づいて許諾地域にてライセンシーにより販売されるすべての本製品に

は，実務上可能な場合はいつでも，（許諾地域における言語で）以下の記載が付されるか，あるいは，もしそれが望ましい場合には，ライセンサーが書面で承認し且つ正当と認める簡略形式にて表示されるものとする。当該表示は，購入者にとって読みやすく，明瞭に見えるものとする。

「XYZ 株式会社からのライセンスに基づく」

3　容器，包装，ラベル，広告又は販促資料について，ライセンシーが本商標を使用することを希望する場合，それらの見本2組は，まずライセンサーに提出されるものとし，ライセンシーは，それらの使用に先立ってライセンサーの書面による承認を得なければならない。

4　ライセンシーは，ライセンサーの製品に関する評判やグッドウィルに傷をつけるような品質不良の本製品に，本商標を付して販売しないものとする。本契約の目的のために，ライセンサーは，ライセンシーの工場，営業所又は倉庫にて随時検査を行うことができる。かかるライセンサーの検査の結果として，本商標が品質不良の本製品について使用されたり，不適切に使用されているとライセンサーが判断する場合，ライセンシーは，本製品について本商標の使用を直ちに中止しなければならない。

5　ライセンシーは，本製品の販売前に，自らの費用で本製品の各モデルにつき見本2個をライセンサーに送付し，当該各モデルにつき，ライセンシーが販売するための事前の書面による承認をライセンサーから取得しなければならない。前記にもかかわらず，ライセンサーがその見本を受領してから14日以内にライセンシーの販売を中止する通知をライセンシーにしなかった場合，ライセンシーは本製品の販売を開始できる。

　対象商標の表示以外に，対象製品はもちろん，使用する包装や販促素材などについても企画，プロトタイプ，サンプル段階で事前にライセンサーから許可を得るべきである。

［ライセンサーの品質基準に問題がある場合には商標の使用を制限する旨を規定した］

1　The Licensor grants to the Licensee the exclusive right to use in selling or promoting the sale of the Licensed Products the Trademarks owned by the Licensor in the Territory in which such Trademarks are registered during the life of this Agreement. The Licensee agrees to attach, use or display such Trademarks in substantially the same manner used by the Licensor with respect to the Licensed Products and any deviation from such use requires the prior approval in writing of the Licensor.

2 The Licensor reserves the right to enter into the Licensee's facilities and/or to take other appropriate methods to check the quality of the Licensed Products manufactured by the Licensee, from time to time during the validity of this Agreement.

3 In the event that the Licensed Products do not meet the standards and/or specifications of the Licensor's products in the Licensor's country and other countries, the Licensee shall remove the Licensor's trademarks and the Licensor shall have the right to terminate this grant to use the Licensor's Trademarks unless the Licensee promptly meets the standards and/or specifications set by the Licensor. The Licensee agrees to cease and desist from using the Licensor's Trademarks at all time after the termination of this Agreement for any reason whatsoever.

1 ライセンサーは,当該商標が登録されている許諾地域で,本契約の有効期間中ライセンサーが所有する本商標を許諾製品の販売や販売促進のために,ライセンシーに使用する独占権を付与する。ライセンシーは許諾製品についてはライセンサーが使用すると実質的に同じ方法で本商標を添付し,使用し,表示することに合意する。そしてそのような使用からの逸脱は,ライセンサーの事前の文書の承認を必要とする。

2 ライセンサーはこの契約の期間中適宜ライセンシーより製造された許諾製品の品質を検査するためライセンシーの工場に立ち入ること及び他の適切な方法を取る権利を有する。

3 許諾製品がライセンサーの国や他国でのライセンサー製品の品質基準又は仕様に合致しない場合には,ライセンシーはライセンサーの本商標を除去するものとする。ライセンサーは,ライセンシーがライセンサーにより設定された基準又は仕様に早急に合致させない場合には,ライセンサーの本商標を使用する本許諾を解約する権利を有するものとする。ライセンシーは理由の如何を問わず,本契約終了後は一切ライセンサーの本商標の使用をやめることに合意する。

[ライセンシーによる一般的な品質保証の規定]

Quality and other Controls
The Licensee warrants that the Licensed Products manufactured and sold hereunder shall be at its own responsibility of good quality comparable to corresponding products manufactured and sold by the Licensor and shall be suitable for their intended purpose; that no injurious, poisonous, deleterious or toxic compounds and chemical raw materials shall be used in or on the Licensed Products, that the Licensed Products shall not be inherently dangerous to the users thereof; and that the Licensed Products will be manufactured, used

and sold by the Licensee in strict compliance with all applicable laws and regulations of the countries of the Territory.

品質及びその他の管理
ライセンシーは，本契約に基づいて製造及び販売される許諾製品が，自己の責任で，ライセンサーにより製造及び販売されている対応製品に比較して十分な品質を有しており，意図された目的に適合していること，有害，有毒性及び中毒性の化合物及び化学的物質が許諾製品の内部又は表面に使用されないこと，すなわち許諾製品が本質的にその使用者にとって危険でないこと，並びに許諾製品が許諾地域の諸国のすべての適用法及び規則に厳密に従ってライセンシーにより製造，使用及び販売されることを保証する。

［サンプル等の提出を求める規定］

Quality Control
The Licensee undertakes to manufacture, sell and distribute all of the Licensed Products strictly in accordance with samples and models approved by the Licensor and its instructions as to shape, color and materials. The Licensee shall submit to the Licensor for its approval before starting the production of the Licensed Products for sale, samples or models which the Licensee plans to sell or offer for sale under the Trademarks. The Licensee shall deliver twice a year to the Licensor free of charge samples of each item of the Licensed Products currently being manufactured by the Licensee, including labels and packages in order to exercise the Licensor's rights of quality control. If the Licensee manufactures or distributes any of such rejected items of the Licensed Products in violation of this provision, the Licensor may at its sole discretion terminate this Agreement or any part of this Agreement by giving a written notice to the Licensee.

品質管理
ライセンシーは，ライセンサーが許可したサンプル及びモデル並びに形状，色彩及び素材に関するライセンサーの指示に従って本製品の全てを製造し販売することを約束する。ライセンシーは，ライセンサーに対し，販売用に本製品の製造を開始する前に，その許可を求めライセンシーが本商標の下で販売を予定しているサンプル又はモデルを提出するものとする。ライセンシーは，ライセンサーの品質管理の権利を実行するために，年2回，ライセンサーに対し，現在製造している本製品のサンプル（ラベル及びパッケージを含む）を無償で提供する。ライセンシーが本条に反して拒否された本製品を製造又は販売する場合，ライセンサーはその裁量で，ライセンシーに対

し書面による通知を行うことにより，本契約を解除することができる。

　製造過程において品質管理を厳格に求める場合，ライセンシーに対し段階的に企画書，計画，プロトタイプ，サンプル，最終モデルを提供させ，最終モデルに従った製造を求める規定となる。

［特許・商標表示］

Article 9.　Patent and Trademark Notices
The Licensee shall place the following notice on each unit of each of the Licensed Products and on all advertising, promotional material, packaging and other material using the Licensed Property:
"© (_____) XXX & ™ (or ®, if verified in writing by the Licensor)
All Rights Reserved.　Used Under Authorization."
　　　(_____) = Year of first publication

第9条　特許と商標の表示
ライセンシーは，個々の許諾製品並びに許諾財産を使用した一切の宣伝，販促素材，包装及びその他の素材それぞれに下記の表示を施すものとする。
「© (_____) XXX & ™（ライセンサーが書面で承認しているなら，®）
すべての権利は留保する。許諾の下に使用」
　　　(_____)＝最初に公表した年

［知的財産権の帰属と不争条項］

(Ownership and Validity)
1　The Licensee acknowledges and agrees that the exclusive rights to all Patents, Proprietary Information and Trademarks (hereinafter in this Article collectively referred to as "Intellectual Property Rights") shall remain in the sole property of the Licensor.
2　The Licensee hereby acknowledges the validity of the Intellectual Property Rights and shall not either during the term of this Agreement or after its terminations for any cause whatsoever, do or cause to be done any act or thing directly or indirectly contesting the validity or in any way impairing or tending to impair the value of the Intellectual Property Rights.

所有権及び有効性

1 ライセンシーは，一切の特許，財産的情報及び商標（以下「本知的財産権」と総称する）に対する独占的権利はライセンサーの財産のままであることを承認する。
2 ライセンシーは，本知的財産権の有効性を承認し，本契約期間中又は理由の如何を問わず終了後も，直接・間接に，本知的財産権の有効性を争い，又はその価値を損ない又は損なう傾向にある行為を行わず，又は行わせないものとする。

　ライセンサーがライセンス契約に基づきロイヤルティの支払を要求した場合に，ライセンシーがこの支払を免れる抗弁として許諾された特許等は無効であると主張することがある。当初はライセンサーの特許が有効で所有権がライセンサーにあることを前提としてそれを認めた上で契約を締結した以上，後になりこれと反する主張をして責任を回避するのは禁反言により許されない。なおいわゆる「不争条項」は，我が国独禁法のライセンス・ガイドラインで従来違法とされていたが適法となった。

Application for Registration
The Licensee shall have no right to apply for registration of any intellectual property rights in the Territory or any other country with regards to the Intellectual Property Rights made available or furnished by the Licensor hereunder and/or trade names or trademarks owned by the Licensor, and shall have no right to apply for registration as the registered licensee or user of any of the Intellectual Property Rights granted to the Licensee hereunder. In case the Licensee shall have filed such application without the Licensor's approval, then it shall assign it to the Licensor at its demand.

登録出願
ライセンシーは，許諾地域又はその他の国において，ライセンサーが提供した本知的財産権又はライセンサーが所有するトレードネーム若しくは商標につき，知的財産権の出願をする権利を有することをなく，またライセンシーに許諾された本知的財産権の登録ライセンシー又は使用者として出願する権利を有しない。ライセンシーがライセンサーの同意なくして当該出願をした場合には，ライセンシーは，ライセンサーの要求により当該出願をライセンサーに譲渡するものとする。

（9）　改良発明
①　ライセンサーが行った改良
　ライセンサーがライセンシーに許諾する技術をライセンサーが契約締結時に有している技術に限定するのか，それとも契約締結後すなわち契約期間中にラ

イセンサーが改良した技術も含めるのかという点であり（対象特許の範囲の問題），また改良された技術を追加支出なく許諾するのか否かの問題である。契約当事者の取決めによるが，通常は，ライセンサーにより改良された技術が，画期的な技術か又は極めて新規性に富むような技術である場合を除いては，多くの場合に追加支出なく許諾されるのが通例である。

改良技術の受入れについてライセンシーがその選択権を有するとする場合とか，改良技術についてライセンサーが特許を申請するような場合には，事前にライセンシーにその旨を通知するとかの取決めが必要となろう。

許諾の対象となった後は，許諾された技術の使用がライセンス料支払いの対象となる特許やノウハウと同様に扱われるのが通常である。

② **ライセンシーが行った改良**

ライセンシーが行った改良については，まずこの成果物の帰属をどちらにするかという問題がある。

a) 改良技術の権利はライセンサーに帰属するとする場合をアサイン・バック（assign back）という。これは改良技術の基礎を形成し又は構成するのはあくまでもライセンサーが開発した技術であるから，それに若干の改良・応用技術を加えたとしても，本来その権利はライセンサーにこそ帰属すべきであるという考え方である。独占禁止法ガイドラインでは，合理性のない改良技術の帰属の条項は違法となる場合があるとされている。

b) 改良技術の権利がライセンシーに帰属するとする場合をグラント・バック（grant back）という。

ライセンシーが改良した技術をライセンシーが自己の権利としてその特許権等を取得すれば，ライセンサーはその改良技術の特許権等についてライセンシーからのライセンスを得なければ，その改良技術を実施することができない事態に追い込まれることになる。仮にライセンスを得たとしても，主たるライセンス契約の終了後，ライセンシーからこの契約の終了後も実施できる旨の許諾を得なければ，改良技術の特許等を実施できなくなる事態が生じる。

紛争を予防し戦略的な観点からみれば，改良技術の許諾を如何なる具体的な条件でライセンサーに許諾するかにかかっているといえよう。基本的にはライセンサーとライセンシーの立場が実質的に対等になるような諸条件を検討し取り決めるべきである。具体的には，改良技術のライセンスの対価は有

償か無償か，改良技術が許諾される地域，再実施権を許諾するか，許諾は独占か非独占か，許諾される期間（主たるライセンス契約の期間中か，改良技術に特許権等が付与された場合その特許等の有効期間中かなど）などが，重要な要素となるであろう。

［相互の改良に関する一般的な規定］

Article 10. Improvements

1   In the event that the Licensee should make any improvements or inventions in connection with the Licensed Products made under this Agreement, then the Licensee shall be the owner of such improvements or inventions and shall have the right to obtain in the Territory and other countries which it may select, any patents on such improvements and inventions at its own expense, provided that the Licensor will have the right to use any of such patents, free of charge during the term of this Agreement, and subsequently for the entire life of such patents upon the payment of a reasonable royalty.

2   Should any improvement be made by the Licensor or acquired free of charge by the Licensor from a third party without restriction on the use of said improvement, the Licensor shall communicate the same to the Licensee and, if patentable, additionally list up a patent of such improvement in Exhibit A. The Licensee shall have the right to utilize this improvement under the terms and conditions of this Agreement, without any additional payment of royalty.

第10条　改良

1   ライセンシーが本契約に基づいて製造される許諾製品に関連して改良又は発明を行った場合には，ライセンシーは，当該改良又は発明の所有者となるものとし，当該改良及び発明について，許諾地域及びライセンシーが選択するその他の国において自己の費用で特許を取得する権利を有するものとするが，但し，ライセンサーは，本契約期間中は無償で，その後は当該特許有効期間中妥当なロイヤルティの支払いによって，当該特許を使用する権利を有するものとする。

2   改良がライセンサーによりなされたか又はライセンサーにより第三者から無償で取得され，その使用について制限がない場合，ライセンサーは，当該改良をライセンシーに通知するものとし，特許になり得るならば，別紙Aにその改良特許を追加的に列記するものとする。ライセンシーは，追加のロイヤルティを支払うことなく，本契約の諸条件に従いこの改良を利用する権利を有するものとする。

[相互に改良の通知と改良技術の許諾をする（別案）]

Improved Patents

1 The parties hereto shall communicate to the other party hereto any improvement of Licensed Products developed and acquired during the term of this Agreement (hereinafter referred to as the "Improvement") and at the other party's request, disclose full details to the other party hereto regardless of whether the Improvement is protected by Patents or not.

2 The Licensee shall have an exclusive license to manufacture, use and sell Licensed Products employing the Improvement of the Licensor upon its written request and without additional payment within the Territory subject to the terms and conditions provided in this Agreement during the term of this Agreement.

3 The Licensor shall have a royalty-free and exclusive license to manufacture, use and sell Licensed Products employing the Improvement of the Licensee within the Territory and a royalty-bearing and non-exclusive license to manufacture, use and sell Licensed Products employing the Improvement of the Licensee without the Territory under the terms and conditions to be mutually agreed upon between the parties hereto during the term of this Agreement.

改良特許

1　両当事者は本契約の期間中開発，取得した許諾製品の改良（以下「本改良」という）を相互に通知し，当該本改良が特許で保護されているか否かを問わず，他方当事者の要求があればこれにその完全な詳細を開示するものとする。

2　ライセンシーは，書面による要求があれば本契約期間中許諾地域内で追加の支払いなしで，本契約に従ってライセンサーの本改良を用いた許諾製品を製造，使用及び販売する独占的ライセンスを有するものとする。

3　ライセンサーは，本契約期間中両当事者が相互に合意した条件に従い，許諾地域内においてライセンシーの本改良を用いた許諾製品を製造，使用及び販売する独占的なライセンスをロイヤルティ無償で有するものとし，また許諾地域外においてライセンシーの本改良を用いた許諾製品を製造，使用及び販売するロイヤルティを要する非独占的なライセンスを有するものとする。

(10)　保証，責任制限，侵害排除

　ライセンス契約に基づくライセンシーの活動により第三者の権利を侵害したり第三者に損害を与えたりする可能性が生じる。ライセンサーは，対象特許の

利用でそのような損害が生じないことを保証するか否か，第三者による権利侵害訴訟や損害賠償請求に対してライセンシーを免責する hold harmless clause を定めるか否か，第三者から権利侵害を主張してクレームや訴訟を提起された場合への対応は誰が行うか，などを取り決める。

なお，以上とは別の流れであるが，ライセンス契約において，その対象となる特許等が第三者によって侵害された場合に，その排除はいずれの当事者の責任において処理すべきかについても定めておくべきである。

これらはライセンサー，ライセンシー間の力関係に左右される。またこれらの対処については，動産売買の場合の売主・買主の関係と類似するので，Ⅴ-14(8)〜(10)も参照のこと。

① 保　証

まず，ライセンサー優位の条項を示す。

[ライセンサーの特許等が地域における第三者の権利を侵害しないことの保証を否定（ライセンサー優位の規定）]

Article 11.　Warranty
Nothing in this Agreement shall be construed as a representation or warranty that the use of Patents, Knowhow or Trademarks, or the manufacture, use, sale or other disposition of the Licensed Products in which Patents, Knowhow or Trademarks are utilized or applied, shall be free from infringement of any patent or other industrial property right of any other person, firm or corporation in the Territory. The Licensor shall not be required to protect, indemnify or hold harmless the Licensee for any liabilities, losses, expenses or damages which may be suffered or incurred by the Licensee as a result of any such infringement or any allegation thereof by any other such person, firm or corporation. The Licensor shall not be under any obligation to defend or participate in the defense by the Licensee against any claim or suit alleging such infringement, provided, however, that the Licensor shall at its expense use reasonable possible efforts to cooperate with and assist the Licensee in the defense of any such claim or suit to the extent mutually agreed upon in writing between the parties hereto in each case.

第11条　保証
本契約は，特許，ノウハウ若しくは商標の使用，又は特許，ノウハウ若しくは商標が使用されている許諾商品の製造，使用，販売又はその他の処分が，許諾地域において他の個人，団体又は法人の特許やその他の工業所有権の侵害とならないことの表明・

保証とは解釈されない。ライセンサーは、ライセンシーに対し、他の個人、団体又は法人による前記の侵害又は侵害主張の結果、ライセンシーが被る一切の責任、損失、費用又は損害から保護し、免責させ、補償する義務はない。ライセンサーは、この侵害のクレーム又は訴訟を防御し、又はライセンシーが行う防御に参加する義務を負わない。但し、ライセンサーは、自己の費用で、事件ごとに両当事者で書面により相互に合意する範囲内で、このクレーム又は訴訟の防御につきライセンシーと共同しこれを助ける合理的で可能な努力を行うものとする。

[ライセンサー優位の条項]

The Licensor neither warrants nor guarantees that the Technical Information disclosed to the Licensee shall enable the Licensee to manufacture the Products with commercially satisfactory characteristics, and the Licensor assumes no liability to the Licensee or any third party as a result of or connected with the preparation, manufacture, sale or distribution of the Products.

ライセンサーはライセンシーに開示された技術情報によりライセンシーが商業的に満足すべき特性を持つ本製品を製造することが可能となるということを保証も確約もせず、またライセンサーは、本製品の調達、製造、販売又は頒布の結果として、あるいはこれに関連して、ライセンシー又はいかなる第三者にも責任を負わない。

[ライセンサーの無保証（別案）]

Article 12.　Licensor's Responsibility
The Licensor shall have no responsibility or liability for the merchantability, suitability or quality of the Licensed Products manufactured under the Patents by the Licensee hereunder.

第12条　ライセンサーの責任
ライセンサーは、本契約に基づき、ライセンシーが特許に基づき製造した許諾製品の商品性、適合性、又は品質に関して責任を負わないものとする。

Warranty
The Licensor warrants that (i) the Licensor is the sole and true owner of the Proprietary Information and the Patents described in Exhibit A, and that (ii) the license granted under

this Agreement shall be sufficient to enable and permit the Licensee to manufacture the Licensed Products, or have the Licensed Products manufactured by the Licensee, such Licensed Products having substantially the same quality and physical characteristics as are achieved by the Licensor at its plants, provided that the Licensee uses and practices substantially same equipment, materials, and processes as the Licensor does in its plants and that guidelines, instructions and manuals provided under this Agreement are complied with in full.

保証
ライセンサーは次の事項を保証する。（ⅰ）ライセンサーは、別紙Aに記載された財産的情報及び特許の単独且つ真実の所有者であること、並びに（ⅱ）本契約により許諾されたライセンスによりライセンシーが許諾製品の製造ができるようになり、又は許諾製品をライセンシーに製造させるものであること。ライセンサーがその工場で使用し実施するのと実質的に同様の設備、原料及び製法をライセンシーが使用し実施すること、また、本契約に基づき提供された要領、指示及びマニュアルが全面的に遵守されることを条件として、上記の許諾製品は、ライセンサーがその工場で製造するのと実質的に同じ品質と物理的特徴を持つこと。

　上記は中間的な保証の規定である。ライセンサーと同等の設備等を用いその指示に従って製造すれば、ライセンサーの工場の製品と実質的に同等のものができることを保証するもので、ある程度公平といえよう。

[技術支援と責任の関係]

In providing any information hereunder, the Licensor is acting in an advisory capacity only and the Licensor shall have no responsibility for the operation or production of the Licensee's manufacturing, distribution, advertising or sales facilities or for any decisions that may be made in connection therewith, whether upon the recommendation of the Licensor or otherwise.

本契約に基づく情報の提供の際に、ライセンサーは助言者の資格でのみ行動し、ライセンシーの製造、頒布、広告又は販売の施設の運営・生産、あるいはそれらに関連してなされる決定について、それがライセンサーの助言によるか否かにかかわらず、ライセンサーは何ら責任を負わないものとする。

② 責任の制限

Article 12. Limitation of Liabilities

THE LICENSEE AGREES THAT THE LICENSOR'S LIABILITY, IF ANY, FOR DAMAGES, INCLUDING BUT NOT LIMITED TO LIABILITY ARISING OUT OF CONTRACT, NEGLIGENCE, STRICT LIABILITY, TORT, WARRANTY, PATENT OR COPYRIGHT INFRINGEMENT, OR MISAPPROPRIATION OF INTELLECTUAL PROPERTY SHALL NOT EXCEED THE LICENSE FEES PAID BY LICENSEE.

第 12 条　責任の制限

ライセンシーは，契約，過失，厳格責任，不法行為，保証，特許・著作権侵害又は知的財産の不正使用から惹起する責任を含み，それに限られない損害に対するライセンサーの責任がライセンシーによって支払い済みのライセンス料を超えないことに同意する。

[ライセンサーの責任額を受領したロイヤルティ額によって限定する]

The Licensor's liability to the Licensee for any losses or damages arising out of this Agreement shall not exceed one hundred percent (100％) of the total amount of the running royalty actually received by the Licensor from the Licensee with respect to the particular work which gave rise to the losses or damages. In no event shall the Licensor be liable for any indirect, incidental, special or consequential damages arising from or in any way connected with its performance under this Agreement, including, but not limited to, loss of anticipated profits or other economic loss.

本契約から生じる損失又は損害についてのライセンサーのライセンシーに対する責任は，その損失又は損害を発生させた特定の作業に関して，ライセンサーがライセンシーから実際に受領したランニング・ロイヤルティの総額の 100％を超えないものとする。いかなる場合においても，ライセンサーは，本契約に基づくライセンサーの履行から又はそれに関連して生ずる，得べかりし利益の喪失又はその他の経済的損失を含む（それらに限定されない）いかなる間接的，付随的，特別又は間接損害についても，責任を負わないものとする。

[ライセンサーの hold harmless 条項]

The Licensor shall indemnify, defend and hold harmless the Licensee against any cost, damage and loss of any kind by reason of any claim or action brought against the Licensee by any third party to the extent that it is based on a claim that the Licensor does not have the right to grant the license set forth in this Agreement. The Licensor shall pay any costs, damages and reasonable attorneys' fees finally awarded against the Licensee in such action which are attributable to such claim.

ライセンサーは，ライセンサーが本契約で規定された実施権を付与する権利を持たないというクレームに基づくものである限りにおいて，第三者よりライセンシーに対して提起されたクレーム又は訴訟を理由とする費用，損害及び損失につき，ライセンシーに補償し，防御し，免責させるものとする。ライセンサーは，このクレームに起因する当該訴訟において最終的にライセンシーに言い渡されたいかなる費用，損害賠償額及び妥当と思われる弁護料も負担するものとする。

[ライセンシーの hold harmless 条項，ライセンサーの責任は全面的に免除するが，ライセンサーの協力義務を規定]

The Licensee shall indemnify and hold the Licensor harmless from any and all claims and liabilities for damages, losses or costs arising out of any infringement of PATENTS. In the event that a legal action for patent infringement is taken by any third party against the Licensee with respect to Licensed Products and KNOW HOW furnished hereunder by the Licensor, the Licensor shall assist the Licensee in the defense of such action and also upon request furnish any information or evidence which is available and material to the proper defense to the Licensee.

ライセンシーは特許侵害から生じる損害賠償，損失，出費に対する，全ての請求や責任につきライセンサーに補償しランセンサーを免除するものとする。特許侵害に対する訴訟が許諾製品及びライセンサーにより本契約に基づき提供されたノウハウに関連し第三者からライセンシーに対して提訴された場合には，ライセンサーはそのような訴訟の防御についてライセンシーを援助し，また要求があり次第，適切な防御に役立ち且つ重要な情報や証拠をライセンシーに提供するものとする。

　知的財産権の侵害とその対抗措置については，動産売買契約に関するⅤ-14(10)も参照のこと。

[ライセンシーに PL 保険の購入を義務付ける規定]

Product Liability Insurance
The Licensee shall obtain and maintain at its own cost and expense from a qualified, repu-

table insurance company, standard Product Liability Insurance naming the Licensor as an additional named insured, with respect to all Licensed Products manufactured hereunder, whether sold during the Term or thereafter. Such policy shall provide protection against any and all claims, demands and causes of action arising out of any defects or failure to perform, alleged or otherwise, of the Licensed Products or any material used in connection therewith or any use thereof. The amount of coverage shall be Five Million U.S. Dollars (U.S. $5,000,000) combined single limit coverage.

製造物責任保険
ライセンシーは，自己の費用によって，本契約に基づき製造する一切の許諾商品につき，許諾期間中に販売されるかその後販売されるかにかかわらず，評判の良い保険会社から，ライセンサーを追加被保険者とする，標準的な製造物責任保険を取得し，維持するものとする。この保険証書は，許諾製品又はこれに関連して使用する素材の瑕疵若しくは性能不良（主張されたものか否かを問わず）から生じる又はこれらの使用から生じる一切のクレーム，請求及び請求原因に対し付保するものとする。付保される金額は，複合単一補填限度額を500万米ドルとする。

（11）　契約終了後の措置

　ライセンス契約の場合，解除の規定の後に，「契約終了後の措置」に関する規定を置くことが多い。契約終了後において問題となるのは，特許やノウハウの使用禁止，情報・素材の返却，秘密保持義務等の存続，ライセンス契約により製造した在庫品の処分（在庫品一掃の権利を Sell-off Rights という），ライセンス契約に付随してライセンサーから購入した部品材料などが残存する場合その取扱い等の規定が検討されるべきである。

[在庫品の販売権を定めた文例]

Article 13.　Effect of Termination
On the expiration or termination of this Agreement, the Licensee shall immediately cease further use of any of the Patents, the Proprietary Information, Trademarks in the Licensed Products, and manufacture of the Licensed Products, and all the rights of the Licensee hereunder shall forthwith terminate and automatically revert to the Licensor. Unless the Agreement is terminated for failure or breach by the Licensee, however, the Licensee shall be entitled, for an additional period of six (6) months only, to sell and dispose, on a non-exclusive basis, of its inventory of the Licensed Products on hand on the date of expiration

or termination, subject to an accounting for and the payment of royalty equal to six percent (6%) of all Net Selling Prices of the Licensed Products during the said six (6) months period. Promptly upon expiration of the aforesaid six (6) months period, the Licensee shall deliver to the Licensor, free of charge, all labels, tags and other materials in its possession with the Licensed Mark thereon. Upon expiration of such six (6) months period, Licensee shall, subject to Licensor's instruction, deliver to the Licensor or destroy all of the remaining Licensed Products and all advertising and promotional materials including samples and catalogues, if any. Upon termination of this Agreement for failure or breach by the Licensee, the Licensee shall forthwith discontinue all use of the Licensed Mark and shall no longer have the right to use the Licensed Mark or any variation or simulation thereof.

第13条　解除の効果

本契約の期間満了又は解除に際して，ライセンシーは許諾製品に対する特許，財産的情報及び商標の使用，並びに本製品の製造を直ちに中止するものとし，本契約に基づくライセンシーのすべての権利は直ちに終了し，自動的にライセンサーに復帰するものとする。但しライセンシーの不履行又は違反により解除されたものでない限り，ライセンシーは，6ヵ月の追加期間中に限り，当該6ヵ月間中本製品のすべての純販売額の6％に相当するロイヤルティを計算し支払うことを条件に，期間満了又は解除の日に手元にある本製品の在庫を非独占的に販売し，処分することができる。前記の6ヵ月の期間の満了とともに，ライセンシーは，速やかに無償にて，その占有するラベル，タグ及びその他の素材で実施許諾標章の付されたもの全てをライセンサーに引渡すものとする。上記6ヵ月間の満了とともに，ライセンシーは，すべての残存する本製品及び宣伝広告資材があればそのすべて（見本，カタログを含む）を，ライセンサーの指示に従い，これに引渡すか廃棄するものとする。ライセンシーの不履行又は違反による解除とともに，ライセンシーは，実施許諾標章の使用をすべて直ちに中止するものとし，実施許諾標章又はその変形若しくは類似物を使用する権利を有しないものとする。

［契約終了後の技術資料の返還を規定した例文］

Return of Information

Upon expiration or termination of this Agreement for any reason whatsoever, the Licensee shall, for a period of two (2) years thereafter, not make use of or employ KNOWHOW except KNOWHOW which is within public domain apart from any action on the part of the Licensee or its employees. The Licensee shall, at its expense, promptly return to the Licensor, or destroy with the Licensee's sworn statement of destruction, all technical data, materials and other information related to KNOWHOW and all copies thereof.

情報の返還
本契約の満了又は理由の如何を問わず，解除とともに，ライセンシーは，その後2年間，ライセンシーやその従業員の行為によらず公知となったノウハウを除くノウハウを使用しないものとする。ライセンシーは，自己の費用で直ちに，ノウハウに関連する一切の技術データ，素材，及びその他の情報並びにそれらのコピーをライセンサーに対し返却し，又はライセンシーの宣誓供述書を付してこれを破棄するものとする。

(12) 機密保持条項

ライセンス契約締結に先立ち，前述Ⅲのように，機密保持契約（secrecy agreement or non-disclosure agreement）を取り交わすことが多い。すなわち，将来のライセンス契約を締結する可能性を探るために技術としてのノウハウを評価（evaluation）する目的で締結する場合が多い。ライセンス契約が正式に締結され，その中に完全合意条項があれば，前の機密保持契約は失効し，一体とならないので注意するべきである。

なお機密保持条項については，ライセンシーに一方的に機密保持義務を負わせる契約は多々見られる。しかしながら，ライセンス契約の下でライセンサーがライセンシーの営業秘密に触れる場合もあるので，双方の義務としてすべきか否かは検討すべきである。

Confidentiality
It is recognized by the Licensor and the Licensee that the secrecy of KNOWHOW is of utmost importance. Accordingly, the Licensee shall keep KNOWHOW furnished or disclosed by the Licensor strictly secret and confidential. The Licensee agrees that it shall disclose KNOWHOW to the limited officers and employees of the Licensee who have a need for such KNOWHOW and shall take any and all steps reasonably necessary to maintain the secrecy of KNOWHOW and also take any and all precaution in order to ensure the faithful compliance of its obligation under this Agreement and such obligations of secrecy shall survive the expiration or termination, for any reason whatsoever, of this Agreement or of any rights or obligations hereunder. The obligations imposed on the Licensee by this Article shall not apply with respect to KNOWHOW furnished or disclosed to the Licensee by the Licensor when KNOWHOW becomes generally available to the public or which is in the possession of the Licensee at the time of disclosure.

機密性

ノウハウの秘密厳守が最も重要であることをライセンサー及びライセンシーは認識する。したがって，ライセンシーはライセンサーにより提供ないしは開示されたノウハウについて厳密に秘密を保持するものとする。ライセンシーはかかるノウハウを，必要とする限られた役員，従業員に開示することに合意する。そしてノウハウの秘密性を維持するために合理的に必要なあらゆる手段を講じ，また本契約に基づく義務の忠実な履行を保証するために一切の予防措置を講じるものとする。そしてこの秘密保持義務は理由の如何を問わず本契約又は本契約上の権利義務の満了ないし終了後も存続するものとする。本条項によりライセンシーに課せられた義務はライセンサーが提供・開示したノウハウが公に知られる状態になった場合若しくは開示の当時ライセンシーの占有にあるものについては適用されないものとする。

(13) 譲渡禁止

特許権譲渡については後述 201 頁以下の当然対抗制度に留意すべきである。ライセンシーは，特許権等の譲受人に対し，従前のライセンス契約上の権利を対抗できるように規定を工夫するべきである。下記はその例文である。

> If the Licensor assigns to a certain assignee its Patent under which the Licensee are granted a license, this Agreement shall bind and inure to the benefit of the assignee as licensor as if the assignee as licensor and the Licensee had entered into this Agreement.

ライセンサーは，ライセンスの対象である本件特許権を第三者に譲渡する場合には，（ライセンサーとして）譲受人とライセンシーが本契約を締結したがごとく，本契約は（ライセンサーとして）譲受人を拘束し，その利益に効力が生じる。

3 裁判管轄と準拠法

(1) 管　轄

登録を要する知的財産権の存否や効力に関する訴えは，登録国が日本の場合，日本の裁判所が専属管轄権を有する（民訴法3条の5第3項）。他方で，例えば，B国におけるA国特許権侵害についてB国裁判所が管轄権を有するかは難しい問題である（例えば民訴法改正前のカードリーダー事件・最判平成14年9月26日民集56巻7号1551頁は，アメリカ特許権侵害訴訟につき日本の裁判所は管轄権を有

することを前提とする）。

　設定の登録により発生する知的財産権は，各国の行政処分により付与されることも多く，その権利の存否や有効性については，登録国の裁判所が最も適切に判断することができると考えられている（特許法180条の2（無効審判の審決取消訴訟における特許庁長官の意見）参照）。他方で，登録知的財産権に関する侵害訴訟については登録国の専属管轄は認められていない（上記民訴法3条の5第3項の文言参照）。

　知的財産権に関する差止請求訴訟は不法行為に関する訴えか，知的財産権の効力に関する訴えか，その性質決定に争いがある。営業秘密の不正な開示及び使用の差止請求に関する事件（民訴法改正前の事件）で，民訴法3条の3第8号の『不法行為に関する訴え』は，民訴法5条9号の『不法行為に関する訴え』と同じく，民法所定の不法行為に基づく訴えに限られるものではなく，違法行為により権利利益を侵害された者が提起する差止請求訴訟をも含むとされている（最判平成26年4月24日民集68巻4号329頁）。

（2）　準拠法

　「特許権についての属地主義の原則とは，各国の特許権が，その成立，移転，効力等につき当該国の法律によって定められ，特許権の効力が当該国の領域内においてのみ認められる」ことを意味する（前出カードリーダー事件・最判平成14年9月26日）。前段は抵触法について述べ，後段は実質法の及ぶ範囲について述べていると理解されている。つまり，それぞれの国での知的財産権の成立，効力・内容は，当然に当該国法による。また著作権・特許権の効力は属地的にのみ効力を有する。

　差止・廃棄請求は，その法律関係の性質を特許権の効力と決定すべきであり，特許については，その成立，効力を争う場合，問題となっている特許権と最密接関係国である当該特許権の登録国法が適用される。他方，特許権侵害を理由とする損害賠償請求については，特許権特有の問題ではなく，財産権の侵害に対する民事上の救済の一環にほかならないから，法律関係の性質は不法行為であり，その準拠法については，法例11条1項（通則法17条）によるべきである。これが上記最判の立場である。不法行為の結果発生地（通則法17条）は，通常は，侵害された知的財産権の付与国・登録国ということになろう。

　さらに，知的財産権の譲渡契約，ライセンス契約の準拠法については特別の

留意が必要となる。譲渡の要件，実施（利用）許諾の要件，譲渡の第三者に対する対抗要件は当該権利の付与国・登録国法によることになる。準拠法指定がある場合，それは債権準拠法として意味がある（通則法7条）。したがって，特許・商標については，準拠法指定がなされても，登録国法が特許・商標の成立・効力の準拠法となる。通則法13条はこのような準物権行為に類推適用されると考えてよい。また，著作権については保護国法となる（ベルヌ条約5条3項）。

VII-2　特許譲渡契約

Transfer of the Patents
1　The Transferor hereby sells and transfers the Patents to the Transferee subject to the terms and conditions set forth herein. The Transferor shall further provide and transfer to the Transferee at no charge the technical knowledge, and information necessary for manufacturing the Products and the use of such technical knowledge for the sole purposes and subject to the terms and conditions set forth in this Agreement.
2　In order to expedite the manufacture and sale by the Transferee of the Products under the Patents, the Transferor shall furnish to the Transferee drawings of the Products in blueprint form, specifications and drawings in blueprint form of tooling and equipment used in manufacturing the Products and recommendations with respect to manufacturing equipment, which the Transferor has and which the Transferor feels necessary to assist Transferee in efficient manufacture the Products.

特許の譲渡
1　譲渡人は，本契約中にて規定される諸条件に従って譲受人に特許を売却し，譲渡する。譲渡人は，更に，技術知識，並びに本製品の製造及び当該技術知識の使用のために必要な情報を本契約にて規定される目的のためだけに，且つその諸条件に従って譲受人に無償で提供し，譲渡するものとする。
2　譲受人による特許に基づく本製品の製造及び販売を促進するために，譲渡人は，譲渡人が所有し，並びに譲受人が本製品を効果的に製造できるように援助するのに必要であると譲渡人が考える，青写真の形での本製品の設計図，本製品の製造にあたって使用される工具及び設備の青写真での仕様書及び設計図，並びに製造設備に関する推奨を，譲受人に提供するものとする。

Procedure of the Patents Assignment

Immediately after the execution of this Agreement, Transferor shall, on its own initiative or upon request from Transferee, prepare and submit to Transferee full sets of relative documents, with which Transferee is able to change and alter the patent owner name from Transferor to Transferee in the Territory.

特許譲渡の手続
本契約締結後速やかに，譲渡人は，譲渡人自身の意思又は譲受人からの要求に基づいて，関連書類一式をそろえ，譲受人に提出するものとし，これにより譲受人は，許諾地域において特許権者名を譲渡人から譲受人へ変更することができる。

　我が国では平成23年改正特許法で当然対抗制度が導入された。
　改正前の制度においても，ライセンシーは，専用実施権や通常実施権を登録しておけば登録後の第三者に対抗することが可能であった。改正後は，通常実施権者は，何らの要件を備えなくとも，権利の発生後の第三者に対抗できることとなった（特許法99条）。当然対抗制度のもとでは，特許を譲り受ける者が，当該特許にライセンスの存在することを調べておかなければならないことになる。なおライセンサー（譲渡人）とライセンシー間のライセンス契約が全体として譲受人（新特許権者）に承継されるか否かについて見解は分かれている。いずれにしても特許譲渡契約に適切な表明保証条項が必要である。
　他方，商標権については従前どおり登録を対抗要件とする制度が維持されている。

Article XX. Representation and Warranty
Assignor hereby represents and warrants to Assignee as of the day of this Agreement as follows:
i) The validity of the Patent;
ii) …
iii) …
iv) No grant to any third parties of any registered exclusive license ("Senyo-Jisshiken" under Japanese patent law) or any non-exclusive license ("Tsujo-Jisshiken" under Japanese patent law); or
v) The Patent being free and clear of any covenants, restrictions, or any other adverse claims or rights which shall restrict or limit the assignment to Assignee hereunder.

Article XX. Termination
If Assignor breaches any of provisions set forth in Article XX (Representation and Warranty), Assignee shall be entitled to forthwith terminate this Assignment Agreement by

sending a written notice to Assignor.

第XX条　表明及び保証
譲渡人は，譲受人に対し，本契約締結日時点において，以下の各事項につき表明し保証する。
i)　本件特許権が有効に存在していること，
ii)　…
iii)　…
iv)　本件特許権について第三者に対し専用実施権が設定され又は通常実施権が許諾されていないこと，及び
v)　本件特許権につき，譲受人に譲渡することについて制限となる約束，制限，その他不利益となるクレームや権利が存在していないこと。

第XX条　解除
譲渡人が第XX条（表明及び保証）に定める各条項に違反した場合には，譲受人は，譲渡人への書面による通知によって，直ちに本契約を解除することができる。

　その他に，現実に製品を製造できるように材料・部品の供給や技術支援を行うこと，保証（又は免責）などが規定されることは，ライセンス契約と同様である。

　ライセンス契約の応用形として，キャラクター・マーチャンダイジング契約，フランチャイズ契約，共同開発契約がある。以下ではその概要と特徴的な条項を示しながら論じる。

Ⅶ-3　キャラクター・マーチャンダイジング契約

　一定のキャラクターの著作権をライセンスすることになるので，ライセンス契約の一種ということができるが，キャラクター・マーチャンダイジングという商取引に特有の若干の留意が求められる。

[著作権のライセンス]

Grant of License
The Licensor grants to the Licensee an exclusive and non-transferable license to utilize the Licensed Property for the producing, manufacture, marketing, sale and/or promotion of

the Licensed Products throughout the Territory during the Term as provided in this Agreement. The Licensed Property means any creative elements depicted in or in connection with, the animation pictures for television program titled "XXX-Man" from the original made by Mr. XX, including, but not limited to, original designs, characters, artworks, names, words, symbols, likenesses, logos and marks.

ライセンスの許諾
ライセンサーはライセンシーに対し，契約期間中，許諾地域において，許諾財産を使用して許諾商品を製造，販売及び販促するについての独占的且つ譲渡不能の権利を許諾する。許諾財産とは，XX氏の著作物を原作とするテレビアニメーション『XXX-Man』の中に現れ，又はこれと関連性を有する創造的な要素（オリジナルデザイン，キャラクター，アートワーク，名称，文言，シンボル，肖像，ロゴ及びマーク等を含むが，これに限定されない）をいう。

まず，キャラクターの著作権（Licensed Property；許諾財産）を使用してグッズ（Licensed Products；許諾製品）を製造販売するという通常のライセンス契約を想起できる。

[キャラクターを使用して行う商品化]

Merchandising and Commercial Tie-In/Promotion
The Licensor hereby grants to the Licensee, and the Licensee hereby accepts, the exclusive right to use the Licensed Property in connection with the Merchandising and/or Commercial Tie-In/Promotion of the Licensed Products in the Territory, only within the Licensed Channels of Distribution, during the Term.
(a) "Merchandising" or "Merchandise" means the license, manufacture, distribution, and sale of the Licensed Products, and the license, distribution and sale of services, which embody in such merchandise, products or services characters, designs, visual representations, names, likenesses and/or characteristics of artists, physical properties or other materials appearing or used in or in connection with a theatrical motion picture, television motion picture, television series or all or any part of the literary materials.
(b) "Commercial Tie-In/Promotion" (or "Promotion" or "Promoting") means the license of the use of characters, designs, visual representations, names, likenesses and/or characteristics of artists, physical properties or other materials appearing or used in or in connection with a theatrical motion picture, television motion picture, television series or all or any part of the literary materials in connection with (i) the advertising, publicizing, promoting and/or packaging of the Licensed Products or services and/or (ii) premi-

ums and/or promotions.

商品化及び商業的タイアップ／販売促進
　ライセンサーはライセンシーに対し，許諾期間中，許諾頒布チャンネルの範囲でのみ，許諾地域で許諾商品を「商品化」及び「商業的タイアップ・販促」をするにつき，許諾財産を使用する独占的権利を許諾し，ライセンシーはこれを受諾する。
(a)　「商品化」とは，許諾商品をライセンスし，製造し，頒布し，販売すること，並びに，劇場映画，テレビ映画，テレビ・シリーズ物又は文芸素材の全部若しくは一部において又はこれに関連して登場し又は使用されるアーチスト，物理的財産又はその他の素材のキャラクター，デザイン，視覚的表現，名前，肖像及び特徴をこの商品，製品又はサービスに具体化したサービスを許諾し，頒布し，販売することを意味する。
(b)　「商業的タイアップ／販売促進」（「販促」）とは，①許諾商品又はサービスの宣伝，広報，販促及び包装，並びに②プレミアム及び販促に関連して，劇場映画，テレビ映画，テレビ・シリーズ物又は文芸素材の全部若しくは一部において又はこれに関連して登場し又は使用されるアーチスト，物理的財産又はその他の素材のキャラクター，デザイン，視覚的表現，名前，肖像及び特徴の使用をライセンスすることを意味する。

　上記の「商品化」及び「商業的タイアップ／販売促進」がキャラクター・マーチャンダイジングにおいて特色的な点である。

[許諾製品や販促品，サンプル等についてライセンサーから事前の許可を得る]

Approval of the Licensor
The Licensor shall supply the Licensee with appropriate support materials, i.e., style guides and sales materials. The quality and style of all Licensed Products to be manufactured by the Licensees, the manner in which the Licensed Property may appear, if at all, on the Licensed Products, as well as any cartons, containers, tags, labels, advertising, publicity and display materials to be used in connection with the Licensed Products shall be subject to the prior written approval, in the form attached hereto as Exhibit A, of the Licensor. Prior to the manufacture of any of the foregoing, the Licensee shall provide the Licensor with samples and/or dummies in the form of proofs, photostats, drawings, manuscripts, layouts, or the like, of the Licensed Products, all other materials requiring the Licensor's approval hereunder, all written material relating or referring thereto at each stage of development and production, and any changes and revisions therein or thereof for the Licensor's prior written approval. Within ten (10) business days after its receipt of the foregoing, the Licen-

sor shall advise the Licensee, in writing, of its approval or disapproval of such material and no item shall be deemed approved by the Licensor unless such approval is given as aforesaid. Once a sample has been approved pursuant to this subparagraph, it shall be the Licensee's responsibility to ensure that the Licensee does not depart therefrom in any material respect without the prior written approval of the Licensor. In addition, approval by the Licensor shall not relieve the Licensee of any of its agreements or warranties hereunder.

ライセンサーからの許可

ライセンサーはライセンシーに対し、適切なサポート素材（すなわちスタイル・ガイド及び販売素材）を提供する。ライセンシーが製造する一切の許諾商品の品質及びスタイル、許諾財産を許諾商品に表現する方法、並びに許諾商品に関連し使用されるカートン、容器、タグ、ラベル、宣伝、広報及びディスプレー素材は、ライセンサーから、本契約添付別紙Aの様式により、書面による事前の承認を得るものとする。上記のすべての製造前に、ライセンシーはライセンサーに対し、ライセンサーの書面による事前承認を得るために、品質テスト、写真、デッサン、手書き図面、レイアウトなどの形式で、許諾商品のサンプル及び模型を提出し、また本契約に基づきライセンサーの承認が必要なその他一切の素材、開発・製造の各段階でのこれらに関する一切の文書素材、及び上記に対する変更・改訂を提出するものとする。上記を受領してから10営業日以内に、ライセンサーはライセンシーに対し、書面にて上記素材の承認又は不承認を通知するものとし、この承認が得られない限り、いかなる商品もライセンサーが承認をしたものとはみなされない。サンプルが本条に従って一旦承認された場合、ライセンシーが、ライセンサーの書面による事前承認なしに重大な点でこれから逸脱しないよう確保することがライセンシーの責務である。また、ライセンサーによるこの承認により、ライセンシーは本契約に基づく合意や保証から免責されるものではない。

　　キャラクター・マーチャンダイジングにおいては、グッズの品質管理が重要である。その観点から品質基準に合致すること、事前に許可を得ることがライセンサーから厳格に求められることが多い。

Copyrights and Trademarks

1　The Licensee shall not at any time acquire any right, title or interest of any nature whatsoever in any copyright or trademark or other intellectual properties owned by the Licensor, by virtue of this Agreement or of the Licensee's uses thereof.

2　The parties hereto agree that all ownership, copyrights, trademarks and patents in the Licensed Products hereunder, as well as in all artwork, packaging, copy, literary text, advertising material of any sort specifically developed by the Licensee in connection with

> the merchandise licensed hereunder which reflect such Licensed Property, shall be owned by the Licensor, and all such items shall bear copyright and trademark notices and other legal notices reflecting such ownership.

著作権及び商標
1 本契約又はライセンシーの使用により，ライセンシーは，性質の如何を問わず，ライセンサーが所有する著作権，商標又はその他の知的財産に対する権利，権限又は利益を取得しないものとする。
2 両当事者は，許諾商品に対する一切の所有権，著作権，商標及び特許，並びにこの許諾財産を反映しており，本契約に基づく商品化に関連し特にライセンシーが開発した一切の作画，包装，コピー，文章，宣伝素材に対する上記所有権等は，ライセンサーがすべて所有すること，またこの一切の物品には，その所有を反映する著作権表示，商標表示及びその他の法的表示を付すことに合意する。

　上記で特に意味があるのは第2項であり，ライセンシーが作成した一切の作画等の知的財産権がライセンサーに帰属することを確認していることである。

[職務著作に関する規定]

> Employment for Hire
> The Licensee acknowledges that the Licensed Property is owned solely and exclusively by the Licensor. The Licensee has caused or shall cause any Copyright Material created or any copyright materials contributed (in whole or in part) to any Copyright Material as a result of the results and proceeds of the services of any employee of the Licensee, to constitute a "work made for hire" (as that term is understood in the U.S. Copyright Law) within the scope of such employee's employment for the Licensee. Each such Copyright Material and the results and proceeds of such employee's services in connection therewith are freely assignable by the Licensee, and are hereby assigned, to the Licensor hereunder.

職務著作
ライセンシーは，ラインセンサーが許諾財産を唯一独占的に所有することを承認する。ライセンシーは，ライセンシーの従業員の雇用の結果及び成果により創作した本著作物，又は本著作物の創作に（全体又は一部で）貢献した著作物を，ライセンシーの雇用の範囲内での（アメリカ著作権法で使用するところの）「職務著作」を構成するものとさせる。この本著作物及びこの雇用の結果と成果は，ライセンシーが自由に譲渡することができるもので，これは本契約によりライセンサーに譲渡される。

　ライセンシーの従業員が作成した著作物はライセンシーの職務著作であり，

ライセンシーはこれをライセンサーへ譲渡することを求めた条項案である。

　なお著作権に適用される法につき若干言及しておく。著作権の成立についてはベルヌ条約3条が適用される。また、ベルヌ条約5条(2)は、著作権の「保護の範囲」及び「著作者の権利を保全するため著作者に保障される救済の方法」という単位法律関係について、「保護が要求される同盟国の法令の定めるところによる」と規定しており、これは準拠法を定める牴触規則であると解される。そして、著作権に基づく差止請求の問題は、「著作者の権利を保全するため著作者に保障される救済の方法」であると性質決定することができるから、ベルヌ条約によって保護される著作物の著作権に基づく差止請求は、保護国法たる著作権法が準拠法となるとされている（北朝鮮映画の日本における無許諾テレビ放映事件・知財高判平成20年12月24日民集65巻9号3363頁）。

VII-4　フランチャイズ契約

1　概　説

　フランチャイズの定義は様々だが、一般的には本部が加盟者に対して、特定の商標、商号等を使用する権利を与えるとともに、加盟者へ物品販売、サービス提供、その他の事業・経営について統一的な方法で統制、指導、援助を行い、これらの対価として加盟者が本部に金銭を支払う事業形態であるとされる。この点権利等のライセンスを含むものであり、ライセンス契約の考え方が役立つといえる。すなわち、フランチャイザーが、フランチャイジーに対し、自己の商標、サービスマーク、トレードネーム、その他の営業の象徴となる標章及び経営のノウハウを用いて、同一のイメージのもとに商品やサービスの販売その他の事業を行う権利を与え、一方、フランチャイジーは、その見返りとして一定の対価（フランチャイズ・フィー）を支払い、事業に必要な資金を投下してフランチャイザーの指導及び援助の下に事業を行う継続的関係をいう。

　フランチャイズ・システムにおいては、フランチャイザーとフランチャイジーはそれぞれ独立した事業者であり、各々の責任において契約を締結する。フランチャイザーとフランチャイジー間で個別の取引が行われ、これから生じる個別債務もある（物品販売のフランチャイズの場合、売買代金の支払い）。

2　条項の解説

　以上のように,「フランチャイズ・システム」は個々のフランチャイズ契約(以下「FC 契約」という)に特有且つ必須の定義をもち,以下ではフランチャイズ・レストランを例にとり規定を示す。

[ライセンス対象となる基準やシステムに関する定義条項]

Article 1.　Definitions
1　Site means the location of the Restaurant, being _____.
2　Standards means the standards, instructions, requirements, methods, specifications and procedures for the operation and marketing of the Restaurant, as amended from time to time by Franchisor contained in, and being a part of, the Confidential Information, pursuant to which Franchisee shall develop and operate the Restaurant at the Site.
3　System means a unique, proprietary system developed and owned by Franchisor (which may be modified or further developed from time to time by Franchisor) for the establishment and operation of ABC restaurants, including, without limitation, distinctive exterior and interior design, decor, color scheme and furnishings; special recipes and menu items; uniform standards, products, services and specifications; procedures with respect to operations and inventory and management control (including accounting procedures and policies); training and assistance; and advertising and promotional programs.

第1条　定義
1　本サイトは,レストランの所在地_____をいう。
2　本基準は,本レストランを経営,マーケティングするための基準,指示,要件,手段,仕様及び手続(これらはフランチャイザーが適宜改訂する)をいい,これは本機密情報に含まれ且つその一部となり,これに従いフランチャイジーは本サイトで本レストランを開発し経営するものとする。
3　本システムは,ABC レストランの設置及び経営のため,フランチャイザーが開発,所有する独自の財産価値のあるシステムをいい(これらはフランチャイザーが適宜改訂し,更に開発する),これは以下を含む(但しこれらに限定されない):特徴的な内外装デザイン,デコ,色調,家具;特別なレシピとメニュー項目;制服,商品,サービス,明細;オペレーション及び在庫の手続及びマネージメント管理(会計手続を含む);研修及び支援;広告及び販促計画。

[総売上に関する定義]

Gross Sales shall mean the total of:
(1) the entire, actual sales price of all food, beverages, merchandise and services (including service charges added to a customer's bill) occurring in, on or from the Restaurant;
(2) payments to Franchisee by any concessionaire, licensee or third party in respect of use of the Restaurant; and
(3) promotional or other allowances to customers in an amount equal to the retail price therefor, to the extent that said amount for promotional allowances exceeds two and one-half percent (2.5%) of Gross Sales calculated without inclusion of said amount.

「総売上」は以下の合計をいう：
(1) 本レストランに関連して生じる一切の食品，飲料，物品及びサービスの全体の，実質的な販売価格（顧客の請求書に付加されるサービス料を含む）。
(2) 本レストランの使用に関する地権者，ライセンシー又は第三者からフランチャイジーへの支払い。
(3) この小売価格に等しい金額での顧客への販売促進又はその他の引当金。但し販売促進引当のための上記金額が上記金額を除外して計算した「総売上」の2.5％を超える限度に限る。

[許諾地域における独占権を定める規定]

Article 2.　License and Territory
1　Franchisor hereby grants to Franchisee and Franchisee hereby accepts the exclusive license to sell the Merchandise and to utilize said Properties in connection with the business of the manufacture, sale, promotion, and distribution of the Merchandise in the Territory subject to the terms of this Agreement.
2　During the term of this Agreement, Franchisor shall not, directly or indirectly sell, distribute, promote or offer for sale of the Merchandise, raw materials and other materials thereof and similar merchandise thereto through other channel than Franchisee in the Territory, nor appoint any agent, distributor, licensee, franchisee or competitor of such merchandise other than Franchisee in the Territory. Franchisor shall not sell the Merchandise, raw materials and other materials thereof to any person or company who intends or has reason to resell or distribute such Merchandise in the Territory.

第2条　ライセンス及び許諾地域

1 フランチャイザーはフランチャイジーに対し，本契約の条件に従って許諾地域で，契約品を販売し，契約品の製造，販売，販促及び頒布の事業に関連して前記本財産を利用する独占的実施権を付与し，フランチャイジーはこれを受諾する。
2 本契約期間中，フランチャイザーは，許諾地域内でフランチャイジー以外の他の経路を通じて，契約品，原料及び他の材料，並びにそれらに類似する商品を，直接又は間接を問わず，販売せず，頒布せず，販促を行わず，販売のための勧誘をしないものとし，また契約地域内でフランチャイジー以外当該商品を扱う代理店，販売店，実施権者，フランチャイジー又は競業者を指名しないものとする。フランチャイザーは，許諾地域内で当該商品を再販又は頒布しようとしているか，あるいはそうする理由のある者又は会社に，契約品，原料及び他の材料を販売しないものとする。

［フランチャイズの権利の許諾に関する規定］

Franchisor grants to Franchisee the right, and Franchisee accepts the obligation, subject to the terms and conditions herein, to develop and operate the Restaurant pursuant to the System at the Site and to use, solely in connection therewith, the Proprietary Marks. During the Term and for so long as no Event of Default has occurred under this Agreement, Franchisor shall not develop or operate, nor authorize any other person to develop or operate, a restaurant under the System within a radius of twenty kilometers (20km) of the Restaurant.

フランチャイザーはフランチャイジーに，本サイトで本システムに従い，レストランを開発，経営する権利，またこれに関連してのみ財産的標章を使用する権利を与え，フランチャイジーはこの義務を受諾する。不履行事由が起こらない限り，契約期間中，フランチャイザーは，本レストランから半径20キロ以内に，本システムによるレストランを自ら開発，経営し，又は他の者に開発，経営を許諾しない。

　　フランチャイザーのグッドウィルの保護のため，高いレベルでシステムや基準を遵守しこれを実践することが求められる。

Franchisee shall operate the Restaurant in accordance with the System, the Manuals, the Standards, written directives (whether or not such directives are made part of the Manuals or the Standards) and other manuals prepared for use in Restaurant operations. The Manuals, the Standards, other manuals and such written directives may be revised from time to time.
Franchisee shall (i) sell or offer only such products and services to which Franchisor has

consented and which are prepared in accordance with the Standards; (ii) sell or offer for sale all products and services required by Franchisor; (iii) refrain from any deviation from the Standards without Franchisor's consent; and (iv) discontinue selling or offering any products and services to which Franchisor has not consented or has withdrawn consent in writing.

フランチャイジーは，本システム，本マニュアル，本基準，指示書（指示書が本マニュアル又は本基準の一部か否かを問わない）及び本レストラン経営用に作成されたその他のマニュアルにより本レストランを経営する。これらは適宜改訂される。
フランチャイジーは，①フランチャイザーが同意し本基準に従って作成された商品・サービスのみを販売し，②フランチャイザーが求める商品・サービス全てを販売し，③フランチャイザーの同意なく本基準から逸脱することなく，また④フランチャイザーが同意していない商品・サービスの販売を停止する。

[フランチャイザーによる立入り検査]

Franchisee shall permit Franchisor to enter upon the Restaurant premises at any time to inspect the Restaurant and the products and materials used by Franchisee, cooperate with such inspection and take such steps as may be necessary to correct any deficiencies discovered during such inspection.

フランチャイジーは，フランチャイザーが本レストラン及びフランチャイジーが使用する商品・素材を検査するためいつでも本レストラン店内に立ち入ることを許し，この検査に協力し，発見した欠陥を是正するため手段を講じるものとする。

[レストラン経営についての基本規定]

The Restaurant shall open for business only with Franchisor's consent and promptly after completion of appropriate training pursuant to the System (as reasonably determined by Franchisor). Upon opening and thereafter, the Restaurant shall be operated pursuant to the Standards, the System and this Agreement.

本レストランは，フランチャイザーの同意がある場合に限り，且つ本システムに従った研修完了後直ちに開店する（フランチャイザーが合理的に判断する）。開店以後，本レストランは，本基準，本システム，本契約に従って経営する。

通常のライセンス契約と同様に，FC契約ではなおさら研修は重要である。

［フランチャイジーの研修］

Each Director of Operations shall attend and successfully complete within six (6) months of appointment Franchisor's training program required for general managers.

各管理責任者は，任命から 6 ヵ月以内に，総支配人のための研修プログラムに参加しこれを完了する。

［指定業者からの原材料の購入］

Franchisee shall purchase for a specified price special spices from Franchisor or any designated suppliers. If, by some reason, Franchisee has to purchase any other spices than the one designated by Franchisor, Franchisee shall obtain in respective case Franchisor's prior written consent with regard to name of manufacturer, quantity, specifications, quality and so forth of such purchase.

フランチャイジーは，特別のスパイスを指定の価格で，フランチャイザー又は指定業者から購入する。ある理由で，フランチャイジーがフランチャイザー指定のもの以外のスパイスを購入しなければならない場合，その購入の製造者名，数量，仕様，品質などにつき，フランチャイザーの事前の書面による同意を得るものとする。

　品質，特徴を保持するため，原料の購入先を指定することはよくあることである。理由なく原料の購入先を拘束することは独禁法上問題が生じることがある。

（1）　フランチャイザーの義務

　フランチャイザーは「フランチャイズ・パッケージ」を提供する義務を負う。これは一つの経営システムを構成するもので，「ビジネス・フォーマット」とも称される。これは，通常（ア）標章（商標等）の使用許諾，（イ）経営ノウハウの提供（マニュアル等の交付，研修実施）（ウ）店舗運営に対する指導及び援助（スーパーバイザーの派遣等）などで構成される。またフランチャイジーに対するテリトリー（エリア）の保障をする。また，テリトリー内で加盟店に対して独占権を付与する場合，本部が当該テリトリーで他の加盟店と契約しないという趣旨か，あるいは本部自らの営業（直営店の出店）もできないという趣旨かを明確にしておく必要がある。

［フランチャイザーのデータ，マニュアル等の提供義務］

The following materials shall be provided for by Franchisor hereunder:
a) Those furnished to Franchisee free of any payment other than the royalty information relating to quality control and to time saving devices and process techniques and procedures for manufacturing; information on inspecting and testing methods; advertising and promotional data, promotional and advertising material, such as books, catalogues, cards, etc., all in the same form as given by Franchisor to its salespeople; information relating to display ideas including samples: and access to Franchisor's sales showroom and factories during regular business hours; and
b) Those furnished to Franchisee: (i) samples of all and complete line of the Merchandise and packaging thereof; (ii) the formula and ingredients for each Merchandise and raw materials thereof; (iii) a complete set of samples of new lines of the Merchandise to be manufactured by Franchisee, the selection to be made by Franchisee; (iv) samples of each component part of any Merchandise including quantities, qualities and other information for the successful manufacture thereof. Franchisee shall pay for the materials, overhead, and shipping for each of the Merchandise furnished pursuant to (i), (ii) and (iv), and shall pay for the shipping costs for samples furnished pursuant to (iii).

フランチャイザーは以下の資料を提供する：
a) ロイヤルティ以外の支払いがなくてもフランチャイジーに提供されるもの：製造のための品質管理及び時間節約装置及び工程技術と手順に関係する情報：フランチャイザーが販売員に与えるのと同じ形式のもので，本，カタログ，カードなどの広告・販促データ及び販促・宣伝素材；見本を含む展示に関する情報；及び通常の営業時間内でのフランチャイザーの販売ショールーム及び工場への立入り；並びに，
b) フランチャイジーに提供されるもの：(i)契約品とその包装のすべての完全な見本(ii) 各々の契約品及びその原料に関する配合と成分；(iii) フランチャイジーが製造する新しい種類の契約品の見本の完全なセット，その選択はフランチャイジーが行う；(iv) 製造に成功するための数量，品質及びその他の情報を含む契約品の各構成物の見本。フランチャイジーは，(i)，(ii)及び(iv)に従って提供された各契約品に関する材料費，一般諸経費及び船積費用を支払い，また(iii)に従って提供された見本に関する船積費用を支払う。

（2） フランチャイジーの義務

　フランチャイジーの義務の主たるものはフランチャイズ・フィーの支払であ

るが，これには，契約締結時に支払うイニシャル・フランチャイズ・フィーと契約期間中に継続して支払うロイヤルティとがある。さらにフランチャイジーの義務としては，フランチャイズ・パッケージを適正に使用する義務がある。フランチャイジーが負担するその他の義務としては，（ア）ノウハウ，マニュアルの内容等についての守秘義務，（イ）競業の禁止，（ウ）営業専念義務がある。

Fees and Payments
1   Upon execution of this Agreement, Franchisee shall pay the Franchise Fee.
2   Franchisee shall pay the Royalty Fee on or before the fifteenth (15th) day of each month with respect to Gross Sales at the Restaurant in the preceding accounting month.

報酬と支払い
1   本契約締結と同時に，フランチャイジーはフランチャイズ料（加盟金）を支払うものとする。
2   フランチャイジーは，本レストランの各月の総売上げにつき翌月15日までにロイヤルティを支払う。

　FC契約においては，フランチャイズ・システムへの加盟に際して加盟店から金銭（加盟金）を徴収することがある。加盟金に関しては，FC契約が有効期間の途中で終了した場合に，本部が加盟店に返還する義務を負うかが特に問題になる。

[ロイヤルティの規定]

Royalty Fee - a continuing monthly fee in United States dollars equal to three percent (3％) of Gross Sales at the Restaurant in consideration of certain expenses to be incurred by Franchisor in providing on-going services hereunder and the continued right to operate the Restaurant at the Site under the System.

ロイヤルティ：継続的サービスの提供に際しフランチャイザーが被る費用及び本システムにより本サイトで本レストランを経営する権利の対価として，本レストランの総売上げの3％相当の月々の報酬（米ドル）

　フランチャイジーのその他の義務には，以下のものがある。

[フランチャイジーに同一の商号と商標の使用を義務付ける]

Franchisee's Obligation

During the term of this Agreement Franchisee shall:
a) Not use the Franchisor's trademarks or any part or simulation thereof in its corporate, business, or firm name or title, nor use nor permit the use of said trademarks or formulas, samples, methods, or data provided by Franchisor hereunder or any methods, inventions, devices, or other knowledge or information acquired by Franchisee in the course of manufacturing the Merchandise, for any other purpose than upon or in connection with the Merchandise;
b) Not do anything which might prejudice or invalidate any of the System;

フランチャイジーの義務

本契約期間中、フランチャイジーは、
a) 契約品以外の目的やこれ以外に関連して、フランチャイジーの社名、営業名若しくは団体名にフランチャイザーの商標若しくはその一部又はそれらに擬するものを使用しないものとし、また、かかる商標又は本契約に基づいてフランチャイザーにより提供される処方、見本、方法若しくはデータ、あるいは契約品を製造する過程においてフランチャイジーによって取得された方法、発明、工夫若しくはその他の知識・情報も使用せず、使用することを許可しないものとする。
b) 本システムを侵害するか又は無効にする可能性のある行為をしないものとする。

[フランチャイジーのグッドウィルの保護義務を定めたもの]

Property Rights

1　Franchisee recognizes the great value of the goodwill associated with the System and acknowledges that the System and all rights therein and the goodwill pertaining thereto belong exclusively to Franchisor. Franchisee agrees to cooperate fully and in good faith with Franchisor for the purpose of securing, reserving, and protecting Franchisor's rights in and to the System and to notify Franchisor of any infringements of said System.

2　Franchisor shall, at its sole option and cost, pursue any such infringements. Franchisee hereby agrees that its every use of the System shall inure to the benefit of Franchisor and that Franchisee shall not at any time acquire any rights in such System by virtue of any use it may make of the System. Upon request of Franchisee, Franchisor shall file industrial property rights in relation to the System and/or the Merchandise in the Territory for the purpose of securing Franchisee's selling and manufacturing activities of the Merchandise or, if Franchisor intends not to file such rights, Franchisor shall allow Franchisee to file such rights at Franchisee's own cost.

財産権
1　フランチャイジーは，本システムに伴うグッドウィルの重大な価値を認識し，本システムとその中にあるすべての権利及びそれらに付随するグッドウィルが独占的にフランチャイザーに帰属することを認識する。フランチャイジーは，本システムに関するフランチャイザーの権利の保全，確保及び保護のためフランチャイザーと十分に且つ誠実に協力すること，並びにかかる本システムについてのいかなる侵害についても，フランチャイザーに通知することに同意する。
2　フランチャイザーは，その独自の選択とその費用にて，かかるいかなる侵害をも追求するものとする。フランチャイジーは，自らが本システムをいかに使用しようともそれはフランチャイザーの便益に沿うものであること，並びにフランチャイジーが本システムをいかなる形で利用しようともかかる本システムに関していかなる権利も取得しないことに合意する。フランチャイジーの要求で，フランチャイザーは，フランチャイジーの契約品の販売製造活動を保全するために，許諾地域にて本システム及び契約品に関する工業所有権の出願をするものとし，あるいはフランチャイザーにかかる権利の出願の意図がない場合には，フランチャイザーは，フランチャイジーがその権利の出願をフランチャイジー自身の費用にて行うことを許可するものとする。

　なお FC 契約に関係する主たる日本の国内法としては，中小小売商業振興法と独占禁止法がある。中小小売商業振興法は，小売商業におけるフランチャイズ・システムについて，契約締結時における本部の加盟店に対する書面交付による説明義務を規定している。独占禁止法では，「フランチャイズ・システムに関する独占禁止法上の考え方について」（平成 14 年 4 月 24 日）により，不公正な取引方法として同法違反となる場合があることが示されているほか，本部の加盟店に対する情報開示についての考え方も示されている。

VII-5　共同開発契約

定義
目的
開発計画
情報交換
業務の分担
費用の分担
知的財産権（成果物の帰属）
成果物の利用
責任・保証
保証（Hold harmless）

概　説

　共同開発契約とは，複数間で協力して共同で技術開発などを行うことを合意する契約である。技術，ノウハウの相互利用，開発期間の短縮，経費の節減などがはかれるメリットがある。共同開発契約では，のちの紛争を避けるためにも，共同研究の目的・内容・役割分担，費用の負担，成果の帰属と公表，成果の実施方法，秘密保持等を明確に定めておく必要がある。

[Whereas 条項]

WHEREAS, ABC and XYZ are willing to jointly develop the products stipulated in Article 1 hereof and upon the success of the development, to manufacture and market them and/or to have the same manufactured and marketed by others under licenses, to the mutual profit of the parties hereto;
WHEREAS, ABC, a physiological sciences institute, has developed certain technologies pertaining to the said products, and willing to render its services for the further development of the said products; and
WHEREAS, XYZ has, over the years, demonstrated its expertise in the product development, manufacturing and worldwide marketing of gene drug products for the commercial markets, and has thereby established a reputation of high regard in such markets, which

reputation is believed by ABC to be of great value to the possible success of the joint development contemplated hereunder,
NOW, THEREFORE, in consideration of …

ABCとXYZは，本契約第1条に規定する製品を共同で開発すること，開発の成功とともにそれを製造及び販売すること，及び本契約当事者の相互の利益のために，実施権に基づいてそれを第三者に製造及び販売させることを希望しており，
生理学研究所ABCは，上記製品に関する一定の技術を既に開発しており，この製品のより一層の開発のためにその役務を提供することを意図しており，並びに
XYZは，長年にわたり，遺伝子治療薬の製品開発，製造及び世界的規模での商業的販売においてその専門性を実証しており，それにより当該市場において高い評価を確立しており，ABCは，かかる評価が本契約に基づき意図される共同開発の所期の成果に対し多大な価値を有するものであると確信しているので，
よってここに，…

Whereas 条項により，どのような共同研究を目指しているのか，役割分担は何かが概略わかるようにするべきである。

[共同研究開発の目的を規定する]

Article 2.　Purposes
ABC and XYZ agree to jointly make the research and development (hereinafter referred to as the "Development") of the techniques for the purposes of commercial manufacture of Products. ABC and XYZ shall exert the best efforts to successfully complete the Development under the terms and conditions of this Agreement.

第2条　目的
ABC及びXYZは，契約品の商業的製造のための技術の研究開発（以下「本開発」と称する）を共同して行うことに合意する。ABC及びXYZは，本契約の諸条件に基づいて，開発が成功裡に完了するよう最善を尽くすものとする。

[共同研究開発のための役割分担]

Article 5.　Respective Charges of Development
1　ABC shall take charge of the Development in clinical study and clinical trial of the Products, and start such Development immediately after the execution of this Agreement.

2   XYZ shall take charge of the Development in the preparation and formulae of the Products and start such Development after the execution of this Agreement.
3   In case that the Development of the Products contemplated hereunder has been completed and the Products may be manufactured on a commercial basis, only XYZ may exclusively manufacture and sell the Products by using all results from ABC's Developments and XYZ's Developments as well as Patents and Technical Information, and ABC agrees to such manufacture and sale by XYZ.

第5条　開発の分担
1　ABCは，契約品の臨床試験と治験を引受けるものとし，本契約締結後直ちに，当該本開発を開始するものとする。
2　XYZは，契約品の製剤及び処方における開発を引受けるものとし，本契約締結後直ちに当該本開発を開始するものとする。
3　本契約に基づき意図された契約品の本開発が完了し，契約品が商業ベースで製造できる場合，XYZのみが，独占的にABCの本開発及びXYZの本開発のすべての成果と共に特許及び技術情報を使用することにより契約品を製造し，販売することができ，ABCは，XYZによる当該製造及び販売に同意する。

［成果物の帰属につき一般的な規定］

Article 7.   Industrial Property Rights
During the term of this Agreement, industrial property rights acquired by the parties shall be handled as follows:
i)   Patents, inventions, know-how and other technologies solely developed, acquired or owned by either party in the course of or as the result of the Development shall be the respective property of said party and said party may make application, if possible, for patents, utility model and/or other industrial property rights concerning all inventions and/or others. The name of the owner of such industrial property rights so applied and registered should be ABC or XYZ and all the expenses for application and maintenance charge for such industrial property rights shall be borne by the owner party.
ii) As to inventions jointly developed by ABC and XYZ, industrial property rights for such inventions shall be jointly and equally owned, and applied and registered in both the names of ABC and XYZ as to the equal co-owners. The parties shall mutually decide in which countries such applications are to be made. Any costs and expenses to be incurred in application, prosecution and maintenance of the Patent shall be borne equally by both parties. In the event that one party does not wish to file any patent

application (s) in a certain country, then the other party shall be entitled to make such filing in its name, at its costs, in such country, and title to such Patent shall vest in such other party.

iii) Either party may not assign, transfer, sell or otherwise dispose of its industrial property rights and know-how acquired in the Development to any third party without a prior written consent of the other party. In case either party desires to dispose such industrial property rights, etc., the other party will be entitled to purchase such industrial property rights, etc., on the most favorable conditions to it.

第7条　工業所有権

当事者によって取得された工業所有権は，本契約期間中，以下のとおり取り扱われる。

i) いずれかの当事者によって本開発の過程で又はその成果として単独に開発され，取得され又は所有される特許，発明，ノウハウ及びその他の技術は，その当事者のそれぞれの財産であり，この当事者は，当該当事者がすべての発明その他に関して，特許，実用新案及びその他工業所有権の出願を行うことができる。そのように出願し登録された当該工業所有権の所有者名義は，ABC又はXYZであり，かかる工業所有権の出願と維持のためのすべての費用は，所有当事者が負担する。

ii) ABCとXYZによって共同開発された発明に関して，当該発明に対する工業所有権は，ABCとXYZで共同且つ平等に所有され，両者の名義で平等の共有者として出願し登録される。両当事者は，いずれの国に出願するかを協議して決定するものとする。本特許の出願，審査手続，維持によって生じる一切の費用は，両当事者が公平に負担するものとする。一方当事者がある国について特許出願を欲しないときは，他方当事者は，自らの名義と費用で，その国において出願することができるものとして，この場合当該特許は，当該他方当事者に帰属するものとする。

iii) いずれの当事者も，本開発で取得された工業所有権及びノウハウを，相手方当事者の事前の書面による同意なしに第三者に譲渡，移転，販売又はその他の処分をしてはならない。いずれかの当事者が当該工業所有権等の処分を希望する場合，相手方当事者は，最も好条件で当該工業所有権等を購入することができる。

上記の条項は，独自発明はその独自所有とし，共同発明は共同所有とする基本的考え方によっている。この考え方は，理論上は公平だが，実務上は，共同開発において何が独自発明で，何が共同発明かを区別することが困難であるという欠点もある。

Article 10.　Use of Patent and Technical Information

1　Each party has the right to use the Joint Patent and the Joint Technical Information in its manufacture, use and sale of the Product in any country free of any payment to the other party.

2　Each party agrees to grant to the other party, if requested, a license under the Patent and the Technical Information owned by it on the effective date of this Agreement, and/or the Patent and the Technical Information developed or acquired under this Agreement solely by it to manufacture, use and sell the Product by the other party, on a favorable royalty.

3　Each party may grant a license to any third party, subject to the prior written consent by the other party, to manufacture, use and sell the Product under the Patent and/or the Technical Information, whether owned or acquired jointly or not, and /or the Patent and/or the Technical Information owned by the other party on the effective date of this Agreement. The consent, however, shall not be unreasonably withheld.

第10条　特許及び技術情報の利用

1　各当事者は，他方当事者に何らの支払いをすることなしに，すべての国での本製品の製造，使用及び販売において共同特許及び共同技術情報を使用する権利を有する。

2　各当事者は，要求があれば，他方当事者による本製品の製造，使用及び販売のために，有利なロイヤルティで，本契約の発効日現在自らの有する本特許及び本技術情報，又は本契約によって単独で開発又は取得された本特許及び本技術情報のライセンスを許諾することに同意する。

3　各当事者は，他方当事者の事前の書面による同意があれば，共同で所有されているか取得されているかを問わず，本特許，本技術情報，並びに他方当事者が本契約の発効日現在有している本特許，本技術情報による本製品の製造，使用及び販売のためライセンスを第三者に許諾することができる。但し，この同意は不合理に留保することはできない。

　上記の文例では，第1項は共同特許につき，第2項は相手方が有する単独特許につき規定しているが，ここでは成果につき各当事者が自由に利用し，またある程度自由に実施許諾することができると定めている。実施を認める場合でも，それが独占的な実施か非独占的な実施か否か，ロイヤルティを要求するか否か，どの地域での実施を認めるか，第三者への再実施許諾を認めるか否かなどについて取り決める必要がある。

VIII ローン契約
(Loan Agreement)

```
前文
説明部分
  1. 定義
  2. ローンの合意
  3. 利息の支払い
  4. 元本返済
  5. 期限前弁済
  6. 弁済充当
  7. 担保権の設定
  8. 特定約束 (covenants)
  9. 費用
  10. 債務不履行
一般条項
後文
```

1 概　説

　国際的な融資に関する契約は様々な場面で行われる。大規模なものはファイナンスリースやプロジェクトファイナンスのようなものまである。通常の国内におけるローン契約の主要条項と多くの部分は重なるが，国際的な取引であることから生じる特徴にも留意する必要がある。例えば通貨や為替の問題，利息制限などの強行法規の適用の問題，保証や担保を取る場合における準拠法の問題，政府行為が絡む不可抗力の問題などが代表的なものである。

WHEREAS, the Borrower is desirous of procuring a loan of the sum of US$1,000,000.00 only in US dollar currency from the Lender to be used as a part of payment for equipment which the Borrower desires to install in its factory, and
WHEREAS, the Lender is ready to make the above mentioned loan under the terms and conditions hereinafter set forth.
NOW, THEREFORE, the parties hereto agree as follows;

借主は，自らの工場に設置することを希望している設備の支払いの一部に充てるために100万ドルの貸付金を米ドルで貸主から調達することを希望しており，
貸主は，本契約中にて以下に定める諸条件に基づいて上記の貸付を行う用意があり，
よってここに，本契約当事者は，次のとおり合意する。

2　条項の解説

Article l.　Definitions

For the purpose of this Agreement, the following terms shall have the meaning set forth below:

1.1 "Banking Day" means a day on which banks are open for business in the place in which a payment is required to be made or received hereunder and which is also a Business Day.

1.2 "Guarantee" means guarantee issued by the Guarantor on behalf of the Borrower in favor of the Lender, guaranteeing the payment of one hundred percent (100%) of the Indebtedness in form and substance satisfactory to the Lender.

1.3 "Indebtedness" means all indebtedness of principal of the Loan, interest thereon and all other sum to be due and payable by the Borrower to the Lender under this Agreement and the Mortgage.

1.4 "Loan" means the principal amount of US$1,000,000.00 advanced by the Lender to the Borrower.

1.5 "Maturity Date" means February 25, 2018 or if such date is not a Banking Day, the immediate preceding Banking Day.

1.6 "Property" means the equipment to be installed in the Borrower's factory, as described in Exhibit "A" hereto.

第1条　定義

本契約の目的において，次の用語は以下の意味を有する。

1.1 「銀行営業日」とは、支払いを行い又は受領される場所において銀行が営業している日であり、且つ営業日である日をいう。
1.2 「保証」とは、貸主のために借主に代わって保証人が発行する保証状をいい、これは貸主が満足する形式と内容で本債務の100%の支払いをそれぞれ保証するものである。
1.3 「本債務」とは、本件ローンの元本、それに対する利息及び本契約及び本抵当権に基づき借主が貸主に対し支払うべきその他の金額の一切の債務をいう。
1.4 「本ローン」とは、貸主が借主に対し貸し付けた100万ドルの元本をいう。
1.5 「満期日」とは、2018年2月25日、又はその日が銀行営業日でない場合、直前の銀行営業日をいう。
1.6 「本物件」とは借主の工場に設置予定の設備で、別紙A記載のとおりである。

　ローン契約では、すべての債務を示す定義として Indebtedness を使用することがあり、これは有用である。

[ローンの貸付に関する規定]

Article 2. Loan

2.1 Subject to the terms and conditions of this Agreement, the Lender hereby agrees to lend to the Borrower, and the Borrower hereby agrees to borrow from the Lender, the principal amount of US Dollars One Million (US$1,000,000.00).

2.2 The Borrower agrees that the Loan will be used by the Borrower to finance a portion of the purchase price for equipment to be purchased from the Seller pursuant to the Equipment Purchase Contract and for no other purpose.

第2条　ローン

2.1 本契約の条件に従い、貸主は借主に対し、100万ドルの元本を貸し付ける合意をし、借主は貸主からこれを借り入れる合意をする。

2.2 借主は、本件ローンを設備購入契約に従い売主から購入する設備の購入代金の一部の融資のために借主が使用し、その他の目的で使わないことに合意する。

Article 2. Loan

The amount of the loan which is made by the Lender to the Borrower shall be US$1,000,000.00 and the Lender shall remit the said amount to the bank account of the Borrower with ABC Bank, Marunouchi branch, Tokyo.

The Lender, after getting necessary governmental permits and approvals in Japan, shall remit the amount of the loan on the earliest possible date, but not later than August 20, 2015, in the method stipulated in Article 1 hereof.

第2条　ローン
貸主が借主に対して行うローンの金額は100万ドルとし，貸主は，その金額を東京のABC銀行丸の内支店における借主の口座に送金するものとする。
貸主は，日本において必要な政府の許認可を取得した後，ローンの金額を可能な限り早期に（但し2015年8月20日までに）本契約の第1条に規定された方法で送金するものとする。

[弁済日・金額と利払日・金額を定めた規定]

Repayment and payment of Interest

1 The Borrower shall repay to the Lender a sum of US$1,000,000.00 only in US Dollar currency loaned by the Lender, in each installation of US$200,000.00 on or before February 25 and August 25 of every calendar year from and after the year of 2016 until the sum of US$1,000,000.00 has been paid in full; the repayment schedule thereof shall be as set forth in subparagraph 2.3 of this Article.

2 The Borrower shall pay interest at the rate of 10.00% per annum upon all sums not paid at every payment set forth in subparagraph 2.1 until all the sum loaned has been paid in full; the payment schedule thereof shall be as described in subparagraph 2.3 of this Article.

3 The Borrower acknowledges schedule of repayment of the sum loaned and of payment of interest as follows:

Due Date	repayment	interest	total amount
Feb. 25, 2016	200,000.00	50,000.00	250,000.00
Aug. 25, 2016	200,000.00	40,000.00	240,000.00
Feb. 25, 2017	200,000.00	30,000.00	230,000.00
Aug. 25, 2017	200,000.00	20,000.00	220,000.00
Feb. 25, 2018	200,000.00	10,000.00	210,000.00
Total	1,000,000.00	150,000.00	1,150,000.00

4 The Borrower's payments hereunder shall be, at its own costs, made by telegraphic transfer to a bank account designated by the Lender.

元本返済と利息支払い

1 借主は貸主に対し，貸主が貸し付けた100万ドルを，100万ドルが完済されるまで，2016年から毎暦年の2月25日と8月25日までに各20万ドルの賦払金で弁済する。その支払予定は2.3条に記載のとおりである。
2 借主は，ローンが完済されるまで，2.1条所定の各支払いに際し，未払い金額に対し年利10％で利息を支払う。その支払予定は2.3条に記載のとおりである。
3 借主はローンの弁済と利息の支払いの予定を以下の通りとすることを承認する。

弁済日	弁済	利息	合計
2016年2月25日	200,000.00	50,000.00	250,000.00
2016年8月25日	200,000.00	40,000.00	240,000.00
2017年2月25日	200,000.00	30,000.00	230,000.00
2017年8月25日	200,000.00	20,000.00	220,000.00
2018年2月25日	200,000.00	10,000.00	210,000.00
合計	1,000,000.00	150,000.00	1,150,000.00

4 借主は，本契約上の支払を自己の費用で貸主の指定する口座に電信送金して行う。

[LIBORを利用した利息の支払のみの規定]

Article 3. Interest

3.1 The Borrower agrees to pay the Lender interest on the Loan outstanding from time to time hereunder.

3.2 The rate of interest applicable to the Loan for each Interest Period shall be the aggregate of (i) LIBOR for any Interest Period and (ii) one-forth of one percent (0.25%) per annum.

3.3 Interest at the rates determined set forth above shall be calculated on the basis of actual days elapsed and a year of 360 days and shall be paid on each Interest Payment Date.

3.4 Upon the occurrence of any Event of Default, the Borrower shall pay to the Lender on demand default interest on the Loan outstanding and on all amounts then due hereunder from and including the date of such default to the date the default is cured at the rate of two percent (2%) per annum above the interest rate set forth in subparagraph 3.2 above, to be calculated based on actual days elapsed and a year of 360 days. Such default interest shall be payable at any time on demand of the Lender.

第3条　利息

3.1　借主は貸主に対し本契約に基づき本件ローンに対する利息を支払うことに合意する。

3.2　各利息期間に対し本件ローンに適用される利率は，①各利息期間に対するLIBOR（London Interbank Offered Rate）に②年利0.25％を加えた利率の合計とする。

3.3　上記で決定される利率での利息は，1年360日とし実際に経過した日数を基準に計算するものとし，各利払日に支払うものとする。

3.4　解除事由の発生とともに，借主は貸主に対し，その要求により，未払の本件ローン及び本契約に基づき期限の到来している一切の金額に対する遅延利息を，この不履行の日から（不履行日を含む）これが是正された日まで，1年360日として実際に経過した日数を基準に，上記3.2所定の利率に年利2％の利率を加えた利率にて支払うものとする。この遅延利息は貸主の要求によりいつでも支払うものとする。

Article 3. Interest

3.1　Interest shall accrue of the principal amount of the Loan at the rate of ten percent (10％) per annum or the maximum interest rate permitted by the usury law of the Borrower's country, if any, whichever is lower (the "Interest Rate") (i) from and including the date of the drawdown of the Loan to and including the initial Interest Payment Date and thereafter (ii) from but excluding the immediately preceding Interest Payment Date to and including the next succeeding Interest Payment Date. The amount of interest shall be computed on the basis of a year of three hundred and sixty-five (365) days and the actual number of days elapsed.

3.2　For purposes of this Agreement, "Interest Payment Date" means each semi-annual anniversary of the date of the drawdown of the Loan. If an Interest Payment Date falls on a day which is not a Banking Day, the Interest Payment Date shall be the next succeeding Banking Day unless such next succeeding Banking Day falls in another calendar month, in which case such Interest Payment Date shall be the next preceding Banking Day. The Borrower shall pay accrued Interest on the principal amount of the Loan in arrears on each Interest Payment Date.

3.3　If the Borrower fails to pay when due any principal, interest or other sum due hereunder, the Borrower shall pay interest on the unpaid sum at the rate of ten percent (10％) per annum above the Interest Rate, such interest to be payable on demand.

第3条　利息

3.1　利息は，①本件ローンの貸渡し日から最初の利息支払い日まで（いずれもその日を含む），その後②直前の利息支払い日から（この日を除く）直後の利息支払い日ま

で（この日を含む），年利10％の利率又は借主の国の利息制限法で許容された最高限度の利率のいずれか低いほうの利率（「本利率」）で本ローンの元本額に対し発生する。利息額は，1年365日を基準に現実に経過した日に基づき計算する。

3.2　本契約において，「利息支払い日」は，本ローンの貸渡し日から半期毎の該当日をいう。利息支払い日が銀行営業日でない場合，利息支払い日は翌銀行営業日とする。但しその翌銀行営業日が他の暦月になる場合は別とし，この場合この利息支払い日は直前の銀行営業日とする。借主は本ローンの残元本に対する発生利息を各利息支払い日に支払うものとする。

3.3　借主が本契約で期限が到来した元本，利息その他の金額を支払わない場合，借主は本利率に年利10％を加えた利率で未払い額に対し利息を支払うものとし，この利息は要求があれば支払う。

[遅延利息]

Overdue Penalty

In the event that the Borrower delays in executing the repayment of the principal or payment of interest, the Borrower shall pay the Lender overdue penalty at the rate of twenty percent (20％) per annum in place of the interest rate stipulated in Article 3 hereof for the period of such delay.

遅延損害金

借主が元本の返済又は利息の支払の履行を遅延した場合，借主は，貸主に対し，当該遅延の期間に対して本契約第3条所定の利率に代えて，年20％の利率の遅延違約金を支払うものとする。

以下は，元本の弁済（repayment）規定である。

Article 4.　Repayments

The Borrower shall repay to the Lender the principal amount of the Loan then outstanding, in the currency in which the Loan is then denominated, in twenty eight (28) successive quarterly installments on each Repayment Date commencing on July 1, 2016 in accordance with the Repayment Schedule attached hereto as Exhibit I.

第4条　元本の返済

借主は貸主に対し，別紙1として添付の返済計画に従って，本ローンが指示される通貨で，2016年7月1日から開始する各返済日に，28回の継続する四半期毎の分割払いで，未済の本ローンの元本を返済する。

一般に金銭債権の履行における通貨の問題（例えばＡ国通貨指定の債権をＢ国通貨で弁済ができるか等）は，当該債権の準拠法によるとされている。

［期限前弁済を認める規定］

Repayment before Fixed Date
The provisions of Article 4 hereof may not preclude the repayment of a part or the whole of the loan before the fixed date. In case that the repayment before the fixed date is executed, the Lender shall not claim any penalty, additional fee or interest against the Borrower.

期限前の返済
本契約の第 4 条の規定は，ローンの一部又は全部の確定日前の返済を妨げない。確定日前に返済が履行された場合，貸主は，借主に対し，いかなる罰則，追加支払い又は利息も請求しないものとする。

［期限前弁済に条件を加えた規定］

Article 5. Prepayments
Upon giving not less than thirty (30) Banking Day's prior notice to the Lender of its intention to do so, the Borrower shall be entitled to prepay all or any part of the Loan then outstanding (but if in part, in US Dollars of an integral multiple of US$100,000) together with (i) the accrued interest thereon and (ii) the amount of any extra costs payable by the Lender on account of such prepayment.

第 5 条　期日前払い
貸主へ 30 銀行営業日以上前にその旨の通知を発することで，借主は，本ローンの全部又は一部を（一部弁済の場合 10 万ドルの倍数とする），（ⅰ）これに対する発生利息，及び（ⅱ）貸主がこの前払いのために支払うべき追加費用とともに，前払いすることができる。

　期限前の一部弁済を許すが，貸主の事務手続の便宜からも，以上のように一定の額以上の場合にのみ許容する規定が見られる。

［弁済充当の規定］

Article 6. Application of Payments

Any payments made by the Borrower to the Lender hereunder shall be applied first against costs, expenses, losses and indemnities due hereunder, if any, then against default interest, if any, then against interest due on the Loan, then against installments then due and payable and thereafter against the prepayment of the Loan, regardless of any characterization of the payment and designation of the application order made by the Borrower.

第6条　支払いの充当
本契約で借主が貸主へ行う支払いは，借主が充当指定を行ったとしても，まず費用・損失・補償に，次に遅延利息，次に本ローンの利息，次に期限にある賦払金，そして本ローンの前払いに充当される。

　支払金が元本，利息等の全額を弁済するに至らない場合，充当の順番が問題となる。各国実質法に規定があるであろうが，疑義がないよう規定しておくべきである。

［担保の取得］

Article 7.　Mortgage
The Borrower's obligation to repay the Loan Amount in accordance with the terms and conditions herein shall be secured by a first mortgage on the Property (the "Mortgage"). The Borrower shall be responsible for all fees and expenses incurred in connection with the recordation of the Mortgage.

第7条　抵当権の設定
借主が本契約所定の条件に従って借入金を弁済する義務は，本物件に設定される第1順位の抵当権（「抵当権」）によって担保されなければならない。借主は，この抵当権の登記に関して発生するすべての費用を負担しなければならない。

［借主の特別約束を規定する］

Article 8.　Borrower's Covenants
The Borrower covenants as follows from the Effective Date until all amounts of principal and interest (including default interest) are fully repaid and paid to the Lender:
i)　the Borrower shall maintain its sole ownership of the Property.
ii)　the Borrower shall make all repairs, replacements, and other efforts reasonably necessary to maintain the Property in substantially the same physical condition in which it was

as of the Effective Date, excluding normal wear and tear.

iii) the Borrower shall maintain appropriate property insurance on the Property. After the exccution of this Agreement, the parties hereto shall promptly confer and mutually agree on the policy limits and coverage of the insurance policy. The Lender shall hold a security interest in the Borrower's right to receive payment on claims under the insurance policy, and the Borrower shall send the insurance company a certified notice (with a certified date) concerning the Lender's security interest without delay.

第8条　借主の約束

借主は，発効日から貸主に対してすべての元本及び利息（遅延損害金を含む）を完全に弁済するまでの間，以下を約束する。
i) 借主は本物件について単独の所有権を維持する。
ii) 借主は，通常使用による摩耗を除いて，発効日におけるのと同じような状態に本物件を維持するため合理的に必要なすべての修理，交換その他の努力を行う。
iii) 借主は，本物件について適切な火災保険を保持する。本契約の締結後，両当事者は，保険証券の保険の制限と対象となる範囲について，速やかに協議し合意するものとする。貸主は，借主が保険証券に基づき支払を受ける権利に対して，担保権を設定できるものとし，借主は遅滞なく貸主の担保権について保険会社に確定日付のある証書によって通知しなければならない。

[費用は借主の負担とする]

Article 9.　Costs and Expenses

9.1　The Borrower shall reimburse the Lender for reasonable out-of-pocket expenses including legal fees for the negotiation, preparation and execution of this Agreement and the enforcement of any right of the Lender under this Agreement.

9.2　The Borrower shall pay any stamp and other similar duties and taxes to which this Agreement is subject.

第9条　費用

9.1　借主は貸主に対し，本契約の交渉，作成及び締結のため，並びに貸主の権利の実行のための弁護士費用を含む妥当な出捐した費用を弁償する。
9.2　借主は本契約が服する印紙税その他類似の税を支払うものとする。

[Cross Default 条項を規定したやや詳細な条項]

Article 10. Events of Default

10.1 Each of the following events and occurrences shall constitute an Event of Default under this Agreement:

(a) The Borrower fails to make payment to the Lender when due and payable of any amount that the Borrower is obliged to pay under this Agreement for more than three (3)days after the due date thereof;

(b) Any representation or warranty made by the Borrower herein or by the Guarantor in the Guarantee proves to have been incorrect or inaccurate in any material respect when made or confirmed;

(c) The Borrower fails to perform or violates any provision of this Agreement, or the Guarantor fails to perform or violates any provision of the Guarantee, and such failure or violation is not remediable or, if remediable, continues unremedied for a period of ten (10) days after notice from the Lender;

(d) The Borrower or the Guarantor shall fail to pay any money due under any other agreement or contract evidencing, securing, guaranteeing or otherwise relating to the Indebtedness of the Borrower or the Guarantor, as the case may be, or there occurs any other Event of Default or other event which, with the giving of notice or the passing of time, or both, would constitute an Event of Default on the part of the Borrower or the Guarantor under any such agreement or contract;

(e) Any Indebtedness of the Borrower (or Guarantor) in the sum of more than $100,000 or the equivalent in any currency (in the aggregate) shall not be paid when due and the Borrower (or Guarantor) is placed in a condition of default under the agreement relating to such indebtedness;

(f) The Borrower or the Guarantor institutes proceedings to be adjudicated bankrupt, civil rehabilitation or insolvent, or consents to the institution of said proceedings against it, or files a petition or answer or consent seeking reorganization or relief, or consents to the filing of any such petition or to the appointment of a receiver of or over any substantial part of the property of the Borrower or the Guarantor, or makes a general assignment for the benefit of creditors or admits in writing its inability to pay its debts generally as they become due; or

(g) the Borrower or the Guarantor is subject to a preliminary attachment, attachment, auction sale or preliminary disposition in connection with any other debt obligation of the Borrower or the Guarantor.

10.2 In case an Event of Default shall occur, the Lender may by written notice to the Borrower declare the Loan together with accrued interest and any other sum payable hereunder to be immediately due and payable and the same shall thereupon become due and payable without demand, protest or other notice of any kind, all of which are hereby expressly waived by the Borrower. The Borrower shall also pay to the Lender such additional amounts as may be necessary to compensate the Lender for any costs and losses resulting from such Event of Default.

第10条　債務不履行

10.1　以下の中のいずれかが生じた場合本契約に基づく不履行事由を構成する。

(a)　借主が，本契約に基づき支払い義務があり且つ支払い期限が到来している金額を，支払期限の到来から3日を越えて，貸主に支払わない場合。

(b)　本契約により借主が行った表明及び保証，又は保証人が保証上で行った表明及び保証が，重大な点において誤りであり不正確であることが判明した場合。

(c)　借主が本契約の条項を遵守せず又は違反した場合，又は保証人が保証上の条項を遵守せず又は違反した場合，この不遵守又は違反が，是正不可能であるか，又は貸主からの通知から10日以内に是正されないままである場合。

(d)　借主又は保証人が，借主又は保証人の本債務を証明し，保証し，その他これに関連するその他の合意又は契約に基づき期限の到来した金銭を支払わない場合，あるいはその他の不履行事由又は上記の合意又は契約上借主又は保証人の側で，通知によるか又は時間の経過によって，不履行事由を構成するような事由が生じた場合。

(e)　総額で10万ドル（又は他通貨で相当額）を超える借主（又は保証人）の本債務の期限が到来していて且つ不払いであり，且つ借主（又は保証人）がその債務に関する契約につき不履行となっている場合。

(f)　借主又は保証人が，破産，民事再生又は支払い不能の申立てを開始し，又は自分に対する破産，民事再生手続又は支払い不能の手続の開始に同意し，又は会社更生手続を求める申立て又は同意を行ったり，又は借主・保証人の財産の重要な部分に対する管財人の指名の申立てに同意したり，又は債権者全員の利益のため包括的譲渡を行ったり，又は期限の到来した債務につき一般的に支払い不能であると書面で認めた場合。或いは

(g)　借主又は保証人について，同人らのその他の債務に関して，仮差押え，差押え，競売又は仮処分がなされた場合。

10.2　不履行事由が発生した場合，貸主は，借主に対する書面による通知により，本ローンと発生した利息及びその他の金額が，直ちに期限が到来することを宣言することができる。上記は，この宣言により，請求，主張又はその他の通知なしで期限が到来するが，上記の全てにつき借主は本契約により明示にこれを放棄する。借主は貸主に対し，この不履行事由から生じる一切の費用につき貸主を保証するために

必要な追加の金額を支払うものとする。

　簡易な不履行事由であれば，本書の「一般条項」の中の解除の部分（Ⅳ7）の不履行事由で十分である。また，不履行事由の一部については，借主だけでなく保証人に発生したときも借主の不履行事由となるように規定しておくべきである。

　ローン契約の場合 Cross Default 条項をどう規定するかが一つの問題である。これは，借主が当該ローン契約上の債務以外の債務（ここでは「他債務」という）がありこれを履行しなかった場合にも，本債務の債務不履行とみなす条項である。但し，これを無制限に認めるのではなく，一定額以上の他債務の不払いに限るとか，他債務につき不履行事由にあたる場合に限るとかを当該ローン契約上の不履行事由に加えることが多い。さらに保証人の不履行についても同じように考えられる。

［相殺や源泉などの控除をしないとの例文］

Taxes, etc.
All payments (whether of principal, interest or otherwise) to be made by the Borrower to the Lender hereunder shall made without set-off or counterclaim and free and clear of and without deduction for any taxes or withholdings of any nature whatsoever imposed by any country or tax authority.

税金等
借主が貸主に対してなす一切の支払い（元本，利息その他を問わない）は，相殺をせず，性質を問わず国や税務当局が課す税金や源泉の控除をせずに行う。

［譲渡がなされた場合の当事者間の関係を規定する］

Assignment
This Agreement shall bind and inure to the benefit of the Borrower and the Lender and their respective successors and assigns provided that :
(a)　The Borrower may not assign its rights or obligations hereunder without prior written consent of the Lender, such consent not to be unreasonably withheld ; and
(b)　The Lender may, upon notifying the Borrower, assign all or any of its rights under this Agreement provided that as a result of such assignment, the Borrower shall not be

liable to pay such assignee any greater amount than it would have been liable to pay had the Lender which is a party to this Agreement remained entitled to the Loan hereunder.

譲渡
本契約は，以下を条件に，借主と貸主及びその各々の承継人と譲受人を拘束し，且つその利益に生じる：
(a) 借主は，貸主の書面による事前の同意を得ることなくしてその権利義務を譲渡できないが，但しこの同意は不当に留保されない。
(b) 貸主は，借主に通知することで，本契約に基づく権利の全部又は一部を譲渡できる。但しこの譲渡の結果として，借主は譲受人に対し，貸主が本ローンにつき権利を依然有していたら支払いの義務を負っていたであろう金額以上の支払い義務を負わない。

3　保証状

　貸付債権を主債務とする保証契約であり，保証人が債権者に差し入れる方式を「保証状（Guaranty）」という。「保証」に付着する抗弁権は国ごとの実質法によって性質・属性が異なるので，例えば「連帯保証」においていかなる抗弁を主張させるかは重要な問題である。これと関連して，保証状の準拠法や管轄をどうするのか（主債務に従属させるのか等）も問題となる。

［支払いの保証］

1　Purpose
In order to secure certain obligations of ABC Corp (hereinafter referred to as the "Borrower") incurred pursuant to the Loan Agreement (a copy of which is attached hereto as Exhibit A) by and between XYZ Bank Ltd. (hereinafter referred to as the "Lender") and the Borrower, dated as of June 1, 2016 (hereinafter referred to as the "Loan Agreement"), the undersigned hereby unconditionally and irrevocably guarantees to the Lender as and for its own obligation prompt payment when due of any and all sums payable by the Borrower and the due and prompt performance of each of the obligations of the Borrower set forth in the Loan Agreement and any documents executed in connection therewith, together with all reasonable attorneys' fees, costs and expenses incurred by the Lender in enforcing the Loan Agreement or this Guaranty.

1 目的

XYZ 銀行（「貸主」）と ABC 社（「借主」）との間の 2016 年 6 月 1 日付のローン契約（写しを別紙 A として添付。以下「ローン契約」という）に従い発生する借主の債務を保証するため，下記署名者は貸主に対し，本書により，無条件で且つ取消し不能条件で，自己の義務として，借主が支払うべき期限の到来した一切の金額が直ちに支払われること，またローン契約及びそれに関連し作成する書類に記載された借主の義務が直ちに履行されることを，ローン契約又は本保証状を実行する際に貸主が被る一切の合理的な弁護士報酬及び費用の支払いとともに保証する。

　保証状は保証人から貸主へ差し入れる形で行われる。したがって，「下記署名者（the undersigned）」は，差入れをする保証人である。

2 Guaranty of Payment

This Guaranty is a guarantee of payment and not of collection. Nothing except cash payment in full to the Lender shall release the undersigned from any liability under this Guaranty. No invalidity, irregularity or unenforceability of all or any part of the Loan Agreement or any collateral security therefor, shall affect, impair or be a defense to this Guaranty. This Guaranty is a primary obligation of the undersigned. The undersigned waives notice of acceptance of this Guaranty.

2 支払の保証

本保証状は，支払いの保証であり，取り立てのそれではない。貸主に対する完全な現金支払い以外，本保証状に基づく債務から下記署名者を免責させない。ローン契約又はそのための担保の全部又は一部の無効，違法又は履行不能は，本保証状に影響したり，これを害したり又はこれに対する防御とはならない。本保証状は下記署名者の主たる債務である。下記署名者は本保証状の受諾の通知の権利を放棄する。

　保証債務は，主たる債務とは別個独立の債務であるが，保証債務の付従性（成立，（内容の）変更，消滅）により，主たる債務がなければ成立せず，主たる債務より重い債務となることはなく，また主たる債務が消滅すればともに消滅する。主たる債権について債権譲渡がされた場合，保証債務の履行請求権も主たる債権と同時に債権の譲受人へと移転する（随伴性）。また保証人は，債権者から履行を請求された場合に催告の抗弁権と検索の抗弁権を有する。これは日本民法を前提とした議論であり，準拠法を異にすれば結論も異なる。その意味においても，契約書で付従性，抗弁権等について規定を置くことが必要となる。

［主債務の無効は保証状に影響しない］

The Guarantor shall be liable under this Guarantee as if it were the sole principal obligor and debtor and not merely a surety. The Guarantor agrees that no invalidity of the Loan Agreement shall affect or impair its liability under this Guarantee.

保証人は、保証人が単なる保証人ではなく唯一の主債務者であるかの如く本保証状により責任を負うものとする。保証人は、ローン契約が無効になってもそのことは本保証状による保証人の責任に影響を与えず、また、責任を縮減させないことに同意する。

例えば主債務たるローン契約の金利があまりにも高利のために、暴利、公序良俗違反として、無効と判断されたとしよう。被保証人たる主債務者はその支払い義務を免れたとして、それでも保証人は保証債務の履行の義務を負担するだろうか。逆に、債権者は保証人に主債務の無効に影響されない独立の責任を期待していたのではないか。そのような観点でも起案すべきである。

［保証人の同意なしにローン契約を変更できると規定する］

The Guarantor hereby agrees that the Loan Agreement may be modified, amended, supplemented with the written agreement of the Borrower, without the Guarantor's consent in any manner and agrees that no such modification, amendment or supplement shall release, affect or impair its liability under this Guarantee.

保証人は、いかなる方法でも保証人の同意なしに、借主の書面による同意を得ることにより、本ローン契約を変更し、修正し、追加できることに同意し、また、かかる変更、修正又は追加が本保証状に基づく保証人の責任を免除せず、その責任に影響せず、その責任を縮減させないことに同意する。

［貸主が担保を処分する権限を規定する］

Collateral Security
The Lender may, in its judgment, take, surrender or substitute collateral security, accept compositions, release or discharge endorsers, guarantors or other parties, fail or decline to perfect any security interests, make changes of any sort whatsoever in the terms of the agreements relating to collateral security therefore, without notice to the undersigned, such notice being hereby specifically waived, and without releasing or discharging in any

way the obligations of the undersigned under this Guaranty.

担保物件
貸主は，自己の判断で，下記署名者に通知をせずに（この通知は特に放棄する），担保を取得し放棄し代替し，和解を受諾し，裏書人，保証人その他の当事者を免責し，担保の実行を行わず，担保に関する契約の条件に変更を行うことができる。またこれは本保証に基づく下記署名者の義務を免責することはない。

[抗弁権の放棄]

The Guarantor hereby waives any right it may have as surety which may at any time inconsistent with any of the provisions of this Guarantee and in particular, any right of first requiring the Lender to pursue its legal remedies against the Borrower.

保証人は，保証人として有しうる権利であり，本保証状のいずれかの条項に矛盾する可能性のある権利，特に，まず借主に対して法的救済を求めるよう貸主に求める権利をここに放棄する。

[保証人の債務の消滅原因は借主の債務の消滅であることを規定]

The Guarantor's obligations under this Guarantee are continuing and will remain in full force and effect until no obligation remains to be performed and no sum remains payable to the Lender by the Borrower under the Loan Agreement.

本保証状に基づく保証人の義務は継続的であり，ローン契約に基づいて借主が履行すべき債務がなくなり，借主が貸主に支払うべき金額がなくなるまで，全面的に有効に存続するものとする。

[終了時を定めたもの]

Termination
This Guaranty shall terminate upon termination of the Loan Agreement or on December 31, 2016, whichever comes first.

解除
本保証状はローン契約の解除か2016年12月31日のどちらか早く到来する日に終了

する。

> Governing Laws
> This Guaranty shall be governed by the laws of Japan.

準拠法
本保証は日本法に準拠する。

　保証契約で準拠法の指定がない場合はどう考えられるか。通則法が適用になる場合，8条により準拠法を決することになり，同条2項は特徴的給付をする者の常居所地を最密接関係地と推定する。保証人が負う給付（保証という役務の提供）は特徴的給付であるから，保証人の常居所地法が最密接関係地法と推定される。但し主債務の発生原因となったローン契約の準拠法を最密接関係地法とする解釈が可能であればこの推定が覆ることもあろう。主債務契約の準拠法と保証契約の準拠法が一致すれば，実質法の法解釈の統一性も図られる。

　国際裁判管轄であるが，考慮しなければならないのが訴えの主観的併合（民訴法3条の6但書）が生じる点である。例えば主債務者の管轄が日本に認められれば，保証人につき「権利義務が同一の事実上及び法律上の原因に基づくとき」として，日本に国際裁判管轄が認められるであろう。

IX 雇用契約
(Employment Agreement)

```
表題
前文
Whereas Clauses
 1. 雇用
 2. 期間
 3. 職務
 4. 勤務時間と休暇
 5. 報酬
 6. 有給休暇
 7. 諸手当
 8. 会社規則の遵守
 9. 解約
10. 正当理由のない解雇
11. 正当理由のある解雇
12. 秘密保持
13. 競業禁止
14. 職務発明
15. 一般条項 (General Terms)
後文
```

1　雇用法と雇用契約

　アメリカの雇用法の下では，多くの会社は，従業員全員との間で契約書を作成することはほとんどない。契約書のない状況では，そのような雇用関係は，法律により"随意契約（employment at will）"とされている。「at will」とは，「自

由に」という意味であり，雇用に関して従業員は雇主に縛られず「任意に」就業し職を辞することができるし，一方，雇主も「随意に」解雇ができるという考え方である。

このような不定期の雇用を原則とした関係では，会社又は従業員のいずれかが，いつでも，また理由の有無を問うことなく，しかも相手方当事者に事前の通知をすることなしに，この関係を終了することができる。この随意契約関係についての例外は，法律又は判例だけである。例えば連邦法においては，従業員を人種，肌の色，宗教，性別，出身によって雇用差別することを禁じる公民権法のタイトルセブンを基礎として，年齢差別禁止法（ADEA），同一賃金法（EPA），障害者差別禁止法（ADA）などが存在する。したがって，解雇自由といっても差別禁止の枠内のことであって，解雇された従業員がこの雇用差別禁止法などの規定を利用してその解雇は差別によるものであるとして提訴することがあり得る。例えば，50歳の黒人女性を解雇したとすれば，この女性は，差別禁止法であるタイトルセブンとADEAに違反するとして，人種，性別，年齢による雇用差別（ここでは解雇差別）を主張できるかもしれない。

他方で，一定の職務内容を有する従業員については，雇用契約を準備する必要がある。例えば，管理職，高度に機密な問題を担当する従業員（技術・営業職）などである。雇用契約を締結するか否かを決めるにあたっては，雇用主は契約を締結することの長所及び短所について充分に検討をする必要がある。

2　条項の解説

（1）　雇用の合意

Article 1.　Employment
The Company hereby employs the Employee as its sales manager, and the Employee hereby agrees to serve in such capacity on an exclusive basis, for the period beginning April 1, 2016, and ending on the date on which the Employee's employment is terminated in accordance with Article 8 below (the "Employment Period"). The Employee hereby represents and warrants that the execution and performance of this Agreement will not result in or constitute a default, breach or violation of any understanding, agreement or commitment, written or oral, express or implied, to which the Employee is a party.

第1条　雇用

2016年4月1日から第8条に従って従業員の雇用が解除されるまでの期間（以下「雇用期間」という），会社は従業員を販売部長として雇用し，従業員はその地位で専属的に職務を行うことに合意する。従業員は，本契約の締結及び履行が，従業員が当事者となっている契約，約束等（それが書面か口頭か，明示か黙示かを問わない）の不履行，違反となり，又は不履行，違反を構成することがないことを表明し保証する。

（2） 契約期間及び更新

契約書には，契約の始期を特定し，契約が終了するまでの期間を正確に記載し，且つ契約を更新する方法についての記載があるのが望ましい。解除のない限り自動更新するとの条項は更新への期待権を与える可能性があるので，契約更新の合意のない限り期間満了により終了するという規定のほうが好ましい。

明確な期間が規定される以外に，従業員の業務成績や会社の業務成績によるとする規定，会社の一定のプロジェクトの終了までとする規定などがありえる。

[自動更新がある規定]

Article 2. Term

The term of this Agreement shall commence as of January 1, 2017, and, unless terminated earlier pursuant to the terms of this Agreement, shall continue for a period of one (1) year thereafter until and including December 31, 2017. The Employee's employment hereunder shall thereafter automatically be extended and continue for successive one (1) year terms, unless terminated by either party at the end of any such one year term upon ninety (90) days prior written notice.

第2条　期間

本契約の期間は2017年1月1日に開始し，本契約の条項に従い期限前解除がない限り，2017年12月31日（その日を含む）まで1年間継続する。従業員の本契約に基づく雇用は，その後自動的に延長され，その1年間の終了時に一方当事者から90日前の書面による事前の通知がない限り，引き続き1年間継続する。

（3） 仮採用期間について

仮採用期間により雇主は従業員の能力確認やその企業にふさわしい人材かどうかを見極めることになる。仮採用期間中の従業員が雇主の満足できる仕事をできなかった場合，その従業員は理由なく解雇されうる。

> Probation
> The first three (3) months of the Employment shall constitute a probationary period and the Company may, at its absolute discretion, terminate the Employee's employment for any reason whatsoever at any time during this period without notice. The Company may extend any period of probation at its discretion.

試用
雇用の最初の3ヵ月は試用期間とし，会社は通知なしでこの試用期間中いつでも理由なしに完全な裁量で従業員を解雇することができる。会社は，その裁量でこの試用期間を延長することができる。

（4） 従業員の職務

　契約締結後に与えられた任務が職務内容（job description）の範囲内に含まれるようにすることはもちろんであるが，この条項には最も重要な職責を記載するよう留意しつつ，可能性のある職務を含めなるべく広く記載するのが望ましい。例えば，"従業員はセールス・マネージャーの任務を遂行する責任を負う"という規定にすることもできるが，特定の任務を列挙すると共に，他の任務への配置転換をすることができるという規定が望ましい。

[事後に職務を変更・追加できるようにした文例]

> **Article 3. Duties**
> The Employee shall be employed as a manager of the sales promotion department or such other role as the Company may require from time to time having regard to the needs of the business and the Employee's skills, qualifications and experience. Details of the Employee's duties shall be communicated upon commencement of employment; provided, however, that the Company reserves the right to change the title and position of the Employee whenever the Company determines, at its sole discretion, that such a change is deemed necessary for business purposes.

第3条　職務
従業員は，販促部門のマネージャーとして，又は会社が特にビジネスの必要性と従業員のスキル，資格及び経験を考慮して随時求めるその他の役割として雇用される。従業員の職務の詳細は，雇用の開始とともに，通知される。但し，会社は，その変更が事業目的に必要とみなされると自己の裁量で判断する場合，従業員の肩書及び地位を

変更する権利を留保する。

[レポート・ラインを示したやや詳細な規定]

Duties of the Employee
During the term of this Agreement, the Employee shall be employed by the Company as the General Manager of the Company. The Employee shall be based in the Company's offices in Tokyo. The parties hereto acknowledge, however, that the Employee may be required to travel extensively in connection with the performance of her duties hereunder. The Employee shall report to Mr. Robert, Managing Director in charge of International Business Department of the Company ("Mr. Robert").
The duties of the Employee shall include, among other things: directing other managers of the Company; assisting the Board in developing international marketing plans, business plans, strategies and budgets; and implementing the international marketing goals of the Company. The Employee shall also assume such responsibilities, perform such duties and have such authority as may, from time to time, be assigned, delegated or limited by Mr. Robert.

従業員の職務
本契約の期間中、従業員は、本部長として会社に雇用されるものとする。従業員は会社の東京の事務所を中心とする。しかしながら両当事者は、従業員が本契約に基づく職務の遂行に関連して広く出張しなければならないかもしれないことを認識している。従業員は国際事業部門担当の常務取締役であるロバート氏に報告するものとする。
従業員の職務は、他の部長に指示し、国際的なマーケティング計画、事業計画、戦略及び予算を作成することにつき取締役会を支援し、会社の国際的なマーケティングの目標を実行することを含む。従業員は、ロバート氏が適宜、指示し委任する職務を負担し、これを遂行し、権限を有するものとする。

[報告義務の内容を記載した文案]

Monthly Report
In each month during the term hereof, the Employee shall provide to Mr. Robert a written report covering the Company's business operations and results during the prior month, including without limitation (i) a breakdown of the quantities of products sold, (ii)…. (iii)…,

and (iv) the results of any and all promotional and sales programs established by the Company, and the Employee's analysis thereof.

月次報告書
本契約期間中毎月，従業員はロバート氏に対し，前の月の会社の事業遂行及び結果に関する書面による報告書を提出するものとし，これには①販売製品の数量の明細，…④会社が設定した販促及び販売計画の結果，並びに従業員のその分析を含むがこれに限定されない。

[国内の一定地域を職務の場所とする規定]

Place of Work
The Employee's ordinary place of work shall be Tokyo or such other place within Kanto Area as the Company may require to meet its business needs and for the proper performance of the Employee's duties.

職務の場所
従業員の通常の職場は，東京，又は会社がその事業の必要性及び従業員の責務の適切な実行に合致するために必要とされる関東地域内のその他の場所とする。

[職務専念義務に関する規定]

Devote Full Time to Company
The Employee shall devote full time, attention, and energies to the business of the Company, and, during this employment, shall not, without the prior written consent of the Company, engage in any other business activity, regardless of whether such activity is pursued for profit, gain, or other pecuniary advantage. The Employee is not prohibited from making personal investments in any other businesses; provided, however, that those investments do not require active involvement in said businesses. Furthermore, during the term hereof, the Employee shall not engage in any business or activity directly or indirectly competitive with or adverse to the business or welfare of the Company.

会社への全時間の専念
従業員は，会社の事業にすべての時間，注意及び精力を充てるものとし，またこの雇用中，その活動が利益その他の金銭的利益を追求するものか否かを問わず，会社の書面による事前の同意なしに，他の事業活動に従事しないものとする。従業員は，他人

の事業に対し個人的な投資をすることを禁止されないが，但しこの投資は上記事業へ積極的関与を要求するものでないことを条件とする。さらに，本契約期間中，従業員は，会社の事業や福利と直接間接に競合し又はこれに有害な事業や活動に従事しないものとする。

[勤務時間と休暇（有給休暇を含む）]

Article 4.　Work Hours and Holidays

1　Work hours and breaks shall be as follows:
　Work hours: 7.5 hours (from 9:00 to 17:30)
　Breaks: 60 minutes (from 12:00 to 13:00)
2　Holidays shall be as follows:
　a. Saturdays and Sundays
　b. National holidays
　c. Year End and New Year holidays (from December 29 to January 3)
　d. Paid annual leaves: 10 days per year

第4条　勤務時間及び休暇
1　勤務時間及び休憩は以下のとおりとする。
　勤務時間 7.5 時間（9 時から 17 時半まで）
　休憩 60 分（12 時から 13 時まで）
2　休日は以下のとおりとする。
　a. 土曜及び日曜
　b. 国民の休日
　c. 年末及び年始の休日（12 月 29 日から 1 月 3 日まで）
　d. 有給休暇：毎年 10 日間

Hours of Work

The Employee shall work thirty-six (36) hours in every week as agreed with the Company, and at times agreed with the Company. The Employee may from time to time be required to work such additional hours as are necessary for the proper performance of his duties. The Employee acknowledges that he shall not receive any additional remuneration for any such additional hours worked by him.

勤務時間
従業員は，1 週間当たり 36 時間を，会社が合意する時間帯に勤務する。従業員は適宜

その責務を適切に履行するため必要とされる追加の時間を勤務することを要求されるかもしれない。従業員は，同人が働くこの追加の時間につき追加の報酬を受けないことを承認する。

（5）報酬

雇用契約書には賃金，手当，ボーナス及び手数料など従業員が受けるすべての報酬を記載すべきである。また，時間給か成功報酬か，昇給，諸手当（住居手当等），ストックオプションの付与等についても記載する。また健康保険などの福利厚生も，給付するのであれば規定すべきである。

［一般的な基本給＋賞与型の報酬］

Article 5. Compensation

Subject to the following provisions of this Agreement, during the Employment Period, the Employee shall be compensated for his services, subject to any withholding requirements as may be imposed by applicable authorities and lees other normal employee deductions, as follows:

(a) a basic salary per annum, payable in equal monthly installments on the 25th day of each month, in an amount which shall initially be $100,000 per annum, subject to an annual review by the Company.

(b) a bonus, payable in July and December of each year taking into consideration the business performance of the Company and the contribution of the Employee; provided, however, that such determination may be made at the sole discretion of the Company.

(c) All reasonable expenses arising out of employment pursuant to Company policy shall be reimbursed assuming the same has been authorized prior to being incurred and with the provision of appropriate receipts.

第5条　報酬

本契約の以下の条項に従って，雇用期間中，従業員はその役務に対する報酬を以下のように受けるものとする（但し当局が課す源泉義務に服し，またその他の通常の従業員控除を差し引く）。

(a) 年間基本給与。初年度10万ドルとし，毎月25日に等額で支払われ，会社による毎年の評価に服する。

(b) 賞与。会社は毎年7月と12月に会社の事業実績と従業員の貢献を考慮に入れて支払うことができるが，この決定は会社の独自の裁量による。

(c) 会社方針に従い雇用から生じる一切の合理的な費用は，発生する前に許可されており，且つ適切な領収証の提供と引き換えに弁償されるものとする。

［費用の償還を定めた規定］

Reimbursement of Reasonable Business Expenses
The Company shall reimburse the Employee on a monthly basis for all authorized, approved and reasonable expenses incurred and paid by the Employee in the course of the performance of her duties under this Agreement and consistent with the policies, rules and regulations of the Company relating to the incurring and reimbursement of such business expenses.

合理的な費用の償還
会社は従業員に対し，毎月，本契約に基づく職務の遂行の過程で従業員が負担して支払い，且つ許可した合理的な出費の一切を償還するものとし，これはこの費用の負担及び償還に関する会社の方針，ルール及び規則に合致するものとする。

［有給休暇についての例文］

Article 6. Annual Leave
The Employee may not, without the prior written consent of the Company, carry forward more than five (5) days holiday from one year to the next. Any authorized holiday that is carried forward must be used with in 30 days of the beginning of the following year. Upon termination of the Employment, the Employee shall be entitled to be paid in lieu of all accrued but untaken holiday to which he is entitled. The basis for calculating the value of the payment shall be 1/360 of the Employee's normal basic salary, rounded up to the nearest half day.

第6条　年次有給休暇
従業員は，会社の書面による事前の同意なしに，当該年度から翌年度にかけて，5日を超えて有給休暇を繰り延べすることができない。繰り延べを許可された休暇は，翌年度の初めから30日以内に使用しなければならない。雇用の終了とともに，従業員は，自分が権利を有し発生しているが消化していないすべての休日の代わりに，支払いを受ける権利を有する。支払いの計算の基礎は，従業員の通常の基本給の360分の1を基本とし，半日まで四捨五入する。

[フリンジベネフィットの一部である手当の規定を詳しく規定したもの]

Article 7. Allowances

1　The Company shall pay to the Employee the following allowances at the time of payment of the monthly basic salary.
   (a)　Commuting allowance at cost
   (b)　Family allowance: ¥10,000 per month
2　The Employee shall be reimbursed for business expenses in accordance with the regulations of the Company.
3　In case of overtime work and work on holidays, as and when such work is requested by the Company, the following extra allowances shall be paid by the Company to the Employee at the time of payment of the monthly basic salary which shall be calculated in accordance with his/her average hourly rate.
   (a)　Overtime during 22:00 to 5:00 of the following day: 150％ of the hourly rate
   (b)　All other overtime work: 125％ of the hourly rate
   (c)　Holiday work: 125％ of the hourly rate
4　It is confirmed and acknowledged that the Employee shall not be entitled to any benefits, payments or disbursements unless expressly specified herein.
5　The Employee may utilize the standard accommodations provided by the Company to the Company's regular employees.

第7条　諸手当

1　会社は従業員に対し，月々の基本給与の支払いの際に以下の手当を支払うものとする。
   (a)　通勤手当：実費分
   (b)　家族手当：毎月10,000円。
2　従業員は会社の規則に従い就業上の出費につき弁償されるものとする。
3　超過勤務手当及び休日出勤の場合，この仕事が会社の要請による場合，以下の追加手当が会社から従業員に月々の基本給与の支払いの際に支払われるものとし，これはその者の平均的時間レートに従って計算するものとする。
   (a)　22時から翌日5時までの超過勤務手当：時間レートの約150％。
   (b)　その他の超過勤務手当：時間レートの125％。
   (c)　休日出勤：時間レートの125％。
4　従業員は，本契約に明示の記載がない限り，一切の便益，支払い又は補償を受ける権利を有しないことを確認する。
5　従業員は，会社が通常の従業員に対し提供する標準的な宿舎を利用することがで

きる。

Fringe Benefits
In addition to any other rights the Employee may have hereunder, the Employee shall also be entitled to receive those fringe benefits, including, but not limited to, group life, disability, medical, dental and other insurance, retirement, pension, profit-sharing and similar plans, etc., if any, as may be provided by the Employer to similar employees of the Employer.

フリンジベネフィット
従業員が本契約に基づき有するその他の権利に加えて、従業員はフリンジベネフィットを受ける権限を有するものとし、これには、グループ生命保険、身障者保険、医療保険、歯科保険及びその他の保険、退職計画、年金計画、損益分担計画及び類似の計画等を含むがこれらに限定されない。これらは会社が類似の従業員に提供するものである。

［会社の諸規則の遵守］

Article 8. Observance of the Company's Regulations, etc.
In carrying out these duties and responsibilities, the Employee shall comply with instructions of his/her superiors in the Company as well as all company policies, procedures, rules and regulations, both written and oral, as are announced by the Company from time to time. It is also understood and agreed upon by the Employee that his assignment, duties and responsibilities and reporting arrangements may be changed by the Company in its sole discretion without causing termination of this Agreement.

第8条　会社の規則等の遵守
その責務及び責任を実行するに際し、従業員は、適宜会社が通告するように、書面によると口頭によるとを問わず、会社の上司の指示はもとより会社の方針、手続、ルールや規則の一切に従うものとする。従業員は、会社が、従業員の役割、職責及び報告方法を、会社独自の裁量により、本契約を解除することなく変更することができることに合意する。

［就業規則に言及するもの］

The Employee shall comply with all stated standards of performance, policies, rules, and regulations of the Company. A company manual containing a more complete explanation of these standards has been given to the Employee. At this time, the Employee acknowledges receipt of the company manual. The Employee shall also comply with such future company policies, rules, regulations, performance standards and manuals as may be published or amended from time to time.

従業員は表明された一切の会社の実施基準，方針，ルール及び規則に従うものとする。これらの基準のより完全な説明を記載した会社マニュアルが従業員に提供されている。従業員は会社マニュアルを受領していることを承認する。従業員は，適宜公表又は修正される将来の会社の方針，ルール，規則，実施基準及びマニュアルにも従うものとする。

（6） 雇用契約の解約

正当理由のある解雇（犯罪行為，上司の命令や企業方針の不遵守等），正当理由のない解雇（at will 解雇），及び従業員による自己都合退職に区分される。なお，退職後の従業員の義務と権利（企業の所有物の返還義務，守秘義務，競業禁止義務，他方で退職後の受給の権利など）も規定される。契約条項に規定する際，留意すべき点につき以下言及する。

① 死亡の場合

解約条項には，死亡の場合には雇用契約が終了すると定めるべきである。このような条項がなければ，遺族が雇用契約に基づき何らかの利益を主張することが起こりうる。

② 労働能力喪失の場合

従業員が労働能力を失った場合には会社は契約を解約することができる。

③ 正当事由のない場合

解約条項には，正当事由なしに，一定の予告期間の通知の後に，各当事者が契約を解除する権利を有すると定める。正当事由なしに，一定の予告期間の代わりに一定の金額（予告手当）を支払うことにより，会社が直ちに解雇できる旨を定めることもある。

④　正当事由のある場合

契約には，各当事者は正当事由のある場合に契約を解除することができる旨を定め，正当事由となりうる事由を規定するべきである。

[一般的な終了事由を規定したもの]

Article 9. Termination
This Agreement may terminate upon the occurrence of any of the following events:
(a)　the death of the Employee;
(b)　the failure of the Employee to perform his duties satisfactorily after notice or warning thereof;
(c)　just cause based upon nonperformance of duties by the Employee; or
(d)　economic reasons of the Company which may arise during the term of this Agreement and which may be beyond the control of the Company.

第9条　解約
雇用契約は以下の事由発生とともに終了する：
(a)　従業員の死亡
(b)　従業員が通告後も職務を満足に履行しないこと，
(c)　従業員による職務の不履行を理由とする正当な理由，又は
(d)　本契約の期間中に生じ，且つ会社の支配を超えた会社側の経済上の理由。

[労働能力喪失の場合]

Disability
In the event that the Employee cannot perform the duties because of "Disability" for a period of more than ten (10) weeks, the compensation otherwise due during said "Disability" shall be reduced by thirty percent (30%). The Employee's full compensation shall be reinstated upon return to work. If the Employee is absent from work for any reason for a continuous period of over five (5) months, however, the Company may terminate the Employee's employment, and the Company's obligations under this Agreement shall cease on that date. For purposes of this Agreement, the term "Disability" means a physical or mental disability which renders the Employee incapable of performing his duties under this Agreement, as determined by an independent physician selected by the Company and agreed to by the Employee.

心身障害
従業員が 10 週を超えて「心身障害」としてその職責を果たすことができない場合，この「心身障害」の期間中，報酬等は 30％減額されるものとする。従業員の完全な報酬は，職場に復帰するとともに回復するものとする。しかしながら，従業員が継続して 5 ヵ月を超えて職場を欠勤する場合には理由の如何を問わず会社は従業員の雇用を解除することができ，会社の本契約に基づく義務はこの日をもって終了する。本契約において，「心身障害」とは，本契約に基づく従業員の職務の履行を不可能にさせる身体上の又は精神上の障害を言い，これは会社が選任し従業員がこれに合意した独立の医師が決定するものとする。

[正当事由のない場合]

Article 10.   Termination Without Just Cause

1   Without just cause, the Company may terminate this Agreement at any time upon thirty (30) days' written notice to the Employee. If the Company requests, the Employee shall continue to perform his/her duties and may be paid his/her basic salary up to the date of termination. In addition, the Company shall pay the Employee on the date of the termination a severance allowance of $1,000 less taxes required to be withheld.

2   The Company reserves the right, at its discretion, to terminate the Employment immediately without giving the period of notice referred to above by paying to the Employee his basic salary (less deductions of tax and national insurance) in lieu of all or part of his notice period as the case may be. Such payment in lieu of notice shall not include any element in relation to any holiday entitlement that the Employee would have accrued had he worked the full period of notice.

3   Without just cause, the Employee may terminate employment upon fifteen (15) days' written notice to the Company. The Employee may be required to perform his or her duties and shall be paid the basic salary to date of termination but shall not receive severance allowance.

第 10 条　正当理由のない解雇

1　正当の理由なく，会社はいつでも従業員に対し 30 日前の書面による通知をすることにより本契約を終了することができる。会社が要求する場合，従業員はその職務の履行を継続するものとし，終了の日まで基本給の支払いを受けるものとする。加えて，会社は従業員に対し終了の日に $1,000 の離職手当を支払うものとし，これは源泉控除するものとする。

2　会社は，その裁量により，上記の通知期間の全部又は一部に代えて，従業員に基本

給を支払うことにより（税金と社会保険を控除する），上記の通知期間を与えることなく，直ちにこの雇用を終了する権利を留保する。通知に代わるこの支払いは，従業員がその通知期間も全部働いたのであれば得られたであろう休暇の権利を含まないものとする。
3　正当の理由なく，従業員は会社に対し15日前の書面による通知を発することにより雇用を終了することができる。従業員はその職責の履行を要求されるものとし，終了の日まで基本給の支払いを受けるものとするが，しかし離職手当を受けないものとする。

［正当事由のある解雇］

Article 11.　Termination for Cause

The Company may terminate this Agreement for just and substantial cause, but only after written notice specifying the cause of such action shall have been rendered to the Employee by the Company. Without limiting the foregoing, any one or more of the following events shall constitute just and substantial cause, and this Agreement thereupon may be immediately terminated by the Company and neither party thereafter shall have any further obligations or responsibilities hereunder:

(1)　Any conduct of the Employee which is materially detrimental to the reputation or business operations of the Company;

(2)　Any gross or habitual neglect of duty or misconduct of the Employee which is materially detrimental to the Company;

(3)　Any prolonged absence by the Employee from her duties and responsibilities without the prior written consent of the Company, other than absence because of vacation or sick leave, or absence arising out of a disability;

(4)　Any failure of or refusal by the Employee to faithfully and diligently perform her duties and responsibilities under this Agreement, which is not cured by the Employee within thirty (30) days from written notification thereof to the Employee by the Company; or

(5)　Any failure of or refusal by the Employee to comply with the policies, rules and regulations of the Company as from time to time may be made known to the Employee, which is not cured by the Employee within thirty (30) days from written notification thereof to the Employee by the Company.

第11条　正当事由のある解雇

会社は正当且つ重大な理由がある場合，本契約を解除することができるが，但しこの請求原因を記載した書面による通知が会社から従業員に送付された後のみ可能とす

る。上記を制限することなく、以下の事由は正当且つ重大な事由を構成するものとし、本契約は会社により直ちに解除されるものとし、両当事者はそれ以降本契約に基づく義務と責任をそれ以上有しないものとする。
(1) 会社の評判又は事業に重大な障害となる従業員の行為
(2) 会社に重大な損害となる従業員の重大又は常習的な職務怠慢又は不正行為
(3) 会社の書面による事前の同意を得ずに、休暇若しくは病欠の欠勤以外で又は身体障害から生じる欠勤以外で、自分の職務及び責任から従業員が長期に欠勤すること
(4) 本契約に基づく自分の職責及び責任を従業員が誠実に且つ勤勉に執行せず又はこれを拒否し、且つ会社がこれを書面で通知してから30日以内に従業員が是正しない場合、又は
(5) 従業員が、適宜従業員に通知する会社の施策、ルール及び規則を遵守せず又はこれを拒絶し、且つ会社がこれを書面で通知してから30日以内に従業員が是正しない場合

[懲戒処分について]

Discipline and Grievance
1 The Employee is subject to the Company's disciplinary and grievance policies, copies of which can be obtained from the Company.
2 The Company may suspend the Employee for a period of up to three (3) weeks for the purposes of carrying out a disciplinary investigation into any allegations that might be raised against him. During such period of suspension, the Employee shall receive his usual pay and benefits.

懲戒及び不服申立て
1 従業員は、会社の懲戒及び不服申立ての方針に従うものとし、そのコピーは会社から入手することができる。
2 会社は、従業員に対し提起される申立てに対する懲戒の調査を実施する目的で、3週間までの期間、従業員を停職にすることができる。この停職期間中、従業員は通常の支払いと便益を受領することができる。

（7） 企業秘密
　雇用契約の中に、従業員は会社の企業秘密を保持する義務を負う旨の規定を設けるべきである。企業秘密については、アメリカの多くの州で施行されている統一機密保持法（Uniform Trade Secrets Act）に定義がある。企業秘密は、①公

に知られていない固有の経済的価値を有し，②その秘密保持のための合理的努力の対象に服する公式，パターン，編集，プログラム，用法，方法，技術又はプロセスと定義されている。会社はこのような条項を効果的に用いるためには，企業秘密の秘密性を慎重に維持しなければならない。さらに顧客リスト，顧客情報などについても企業秘密の対象とすべきである。日本では不正競争防止法によることになる。

[一般的な機密保持条項]

Article 12. Confidential Information
12.1 The Employee acknowledges that Confidential Information are exclusively owned by the Company.
12.2 The Employee acknowledges that during the Employment he shall have access to and use of Confidential Information in connection with her duties under this Agreement.
12.3 The Employee agrees that he shall not, either during the Employment or at any time thereafter (unless authorized to do so by the Company in writing) directly or indirectly (i) use for his own benefit or the benefit of any third party or (ii) disclose or permit the disclosure of any Confidential Information.
12.4 The Employee agrees that he shall at all times use his best endeavours to protect the Confidential Information and prevent the unlawful disclosure or publication of it.
Upon any termination or expiration of this Agreement, the Employee shall immediately surrender and deliver to the Company, the Confidential Information, any such documents or materials, or copies thereof.

第12条　機密情報
12.1　従業員は，機密情報が会社の独占的所有に帰すことを承認する。
12.2　従業員は，雇用期間中，自分が機密情報にアクセスし且つこれを使用することを承認する。
12.3　従業員は，雇用期間中又はその後の期間において，（会社から書面による許可を得ることなしに）直接又は間接に，機密情報を①第三者の利益に又は自己の利益のために使用したり，②開示したりしないことに合意する。
12.4　従業員は，常に，機密情報を保護する最善の努力をし，違法な開示又はその公表を回避する最善の努力をすることに合意する。本契約の期間満了又は解除とともに，従業員は，直ちに，機密情報，又はその書類又は素材，又はそれらのコピーを，放棄し且つ会社に引渡すものとする。

[会社による差止請求の権利を規定する]

> Confidentiality of Proprietary Information
> The Employee agrees, during or after the term of this employment, not to reveal confidential information, or trade secrets to any person, firm, corporation, or entity. Should the Employee reveal or threaten to reveal this information, the Company shall be entitled to an injunction restraining the Employee from disclosing same, or from rendering any services to any entity to whom said information has been or is threatened to be disclosed, the right to secure an injunction is not exclusive, and the Company may pursue any other remedies it has against the Employee for a breach or threatened breach of this condition, including the recovery of damages from the Employee.

財産的情報の機密性
従業員は，雇用の期間中又はその後も，すべての人，団体，法人又は団体に対し機密情報又はトレードシークレットを開示しないことに合意する。従業員が，この情報を開示し又は開示するおそれがある場合，会社は，その情報の開示を，又はその情報が開示され又は開示するおそれがある団体に対しサービスを提供することを従業員に禁止する差止め命令を得る権利を有する。また差止め命令を求める権利は唯一のものではなく，また会社は，自己がこの条件の違反又はそのおそれを理由として従業員に対し有するその他の救済手段を追求することができるものとし，これは従業員からの損害賠償の回復を含む。

（8）　競業避止／勧誘禁止

　これらの条項は，従業員に対し会社の事業と競合してはならず，また会社の従業員を引き抜いてはならないと規定するものである。これらの規定は，契約期間中及び契約期間後の両方に適用があるとすることもできる。これらの規定を当事者が合意し，契約書中に明確に書くことができるが，各国の裁判所の中には，競業避止及び勧誘禁止の合意を強制することについて反対の立場をとっている場合がある（例えば職業選択の自由に違反する）。それ以外の裁判所は，例えば地理的な範囲及び期間の点においてその定めが合理的である場合には，この条項の強制を許している。

[従業員や顧客を勧誘しないことを規定]

Article 13.　Non- Competition

13.1　It is acknowledged and agreed that following termination of the Employee's employment with the Company for any reason whatsoever, the Employee shall not hire or attempt to hire any current employees of the Company.

13.2　It is acknowledged and agreed that following termination of the Employee's employment with the Company for any reason whatsoever, the Employee shall not solicit business from current clients or clients who have retained the Company in the six (6) months period immediately preceding the Employee's termination.

第13条　競業禁止

13.1　会社と従業員との雇用の終了後に，理由の如何を問わず，従業員は会社の現在の従業員を雇用したり又は雇用しようとしたりしないことに合意する。

13.2　従業員の会社との雇用の終了後，その理由の如何を問わず，従業員は，現在の依頼者，又は従業員の解雇の直前の6ヵ月において会社が契約している依頼者から取引の勧誘をしないことに合意する。

[競業禁止につきやや詳細な規定]

Covenant not to Compete

The Employee shall not, at any time during the period hereof, and for one (1) year from the date of termination of this Agreement, directly or indirectly, whether paid or unpaid, within a 100-mile radius of the Company, be employed by or engage in, or become involved in any business competitive or similar to that of the Company, without the written approval of the Company.

競業禁止

従業員は，会社の書面による承諾を得ずに，本契約の期間中及び本契約の終了の日から1年間，直接又は間接に，会社から半径100マイル圏内において，有償・無償を問わず，会社の事業と競合し又は類似の事業に従事したり又はこれに関与したりしないものとする。

（9）　発明・著作物についての知的財産権

この条項は，従業員の雇用期間中に従業員が作り出した書面，発明，プロセ

ス又は発見は，会社が唯一にして独占的な所有者であると定めるものである。職務発明（employee invention），職務著作（work for hire）という。アメリカの州法によっては，雇用の範囲内において行った発明は，従業員の所有物であると推定するものもあるが，この点を明確に定めた規定はより会社を保護することになる。

　ところで職務発明等の準拠法はどのように決定されるのか。

　我が国の特許法において「職務発明」とは，会社の従業者などが職務上行った発明のことで，使用者等は職務発明を発明者である従業者から承継することを勤務規定などによってあらかじめ定めておくことができる（特許法35条2項）。会社が従業者から職務発明を承継した場合，会社は相当の対価を従業者に支払わなければならない（同条3項）。

　発明完成と同時に発生する権利は「特許を受ける権利」と呼ばれ，職務発明にかかる特許権の原始的帰属の問題（特許を受ける権利の取扱いを含む）であり，これは当該特許権の登録国法による。日本法上，自然人たる発明者に原始的に帰属する（特許法29条，発明者主義）。日本と同様，従業者に権利が原始的に帰属するとする国（アメリカ，カナダ，オーストラリア等），これと反対に使用者に権利が原始的に帰属するとする国（イギリス，フランス等）がある。

　それでは特許を受ける権利の譲渡について準拠法はどのように考えるべきか。従業者に権利が原始的に帰属するとする国においては，使用者は従業者から権利を取得することができる。日本法上，使用者は，法定の（無償の）通常実施権を取得するほか（特許法35条1項），契約，勤務規則その他において権利の承継等を事前に定めることができる（同条2項）。諸外国においては，従業者との個別契約によることなく（ドイツ）又は従業者の明示の合意がなくとも（アメリカ），使用者に権利を取得させる制度が見られる。また金銭補償について，現実に発明をした従業者は，使用者に権利が帰属する補償として金銭補償請求権を取得し得る。日本法は，従業者を保護の見地から，従業者が取得する対価が相当なものでなければならないと規定し（35条3項），相当の対価の決め方について特別なルールを定めている（同条4項・5項）。

　最判平成18年10月17日・民集60巻8号2853頁（光ディスク事件）は，「従業者等が特許法35条1項所定の職務発明に係る外国の特許を受ける権利を使用者等に譲渡した場合において，当該外国の特許を受ける権利の譲渡に伴う対価請求については，同条3項及び4項の規定が類推適用されると解するのが相

当である。」とし「外国の特許を受ける権利の譲渡とその対価」の準拠法について，契約準拠法説を採用した。特許法35条は絶対的強行法規であるとし，準拠法の如何にかかわらず適用又は類推適用されるとする見解もあったが退けられた。

　この判決後，通則法が制定されたが，準拠法の指定がない場合，通則法では当該譲渡契約の最密接関係地法によることになり（8条1項），さらに12条の適用が問題となる。特許法35条3項以下の趣旨・目的，そして抵触法上の法律効果に照らして考えると，同規定は通則法12条の枠組みにおいて適用されると解される。したがって，従業員は，外国法が選択された場合であっても，日本が最密接関係地である限り特許法35条3項以下の規定の適用を要求できる可能性がある。

Article 14. Employee Inventions

1　Acknowledgement

　　The Employee acknowledges and agrees that in consideration of employment by the Company, and receipt of a share of licensing revenues from the commercialization of inventions by the Company, all inventions ("Inventions") that (a) the Employee develops using the Company's equipment, supplies, facilities, time, personnel or trade secrets, or (b) result from work he/she performs for the Company, or (c) relate to the Company's actual or demonstrably anticipated research and/or development, are the sole and exclusive property of the Company. The Employee agrees to assign, and hereby does assign, all such Inventions to the Company.

2　Assignment

　　To the fullest extent under applicable law, the Company shall own all right, title and interest in and to all Inventions (including all Intellectual Property Rights therein or related thereto) that are made, conceived or reduced to practice, in whole or in part, by the Employee during the term of the Employee's employment with the Company and which arise out of any use of Company's facilities or assets or any research or other activity conducted by, for or under the direction of the Company (whether or not conducted at the Company's facilities, during working hours or using Company assets), or which are useful with or relate directly or indirectly to any "Company Interest" (meaning any product, service, other Invention or Intellectual Property Right that is sold, leased, used, proposed, under consideration or under development by the Company). The Employee shall promptly disclose and provide all of the foregoing Inventions (the "Assigned Inventions") to the Company. The Employee hereby make and agree to make all assignments to the Company necessary to effectuate and accomplish the foregoing ownership. Assigned Inventions shall not include any Invention that is both (i) developed entirely on the Employee's own time, without use of any Company assets, ideas or direction and (ii) not useful with or related to any Company Interest.

3　Assurances

The Employee shall further assist the Company, at its expense, to evidence, record and perfect such assignments, and to perfect, obtain, maintain, enforce and defend any rights specified to be so owned or assigned. The Employee hereby irrevocably designate and appoint the Company and its officers as the Employee's agents and attorneys-in-fact, coupled with an interest, to act for and in the Employee's behalf to execute and file any document and to perform all other lawfully permitted acts to further the purposes of the foregoing with the same legal force and effect as if executed by the Employee.

第14条　職務発明

1　承認

従業員は，会社による雇用及び会社による発明の商業化からのライセンス収入の取り分の受領を対価として，一切の発明（以下「本発明」という）は，それが(a)従業員が会社の施設，供給物，設備品，時間，個人又は会社の機密を使用して開発したものであり，又は(b)会社のため自分が行った業務から生じたものであり，又は(c)会社の，実際の予期した調査又は開発に関連するものであることを承認し合意する。従業員は，会社に対しこの本発明のすべてを譲渡することに合意し，また本契約をもってこれを譲渡する。

2　譲渡

適用法の範囲内において，会社は一切の本発明に対し一切の権利，権限及び利益（一切の知的財産権又はこれに関連するものを含む）を所有するものとし，この本発明は，従業員の雇用の期間中に従業員が全部又は一部を作成し，現実化し又は実践化したところのものであり，且つ会社の施設又は財産を使用して，又は会社によって，若しくは会社の指示により行われた研究又はその他の活動の結果生じたものであるか（この場合，会社の施設によって行われたか，就業時間中に行われたか，会社の財産を使用して行われたかを問わない），又は「会社利益」（これは，会社による検討又は開発に基づき売却，リース，使用又は提案されるすべての製品又は，サービス又はその他の本発明又は工業所有権をいう）に有益か又は直接・間接にこれに関連するものである。従業員は，会社に対し，上記の本発明のすべてを開示し提供する（「譲渡発明」）。従業員は，上記の所有権を有効化させ完結するために必要な会社への譲渡を行い且つこれを行うことに合意する。譲渡発明は，(i)会社の財産，アイディア又は指示を使用することなく，従業員の時間のみにより開発したものであって，且つ(ii)会社利益に有益ではなく又はこれに関係しない発明を含まないも

のとする。
3 保証
さらに従業員は，上記譲渡を証明し，記録し且つ実行するために，また上記のように所有し譲渡を受けた権利を実行し，取得し，保持し，実行し且つ保護するために，自己の費用で会社を支援するものとする。従業員は，自己の代理として行為し，すべての書類を作成し提出し，その他一切の法的に許可された行為を実行し，あたかも従業員が作成するように，上記の法的効力をもって上記の目的を遂行するために，取消不能条件で，会社及びその役員を自分の代理人として指名し任命する（但し，これは固有の利益を有する代理人とする）。

3　雇用契約の国際裁判管轄及び準拠法について

（1）　裁判管轄

　国際裁判管轄については我が国の民訴法に規定がある。なお，仲裁においても労働者保護の観点から特例を置いていることに注意すべきである（仲裁法附則4条）。

① 労働者の事業主に対する訴えについては，民訴法3条の4第2項が規定している。「個別労働関係民事紛争」に関する労働者からの事業主に対する訴えは，個別労働関係民事紛争に係る労働契約における労務の提供の地（その地が定まっていない場合にあっては，労働者を雇い入れた事業所の所在地）が日本国内にある場合，日本の裁判所に提起することができる。

　他方で，個別労働関係民事紛争に関する事業主からの労働者に対する訴えについては，3条の3は適用されない（3条の4第3項）。すなわち，事業主からの訴えでは，労働契約の履行地（労務給付地），不法行為地，財産所在地等の管轄権は認められない。労働者の住所地管轄（3条の2第1項），併合管轄（3条の6），合意管轄（3条の7），応訴管轄（3条の8）などによってのみ決定される。よって原則として被告の住所地となる。

② さらに合意管轄については特別規定（3条の7第6項）があることに留意すべきである。労務の提供前に締結する労働契約に管轄の合意をする場合が同条項2号の適用となり，労働者が当該管轄合意を利用し又は同意する場合にのみ有効となる。すなわち，労働者が合意管轄以外のA国の裁判所に訴えを提起した場合，事業主は専属管轄合意を援用してA国の管轄権を争うことができな

い。これは労働者と事業主との力関係から管轄合意を拒否・修正することは実際困難なので，事前の管轄合意の有効性を認める範囲を制限する趣旨である。他方で，3条の7第6項1号は労働契約終了時になされた管轄合意の場合（例えば，退職金支払いや競業禁止の合意をする際になされる）につき規定しており，労務提供地国の管轄の合意に限り，且つそれを（専属的でなく）付加的な管轄合意としてのみ有効とする。例えば，日本の事業主に対してB国で労務を提供していた労働者が，契約終了に際して，B国の専属管轄合意をした。その後，労働者は，事業主に対して，未払い賃金の支払いを求めて日本で訴えを提起した場合，事業主はB国の専属管轄合意を援用して日本の管轄権を争えない。労働者が最後の労務提供地国のB国を出国した後にB国での提訴に応ずることは負担が大きいとされたからである。

このように日本で訴訟が起きた場合，労働契約における管轄合意は限定的な効果しかもたない。

（2） 準拠法

通則法12条は，個人である労働者が使用者との間で締結し，労働者が使用者の指揮監督下のもと労務を提供し，対価として報酬を得る旨の実質を有している契約であれば，契約の名称（例えば，雇用，請負，委任等）によって本条の保護の可否は左右されない。

① 当事者による準拠法の選択がある場合

労働契約の成立と効力についての準拠法の選択は，通則法11条と同様に，当事者による選択を認めている（通則法7条）。しかし，労働者保護の目的から，通則法12条は，当事者が労働契約の最密接関係地法以外の法を準拠法として選択した場合であっても，その契約の成立及び効力について，労働者が，労働契約の最密接関係地法中の「特定の強行規定」の適用を求める旨の意思を使用者に対して表示したときは，その強行規定に基づく特定の効果を主張することができる（通則法12条1項）。この意思の表示は，契約締結時に表示する必要はない。

この最密接関係地法とは，当該労働契約において労務を提供すべき地の法であると推定される。また，国際線の航空会社の乗務員のように，労務提供地が法を異にする地にまたがっている等の理由で労務を提供すべき地の法が特定できない場合には，当該労働者を雇い入れた事業所所在地の法が最密接関係地法

と推定される（通則法12条2項）。

「特定の強行規定」の典型は，当事者の権利義務を規律する私法的強行規定であり，労働契約法中の強行規定（解雇権濫用禁止規定［16条］等）や，雇用機会均等法・労働契約承継法中の強行規定が代表例である。また，労組法中の労働協約規定や，判例法理中，強行法的性格を有するものも「特定の強行規定」に該当する。

なお通則法が制定される以前から，労基法，労働安全衛生法，最低賃金法，労災保険法など，刑事制裁や行政取締りにより実効性を確保するしくみをもつ強行法的な労働保護法規は，日本国内において営まれる事業に対しては，使用者・労働者の国籍を問わず適用されてきた。明文の規定はないが，労働者が意思表示をしなかった場合にも絶対的強行法規は適用されるというのが通則法の立法趣旨と解されている（「国際私法の現代化に関する要綱中間試案補足説明」）。労基法等の労働保護法は，日本国内で就労する労働者については，日本人・外国人を問わず，絶対的強行法規として当然に適用されることになる。この点が，労働者による適用の意思表示を要する「特定の強行規定」（通則法12条1項）との大きな違いである。

② **当事者による準拠法の選択がない場合**

通則法8条と異なり，労働契約の場合には，準拠法の選択がされない場合は，労務を提供すべき地の法が最密接関係地法として推定される（通則法12条3項）。労務供給地を特定できない場合は，当該労働者を雇い入れた事業所がある地の法が最密接関係地の法と推定される（同法12条2項）。

X サービス契約
(Service Agreement)

X-1 サービス契約

表題
前書
説明部分
　1. 目的
　2. 本件業務
　3. 契約期間
　4. サービスの基準
　5. 禁止行為
　6. 報酬
　7. 支払方法
　8. 報告と記録
　9. 損害賠償責任
一般条項

1　雇用契約との比較

　雇用契約と業務委託契約やサービス契約とは労務の提供という点では類似しているが，異なる点は何か。
　雇用契約とは，一方（労働者）が労働に従事し，相手方（使用者）がこれに対してその報酬を与えることを約束することを内容とする契約をいう。「労働者」にあたる場合は，原則として，労働基準法や労働契約法上の保護を受け，健康保険・厚生年金の被保険者になる。
　業務委託契約やサービス契約は，一般に一方が特定の仕事等をし，その仕事等に対して相手方が報酬を支払うことを内容とする請負類似の契約とされる。

委任や準委任契約につき業務委託契約と呼ばれることもあり，業務委託契約は幅広い概念である。

　このどちらにあたるかは，雇用契約か業務委託契約のタイトルではなく，「労働者」であるか，独立した個人事業主（業務委託）であるかの判断によることになり，これは実質的な「使用従属性」の存否をもって判断される。日本では，これは諸要素を考慮し，総合判断することになるが，業務遂行上の指揮監督の程度が強い，仕事の依頼・業務従事の指示等に対する諾否の自由がない，勤務場所・勤務時間が拘束されている，報酬が仕事の成果ではなく時間給や日給によって定められている，機械・器具が会社負担である，報酬の額が一般従業員と同一である，これらの場合に労働者とされる。

[Whereas 条項の例]

Whereas, the Contractor is an advertising company and is engaged in providing comprehensive services relating to making and carrying out a promotion plan in favor of its clients;
Whereas, the Company is desirous of receiving such services from the Contractor in order to promote its new products into a new market; and
Whereas, the parties hereto are willing to enter into this Agreement under the terms and conditions hereinafter set forth;
NOW, THEREFORE, in consideration of……

受託者は広告会社であり，クライアントのため販売促進計画を立案し実行するについて広範なサービス提供をしており，
委託者は，新しい製品を新しいマーケットへ販売促進するため，受託者から上記サービスを受けることを希望しており，
両当事者は，本契約の条件に従い本契約を締結することを希望しており，
したがってここに，…

2　条項の解説

以下，当事者の表記につき委託者 Company 受託者 Contractor とする。

Article 1.　Purpose

The Company shall assign the Scope of Services (hereinafter referred to as the "Scope and

Services") as described in Article 2 to the Contractor and shall pay the fees for the designated services to the Contractor. The Contractor shall faithfully perform the Scope of Services in accordance with this Agreement.

第1条　目的
委託者は第2条に記載される業務の範囲（以下「本件業務」という）を受託者に委託し，指示されたサービスの報酬を受託者に支払うものとする。受託者は本契約に従って，本件業務を誠実に履行する。

[委託する業務の内容を特定する]

Article 2. The "Scope of Services"
1　The descriptions of the Scope of Services and timelines for each services are as follows, and the Contractor hereby represents and warrants that it has the ability to perform the Scope of Services:
　Description of Scope of Services
　(1)
　(2)
2　The Contractor represents and warrants that it will perform the Services with reasonable care and skill and that the Services provided by the Contractor to the Company under this Agreement shall not infringe or violate any intellectual property rights or other right of any third party.
3　Time is of the essence in the performance of this Agreement. The Company may give instructions in writing to the Contractor on further details of the Scope of Services and Timelines. Should the Contractor discover any latent or unknown conditions, which will materially affect the performance of the Services hereunder, the Contractor shall immediately inform the Company of such fact and shall not proceed until written instructions are received from the Company.
4　The Contractor warrants that the Contractor (a) has thoroughly investigated and considered the Scope of Services to be performed, (b) has carefully considered how the Services should be performed, and (c) fully understands the difficulties and restrictions attending performance of the Services under this Agreement.
5　The Contractor further represents and warrants that the Contractor is a provider of first class work and services and the Contractor is experienced in performing the services contemplated herein and, in light of such status and experience, the Contractor covenants that it shall follow the highest professional standards in performing the work and

services required hereunder.

第 2 条　本件業務

1　本件業務の内容と各業務のスケジュールは以下のとおりとし，受託者はここに本件業務を遂行する能力を有することを表明し保証する。

本件業務の内容

(1)

(2)

2　受託者は，合理的な注意とスキルをもって本サービスを実施すること，本契約に基づき受託者が委託者に提供する本サービスは第三者の知的財産権又はその他の権利を侵害しないことを表明して保証する。

3　時間は本契約の実行において不可欠の要素である。前項に定める本件業務及びスケジュールの更なる詳細について，委託者は受託者に対し別途書面により指示することができるものとする。受託者が本契約に基づく業務の実行に重大な影響を及ぼす隠れた又は不知の事情を発見した場合，受託者は委託者に対し，この事実を直ちに通知し，委託者から書面による指示を受領するまで進めないものとする。

4　受託者は，(a) 受託者が実行する本体業務の範囲を十分に調査し考慮したこと，(b) 委託者が本サービスをどのように実行するかを注意深く検討したこと，また (c) 本契約に基づく本サービスの実行に伴う困難や制限を十分に理解していることを保証する。

5　受託者はさらに，受託者は，最上級の仕事とサービスを提供するものであり，また受託者は本契約で予定されている業務を実行する経験があることを保証し表明し，また，この立場及び経験から，受託者は，本契約により要求される仕事とサービスを実行するにつき最上級の専門家の基準に従うことを約束する。

[契約期間]

Article 3.　Term of Agreement

This Agreement shall remain in effect commencing on April 1, 2016 and ending on March 31, 2017. The Contractor and the Company may renew this Agreement if both parties consult each other and agree in writing to renew this Agreement prior to the expiration of the term hereof.

第 3 条　契約期間

本契約の有効期間は 2016 年 4 月 1 日から 2017 年 3 月 31 日までとする。委託者及び受託者は，両当事者が協議の上期間満了前に書面にて合意した場合は，本契約を更新

Article 4.　Standard of Services
1　The Contractor shall use commercially reasonable efforts in its provision of the Services and shall comply with all reasonable requests and instructions given by the Company in connection with this Agreement.
2　All Services rendered hereunder shall be provided in accordance with all ordinances, resolutions, statutes, rules, and regulations of the Company and any Federal, State or local governmental agency having jurisdiction in effect at the time service is rendered.

第4条　サービスの基準
1　受託者は，サービスを提供することについて，商業的に合理的な努力を払うものとし，本契約に関連して，委託者による合理的な要求及び指示を遵守する。
2　本契約に基づく一切のサービスは，委託者及びサービス提供時に管轄を有する連邦，州又は現地政府の一切の条例，決議，制定法，ルール及び規則を遵守して提供する。

［業務遂行上の注意を定める］

Care of Work
1　The Contractor agree to use reasonable care and diligence to perform its respective obligations under this Agreement. The Contractor agree to act in good faith to prepare all documents and take all actions as may be reasonably necessary to carry out the purposes of this Agreement. Unless hereinafter specified, the Company shall be responsible for the Contractor.
2　The Contractor shall adopt reasonable methods during the life of the Agreement to furnish continuous protection to the work, equipment, materials, documents, plans, studies and/or other components thereof to prevent losses or damages, and shall be responsible for all such damages, to persons or property, until acceptance of the work by the Company, except such losses or damages as may be caused by the Company's own negligence.

業務遂行上の注意
1　受託者は，本契約に基づく各々の義務を履行するため合理的な注意と勤勉さを用いることを合意する。受託者は，本契約の目的を実行するために必要な一切の書類を作成し一切の行為を行うため，誠実に活動することに合意する。本契約で以下別

段の定めがある以外，委託者は受託者に対し責任を負わないものとする。
2　受託者は，損失又は損害を回避するため，本契約の期間中，当該業務，及びその設備，材料，書類，計画，研究及びその他の構成部分を継続的に保護するために適切な手段を講じるものとし，委託者自身の過失による損失や損害を除き，委託者による委託業務の受諾まで，人や財産に関する一切の損害につき責任を負うものとする。

[受託者が許可等を得て，税金等を支払う義務を負うとする規定]

Licenses, Permits, Fees and Assessments
The Contractor shall obtain at its sole cost and expense such licenses, permits and approvals as may be required by law for the performance of the Services required by this Agreement. The Contractor shall have the sole obligation to pay for any fees, assessments and taxes, plus applicable penalties and interest, which may be imposed by law and arise from or are necessary for the Contractor's performance of the Services required by this Agreement, and shall indemnify, defend and hold harmless the Company against any such fees, assessments, taxes penalties or interest levied, assessed or imposed against the Company hereunder.

ライセンス，許可，報酬及びアセスメント
受託者は，自己の費用により，本契約で要求されるサービスを実行するため法律上求められる一切のライセンス，許可及び認可を得るものとする。受託者は，報酬，アセスメント及び税金，さらには適用される罰金及び利息を支払う義務を一手に負い，これは法律で課され，且つ本契約により求められる本サービスの受託者による実行から生じ，又はこの実行につき必要となるものをいう。また受託者は，本契約に基づき委託者に対して課される上記報酬，アセスメント，税金，罰金又は利息につき委託者に補償しこれを防御しこれを免責させるものとする。

[下請け等を禁止する規定]

Article 5.　Prohibited Acts
The experience, knowledge, capability and reputation of the Contractor, its principals and employees were and have been a substantial inducement for the Company to enter into this Agreement. Therefore, the Contractor shall not delegate the Scope of Services to any third parties, or contract with any other entity to perform in whole or in part the Scope of

Services, without the express written approval of the Company. In addition, neither this Agreement nor any interest herein may be transferred, assigned, conveyed, hypothecated or encumbered voluntarily or by operation of law, whether for the benefit of creditors or otherwise, without the prior written approval of the Company. In the event of any such unapproved transfer, including any bankruptcy proceeding, this Agreement shall be null and void. No approved transfer shall release the Contractor or any surety of the Contractor of any liability hereunder without the express consent of the Company.

第5条 禁止行為
受託者、その本人及び従業員の経験、知識、能力及び評判は本契約を締結する重大な理由である。したがって、受託者は、委託者の書面による明示の許可なしに、本件業務を第三者に代理させ、本件業務の全部又は一部を実行するため第三者と契約をしないものとする。加えて、本契約又はその利益は、委託者の事前の書面による許可なしに、全債権者の利益のためになすものか否かを問わず、自発的にまた法の適用により、移転し、譲渡し、負担を付することができない。破産手続を含むこの無許可の譲渡の場合、本契約は無効となる。無許可の移転は、委託者の明示の同意なくして、受託者又はその引受人を本契約に基づく責任から免責するものではない。

[委託者の競争業者との取引を禁じる]

Article 5. No Services to Competitors
During the term of this Agreement, the Contractor and its employees and other personnel shall not provide services or other assistance of any kind to any direct competitor of the Company. If the Contractor is uncertain whether a customer or potential customer is a direct competitor of the Company, it shall promptly inform the Company of the matter and consult the matter with the Company.

第5条 競業者に対するサービスの禁止
本契約の期間中、受託者並びにその従業員及び他の人員は、委託者の直接的競業者に対していかなるサービス又はその他の支援を提供しないものとする。受託者が、顧客又は潜在的顧客が委託者の直接的競業者であるかどうかが確かではない場合には、委託者に対して、そのことを直ちに通知し、委託者とその事項を話し合うものとする。

[サービス提供に対する報酬]

Article 6. Fee

1. The fee for the Scope of Services is US$1,000,000.00 (excluding tax).
2. Unless approved by the Company in writing in advance, the Company shall not be liable for any additional fee, or other expenses such as telecommunications, travel, lodging, photograph, printing and copying costs and sundry expenses, incurred by the Company during the course of performance of the Scope of Services.

第6条　委託料
1. 本件業務の委託料は，金100万米ドルとする（税抜き）。
2. 委託者は，委託者が書面により事前に承認したもの以外，追加の委託料，並びにその他本件業務の遂行の過程で受託者に発生した通信費，交通費，宿泊費，写真代，印刷代，コピー料，雑費等のその他の費用を一切負担しない。

[報酬の支払方法]

Article 7. Payment Schedule
Subject to timely performance of the Scope of the Services by the Contractor in accordance with this Agreement at the time of each due date for payment, the Company shall make payments of the fee provided for in Article 6 here of and accounted for the preceding month, with the consumption tax added, by the last day of each month, by wire transfer into the following bank account designated by the Company:

Name of Bank, Branch :
Type of Account : Savings account
Account Name and Number :

第7条　支払い方法
各支払時点において本件業務が本契約の定めに従い受託者により適時に履行されていることを条件として，委託者は，前月分の委託料として，第6条の委託料に消費税相当額を加算した額を，毎月末日までに受託者指定の以下の銀行預金口座に振込み支払うものとする。

銀行・支店名：
預金種類：普通
口座名義人及び口座番号：

[報告義務に加えて，委託者の調査権限を定めた詳細な規定]

Article 8. Reports and Records

8.1 In accordance with the instruction by the Company, the Contractor shall, periodically and upon request by the Company, prepare and submit to the Company in writing, faithfully in close contact with the Company, such reports concerning the performance of the Services required by this Agreement as the Company shall require. The Contractor shall comply with the Company's reasonable instructions as to the contents and format of the Reports. The Contractor hereby acknowledges that the Company is greatly concerned about the cost of work and Services to be performed pursuant to this Agreement. For this reason, the Contractor agrees that if the Contractor becomes aware of any facts, circumstances, or events that may or will materially increase or decrease the cost of the work or services contemplated herein, the Contractor shall promptly notify the Company of said fact, circumstance, or event and the estimated increased or decreased cost related thereto.

8.2 The Contractor shall keep, and require subcontractors to keep, accurate and detailed books and records that shall be necessary to perform the Services required by this Agreement and enable the Company to evaluate and audit the performance of such Services. The evaluation and audit may be performed by the Company personnel or by an accountant or accounting firm hired by the Company. The Company shall perform the evaluation and audits during the Contractor's normal business hours at the Contractor's offices or at a nearby location designated by the Contractor. The Company shall provide the Contractor at least five (5) business days notice before the evaluation and audits. Such records shall be maintained for a period of three (3) years following completion of the Services hereunder, and the Company shall have access to such records in the event any evaluation and audit is required.

第8条 報告と記録

8.1 受託者は、委託者の指示に従い、定期的に且つ委託者の要求により、委託者と密接な接触を保ちながら、委託者が求める本契約が求めるサービスの事項に関する報告を書面で作成して委託者に提出するものとする。受託者は、委託者による報告書の内容及び様式に関する合理的な指示に従わなければならない。受託者は、委託者が本契約に基づき実行する仕事とサービスの費用につき重大な関心を持っていることを承認する。この理由から、受託者は、受託者が本契約で予定した仕事又はサービスの費用が重大に増加又は減少するような事実、状況又は事件を知るに至った場合、受託者は直ちに委託者にこの事実、状況又は事件を通知し、これに関する費用の増減の見積もりを通知する。

8.2 受託者は、本契約が要求するサービスの実行に必要な正確且つ詳細な会計帳簿及び記録を保持しまた下請負人にこれを保持させるものとし、また委託者がこのサービスの評価と監査ができるようにするものとする。評価と監査は、委託者の人員、

若しくは，委託者によって委嘱される会計士又は会計事務所によって行うことができるものとする。委託者は，受託者の通常の営業時間内に，受託者の営業所，又は受託者によって指示された近くの場所において，評価と監査を実施するものとする。委託者は受託者に対して，その評価と監査の日の少なくとも5営業日前に通知を行うものとする。この記録は本契約に基づくサービスの完了後3年間保持するものとし，また委託者は評価と監査が要求される場合この記録にアクセスできるものとする。

[受託者が業務上作成した文書等の知的財産権の帰属]

Article 10.　Copyright

The Company shall own any Intellectual Property Rights that may be created by deliverables as a result of the Scope of Services performed by the Contractor.

第10条　著作権等

受託者による本件業務の履行の結果として派生物が創設する知的所有権は，すべて委託者に帰属するものとする。

[主として受託者の責任についての規定]

Article 9.　Liability for Damages

1　In the event that the Contractor's in the performance of the Scope of Services, or the Contractor or the Contractor's personnel during the Term of the Agreement intentionally or negligently, causes any loss or damage to the Company or any third parties, the Contractor shall be liable for such loss or damage.

2　The Contractor shall be responsible as an employer for all actions and conducts of the personnel required to render the Scope of Services under this Agreement.

第9条　損害賠償責任

1　受託者が，本件業務の遂行に関し，又は本契約期間中受託者又は受託者の従業員の故意又は過失により，委託者又は第三者に対し損害を与えた場合，受託者はその損害の賠償の責めを負うものとする。

2　受託者は，本件業務に従事することを要する従業員の一切の行動については，使用者として責任を負うものとする。

Limitation of liability

1 Subject to the Company's obligation to pay the Price to the Contractor, either party's liability in contract, tort or otherwise arising directly out of or in connection with this Agreement or the performance or observance of its obligations under this Agreement and every applicable part of it shall be limited in aggregate to the Service Fee.

2 To the extent it is lawful to exclude the following heads of loss and subject to the Company's obligation to pay the Service Fee, in no event shall either party be liable for any loss of profits, loss of goodwill or business, loss of data or any other indirect or consequential loss or damage whatsoever.

責任の制限

1 受託者に本金額を支払うべき委託者の義務に従い，本契約又は本契約の全部若しくは一部に基づくその義務の履行又は遵守から直接生じる各当事者の責任は，契約，不法行為又はその他の責任かを問わず，合計でサービス報酬の額に制限される。

2 以下の損失を排除することが適法である範囲内で，また委託者のサービス報酬を支払う義務に従い，各当事者は，利益の損失，グッドウィル若しくはビジネスの損失，データの損失又はその他の間接的又は結果的損失又は損害につきそのいかんを問わず責任を負わないものとする。

X-2 コンサルティング契約

コンサルティング契約は，サービス契約の一類型といえるが，提供する役務が「コンサルティング」という特殊性がある。コンサルティングは，ビジネスのコンサルティングが多いのは確かであるが，非営利の研究活動などに及ぶ場合もあり，場面に応じた留意が必要である。ここでは当事者を，依頼者（Company）とコンサルタント（Consultant）とする。以下は，コンサルティング契約に特徴的な条項のみ示すこととする。

［委託の範囲と仕事の水準を示した規定］

Article 1.　Scope of Work

1.1 The Company has engaged the Consultant to provide the Company the services set forth in Exhibit A attache hereto (the "Services"), subject to the terms and conditions here of, and the Consultant hereby accepts the engagement.

1.2 The Consultant shall devote twenty (20) hours per month in performing the services for the Company as stated herein. The Consultant shall have discretion in selecting the dates and times it performs such consulting services throughout the month giving due regard to the needs of the Company's business.

1.3 In rendering consulting services under this Agreement, the Consultant shall conform to high professional standards of work and business ethics. The Consultant shall not use time, materials, or equipment of the Company without the prior written consent of the Company. In no event shall the Consultant take any action or accept any assistance or engage in any activity that would result in any governmental body, research institute or other person, entity, or organization acquiring any rights of any nature in the results of work performed by or for the Company.

1.4 The Consultant shall not use the service of any other person, entity, or organization in the performance of the Consultant's duties without the prior written consent of an officer of the Company. In case of the Company's consent to said use, no information regarding the Services to be performed under this Agreement shall be disclosed to that person, entity, or organization until such person, entity, or organization has executed an agreement to protect the confidentiality of the Company's Confidential Information (as defined in Article 5) and the Company's absolute and complete ownership of all right, title, and interest in the Services performed under this Agreement.

第１条　仕事の範囲

1.1 依頼者は，別紙Ａ記載のサービス（「本サービス」）を本契約の条件に従い依頼者に提供するためコンサルタントを雇用した。コンサルタントは，この雇用を受諾する。

1.2 コンサルタントは依頼者に対しサービスを履行するに際し月当たり20時間を専念する。コンサルタントは，依頼者のビジネスの必要性を適切に考慮し，当該月においてこのコンサルティング・サービスを実行する日時を選択する裁量を有するものとする。

1.3 本契約に基づきコンサルティング・サービスを行うに際し，コンサルタントは作業とビジネス倫理につき高い職業上の基準に合致するものとする。コンサルタントは，依頼者の書面による事前の同意なしに，依頼者の時間，材料又は設備を使用しないものとする。コンサルタントは，政府，研究機関又はその他の人，団体，法人が依頼者のため実施する作業の結果に権利を有することとなるような活動に参加し，支援を受け，又は従事しないものとする。

1.4 コンサルタントは，依頼者の書面による事前の同意なしに，その責務を実行するに際し他の人，団体又は法人のサービスを使用しないものとする。依頼者がこの使用に同意する場合，本契約により実行するサービスに関する情報は，その人，団体

又は法人が，依頼者の機密情報（第5条所定）の機密性，及び本契約に基づき作成された作業に対する一切の権利，権限及び利益についての依頼人の絶対的且つ完全な所有権を保護するための契約を締結するまで，その人，団体又は法人に開示しないものとする。

［コンサルティングの基準を示す規定］

Article 2. Standard of Services

2.1 The Consultant shall use commercially reasonable efforts to provide the Services in a professional manner with due care and in accordance with accepted applicable industry standards. and in compliance with all applicable laws and regulations, and comply with the requests and instructions given by the Company in connection with this Agreement; provided, however, that the Consultant disclaims all warranties concerning the Company's business or other outcomes resulting from the Services.

2.2 The Services to be performed by the Consultant shall be performed by the personnel listed in Exhibit B. The Consultant may not replace or reassign such personnel without prior written consent of the Company. If any such personnel leave the Consultant's employment, the Consultant shall replace personnel with a person with at least equivalent experience and qualifications. The Company shall have the right to review and approve such replacement personnel.

第2条 サービスの基準

2.1 コンサルタントは，専門家としての方法で適切な注意を払い，適用される産業基準に従い，適用される法規を遵守して，商業的に合理的な努力をして本サービスを提供する。また，本契約に関連して依頼者の行う要求及び指示を遵守するが，但しコンサルタントは，本サービスによる依頼者の営業又はその他の結果に関する全ての保証を否認する。

2.2 コンサルタントが行う本サービスは，別紙B所定の社員が行うものとする。コンサルタントは，依頼者の書面による事前の同意なしに，この社員を交代または配置転換することはできない。この社員がコンサルタントの雇用を去った場合，コンサルタントは少なくとも同等の経緯と資格を持った者で交代させる。依頼者はこの交代人事を検討し同意を与える権利を有する。

[コンサルタントは従業員ではなく独立した契約当事者であることを確認する規定]

Article 3.　Independent Contractor

1　The Consultant is an independent contractor and is not an employee, partner, or co-venturer of, or in any other service relationship with, the Company. The manner in which the Consultant's services are rendered shall be within the Consultant's sole control and discretion. The Consultant is not authorized to represent, or obligate the Company in any manner without the prior express written authorization from the Company.

2　The Consultant and the Consultant's employees shall not be eligible for, and shall not participate in, any employee pension, health, welfare, or other fringe benefit plan of the Company. No worker's compensation insurance shall be obtained by Company covering the Consultant or the Consultant's employees.

第3条　独立契約当事者

1　コンサルタントは，独立した契約者であり，依頼者の従業員，パートナー又は共同事業者ではなく，あるいはその他のサービス関係にあるものでもない。コンサルタントがサービスを提供する方法は，コンサルタントの独占的な支配及び裁量の範囲内にある。コンサルタントは依頼者から書面による事前の許諾がない限り，方法の如何を問わず，依頼者を代理したり，義務を負わせたりする権限を有しない。

2　コンサルタント及びその従業員は，依頼者における従業員の年金，健康，福利又はその他のフリンジ・ベネフィットの資格を有することはなく，またそれに加入しないものとする。依頼者は，従業員の労災保険をコンサルタント又はその従業員をカバーするよう取得することはない。

[一般的な報酬・費用弁償の規定]

Article 4.　Compensation for Consulting Services

4.1　The Company shall pay to the Consultant $10,000.00 per month for services rendered to the Company under this Agreement. The monthly compensation shall be paid on the first of the month following the month the services were provided. The monthly compensation shall be paid regardless of the number of consulting hours provided by the Consultant in a particular month.

4.2　The Company agrees to reimburse the Consultant for all actual reasonable and necessary expenditures, which are directly related to the consulting services. Expenses incurred by the Consultant shall be reimbursed by the Company within 15 days of the Consultant's proper written request for reimbursement.

4.3 All sales, consumption, value-added, or similar taxes assessed on the Service Fee shall be the responsibility of the Company. If relevant laws or regulations require the Company to withhold from the payments of the Service Fee any income taxes imposed on the Consultant, the Company shall comply with such requirements and provide the Consultant with the related tax-withholding certificates.

第4条　コンサルティング・サービスに対する報酬
4.1　依頼者は本契約に基づき依頼者に提供するサービスの対価として毎月1万ドルをコンサルタントに支払うものとする。月々の報酬は，サービスが提供された月の翌月初日に支払うものとする。月々の報酬は特定の月にコンサルタントが行ったコンサルティングの時間数にかかわらず支払われるものとする。
4.2　依頼者はコンサルタントに対し，現実的に妥当で且つ必要な出費につき保証することに合意する。この出費はコンサルティング・サービスに直接関連するものとする。コンサルタントが被る費用は，コンサルタントからの適切な書面による要求から15日以内に依頼者が弁償するものとする。
4.3　サービス報酬に対して課せられる一切の販売税，消費税，付加価値税その他類似の税金は依頼者負担とする。関連する法規が，依頼者に対し，コンサルタントに課される所得税をサービス報酬の支払いから源泉徴収することを要求する場合，依頼者はこの要求に従うものとし，コンサルタントに対し関連する源泉徴収証明書を提供するものとする。

［タイムチャージによる報酬の場合］

Compensation based on Time-Charge
In consideration of the Services to be provided by the Consultant to the Company under this Agreement, the Company shall pay the Consultant a fee on a calendar month basis (hereinafter referred to as the "Fee"). The Fee shall be calculated based on the hourly fee rates and number of hours worked by the Consultant personnel during the calendar month in the course of providing the Services. The hourly fee rates shall be as stated in the Consultant's Fee Schedule attached hereto as Exhibit A. Within thirty (30) calendar days from the end of each calendar month, the Consultant shall submit to the Company the statement, as showing the name of each the Consultant, the hourly rate, the number of hours spent, the job description made, the amount of fee to be payable, and other data for calculation thereof with respect to the service rendered during each such calendar month. If the Consultant believes that the Fee for any given calendar month is reasonably likely to ex-

ceed US$100,000.00 it will promptly inform the Company, and the Parties shall discuss and mutually agree on the handling of the matter.

タイムチャージによる報酬

　本契約に基づきコンサルタントが依頼者に対して提供するサービスの対価として，依頼者はコンサルタントに対して，本契約の期間中，暦月ごとのサービス報酬を支払う（以下「本報酬」という）。本報酬は，時間単価及び本サービスを提供する当該暦月のコンサルタントの担当者が作業した時間数に基づいて計算する。時間単価は，添付別紙Aの「コンサルタント報酬一覧」に記載される。各暦月の末日から30日以内に，コンサルタントは，コンサルタントの氏名，時間単価，要した時間数，仕事の詳細，支払う報酬額，及びその他その月に提供したサービスに関する計算のためのデータを記載した計算書を依頼者に提出するものとする。コンサルタントが，その月の本報酬が，合理的に10万ドルを超えるであろうと考えた場合には，速やかに依頼者に対してその旨告げるものとし，両当事者は，これについて協議し取扱いについて相互に合意するものとする。

　以下に，コンサルタントが業務遂行中に創造した"成果物"の扱いに関する規定を検討する。

[職務著作に関する規定]

Article 5. Works Made for Hire
(i)　In this Agreement the term "Work Product" shall mean all work product generated by the Consultant solely or jointly with others in the performance of the Services, including, but not limited to, any and all information, notes, material, drawings, records, formulae, processes, technology, software, know-how, designs, inventions, copyrights, trademarks and trade secrets.
(ii)　Work Product shall belong exclusively to the Company and shall be deemed to be works made for hire (the "Deliverable Items"). To the extent that any of the Deliverable Items may not, by operation of law, be works made for hire, the Consultant hereby assigns to the Company the ownership of copyright or mask work in the Deliverable Items and entire right, title, and interest in and to any Deliverable Items, and the Company shall have the right to obtain and hold in its own name any trademark, copyright, or mask work registration, and any other registrations and similar protection which may be available in the Deliverable Items. The Consultant agrees, at the request and cost of the Company, to promptly sign, execute, make and do all such deeds, documents, acts and

things as the Company may reasonably require or desire to perfect the Company's entire right, title, and interest in and to any Deliverable Items. The Consultant shall not make any use of any of the Deliverable Items in any manner whatsoever without the Company's prior written consent. All Work Product shall be promptly communicated to the Company.

(iii) In the event that the Consultant integrates any work that was previously created by the Consultant into any Work Product, the Consultant shall grant to, and the Company is hereby granted, a worldwide, royalty-free, perpetual, irrevocable license to exploit the incorporated items, including, but not limited to, any and all copyrights, patents, designs, trade secrets, trademarks or other intellectual property rights, in connection with the Work Product in any manner that Company deems appropriate. The Consultant warrants that it shall not knowingly incorporate into any Work Product any material that would infringe any intellectual property rights of any third party.

第5条 職務著作

(i) 本契約において「本著作物」とは本サービスの履行においてコンサルタントが単独で又は第三者とともに作成した一切の著作物をいい、これには一切の情報、ノート、素材、図面、記録、方策、プロセス、技術、ソフトウェア、ノウハウ、デザイン、発明、著作権、商標及びトレードシークレットを含むがこれらに限定されない。

(ii) 本著作物は、依頼者に独占的に帰属するものとし、またこれは職務著作物（「成果物」）とみなされる。成果物が法の適用により職務著作物とされない場合、コンサルタントは依頼者に対し、その成果物の著作権又はマスクワークの所有権、及び成果物に対する一切の権利、権限及び利益を移転し、また依頼者はその成果物に対し商標、著作権又はマスクワークの登録を、及び成果物に利用可能なその他の登録及びこれと類似の保護を自己の名義で取得し保有する権利を有する。コンサルタントは、依頼者の要求と費用によって、成果物に対する依頼者の完全なる権利、権限及び利益を実行するため依頼者が合理的に要求し希望する一切の書面、書類、行為及び事項を直ちに署名し、作成し、行うことに合意する。コンサルタントは、依頼者の書面による事前の同意なしには、方法のいかんを問わず、一切成果物を使用しないものとする。一切の本著作物は直ちに依頼者に伝達される。

(iii) コンサルタントが自己が以前作成した文書（work）を本著作物に導入する場合、コンサルタントは依頼者に対し、導入された項目を利用する全世界での、ロイヤルティなしの、永久の、取消し不能条件でライセンスを許諾するものとし依頼者はこの許諾をうけるが、この導入項目には本著作物に関連する一切の著作権、特許、デザイン、トレードシークレット、商標又はその他の知的財産権を含むがこれに限定されず、またこれは依頼者が適切と考える方法による。コンサルタントは、第三者の知的財産権を侵害するような素材を本著作物に故意に組み入れないことを保証

する。

なお職務発明については、更に Ⅸ 2 (9) 雇用契約の項を参照のこと。

[コンサルタントが既存の著作物を使用する場合の規定（簡易な別案）]

Article 5.   Intellectual Property
5.1   Upon payment of all Fees hereunder, ownership of all Deliverables resulting from, or delivered to the Company in connection with, the Services shall vest in the Company.
5.2   The Consultant may incorporate into the Deliverables pre-existing work or materials only if either they are provided by the Company or if they are owned or licensable without restriction by the Consultant. To the extent that pre-existing work or materials owned or licensed by Consultant are included in the Deliverables, subject to the Company's payment of all Fees hereunder, the Consultant grants to the Company an irrevocable, nonexclusive, worldwide, royalty-free right and license to use, execute, reproduce, display and distribute (internally and externally) the copies of, and prepare derivative works based upon, such pre-existing work and materials.

第5条　知的財産
5.1　本報酬の支払いにより、本サービスから生じ又はこれに関連し依頼者に引渡される成果物の所有権は依頼者に帰属するものとする。
5.2　既存著作物が依頼者によって提供された場合、またはコンサルタントがこれを所有もしくは制限なく許諾可能である場合に限り、コンサルタントはこの既存著作物を成果物に組み入れることができる。コンサルタントにより所有または許諾される既存著作物が成果物に組み入れられる場合、本報酬を依頼者が支払うことを条件として、コンサルタントは依頼者に対し、この既存著作物のコピーを（内部的かつ外部的に）使用し複製し表示し配布する、またこの既存著作物に基づき二次著作物を作成するについての、取消し不能条件の、非独占的な、全世界での、ロイヤルティ無料のライセンスを許諾する。

　上記は依頼者に外部使用をも認めるものであるが、"a license (without the right to sublicense) to use such pre-existing materials as part of and in connection with the Deliverables solely for Company's internal business purposes"（依頼者の内部目的のみに成果物の一部としてこれに関連してこの既存著作物を使用するライセンス）というように、より制限的な規定もありうる。

[競業禁止及び勧誘禁止を定めた規定]

Article 6.　Non-Competition and Non-solicitation

1　During the term of this Agreement, the Consultant shall not engage in any business or other activities which are, directly or indirectly, competitive with the business activities of the Company without obtaining the prior written consent of the Company. The Consultant shall not consult or provide any services in any manner to a direct/indirect competitor of the Company.

2　The Consultant covenants and agrees that during the term of this Agreement and for a period of one (1) year thereafter, the Consultant shall not, directly or indirectly, solicit, hire for employment, or recommend for employment or work with, on a part-time, consulting, advising, or any other basis, other than on behalf of the Company any employee or independent contractor employed by the Company.

第6条　競業禁止及び勧誘禁止

1　本契約期間中，コンサルタントは，依頼者の書面による事前の同意なしに，依頼人の事業と直接・間接に競合する事業等に従事しない。コンサルタントは，いかなる方法でも，依頼者の直接・間接の競合会社に対しコンサルティングをしたりサービスを提供したりしない。

2　コンサルタントは，本契約期間中且つその後1年間，依頼者の雇用する従業員又は独立の契約者に対し，直接・間接に，依頼者の利益のため以外に，勧誘したり，雇用したり，共に作業したりしないものとし，それが非常勤か，コンサルティングか，顧問か又はその他の方法かを問わない。

[責任を限定する規定]

Article 7.　Liability

neither party shall be liable to the other party for any consequential or indirect damages suffered by such other party in connection with the Services or this Agreement. In addition, notwithstanding any provision herein to the contrary, the aggregate liability incurred by either party under this Agreement under any legal theory, shall not exceed the total of the Fees which have been actually paid to the Consultant in the previous twelve (12) months under this Agreement.

第7条　責任

いずれの当事者も他方当事者に対して，本サービスや本契約に関して，他方当事者が

被った，結果的な又は間接的な損害の責任を負わない。加えて，本条項と矛盾する条項の定めにもかかわらず，いかなる法律上の理論に基づいた場合であっても，本契約に基づいて，一方当事者が負担する責任の合計は，本契約に基づいて，コンサルタントに過去12ヵ月間に現実に支払われた報酬の合計額を超えないものとする。

XI 合弁契約
(Shareholders Agreement)

表題
前文
説明部分
　1. 定義
　2. 会社設立
　3. 資本金
　4. 株式引受と払込み
　5. 株主総会
　6. 取締役会
　7. 任期と欠員
　8. 監査役
　9. 役員
　10. 全会一致を要件とする行為
　11. 株式譲渡の制限
　12. 第一拒否権（先買権）
　13. 会計年度
　14. 会計，帳簿及び会計記録
　15. 配当
　16. 税金
　17. 当事者の協働（技術，材料供給，製品販売，財務支援）
　18. 費用
　19. 競業禁止
　20. 有効性と期間
　21. 解除
　22. 解散
　23. 一般条項
付：取締役会議事録

1 合弁契約の特徴

　合弁は比較的少数の当事者による特定の事業を共同で営むための契約に基づき設立される事業の形態である。その目的のために関係当事者は契約を締結することが必要になり，その契約が合弁契約と呼ばれるがその法的性質は必ずしも明確ではない。しかし一般的に言えば，資本を共同拠出し，業務執行に関与し損益配分にあずかることが基本的特徴といえよう。

　これには株式会社等の会社形態と会社形態をとらないパートナーシップやジョイント・ベンチャー等の形態に大別することができる。会社形態をとらないパートナーシップの利点は，各出資者が，その持分に応じて，直接に納税義務者となるということである。パートナーシップは納税主体とならずこれを通過するという意味で，これを pass-through（entity）ということがある。

　他方でパートナーシップの欠点は，法人格がないので，出資者は会社債権者に対して直接の責任が生じることになる。なおパートナーシップは民法上の組合ではない。両者は法人格がない点では同じだが，多くの異なる点がある（例えば，パートナーシップは直接財産を所有することができる，契約当事者となれる，訴訟の被告となる，などであるが，民法上の組合はいずれも当てはまらない）のでパートナーシップを組合と翻訳するのは誤りである。なお，アメリカには，法人格による法的責任の遮断と税法上の pass through との両方の長所を持った LLC という法人形態がある。

　会社形態をとらない場合，タイトルは"Joint Venture Agreement"とすることが一般的である。中身としてはパートナーシップの場合もあれば，そうではない単なる短期的な合弁事業の場合もある。会社形態をとる場合，合弁当事者の関係は株主としての関係に置き換わるので，タイトルは"Shareholders Agreement"とされることが多く，そのほうがよいであろう。

　以下では，会社形式による場合を取り上げるが，したがって多くは会社法上の論点が関係することとなる。

2　条項の解説

Shareholders Agreement

Whereas, XYZ is engaged in the business of manufacturing and selling various products (hereinafter referred to as the "Products") in the United States and in exporting them to Japan; and

Whereas, ABC is engaged in the business of marketing and selling the Products in Japan;

Whereas, XYZ and ABC are desirous of establishing a new company in Japan to be jointly controlled, operated and managed by the parties hereto for the purpose of manufacturing and selling the Products under the terms and conditions set forth herein.

NOW, THEREFORE, in consideration of the promises and the mutual covenants, conditions and undertakings of the parties herein contained, the parties hereto do hereby agree as follows:

XYZ はアメリカで種々の製品（「本製品」）の製造販売に，また日本へこれを輸出することに従事しており，
ABC は本製品を日本で販売する事業に従事しており，
XYZ と ABC は本契約の条件で本製品を製造販売する目的で両当事者が共同で支配経営する新会社を日本に設立することを希望しており，
よってここに，当事者の本契約における前提事項，並びに相互の約束，条件及び引受を約因として，本契約当事者は以下の通り合意する：

(1)　設　立

設立には発起設立と募集設立がある。

一方当事者のみの手で手続を進めることができて好都合であるので，特に国際的な合弁会社を日本で設立する場合は募集設立であることが少なくない。

Article 2.　Incorporation

2.1　The parties hereto shall, as soon as practicable after this Agreement takes effect pursuant to the provision set forth in Article 20 hereof, incorporate or cause to be incorporated under the laws of Japan, a stock corporation to be named in Japanese language "Kabushikigaisha JapCo" and in English "JapCo Co., Ltd." (hereinafter referred to as the "New Company").

2.2　New Company shall adopt the Articles of Incorporation in accordance with the provisions of this Agreement; provided, however, that the text of the Articles of Incorporation shall be attached hereto as Exhibit A which is a part of this Agreement.

2.3 The objectives and purposes of the New Company shall be as follows:
   a) The manufacture and sale of the Products in Japan (the "Territory"),
   b) ……
   c) Other business activities in the Territory, to which both of the parties hereto agree in writing from time to time.

2.4 The principal office of the New Company shall be in Chiyoda-ku, Tokyo, Japan. The principal office may be moved to any other place in Tokyo approved by all the parties hereto.

第2条　会社設立

2.1　本契約当事者は，本契約が第20条に定める規定に従って発効した後，可及的速やかに，日本語で「株式会社JapCo」，英語で「JapCo Co., Ltd.」と称する株式会社（以下「新会社」という）を日本法に準拠して設立する。

2.2　新会社は，本契約の条項に従って定款を採択するものとする。但し定款の文面は，別紙Aとして本契約の一部として添付されるものとする。

2.3　新会社の目的は以下のとおりとする。
   a) 日本（「本地域」）における本製品の製造及び販売。
   b) ……
   c) 適宜書面により両当事者が合意する本地域におけるその他の事業活動。

2.4　新会社の主たる事務所は，日本国東京都千代田区に置くものとする。この事務所は，本契約両当事者の承認する東京の他の場所に移転することができる。

アメリカの会社法では，基本定款（Articles of Incorporation, Certificate of Incorporation）と附属定款（Bylaws）とを作成する。基本定款は基本事項しか規定せず，発起人が作成しこれに署名した後，州政府に届出を行う。届出の日に法人格を取得する。アメリカではデラウェア州法人が圧倒的に多い。附属定款は，会社内部の運営方針を定める定款であり，日本の会社定款の記載事項はこの附属定款に近い。

会社の事業目的は，国によって区々である。アメリカでは定款で"any lawful act or activity for which corporations may be organized under the General Corporation Law of Delaware"（デラウェア州法人の例）などとして特定しないことも多く行われている。

なお，例文の2.1は，例えば会社設立が政府の許認可にかかる場合に特に発効

日を規定したものである。

（2） 資本制度
資本に関する内容は新会社（合弁会社）設立国の資本制度により異なる。
① 株式の種類
新会社（合弁会社）の発行する株式の種類が詳細に取り決められる。株式は一般に額面株式（par-value share）と無額面株式（non-par-value share）の区分や普通株（common stock）と種類株（class stock）の区分が考えられる。後者は条件の優劣に着目し，普通株式（ordinary share），優先株式（preferred share），劣後株式（deferred share）のようにも分けられる。
② 増　資
ほとんどの国で増資は，会社法上取締役会の決議とされている。我が国では授権資本制度を採用している（会社法37条1項，199条1項・2項，201条1項）。増資に際し株主は必ずしも新株引受権（pre-emptive right）を有しない。我が国会社法では，株主割当ての問題となり，定款に規定を置けば株主に新株引受権を付与したと同じ結果を得ることができ（同法202条1項），さらに取締役会の決定に委ねる旨規定しておけば取締役会の決議により株主割当で新株発行ができることになる（同条3項2号・3号）。アメリカの模範事業会社法（Model Business Corporation Act）の24条では基本定款によって新株引受権を制限又は排除できる旨定めており，これは多くの州で採用されているが，1955年改正により，基本定款に別段の規定のないかぎり，株主は新株取得の優先権を有しない旨の規定を選択的に採用できることを定め，若干の州で採用されている。またイギリス会社法上，普通株式の株主に新株引受権があるとされている。

したがって合弁契約においては，定款に株主は新株引受権を有するか否かを取り決めることが必須となる。
③ 譲渡の制限
我が国は，定款をもって株式譲渡は会社の承認を要する旨を定めることができ（会社法107条），取締役会設置会社では取締役会の決定によることになる（同法139条）。アメリカは株券にその旨記載することを条件に，裁判所は譲渡禁止にならないかぎり譲渡制限を認めている。

Article 3.　Capital

3.1 The New Company shall have an authorized capital of Four Hundred Million Japanese Yen (￥400,000,000-) consisting of ten thousand (40,000) shares of common stock, having a par value of Ten Thousand Japanese Yen (￥10,000-) each. The New Company shall issue Ten thousand (10,000) shares at the time of its incorporation.

3.2 The authorized but unissued shares of the New Company may be issued from time to time as the Board of Directors of the New Company so decides subject to the provisions of this Agreement.

第3条　資本金

3.1　新会社は，1株当たり額面1万円の普通株式4万株からなる授権資本4億円を有する。新会社設立時の発行株式数は1万株とする。

3.2　新会社の授権株式で未発行分は，本契約の条項に従い，新会社の取締役会の決定により適宜発行することができる。

[資本の出資割合を維持する規定]

Article 4.　Subscription and Payment of Parties

4.1 The parties hereto shall subscribe for and pay for the shares of the common stock of the New Company to be issued at the time of its incorporation in full and in cash as follows:

(i)　ABC　　50 percent　　5000 shares　　50,000,000 Yen
(ii)　XYZ　　50 percent　　5000 shares　　50,000,000 Yen

4.2 If the New Company issues new shares in the future, the parties hereto shall have the pre-emptive right to subscribe to such new shares in proportion to their then existing shareholding ratio in the New Company. If either party decline to subscribe to such new shares, the pre-emptive right of such party shall pass to the other party, who shall have the right to acquire all or any part of the shares not subscribed by such party. Shares not subscribed by either party may be issued to any third party at the same price and on the same terms as offered to the shareholders.

4.3 The new shares subscribed shall be paid for by the parties and/or the third party obtaining the allotment as described above, within 14 days after their subscription.

第4条　株式の引受けと払込み

4.1　本契約当事者は，新会社の設立時に発行される新会社の普通株式を全額現金で次の通り引き受けて支払う。

(i)　ABC　　50％　　5000株　　5000万円
(ii)　XYZ　　50％　　5000株　　5000万円

4.2　新会社が将来新株を発行する場合，両当事者は，新会社においてその時存在する保有比率に応じてこの新株を引き受ける新株引受権を有するものとする。一方当事者が，この新株の引受けを辞退する場合，この当事者の新株引受権は他方当事者に移転するものとし，この当事者が引き受けなかった株式の全部又は一部を取得する権利を有する。どちらの当事者も引き受けなかった株式は，その株主に提案されたと同一の金額及び同一の条件で第三者に発行することができる。

4.3　上記の割当てを得た当事者又は第三者は，引き受けた新株につき引受けから14日以内に支払う。

（3）　会社の運営

以下は会社組織の運営（management）について論じる。会社の内部事項は法人属人法によることになり，通説はこれを設立準拠法と解している（後述参照）。したがって，設立準拠法を基準として，合弁会社の組織につき規定することになる。合弁会社の運営は会社の機関である株主総会，取締役会，取締役，監査役，代表取締役・役員等を通じて行われ，合弁契約当事者は合弁会社の株主として経営に参画することになる。

①　株主総会

議決権の数については，日本は1株につき1個の議決権をもつ1株1議決権の原則を採用しているが，アメリカのように複数議決権を採用する国もある。議決権の代理行使を認めるか否かは，定款に定めるべきである。また，定足数（quorum），普通決議・特別決議につき特別の定めをするのであれば，やはり定款と契約に定めるべきである。但し，いずれにしても設立準拠法に依拠しない定めは，契約上有効であっても会社法上は効力・強制力を有せず，これに違反しても契約違反とはなっても会社法上の効力は存しない。さらに，一定の重要事項につき少数株主に総会での拒否権を与えることが考えられる（拒否権付き種類株式として会社法108条1項8号）。なお，定款で一定の決議事項の決議要件を加重して，事実上この少数株主の拒否権を保証することもありえる。

②　取締役会

取締役会の決議要件は出席取締役の過半数とするのが一般的であるが，決議要件の加重もありえる。また一方の当事者が少数派である場合には，決議要件として，例えば各当事者が選出した取締役の少なくとも1人の取締役の出席が必要となるような数にするとか，少数派株主側代表の取締役に拒否権を与える

方法もある。なお取締役会が少数派で構成されている場合には全会一致を原則とする方法も有効且つ効果的な場合がある。

　英米法系の国ではほとんどの場合，代理取締役（alternate director）が認められているが，日本では認められていない。テレビ会議による取締役会の開催も有効とされる国が多いであろう（日本では会社法施行規則101条3項1号で認められる）。書面決議は我が国では定款で規定すれば認められるが（会社法370条），アメリカでは州によるが全取締役が署名により同意すれば取締役会を開かないで業務執行を行うことが可能である。

　取締役会の決議が可否同数の場合には，取締役会の議長に1票を与えて可否を決定することが行われているが，取締役会議長にキャスティング・ボート権を与えるか否かは取締役会議長の選任の際に重要な問題となる。

［株主総会の規定］

Article 5.　General Meetings

5.1　An ordinary General Meeting of Shareholders of New Company shall be held by resolution of its Board of Directors within ninety (90) days from the last day of each accounting period of New Company. An extraordinary General Meeting of Shareholders shall be held by resolution of the Board of Directors whenever necessary.

5.2　Except as otherwise required by law, the General Meeting shall be convened by a president of the New Company in accordance with a resolution of the Board of Directors. Notice of the General Meeting shall be directly given in writing to each shareholder listed in the shareholder registry entitled to vote not less than 14 days before the date of such General Meeting, specifying the place, the day and the hour of the General Meeting and the general nature of the business to be transacted at the General Meeting.

5.3　At the General Meeting, each share shall carry one (1) vote. A shareholder may exercise its vote by proxy, who need not be a shareholder, provided that such proxy shall present to the New Company a document, the form of which shall be furnished to each shareholder or designated by the New Company, pursuant to law, evidencing his appointment as proxy.

5.4　The President of the New Company shall act as chairman at general or special meetings of shareholders unless otherwise permitted or provided by the Articles of Incorporation of the New Company.

5.5　A quorum for a General Meeting shall require a majority of the total issued and outstanding shares of the New Company entitled to vote thereat, and all resolutions of a

General Meeting shall be adopted by the affirmative vote of seventy percent (70%) or more of the shares represented in person or by proxy at such meeting of shareholders.

第5条　株主総会
5.1　新会社の定時株主総会は各会計年度の末日から90日以内に取締役会の決議で開催されるものとする。臨時株主総会は必要に応じて取締役会の決議で開催される。
5.2　法律により別段の要求がある場合を除き、株主総会は取締役会の決議に従い新会社の社長が招集する。その際、会日より14日以上前に、総会で議決権を行使できる株主名簿記載の各株主に対し、当該総会の日時、場所及び議題を記載して書面の通知を本人に直接になされる。
5.3　株主総会では、1株当たり1議決権を有する。株主は代理人により議決権を行使できる。代理人は株主である必要はない。但し、代理人は代理人として指名されたことを証明する書面を新会社に提出しなければならない。その書面の書式は、法律に従い、新会社により各株主に提供されるか指定されるものとする。
5.4　新会社の定款により別段の許容がなされるか、規定される場合を除き、新会社の社長が定時総会又は臨時総会で議長を務める。
5.5　株主総会の定足数は発行済みの議決権付株式総数の過半数を要件とし、すべての総会決議は出席又は委任状提出の株主の70％以上の賛成で可決されるものとする。

[取締役会の規定]

Article 6.　Board of Directors
6.1　The New Company shall be administered and operated by the Board of Directors. The Board of Directors of the New Company shall consist of six directors, three of whom shall be elected from among those nominated by XYZ and three of whom shall be elected from among those nominated by ABC. In case of any increase or decrease in the number of directors, said representation shall be unchanged pro-rata at all times.
6.2　XYZ shall be entitled to nominate the first Chairman of the Board of Directors of the New Company, and ABC shall be entitled to nominate the first Vice Chairman of the Board of the Directors. XYZ and ABC agree to use their best efforts to cause the election of their respective nominees by the Board of Directors.
6.3　Each director shall have one voting right on the Board of Directors of the New Company. The quorum necessary for the transaction of the business of the Board of Directors shall be four (4) directors. Unless otherwise required by the laws of Japan, all action taken by the New Company through the Board of Directors shall require approval by a simple majority of the directors present thereat. In case of an equality of votes, the

Chairman of the Board of Directors shall not be entitled to a tie breaking vote.

6.4 Regular meetings of the Board of Directors shall be held quarterly at the office of the New Company or at such other place as the Board may designate. Notice of regular meeting of the Board shall be given to each director by mail or hand delivery at least five (5) days prior to the date designated for such regular meeting.

第6条　取締役会

6.1　新会社は，取締役会により運営されるものとする。新会社の取締役会は，6人の取締役からなり，このうち3人はXYZによる指名から選任され，他方そのうち3名はABCによる指名から選任されるものとする。取締役の数を増減する場合，この代表関係は常に不変の比率とする。

6.2　XYZは新会社の最初の議長を指名することができ，ABCは最初の副議長を指名することができる。XYZとABCは，それぞれ指名した候補者を取締役会に選任させるために最善の努力を尽くすことに合意する。

6.3　取締役会では，各取締役は1議決権を有する。取締役会の議事に必要な定足数は4人の取締役とする。日本に別段の定めがある場合を除き，新会社が取締役会を通して行う一切の行為は，その時に出席した取締役の単純過半数により決するものとする。議決権が同数の場合，取締役会議長は決定権を有しないものとする。

6.4　取締役会の定例会議は，新会社の事務所又は取締役会が指定する他の場所で四半期毎に開催される。取締役会の定例会議の通知は，当該定例会議に指定された日の少なくとも5日前に郵便又は手渡しにより各取締役に行う。

　6.1条のように当事者が指名した候補者を選任する方式は，これに違反しても契約違反だけの問題となり，会社法上は選任決議がどうであったかにより取締役は決まるので危険が大きい。種類株式を用いた取締役の選任によれば，会社法も有効性を確保できる。英米法ではclass stockとして従前から広く行われてきたが，日本でもこれが認められるようになった（会社法108条1項9号）。

[種類株を使った取締役の選任]

1　The New Company shall have an initial Board of Directors of six (6) members. Of such directors, the holders of New Company's Class A Common Stock and Class B Common Stock shall be each entitled to nominate and elect three (3) directors respectively.

2　At each meeting of the Board of Directors, a majority of each of the Class A Directors and Class B Directors shall be necessary and sufficient to constitute a quorum for the transaction of business. An affirmative vote of a majority of each of the Class A Directors and Class B Directors present and voting shall be necessary and sufficient for any action by the Directors.

1 新会社には当初6名の構成員からなる取締役会を置く。そのうち, 新会社のA種株式とB種株式の各保有者は, それぞれ, 取締役3名を指名し選任することができる。
2 取締役会の各会議には, A種取締役とB種取締役の各過半数の出席が必要であり, これをもって議事を進める定足数とする。取締役による行為には, 出席したA種取締役とB種取締役の各過半数の賛成投票が必要であり, それで十分とする。

[定足数・決議要件につき単純多数ではなく加重する例文]

Three (3), including at least one (1) director nominated by ABC, of all members of the Board of Directors shall constitute a quorum for the transaction of business, and an affirmative vote of a majority, including at least the vote of one directors nominated by ABC, of the members present of the Board of Directors shall be required to pass all resolutions and conduct corporate business.

ABCが指名した最低1人の取締役を含む3人の取締役会のメンバーにより, 議事についての定足数を構成し, ABCが指名する最低1人の取締役を含む, 取締役会の出席メンバーの過半数の賛成で一切の決議を行い法人業務を行うための決議要件とする。

[取締役会の特別決議事項を明記した例文]

A quorum for any meeting of the Board of Directors shall be three (3) members, and all resolutions on the following matters shall be adopted by the affirmative vote of three fourths (3/4) members present:
election of president and vice president, any decision of the budget and financial plan of New Company, increase or decrease of capital, issuance of debentures, decision on dividends, acquisition or disposition of stock or security of any other corporation, disposition or licensing of patents, designs, trademarks regardless of value, guaranteeing loan in excess of US$100,000 and investment in other corporations.

取締役会の会議の定足数は3人のメンバーであり, 以下の事項に対する一切の決議は出席したメンバーの4分の3による賛成によって可決する。
社長及び副社長の選任, 新会社の予算及び財務計画の決定, 資本の増減, 社債の発行, 配当の決定, 他の会社の株式又は証券の取得又は処分, 特許, デザイン, 商標の処分

又はライセンス（価格にかかわらない），10万ドルを超えるローンの保証，及び他の会社への投資。

[代理取締役の指名を規定した例文]

取締役が取締役会に出席できない場合，代わりに出席・発言・議決権行使をする代理取締役（alternate director）を指名することができるという法制度の国もある。また国によって，この代理取締役自身も取締役でなければならないとする法制もあれば，これを要件としない法制もある。日本は代理取締役を認めていない。

In the event any director of the New Company is unable to perform his duties and responsibilities for any reason, he shall have the right to appoint any person as an alternate director with prior consent for such appointment obtained from the Board of Directors.
Such appointment of an alternate director shall be arranged by a written notice to New Company. Every alternate director shall be entitled to attend and vote at the meeting of the Board of Directors and to participate in the management of business of New Company.

新会社の取締役が理由の如何を問わず，その職務と責任を実行することができない場合，取締役会から事前の承認を得ることより，代理取締役として指名する権利を有する。この代理取締役の指名は，新会社に書面による通知をすることにより実行される。すべての代理取締役は，取締役会の会議において参加し投票し，且つ新会社の経営に参加する権利を有する。

[代理取締役を認めない規定]

No director of the New Company shall have the right to appoint any person to be his alternate to act in his place at any meeting of the Board of Directors of the New Company at which he is unable to be present.

新会社の取締役は，自分が出席できない新会社の取締役会の会議に自分のために行為する代理取締役を選任する権利を有しないものとする。

[XI] 合弁契約（Shareholders Agreement）

[取締役会の決議がデッドロックになった場合には，議長がキャスティング・ボートを有する]

Every question submitted to the meeting of the Board of Directors shall be decided by poll and in case of equality of votes, the Chairman shall have a casting vote in addition to the vote or votes to which he may be entitled as a director.

取締役会に提案されるすべての議題は投票で決定されるものとし，議決が同数の場合，議長は，取締役として行使できる議決権に加えて，キャスティング・ボートの権利を有する。

[取締役会の決議がデッドロックに乗り上げた場合には，契約の解除と同時に株式の譲渡を受ける権利がある旨を規定した例文]

1　In the event that the Board of Directors of the New Company at their meeting is evenly divided on any resolution to be made at any such meeting and the deadrock continues for a period of four (4) months or more and it prevents the New Company from continuing its normal business and operations, then either of the parties hereto shall have the right to terminate this Agreement by giving written notice to the other party hereto.

2　Upon termination of this Agreement under the foregoing paragraph, the notifying party hereto shall have the option right to purchase any or all of shares owned by the other party hereto in the New Company. The provisions of share assignment under this Agreement shall apply to such share purchase.

1　取締役会が審議すべき決議に賛否同数となりこのデッドロックが4ヵ月間以上継続し，これにより新会社が通常業務を継続できない場合，当事者の一方は他方当事者へ通知をすることで本契約を解除できる。

2　前項による本契約解除とともに，通知者は他方当事者が保有する一切の株式を購入する権利を有する。本契約の株式譲渡の条項はこの株式購入に適用される。

[取締役会の他に常務会を置く際の規定]

Executive Committee

The New Company shall have a management committee which shall consist of the president and vice-president of the New Company. Except as otherwise required by mandatory provisions of law or provided for in the Articles of Incorporation of the New Company and subject to the control and supervision of the Board of Directors, the executive committee shall have the responsibility for conducting the ordinary daily business affairs of the New Company.

It is agreed between the parties hereto that, upon the written request of any member of the executive committee, a particular matter shall be referred to the Board of Directors prior to the taking of any action thereon and shall be determined only in accordance with a resolution of the Board of Directors. Ordinary daily business affairs shall not be referred to the Board of Directors unless a member of the executive committee considers it is a matter of considerable importance.

経営委員会
新会社は，新会社の社長及び副社長からなる経営委員会を設置する。強行法規又は定款に規定する以外，また取締役会の支配と監督のもとに，経営委員会は，新会社の日常の事業を行うことについて責任を負うものとする。経営委員会のメンバーの書面による要求により，特定の事項を，それが行われる前に取締役会に上程し，取締役会の決議に従うことによってのみ決定することを当事者間で合意する。日常の業務は，それが相当程度重大であると経営委員会のメンバーが考える場合を除き，取締役会に上程されない。

［報酬委員会を置く規定］

Compensation Committee

The Compensation Committee (hereinafter the "Committee") has overall responsibility for approving and evaluating all compensation plans, policies, and programs concerning executive officers of the New Company. The Committee shall consist of three or more members of the Board of Directors. The members of the Committee (hereinafter the "Committee Member") shall be appointed and may be removed by the Board of Directors. The Chairman of the Committee will be selected by the Board of Directors. Each Committee Member shall be "outside (director)" as defined by Article 2, item 15 of the Corporate Law of Japan. The Committee shall have sole authority and appropriate funding to select and retain compensation consultants and other advisors to advise the Committee, as needed. The Committee shall meet at least three times during each fiscal year, either present in person or telephonically, and at such times and places as it determines. A majority of the Committee Members shall constitute a quorum for transacting business at a meeting. The Committee may take action by the affirmative vote of a majority of the Committee members present at a meeting. The Committee may also take action by unanimous written consent.

報酬委員会
報酬委員会（「本委員会」）は，新会社の執行役員の一切の報酬計画，方針及び計画を承認し評価するにつき一切の責任を負う。本委員会は，取締役会の3名以上のメンバーで構成される。本委員会のメンバー（「委員会メンバー」）は，取締役会が任命し解任する。本委員会の議長は取締役会により選出される。委員会メンバーは，日本の会社法の第2条15号に定義するところの社外性を有するものとする。本委員会は，本委員会に助言する報酬コンサルタント及びその他の顧問を選出し雇用するため独自の権限と適切な資金を有する。本委員会は，各会計年度中少なくとも3回会合をもつものとし，これは本委員会が決定した時刻・場所で，出席か電話会議によるものとする。委員会メンバーの過半数で会議の開催の定足数を構成する。本委員会は，出席した委員会メンバーの過半数の賛成により可決される。本委員会は書面による全会一致の合意により可決することができる。

[取締役の任期，欠員，その補充に関する規定]

Article 7.　Term and Vacancy

7.1　Except as otherwise required by law, the term of office of a director shall expire at the close of the second ordinary general meeting of shareholders to be held subsequent to this election.

7.2　In the event of a vacancy on the Board of Directors of New Company caused by death, resignation, expiration of term or otherwise, said vacancy shall be filled by a person nominated by the party responsible for the nomination of the initial director as stipulated in Article 6 hereof.

7.3　The term of office of a director elected to fill a vacancy shall be the same term with the remainder of the term of office of his predecessor. Notwithstanding the foregoing provision of this Article 7.1, the term of office of the initial directors of the New Company shall expire at the close of the first ordinary general meeting of shareholders to be held after the election of the initial directors.

第7条　任期及び欠員
7.1　法律により別段に要求される場合を除き，取締役の任期は，その選任後に開催される2回目の定時株主総会の終結時に満了する。
7.2　死亡，辞任，任期満了又はその他により新会社の取締役会に欠員が生じた場合，この欠員は第6条所定の当初の取締役の指名に責任を持つ当事者が指名した者よ

り補充されるものとする。
7.3 欠員補充のために選任された取締役の任期は，前任者の残りの任期と同じとする。本7.1項の上記規定にかかわらず，新会社の最初の取締役の任期は，最初の取締役の選任後に開催される最初の定時株主総会の終結時に満了する。

[監査役]

Article 8.　Statutory Auditor

The New Company shall have two statutory auditors. One shall be nominated by ABC and the other shall be nominated by XYZ. ABC and XYZ hereby agree to use their voting rights at the general meeting of shareholders to elect the auditors as nominated by ABC and XYZ respectively. In the event of a vacancy on the statutory auditors of the New Company caused by death, resignation, expiration of term or otherwise, said vacancy shall be filled by a person nominated by the party responsible for the nomination of such auditor as stipulated in this Article.

第8条　監査役

新会社は2人の監査役を設置する。1人はABC社が他方はXYZ社が指名するものとする。ABCとXYZは各自が指名する監査役を選任するため，総会でその議決権を行使することに合意する。死亡，辞任，任期満了又はその他により新会社の監査役に欠員が生じた場合，この欠員は本条所定の当初の監査役の指名に責任を持つ当事者が指名した者より補充されるものとする。なお監査役協会は，監査役の英文呼称につき"Audit & Supervisory Board Member"を推奨している。

監査役は英米法にはない機関である。したがってその国の企業とJVをするときは十分に説明をしなければならないし，説明することが求められるであろう。

[役員選任に関する規定]

Article 9.　Officers

The officers of the New Company shall be designated by ABC and XYZ as follows:

Officer	Designated by
Chairman	ABC
President	XYZ
Vice President	ABC

| Secretary | ABC |
| Treasurer | XYZ |

第9条　役員
新会社の役員は ABC と XYZ が以下の通り指名する：

役員	指名者
議長	ABC
社長	XYZ
副社長	ABC
総務部長	ABC
財務部長	XYZ

　アメリカの会社法では，President, Secretary, Treasurer が三役である。CEO などは任意の機関である。なお Secretary はいわゆる秘書ではなく，総会や取締役会の議事録を作成したり，社長の署名を証明したりする役割を担うのであり，職務内容から見れば「総務部長」が相応しい。

[株主総会・取締役会への提案，決議要件につき全員を要件とした例文]

Article 10.　Important Matters
In addition to other matters, the following important matters shall be transacted at a General Meeting of Shareholders and the Board of Directors of the New Company. No such important matters may become an agenda item for the General Meeting or the Board of Directors without the prior written consent of both the parties hereto, and the resolution of said important matters at the General Meeting and the Board of Directors shall be adopted by an affirmative vote of 100% of all outstanding shareholders of the New Company, whose voting rights shall be in proportion to the number of shares owned by each shareholder and approved unanimously at the meeting of the Board of Directors:

　a)　Any change in the Article of Incorporation of the New Company;
　b)　Increase or decrease in the authorized capital and/or paid-up capital;
　c)　Issuance of debentures;
　d)　Transfer of any part of the whole of the business;
　e)　Disposition of all or a substantial portion of assets;
　f)　Investment in other companies;
　g)　Dissolution, amalgamation, consolidation, merger or reconstruction;
　h)　Other matters decided by the Board of Directors of the New Company, which are

deemed so important that they may affect the financial and/or business position of the New Company.

第10条　重要事項

他の事項に加え，下記重要事項は，株主総会及び取締役会で諮られるものとする。両当事者の書面による事前の同意なくして，この重要事項は株主総会又は取締役会の議案とはならず，またこの総会決議は全株式の100％の賛成で可決され（その議決権は各株主が保有する株式数に比例する），且つ取締役会は全員一致で可決されるものとする。a）定款変更，b）資本金の増減，c）社債発行，d）事業譲渡，e）重要財産の処分，f）他社への投資，g）解散その他M&A，h）新会社の取締役会が重要と判断するその他事項。

[株式の譲渡制限に関する規定]

Article 11.　Restrictions on Transfer of Shares

11.1　Except as otherwise expressly provided for in this Agreement, each of the parties hereby mutually covenants and agrees not to sell, assign, pledge, mortgage or otherwise dispose of all or any part of its shares (including its right to subscribe to new shares) in the New Company held by them, to any other person, firm or corporation, respectively, or to take any action leading to or likely to result in any of the foregoing, without the prior approval of the Board of Directors of the New Company.

11.2　In implementation of the items contained in above Paragraph 11.1 hereof, the parties hereto agree that the Articles of Incorporation of the New Company shall at all times contain such provision that any transfer of the shares of the Corporation shall require approval of the Board of Directors.

第11条　株式譲渡の制限

11.1　本契約の各当事者は，本契約に明示の別段の定めがある場合を除き，新会社の取締役会の事前承認を得ることなく，当該当事者が保有する新会社の株式（新株の引受権を含む）の全部又は一部につきこれを第三者に対し売却，移転，担保設定，抵当権設定又はその他の処分をしないこと，また，上記のいずれかにつながるか，結果的にそうなりそうな行為を行わないことを相互に同意する。

11.2　上記11.1条に記載の事項を実行するため，両当事者は，新会社の定款が，常に，以下の条項を記載することに合意する。「本会社の株式の譲渡には，取締役会の承認を要する。」

上記のように会社法上は取締役会の譲渡承認を得るものとしても，これとは

別途に両当事者の事前の同意を要する旨規定することもある。

　合弁契約においては、ある合弁当事者が他の合弁当事者に、合弁会社の株式や持分を譲渡することにより合弁関係を解消する旨の条項が定められることが多い。このような条項の典型例としては、①先買権条項、②買取強制条項（Call Option）、③売渡強制条項（Put Option）、④共同売付請求権（tag-along right）、及び、⑤一括売渡請求権（drag-along right）が考えられる。なお、合弁契約の終了に伴い合弁契約を解散・清算して処理する仕組みをとる条項もある。

　先買権（第一拒否権）は、株主が第三者へ持株を売却するにあたってまず他の株主に購入の意思の確認を求めるものでこの第三者は選択権を有することになる。また、Tag-Along（売却参加権）はある株主が持株を売却するにあたり他の株主もこれに参加する権利である（第三者へ自分の持株も買ってくれと要求する権利）。Drag-Along（売却強制権）はある株主が持株を売却するにあたって他の株主に売却を強制する権利である（第三者へ売却を求める権利）。

［比較的簡易な先買権の規定］

Article 12.　Right of First Refusal

12.1　If either XYZ or ABC desires to sell, assign, transfer, mortgage or pledge any or all of its shares, and there is a third party who has offered to purchase such shares or to be a mortgagee or pledgee thereof, it shall offer such shares in writing first to the other party (the "Offeree") for the same price and on the same terms and conditions as that proposed by the third party. In case the Offeree fails to accept it within fourteen (14) days after the day the offer is mailed out, the offering party may, under the same terms and conditions, sell, assign, transfer, mortgage or pledge the shares to the third party free from the restriction on transfer set forth above; provided, however, that in case there has been no disposition of the shares within fourteen (14) days from the day the offer is set out to the third party, the foregoing transfer restriction shall survive and be applicable.

12.2　The rights and obligations of any transferee, buyer, assignee, mortgagee, pledgee and successor in interest of such shares shall be the same rights and obligations of the parties hereto.

第12条　第一拒否権（先買権）

12.1　一方当事者が、自己の株式の全部又は一部を売却、譲渡、移転、抵当権設定又は担保権設定することを希望し、第三者が、その株式を購入し、抵当権者又は担保権者となることを申し出る場合、その当事者は、他方当事者（「被申出人」）に対し、

第三者が提案したと同一の金額及び同一の条件でまず書面にてこれを提案するものとする。被申出人がその申出の投函の日から 14 日以内にその提案を受諾しない場合，提案した当事者は，同一の条件で，上記の譲渡制限から自由に，その第三者に対し株式を売却，譲渡，移転，抵当権設定又は担保権設定することができる。但し第三者に対しその申し出が発信されてから 14 日以内にその株式の処分がなされない場合，上記の譲渡制限は存続し，適用されることとなる。

12.2 この株式の利益に対する譲受人，買主，譲受人，抵当権者，担保権者及び承継人の権利と義務は，両当事者の権利義務と同一とする。

［詳細な先買権の規定］

Article 12. Right of First Refusal:

12.1 If a Shareholder (the "Transferring shareholder") receives and desires to accept a bona fide offer (the "Third Party Offer") from a third party who is willing to purchase all of the shares of the Company owned by such Shareholder (the "Offered Shares"), the Transferring Shareholder shall forthwith provide the other Shareholder (the "Recipient Shareholder") with a copy of the Third Party Offer and a written notice setting forth its intention to accept the Third Party Offer.

12.2 Upon receipt of a Notice delivered pursuant to Section 12.1 hereof, the Recipient Shareholder shall have the right, exercisable within thirty (30) days of the receipt of the notice from the Transferring Shareholder (the "First Refusal Exercise Period"), to purchase the Offered Shares from the Transferring Shareholder (such right being hereinafter called the "Right of First Refusal"), at the same price and upon the same terms and conditions as are contained in the Third Party Offer. The Recipient Shareholder who wishes to exercise the Right of First Refusal (each an "Accepting Shareholder") shall, within the First Refusal Exercise Period, provide the Transferring Shareholder with a written notice setting forth that it is willing to purchase Offered Shares.

12.3 The exercise by the Accepting Shareholder of the Right of First Refusal shall be deemed to be irrevocable acceptance by the Accepting Shareholder of said offer by the Transferring Shareholder at the same price and upon the same terms and conditions as are contained in the Third Party Offer.

12.4 If the Recipient Shareholder does not exercise the Right of First Refusal in the manner set forth above, the Right of First Refusal of that beneficiary shall be deemed to have been forfeited, and the Transferring Shareholder shall be at liberty at any time within thirty (30) days from the expiry of the First Refusal Exercise Period to accept the Third Party Offer, and thereafter complete the sale of the Offered Shares to the Third

Party Purchaser upon the terms and conditions set forth in the Third Party Offer; provided, however, that if the sale is not completed within sixty (60) days from the Expiry of the First Refusal Exercise Period, the Offered Shares shall again be subject to the terms and provisions of this Agreement.

12.5 The sale and purchase of the Offered Shares pursuant to this Article 12 shall be completed at the price and on the terms and conditions set forth in the Third Party Offer; provided, however, that if the third party is purchasing the Offered Shares he shall be required to become a party to this Agreement.

第12条　第一拒否権（先買権）

12.1 株主（「譲渡株主」）が第三者からその株主が所有する株式（「申出株式」）の全部を購入するとの善意の申込み（「第三者申出」）を受領し、これを受諾したいと考える場合、譲渡株主は、直ちに他の株主（「相手株主」）に対し、第三者申出と第三者申出を受諾する意図を記載した書面のコピーを直ちに通知するものとする。

12.2 本12.1条に従ってなされた通知の受領と同時に、相手株主は、譲渡株主から、第三者申出に記載されたと同一の価格と同一の条件で、申出株式を購入する権利を有し、これは譲渡株主から通知を受領した日から30日以内（「行使期間」）に行使可能とする（以下「第一拒否権」という）。第一拒否権を行使することを希望する相手株主（「受諾株主」）は、行使期間内に、自分が申出株式の購入を希望する旨記載した書面による通知を譲渡株主に提出するものとする。

12.3 受諾株主による第一拒否権の実行は、譲渡株主が受諾株主に対し申出株式の全部を売却する申出を、受諾株主が取消不能条件で受諾したものとみなされる。これは第三者申出と同一の金額で且つ同一の条件での売却とする。

12.4 相手株主が上記の方法で第一拒否権を行使しない場合、この第一拒否権は剥奪されたものとみなされ、譲渡株主は、権行使期間の満了から30日以内に、いつでも、第三者申出を受諾する権利を有し、その後第三者申出に記載された条件で、第三者買主に申出株式の売却を完了するものとする。但し行使期間の満了から60日以内にこの売却が完成しない場合、申出株式は再び本契約の条項に服するものとする。

12.5 この第12条に従う申出株式の売買は、第三者申出に記載された金額で及び条件で実行するものとし、但し、第三者が申出株式を購入する場合、同人は本契約の当事者となる。

（4）　タグ・アロン・ライツとドラッグ・アロン・ライツ

共同売付請求権（tag-along right）は、合弁当事者（A・B）の一方（A）が第三者（C）に株式を売却して合弁から離脱しようとする場合に、他の合弁当事者（B）も自己の株式を当該第三者（C）に売却請求できる権利である。合弁事業から撤

退しようとする当事者は自己の株式だけでなく，合弁会社の他方株主の分まで購入する第三者を見つけ出さない限り撤退できなくなる。

　一括売渡請求権（drag-along right）は，デッドロック等のある一定の事項が発生し，合弁当事者の一方（A）が第三者（C）に株式を売却して合弁から離脱しようとする場合に，当該第三者（C）は他の合弁当事者（B）の株式も強制的に売渡請求できる権利である。購入希望者（C）が合弁会社を完全にコントロールできなければ株式を買取らない意思を示す場合に有効な条項である。

　これらの権利を規定することにより，第三者が合弁会社の唯一の株主となる途を拓くことになる。

Tag-Along Rights

1　If a Transferring Shareholder proposes to transfer any Shares, such Transferring Shareholder shall send the Transfer Notice to the Company and each other Shareholder.

2　Each of the Shareholders other than the Transferring Shareholder shall have the right (the "Tag-Along Right") but not the obligation to require the Transferee in the proposed Transfer to purchase from such Shareholder, for the same consideration per Share (on an as-converted basis) and upon the same terms and conditions as to be paid and given to the Transferring Shareholder, up to a maximum number of Shares equal to such Shareholder's Pro Rata Share multiplied by the Transferred Shares.

3　Within 30 days following the delivery of a Transfer Notice, each Shareholder who elects to exercise the Tag-Along Right shall deliver a written notice of such election to the Transferring Shareholder, specifying the number of Shares with respect to which it has elected to exercise the Tag-Along Right. Such notice shall be irrevocable and shall constitute a binding agreement by the Shareholder to Transfer such Shares on the terms and conditions set forth in the Transfer Notice. In order to be entitled to exercise its Tag-Along Right, the electing Shareholder must make substantially the same representations, warranties and indemnities as the Transferring Shareholder makes in connection with its Transfer of Shares; provided, however, that the Shareholder exercising its Tag-Along Right shall not be obligated to pay any amount with respect to any liabilities arising from the representations, and warranties severally made by the Shareholder in excess of its share of the total consideration paid by the Transferee.

4　Where any Shareholder has properly elected to exercise its Tag-Along Right and the proposed Transferee fails to purchase Shares from such Shareholder, the Transferring Shareholder shall not make the proposed Transfer, and if purported to be made, such

Transfer shall be null and void.

タグ・アロン・ライツ
1 譲渡株主は，株式を譲渡しようとする場合，この譲渡株主は，会社とその他の株主に対し譲渡通知を送るものとする。
2 譲渡株主以外の各株主は，この株主の持株比率を譲渡株式で乗じた最大の株式数を上限として，提案された譲渡における買主に対しこの買主から譲渡株主に支払うと同一の額で且つ同一の条件で購入させる権利（売却参加権 co-sale rights）を有するが，これは義務ではない。
3 譲渡通知から 30 日以内に，売却参加権を行使することを選択した各株主は，譲渡株主に対しこの選択を書面による通知で行い，これはこの権利を行使することを選択した株式の数を明示するものとする。この通知は取消不能であり，譲渡通知に記載した条件でこの株主がこの株式を譲渡する拘束性のある契約を構成する。売却参加権を行使するため，選択した株主は，譲渡株主が株式譲渡について行ったと実質的に同一の表明，保証及び補償を行うものとする。但し売却参加権を行使する株主は，買主が支払う代金総額の持分を超えて株主が厳格に行った表明，保証から生じる債務に関する代金を支払う義務はないものとする。
4 株主が適切に売却参加権の行使を選択したが，予定買主がこの株主から株式を購入しない場合，譲渡株主は提案した譲渡を行わないものとし，これを行おうとする場合この譲渡は無効とする。

　先買権行使後に第三者（Transferee）（C）が譲渡株主（Transferring Shareholder）（A）から株式譲受をすることが決まった後に，他の株主（B）は C に対し，自己の株式も買い取ることを求める（売却参加）ことができる。このタグ・アロン・ライツが実行されない場合，当初の AC 間の譲渡も無効となる。

Drag-Along Rights
In the event that the holders of at least 75% of the outstanding Ordinary Shares calculated on an as converted and non-diluted basis (the "75% Holders") accept an offer to purchase their Shares from a bona fide third party, the 75% Holders may send a written notice (the "Drag-Along Notice") to the other Shareholders (the "Drag-Along Sellers") specifying the name of the purchaser, the consideration payable per Share and a summary of the material terms of such proposed purchase. Upon receipt of a Drag-Along Notice, each Drag-Along Seller shall be obligated to (i) sell all of its Ordinary Shares, free of any Encumbrance, in the transaction contemplated by the Drag-Along Notice on the same terms and conditions as the 75% Holders (including payment of its Pro Rata Share of all costs associated with such transaction), and (ii) otherwise take all necessary action to cause the con-

summation of such transaction, including voting its Shares in favor of such transaction and not exercising any appraisal rights in connection therewith. Each Drag-Along Seller (i) further agrees to take all actions (including executing documents) in connection with consummation of the proposed transaction as may reasonably be requested of it by the 75％ Holders, and (ii) hereby appoint the 75％ Holders, acting jointly, as its attorney-in-fact to do the same on its behalf.

ドラッグ・アロン・ライツ
少なくとも発行済み株式の75％を保有する株主（「適格株主」）が善意の第三者からその株式を購入する申し出を受けた場合，この適格株主は，その他株主（「本件売主」）に対し書面による通知（「本件通知」）を送付することができ，これには，購入申出者の名前，1株当たりの単価，及びこの購入の重要な条件の概略を記載するものとする。本件通知の受領とともに，各本件売主は以下をする義務を負う。①適格株主と同一の条件でこの通知によって予定される取引において負担なしで，この全株式を売却すること，及び②その他この取引を完了するに必要な一切の行為を行うこと，これにはこの取引に有利にこの株式の議決権を行使することを含み，しかしこれに関連する株式買取請求権の行使を行なわない。この本件売主は，①適格株主が合理的に求める予定取引の完了に関連し一切の行為をさらに行うことに合意し（書類の作成を含む），②適格株主を自分のために上記を行う代理人に指名し，ともに行為する。

　相当多数の株式を有する株主（A，本件では75％以上保有）が第三者（C）に株式を譲渡する場合，このCは残余の株主（B）に対して，株式の売渡し請求をすることができる。

（5）　コール・オプションとプット・オプション

　さらに，コール・オプションとプット・オプションについて言及する。コール・オプション（call option：買取権）とは，合弁当事者の一方の契約違反や合弁会社の財務状況の悪化等契約に規定した事項が発生した場合にその当事者が保有する株式の買取りを請求することができる権利である。すなわち，一方当事者が契約違反をした場合に，これを合弁事業から追放することを可能にする。プット・オプション（put option：売渡権）とは，同様に一定の事項が発生した場合に自ら保有する合弁会社株式の買取りを他方当事者に請求する権利である。他方当事者の契約違反を理由に合弁事業から撤退することを可能にする。

　このような買取強制条項（call option）や売渡強制条項（put option）は，何らの条件も付さずに一方当事者が他方の合弁当事者への通知により売渡（買取り）

強制権を行使することができるように定めることもある。そして，売買価格についても，様々な条件が考えられる。

Put Option
1 In the event that either Party commits a material breach of this Agreement, the other party (the "Non-Breaching-Party") shall have the option to sell all or any of the Non-Breaching-Party's shares by issuing a notice which shall specify the number of shares intended to be sold.
2 The price of the shares shall be determined by a public accounting firm of international reputation and mutually accepted by both parties; provided, however, that the price so determined shall be not less than the book value of as shown by the balance sheet of New Company at the end of its most recent fiscal year.

売渡権
1 一方当事者が本契約において重大な違反を犯した場合には，他方当事者（非違反当事者）は，譲渡を希望する株式の数量を記載した通知を発送することにより，自己（非違反当事者）が保有する全部又は一部の株式を売渡す権利を有する。
2 株式の譲渡価格は両当事者が相互に了解した国際的に評判の高い公認会計士事務所によって決定されるものとする。しかし，そのようにして決定される価格は最も直近の会計年度の最終日の新会社の貸借対照表に示された帳簿価格より低額であってはならないものとする。

Call Option
1 In the event that either Party (the Breaching-Party) commits a material breach of this Agreement, the other party shall have the option to purchase all or any of the Breaching-Party's Shares by issuing a notice which shall specify the number of shares intended to be purchased.
2 The price of the shares shall be determined by a public accounting firm of international reputation and mutually accepted by both parties; provided, however, that the price so determined shall be not less than the book value as shown by the balance sheet of New Company at the end of its most recent fiscal year.

買取権
1 一方当事者（違反当事者）が本契約において重大な違反を犯した場合には，他方当事者は，譲渡を希望する株式の数量を記載した通知を発送することにより，違反当事者の保有する全部若しくは一部の株式を買い取る権利を有する。
2 株式の譲渡価格は両当事者が相互に了解した国際的に評判の高い公認会計士事務

所によって決定されるものとする。しかし、そのようにして決定される価格は最も直近の会計年度の最終日の新会社の貸借対照表に示された帳簿価格より低額であってはならないものとする。

(6) 会計・税金

会計関係について述べる。

［会計年度］

Article 13.　Accounting Period
The accounting period of the New Company shall begin on the 1st day of January in one year and end on the 31st day of December in the same year.

第13条　会計期間
新会社の会計年度は、1月1日に開始し、同年12月31日に終了する。

［会計や監査の手順を定める例］

Article 14.　Accounting, Books and Records

14.1　The complete books of account and records shall be made and kept by the New Company according to sound accounting practice employing standards, procedures and form conforming to international practice. Any balance sheet and profit/loss statement of each quarter shall be reported to both parties hereto within ten (10) days after the closing of each quarter. Within thirty (30) days after the end of each fiscal year of the New Company, accounting books and records shall be audited at the expense of the New Company. An auditors' report thereon shall be submitted to each of the parties hereto by the New Company within fifteen (15) days from the completion of the audit. Access to such books of account and records shall be made available to each of the parties hereto at all times during normal business hours, and each party may at its own expense have such books of account audited by its representatives.

14.2　Subject to prior agreement between the parties hereto, the New Company shall appoint an independent firm of certified public accountants to audit its books of account for each fiscal period. Such firm of accountants shall be a firm widely known internationally and both parties hereto shall state their acceptance thereof in writing.

第 14 条　会計，帳簿及び会計記録

14.1　完全な会計帳簿及び会計記録は，国際的な実務に合致した基準，手続及び様式を用いた，適切な会計実務に従い新会社がこれを作成し保持する。各四半期の貸借対照表及び損益計算書は，各四半期の終了から 10 日以内に両当事者に報告するものとする。新会社の各会計年度の終了から 30 日以内に，会計帳簿及び会計記録は新会社の費用で，監査するものとする。これに対する監査役の報告は，監査の完了から 15 日以内に新会社が各当事者に対し提出するものとする。この会計帳簿及び会計記録へのアクセスは，通常の営業時間中いつでも両当事者に対し認めるものとし，各当事者は，自己の費用で，自己の代理人にこの会計帳簿を監査させることができる。

14.2　両当事者間の事前の合意により，新会社は，各会計年度の会計帳簿を監査するため，公認会計士の独立の事務所を指名することができる。この会計事務所は，国際的に著名な事務所とし，両当事者は，書面によりその受諾を表明するものとする。

[配当方針を記載する例]

Article 15.　Dividends

Dividends shall be paid by the New Company, when earned, in accordance with a decision after consultation between the parties hereto as to rate and amount; provided, however, that special reserves in addition to the reserves required by mandatory provisions of the laws of Japan may be established by unanimous vote of shareholders at a General Meeting of Shareholders.

第 15 条　配当

配当は，その率と金額に関し両当事者間で協議の上決定し新会社が支払うものとする。但し，日本法の強行法規により要求される準備金とは別に，株主総会での株主の全会一致の議決により特別の積立金を決定することができる。

[事業計画の作成・承認の文例]

Business Plan

Immediately after the execution hereof, the parties hereto shall mutually agree upon the first year's business plan of the New Company. The business plan shall include prospects of revenues, expenses, income and development of the business relating to the Products within the Territory. The draft business plan shall be made by ABC for approval of XYZ and both shall reach an agreement on the business plan no later than sixty (60) days prior to the beginning of each fiscal year.

事業計画
本契約作成の後直ちに，両当事者は，新会社の初年度の事業計画につき相互に合意するものとする。この事業計画は，収入，費用，利益，及び本地域における本商品に関する事業の展開の予測を含むものとする。事業計画案は，**ABC** が作成し **XYZ** が承認するものとし，両者は各会計年度の開始から少なくとも 60 日前までに事業計画に合意するものとする。

［税金の文例］

Article 16.　Taxes
All income taxes required to be paid under the laws of the Territory by either party in connection with this Agreement shall be paid for the account of that party. All other taxes imposed in the Territory, if any, payable in connection with this Agreement shall be for the account of the New Company. Any sum required under the income tax laws in the Territory to be withheld by the New Company for the account of either party from payments due to either party hereunder shall be withheld and promptly paid by the New Company. The New Company shall transmit to the party concerned any official tax receipt or other evidence of payment of such taxes issued by the tax authorities in the Territory.

第16条　税金
本契約に関連し一方当事者が本地域の法律により支払うべき一切の所得税は，その当事者の勘定により行うものとする。本地域において課されるその他一切の税金は，新会社の勘定とする。本地域の所得税法に従い要求される金額で，一方当事者への支払から新会社が源泉徴収をしなければならないものは，新会社が源泉徴収をし直ちに支払うものとする。新会社は関連する当事者に対し，本地域の税務署が発行するその税金の公式の納税証明書又はその他の支払証明書を提出するものとする。

（7）　協力関係

合弁会社を設立して合弁事業が完結するわけではない。設立後に合弁当事会社が合弁会社に種々の支援をすることが必要である。それは技術，資金，製造，マーケティング等広範囲にわたるが，契約書にはできるだけ具体的に記載しておくべきであろう。

Article 17.　Cooperation of Parties

17.1　Technical Assistance

ABC shall furnish the New Company with the technical assistance necessary for the New Company to operate its plant and manufacture the Products. The condensation to be paid by the New Company to ABC for the technical assistance provided under this Agreement shall be set forth in a Technical Assistance Agreement, attached as Exhibit D, which shall be made and entered into between the New Company and ABC immediately after the incorporation of the New Company.

第17条　当事者の協力

17.1　技術支援

ABCは新会社に対し，新会社がその工場を運営し本製品を製造するに必要な技術的支援を提供するものとする。本契約に基づき提供する支援について新会社がABCに支払うべき報酬は，別紙Dとして添付の「技術支援契約」に記載する。この契約は新会社とABCとの間で新会社の設立後直ちに作成し締結するものとする。

17.2　Supply of Materials

ABC shall supply the New Company with all the raw materials necessary for the manufacture of the Products. The details of such supply are set forth in a Materials Sales Agreement, attached as Exhibit E, which shall be made and entered into between the New Company and ABC immediately after the incorporation of the New Company.

17.2　原料供給

ABCは新会社に対し，本製品の製造に必要な一切の原材料を提供するものとする。この供給の詳細は，別紙Eとして添付の「原料供給契約」に記載のとおりとし，この契約は，新会社の設立後直ちに新会社とABCとの間で作成し締結するものとする。

［上記の別案］

In order to maintain the quality of the Products, ABC shall supply the New Company with all materials and parts necessary for the manufacture of the Products on favorable terms and conditions. At the beginning of every calendar year, ABC and the New Company shall by negotiations decide upon the quantity of materials and parts to be supplied by ABC to the New Company during the period of the next year. ABC and the New Company shall separately conclude a sales contract to carry out the provisions of this Article.

本製品の品質を維持するため、ABC は新会社に対し有利な条件で、本製品の製造に必要な一切の原料と部品を供給するものとする。各暦年の開始時に、ABC と新会社は、次年度の期間中、ABC が新会社に供給する材料と部品の数量について協議の上決定するものとする。ABC と新会社は、本条の条項を実行するため売買契約を別途締結するものとする。

17.3　Sales of Products
The Products manufactured by the New Company shall be sold and distributed in Japan by the New Company through its salespersons. Notwithstanding anything to the contrary contained in this Agreement, ABC shall be appointed by the New Company as its non-exclusive distributor for the sale of the Products outside Japan. The details of such distributorship are set forth in a Distributorship Agreement, attached as Exhibit F, which shall be made and entered into between the New Company and ABC immediately after the incorporation of the New Company.

17.3　製品の販売
新会社が製造する本製品は、新会社がその販売員を通し日本で販売し頒布する。本契約に反対の規定があったとしても、ABC は日本国外において本製品の販売につき非独占的販売店として新会社により指名されるものとする。この販売店契約はその詳細を別紙 F として添付の「販売店契約」において規定されるものとし、この契約は、新会社の設立後直ちに新会社と ABC との間で作成し締結されるものとする。

17.4　Financial Assistance
The New Company shall raise funds necessary for carrying on its business on its own responsibility. In the event that the New Company cannot raise sufficient funds on its own responsibility, the parties hereto shall make loans to, and/or make guarantees in favor of, the New Company in proportion to their the then existing shareholding ratio in the New Company.

17.4　財務支援
新会社は、自分自身の責任で自分の事業運営するにつき必要な資金を調達するものとする。新会社が自分自身の責任で十分な資金を調達できない場合、両当事者は、その時の株主比率に従い新会社に対しローンを組み、又は借入れのため保証を行うものとする。

[上記の別案]

The parties hereto confirm that the New Company shall render its assets as mortgage or pledge against the financing with the prior consent of the parties, and only when the bank or other financier concerned demands additional guarantee such guarantee shall be provided by the then existing shareholders of the New Company from time to time. Such guarantee shall not be made jointly, but shall be proportionate to the parties' respective shareholding in the New Company at the time of provision of said guarantee.

新会社は，両当事者の事前の同意を得て，ローンに対し自己の財産に抵当権又は担保権を設定するものとし，また関連する銀行又はその他の金融機関が追加の保証を要求する場合に限り，この保証は，適宜新会社の現存する株主が提供するものとする。この保証は，連帯としてなされるものではなく，上記保証の提供時に，新会社における各当事者の持株比率に応じてなされるものとする。

Article 18.　Expenses

The New Company shall take over or bear all the costs and expenses arising from the following acts and transactions of the parties hereto:

a) The registration of the New Company,
b) The printing and issuance of share certificates for the New Company,
c) Dispatch of ABC personnel to carry out research regarding the construction of the factory of the New Company,
d) Any other acts, activities and transactions directly for the benefit of the New Company, subject to prior written agreement between the parties hereto.

第18条　諸費用

新会社は，両当事者の以下の行為及び取引から生じる一切の費用を引継ぎ又は負担するものとする。

a) 新会社の登記，
b) 新会社の株券の印刷及び発行，
c) 新会社の工場の建設に関する調査を実行するためABCの従業員を派遣すること，
d) 当事者間の書面による事前の合意に基づき，新会社の直接の利益のためのその他一切の行為，活動及び取引。

[競業禁止条項の文例]

Article 19.　Covenant not to Compete
No party hereto shall engage or be interested, whether directly or indirectly, in the business of manufacturing, selling, or otherwise dealing with any product similar to or competitive with the Products in the Territory during the term of this Agreement except with the consent of the other parties hereto.

第19条　競業禁止
いずれの当事者も，他方当事者の同意を得た場合を除き，直接的か間接的かを問わず，本契約の期間中対象地域において本製品に類似又は競合する製品を製造，販売しその他取扱う事業に従事せず，かかる事業に関与しないものとする。

（8）　期間と終了

　合弁契約は契約当事者が合弁会社の株主である限り有効であるのが原則である。したがって，契約の期間を定めないのが通例である。合弁事業の終了は合弁会社の解散，清算を待ってはじめて完成する。合弁契約の解約により合弁契約が終了した場合でも，合弁会社は存続するし，契約当事者も株主としての地位を自動的に失うわけではない。

[政府の許可等と契約の発効要件とした例]

Article 20.　Validity and Term
20.1　This Agreement shall not become effective until and unless all the following conditions are satisfied in form and substance satisfactory to the parties hereto:
   i) Approval by the appropriate authorities of the Government of Japan, under the relevant laws and regulations of Japan.
   ii) Approval or acceptance by the appropriate authorities of the Government of Japan, under the relevant laws and regulations of Japan, for the acquisition of the shares in the New Company in accordance with the terms and conditions of this Agreement is granted; and,
   iii) The License Agreement and the Materials Sales Agreement contemplated herein become effective.
20.2　This Agreement shall become effective on the day when all the conditions set forth in the paragraph 1 of this Article are satisfied and continue in effect so long as both the

parties hereto hold any shares in the New Company, unless this Agreement is earlier terminated as set forth in Article 21 hereof.

第20条　有効性と期間
20.1　本契約は，両当事者が満足する形式と内容において以下のすべての条件が満足されるまで，有効とならないものとする。
　i）日本の関連する法規に従い，日本政府の適切な機関による許可。
　ii）本契約の条件に従い日本の関連する法規に基づき新会社の株式の取得につき日本政府の適切な機関による許可又は承諾が得られること。且つ，
　iii）本契約で計画されたライセンス契約及び原料供給契約が有効となること。
20.2　本契約は，本条第1項所定の一切の条件が満たされた日に有効となり，両当事者が新会社の株式を保有している限り，また本契約が21条に定める期限前解除がなされない限り，継続して有効である。

（9）　解除原因を規定
　一般条項としての解除規定Ⅳ7を参照のこと。以下解除後の処置に関する規定を示す。

[解除と解除後の処置に関する例文]

Article 21.　Termination
21.1　If either party shall be in default of its obligations hereunder (hereinafter referred to as the "Defaulting Party") and shall not remedy such default within a period of thirty (30) days after receiving written notification of such default from the other party hereto (hereinafter referred to as the "Non-Defaulting Party"), then the Non-Defaulting Party may, at its option, terminate this Agreement by giving written notice to the other party hereto. The right of termination shall be exercisable within ten (10) days after the expiration of such thirty (30) days period.

Upon termination of this Agreement pursuant to this Paragraph 1, the Non-Defaulting Party shall have the option to exercise either of the following rights:
　i)　To purchase for cash all or any part of the shares in the New Company then held by the Defaulting Party at par value or book value of the shares as fixed pursuant to Article 22 hereof, whichever is lower; or
　ii)　To demand that the Defaulting Party purchase for cash all or any part of the shares in the New Company then held by the Non-Defaulting Party at par value or book val-

ue of the shares as fixed pursuant to Article 22 hereof, whichever is higher.

21.2 The rights as provided for in Paragraph 1 of this Article shall be in addition to and not in substitution for any other remedies that may be available to the Non-Defaulting Party hereunder, and any exercise of such right shall not relieve the Defaulting Party from any obligations accrued prior to the date of termination or any liability or damages to the other party for breach of this Agreement.

21.3 The party which is entitled to purchase the shares under any of the provisions of Paragraph 1 of this Article may nominate any third party and cause such third party to purchase those shares under the same terms and conditions as those applicable to the purchase of those shares by the party first mentioned.

第21条　解除

21.1　本契約に基づく義務につき一方当事者が債務不履行にあり（「不履行当事者」という）、この当事者が、他方当事者（「履行当事者」という）からこの不履行の書面による通知を受領してから30日以内にこの不履行を是正しない場合、履行当事者は、その選択により、他方当事者に対し書面による通知を発することにより本契約を解除することができる。この解除権は、この30日間の満了から10日以内に行使可能である。
　　　この第1項に従い本契約が解除されると同時に、履行当事者は以下の権利のいずれかを行使する選択権を有する：
　　　i) 不履行当事者がその時有する新会社の株式の全部又は一部を、その株式の額面額、又は第22条に従い確定した帳簿価格のどちらか低いほうの価格で現金にて購入すること、又は
　　　ii) 履行当事者がその時有する新会社の株式の全部又は一部を、その株式の額面額、又は第22条に従い確定した帳簿価格のどちらか高いほうの価格で現金にて購入するよう不履行当事者に求めること。

21.2　本契約第1項で規定する権利は、履行当事者に利用可能な一切のその他の救済手段に追加されるものであって、それに代わるものではない。またその権利の行使によって、解除の日前に生じた義務又は本契約の違反により他方当事者に生じた責任又は損害賠償から不履行当事者を免責させるものではない。

21.3　本条第1項に従い株式を購入する権利を有する当事者は、この当事者が当該株式の購入に適用されると同一の条件で、その株式を購入するため第三者を指名し、且つこの第三者に購入させることができる。

[事前協議後の仲裁を定める]

All controversies or differences arising between the parties hereto in connection with this Agreement or any breach of this Agreement shall be amicably settled through good faith negotiation between the both parties hereto. However, should such negotiation fail to reach a settlement within six (6) months, both parties agree to settle such dispute by binding arbitration.

本契約又は本契約の違反に関連する両当事者間で生じる一切の論争又は紛争は、両当事者間の誠実な交渉により友好的に解決する。但し、この交渉が6ヵ月以内に解決に至らない場合、両当事者は、この紛争を仲裁に付することに合意する。

[契約が終了したとき、合弁会社は解散し資産が株主に分配される、あるいは一方当事者が他方当事者の株式を買い取ることができる旨を規定した例文]

Upon termination of this Agreement, the New Company shall be dissolved and its assets shall be liquidated, divided and distributed among its shareholders in proportion to their holding ratios as promptly as possible, provided, however, that the other party shall have the right, in place of termination of this Agreement, to require to the party involved to assign the whole holding shares in the New Company to him or any third party nominated by him, subject to the requisite approval of the Government of Japan, if required. The purchase price of the shares shall be determined by the certified public accountant provided for in Article XXX based upon fair market value.

本契約の解除とともに、新会社は解散され、その財産は可及的速やかに、この時の持株比率に応じて、清算され、分配され、頒布される。しかしながら他方当事者は、契約解除に代えて、関連当事者に対し、新会社の全部の保有株式を、自己又は自己が指名する第三者に対し、譲渡するよう要求する権利を有する。但し、必要な場合、日本国政府の許可に従うものとする。購入価格は、公正な市場価格に基づき、第XXX条に規定する公認会計士によって決定される。

契約解除ではなく解散を選択するとき以下のような条項になろう。

Article 22. Dissolution

The New Company shall be dissolved in accordance with the laws of Japan in the event that XYZ and/or ABC elects to terminate this Agreement pursuant to any of the provisions of this Agreement, and in such case the other party shall take the necessary steps and cooperate fully to dissolve the New Company without undue delay in accordance with the laws concerned. In case of dissolution of the New Company, all the assets of the New Company shall be distributed to the shareholders in accordance with the respective proportionate ownership of shares then held by each shareholder of the New Company.

However, the New Company may continue to exist and to operate its business in case the shareholder who is not responsible for such termination of this Agreement desires so and, in such case, such shareholder is entitled to purchase from the other shareholder all its shares in the New Company at a price equal to 100% of the book value of such shares determined as of the end of the immediately preceding fiscal year of the New Company in accordance with generally accepted accounting principles, but without including goodwill.

第22条　解散
一方当事者が本契約の条項に従い本契約の解除を選択し，且つ他方当事者が関連する法律に従い遅滞なく新会社を解散するため必要な手続をとり十分に協議する場合，新会社は日本法に従い解散する。新会社の解散の場合，新会社のすべての財産は，新会社の各株主が保有する株式の持株比率に従い，株主に分配される。しかしながら，本契約の解約に責任を有しない株主が存続を希望する場合，新会社はその事業を継続し存続する。この場合この株主は，一般的に認められた会計基準に従い新会社の直前の会計年度の終了日における当該株式の帳簿価格の100％に相当する金額で新会社の株式全部を他方当事者から購入する権利を有する。但し暖簾を含まない。

［契約終了は債権債務に影響しない］

The termination or expiration of this Agreement shall not affect any debts or credits between the parties which were outstanding before or at the time termination becomes effective.

本契約の解除又は期間満了は，解除が効力を生じた以前に期限が到来した当事者間の債権債務に影響を及ぼさない。

3　撤退条項

　デッドロックに乗り上げたとき，とりえる方策を合弁契約書作成時に規定しておく必要がある。まず一定期間当事者間で誠実に協議すること，さらに仲裁・ADRの活用も考える必要があろう。それでも解決されない場合，いわゆる合弁

事業の解消・撤退が問題となる。

　それらには，合弁会社を解散する，契約当事者の一方が他方の当事者の所有する株式を買い取る権利を規定する，自己の所有する株式を相手方当事者に買い取らせる権利を規定する等様々な方法がある。なお，株式の売買が伴う場合には，その時点での株式の売買価格の決定方法について契約であらかじめ取り決めておく必要があることはいうまでもないし，相手方の株式の買取りに外資法等の規制がある場合もあるので注意が必要である。

1. 合弁事業の解消として，合弁会社を解散して清算する方法がある。解散には株主総会の決議（通常は特別決議を要する）が必要であるから，多数の反対があれば決議解散はできない。しかし，特段の事情があれば，裁判所の解散判決（会社法833条）によって解散されることはありえる。いずれにしても，清算により合弁会社は解体され残余財産の分配となる。特に知的財産権の帰属についてどうするかが問題になることが多いので，事前に知的財産の帰属，ライセンス，対価（評価）について，決め方を議論しておく必要がある。

2. 一方株主が合弁会社から撤退する方法がある。これは前述の first refusal right，その後の tag-along, drag-along の行使についての記述を参照されたい（304頁以下）。この場合は，合弁会社自体は，株主を入れ替えて存続することになる。

4　準拠法

　法人に関する一定の内部的な事項については当該法人と密接に関連する一定の法が常に適用されると考えられており，このような法を当該法人の従属法又は（自然人の場合の用語法を転用して）属人法という。法人の従属法の適用範囲は，法人の成立から消滅に至るまでであり，すなわち，法人の設立，法人の権利能力・行為能力，法人の内部組織（定款，法人の機関，法人と社員との関係，社員相互の関係など），法人の解散・清算・消滅については，法人従属法によって規律される。こうした法人の内部関係の問題は1つの単位法律関係として，単一の準拠法を適用する必要性が高いからである。法人従属法については，設立準拠法主義（法人の設立準拠法を当該法人の属人法とする立場）と本拠地法主義（法人の本拠地が所在する地の法を当該法人の属人法とする立場。法人の設立は属人法によるため，法人の本拠地と設立準拠法の一致を求める立場ともいえる）の対立がある。こ

こでは通説の設立準拠法を前提として論を進める。なお、最判昭和 50 年 7 月 15 日判決（民集 29 巻 6 号 1061 頁）は、「ニューヨーク州法に準拠して設立され、且つ、本店を同州に設置しているのであるから、被上告人の従属法はニューヨーク州法というべきである」と判示した。

合弁契約書で準拠法の指定があり、それが設立準拠法と異なる場合にその指定準拠法が適用される範囲であるが、それは株主間契約の成立・効力の準拠法となるに過ぎない。したがって、合弁契約で記述される多くの会社組織上の条項は一義的には設立準拠法が適用されることになろう。設立準拠法で指定された実質法（例えば日本の会社法典）に牴触する内容が合弁契約書で規定されている場合（例えば従前からよくある、"株主全員一致の合意を要する"との契約条項）、それは会社法上の問題ではなく契約違反（それに続く損害賠償や解除の要件となる）を導くことになる。

なお、会社の対外関係（例えば取引や不法行為）には、それと性質決定して対外関係に適用される法（債権準拠法）を適用すれば足りる。この理は英米法でも基本的に同じと考えてよい。

5　国際裁判管轄

会社関係訴訟の管轄については民事訴訟法 3 条の 5 第 1 項で日本の裁判所の専属管轄を規定する。会社について述べれば、会社法第 7 編第 2 章に規定する訴えが規定されており、具体的には、会社の組織に関する訴え（設立無効、新株発行無効、合併無効、株主総会決議取消しの各訴え）、株主代表訴訟、役員解任の訴えが含まれる。これらについては法律関係の画一的処理の必要性が高く、日本の裁判所で審理することによる迅速で適正な判断が期待できるからである。

6　議事録（MINUTES OF THE MEETING）

以下では、標準的な取締役会議事録の書式を掲載する。

MINUTES OF THE MEETING OF THE BOARD OF DIRECTORS

1　Date: Monday the 20th day of January, 2017 at 10:00a.m.- 11:30a.m.

2   Location: Head Office, XX, Tokyo, Japan
3   Directors Present: AA, BB, CC, DD, EE and FF
    Directors Absent: XX
4   Statutory Auditors Present: GG, HH and II
    Statutory Auditors Absent: non

Meeting called to order at 10:00 a.m. by Chairman. The Chairman noted that a quorum of the Board of Directors was present and declared the Meeting open for the transaction of business.

1 Confirmation of Minutes of the Previous Board Meeting (14th December)
The minutes of the previous Board held on 14th December, 2016 were considered and confirmed as true and correct.

2 Appointment of Officers
The Chairman advised that it was appropriate for the Corporation to appoint officers for the ensuing year.
Upon motion duly moved, seconded and carried it was resolved that the following persons be appointed to hold the office set forth opposite their names below:
Yamada   executive officer
Sato   ***

3 Approval of Financial Documents for the year ended 31st December 2016
The Balance Sheet for the year ended 31st December, 2016 and Profit and Loss statements for the year ended 31st December, 2016 together were considered and approved unanimously.

Financial Review
BB provided a comprehensive update on the Company's financial plan and forecast. CC also reviewed the Company's principal financial operating metrics. Discussion ensued.

4 Approval of Date, Time and Place of the 25th Annual General Shareholders' Meeting
The board approved the draft notice for calling of the 25th Annual General Shareholders' Meeting and authorized to issue the notice of the same.
Date: Wednesday the 25th day of March, 2017 at 13:00p.m.
Place: Head Office, XX, Tokyo, Japan

Adjournment
There being no further business to come before the meeting, the meeting was adjourned at 11:30a.m.

Respectfully submitted,

In order to certify the above resolutions, these minutes have been prepared and the all directors and statutory auditors present have signed their name and affixed their seals hereto.

取締役会議事録

1　日時：2017年1月20日（月）10：00〜11：30
2　場所：東京都XX　本社
3　出席取締役：AA，BB，CC，DD，EE，FF
　　欠席取締役　XX
4　出席監査役　GG，HH，II
　　欠席監査役　なし

　議長により午前10時に取締役会開会の宣言があった。議長は取締役会の定足数が満たされたので議事開催を宣言した。

1　前回（12月14日）の取締役会議事録の承認
　2016年12月14日に開催された取締役会の議事録が承認可決された。
2　役員選任
　議長は次年度の役員を指名するのが適切であると述べ，動議により，以下の者を役員に任命することで議決した：
　山田：執行役員
　佐藤：…
3　2016年12月31日締めの会計年度の決算書類の承認
　2016年12月31日締めとする貸借対照表及び損益計算書の両方が全会一致で承認可決された。
　財務の検証
　取締役BBは当社の財務計画と予測をアップデートし，CCは当社の財務運営状況を検証した。議論あり。
4　第25期定時株主総会の日時，場所の承認
　取締役会は25期定時株主総会の招集通知案を承認するとともに，招集通知発送を承認した。
日時：2017年3月25日（水）13：00
場所：東京都XX　本社

閉会

別段の議案がないため,会議は午前11時30分に閉会を宣言した。上記決議を証するため,本議事録を作成し,出席取締役・監査役が署名押印した。

アメリカの場合,議長 Chairman と総務部長 Secretary が署名する。

XII 株式譲渡契約
(Stock purchase Agreement)

1. 定義
2. 売買合意
3. 表明・保証
   3.1 売主に関する売主の表明保証
   3.2 対象会社に関する売主の表明保証
   3.3 買主の表明保証
4. 特別約束
   4.1 売主の消極的約束
   4.2 売主の積極的約束
5. クロージングの前提条件
   5.1 売主の義務の前提条件
   5.2 売主の義務の前提条件
6. クロージング
7. 補償
8. 解除
9. 存続条項
10. 一般条項

1 概説

　企業が海外に子会社を設置する方法には,「グリーンフィールド投資」とM&Aの2つがある。グリーンフィールド投資は,法人を新しく設立して,設備や従業員の確保,チャネルの構築や顧客の確保を一から行う投資のアプローチである。M&Aは,現地の既存企業を買収するアプローチである。

既存企業を買収することで新事業をスピーディーに立ち上げることができるメリットがある。しかしながら，企業文化の衝突のおそれや対象企業の負の資産の承継（例えば，簿外債務，さらにはPLや環境責任など予測できなかった責任）などのデメリットにも留意しなければならない。

　買収には敵対的買収と友好的買収がある（非敵対的買収という類型もある）。経営陣が買収に好意的か敵対的かという区別である。敵対的買収は上場会社に対する公開買付（TOB）によって可能となる。契約で買収ができるのは友好的買収に限られる。また企業買収は株式の買収と資産の買収にも分けられる。株式の買収により，買収対象企業は買主の100％子会社となる。資産の買収は通常，事業譲渡・譲受の形になる。

　なお，わが国会社法467条1項では，事業の全部又は重要な一部の譲渡（1号・2号），事業の全部譲受（3号）に加えて，子会社株式全部又は一部の譲渡（2号の2）につき株主総会決議を要件としている。他方，株式譲受側では総会決議は要件ではない。

　公的規制としては，競争法（独禁法や反トラスト法など）による企業結合規制，証券法（金商法など）による証券取得等に関する規制，その他外資規制が考えられる。国際的な企業買収の場合，対内直接投資又は対外直接投資の問題となり，各国外為法などによる投資規制にも留意しなければならない。M&Aを行う場合には，契約法上の問題や会社法上の問題のほか，税法，労働法，環境法，独占禁止法，業法等における問題等，多岐にわたる観点からの検討が必要となる。

　M&Aのプロセスの概略は以下のようなものである。

① 対象企業の選定
② 機密保持契約の締結
③ 買収監査（due diligence，以下「DD」という）：対象企業を会計・法律等の観点から監査し，隠れた瑕疵等が存在しないかを調査する。
④ Letter of Intent：買収の基本的事項が合意された時点で，これを確認するLetter of IntentやMemorandum of Understandingが作成される。⇒金商法のインサイダーの解除，LOIに独占的交渉権を規定するときの注意点
⑤ 最終契約書の締結
⑥ 当局宛事前届出：関係国の独禁法当局等に事前届出を行う。
⑦ conditions precedentの充足：関係当局の承認，株主総会の承認等前提条件が充足される必要がある。

⑧ closing：買収代金の支払い，株式の譲渡が行われる。
⑨ 精算（adjustment）

　価格については，株式譲渡契約の場合，契約締結時点で定められた一定額とすることが多いが，場合によっては，契約締結後クロージング日までの売買対象の価値変動を反映して価格調整条項を設ける場合もある。

2　条項の解説

[Whereas 条項]

WHEREAS, the Seller is the owner of all of the issued and outstanding shares of XXX Corp., a company organized and existing under the laws of the State of Delaware, having its principal place of business at New York, U.S.A.(hereinafter the "Company"); and WHEREAS, the Seller is willing to sell to the Purchaser, and the Purchaser, in reliance upon the representations and warranties of the Seller contained herein, is willing to purchase from the Seller, all of the shares of the Company, on the terms and conditions hereinafter set forth;

売主は，アメリカ合衆国ニューヨーク州＊＊＊に主たる事業所を有するデラウェア州法人XXX社（以下「対象会社」という）の全発行済み株式を所有しており，
売主は，本契約書に以下に定める条件で，買主に対して対象会社の全株式を譲渡する意図を有しており，買主は，売主が本契約書で行っている表明及び保証を信頼して対象会社の全株式を購入する意思がある。

（1）　定義と売買合意

"Closing" means the completion of the sale and purchase of the Shares pursuant to Section 2 hereof.

「クロージング」とは，第2条に従った本件株式の売買の完了を意味する。

　主な定義はむしろ後述の表明保証条項の中で規定される。

[売買の合意]

Article 2. Purchase and Sale
Subject to the terms and conditions herein set forth, on the Closing Date, the Seller hereby sells and transfers to the Purchaser, and the Purchaser hereby purchases and accepts the transfer of, from the Seller, at the price specified in Article 6 of this Agreement, the total of one hundred (100) shares, of which par value is one hundred dollars ($100) and which constitute one hundred percent (100%) of all the issued and outstanding shares in the Company (hereinafter referred to as the "Shares").

第2条 売買
本契約所定の条件に従い，クロージング日に，本契約6条所定の金額で，合計100株を，売主は買主に売却し，買主はこれを購入し譲渡を受けるものとする。この株式の額面額は100ドルであり，これは対象会社の発行済み株式の100パーセントを構成するものである（以下「本株式」という）。

　売買対象の特定は，例えば具体的な株式数を示して，"1,000 shares of the Company's common stock" とか，全発行株式数に占める割合を示して，"100% of the issued and outstanding voting shares of the Company" などといった形で特定する。

（2）　表明及び保証（Representations & Warranties）

　表明及び保証とは，当該取引に関し，両当事者がお互いに対して一定の事実を宣言し，これを保証する条項である。表明保証した内容が事実と異なっていた場合については，クロージングの延期や拒否，損害賠償，契約解除等の制裁が別途定められる。
　売主側の表明及び保証には，売主自身に関する表明及び保証のみならず，売買対象会社に関する表明及び保証が含まれるので，売主側の表明及び保証の分量や重要度は高い。
　売主の表明及び保証の内容を大きく分けると，①売主自身に関するもの（売主の設立・存在の適法性，売買契約の有効性等），②売買対象に関するもの（売買される株式の有効性や当該株式が対象会社において占めるポジション等）に分けられる。これに加え，③売買対象会社の事業，財務内容等に関する表明及び保証がある。
　③については，買主は，DDをふまえ，想定されるリスクが存在しないことの

表明保証を売主に求めていくことになることになる。これに対し，売主は，無条件の表明保証をしてしまうと，仮に表明保証と異なる事実が判明した場合に，後述する制裁を受けることになるため，「知る限り」(to the Seller's knowledge, 現に知っている範囲で行う表明保証)，あるいは「知りうる限り」(to the Seller's best knowledge, 現に知らなくても，調べればわかるはずの範囲での表明保証) 等々の限定（carve out）を付すなど，交渉時に当事者間での攻防が展開される。

　表明及び保証は，一般に，契約締結時点とクロージング日の両方において，"事実はこうである"という形でなされる。したがって，表明保証条項は，クロージング日までに売主が一定の状況にあることを確保する機能を有し，そのような状況が確保されなかった場合には，その責任が発生することになる。そこで，売主としては，表明保証違反による制裁を受けないよう，受け入れる表明保証事項については十分調査し，仮に違反があればその事実を表明保証の除外事項として明示するよう求めることになる。このように，表明保証条項は，売主に事前の情報開示を事実上強制するという効果も有する。

　表明保証については，何を表明保証するかもさることながら，違反の効果が何であるかも非常に重要である。表明保証違反の効果としては，①金銭的損害賠償，②クロージングの前提条件を満たさなくなる（相手にクロージング拒否権が与えられる），③契約解除，などがあり，個々の表明保証違反がいかなる効果を生むかは，契約交渉時に十分意識しておく必要がある。

　以下では，売主の自己に関する表明保証と対象会社に関する表明保証，及び買主の自己に関する表明保証の順序で論じる。

Article 3.　Representations and Warranties

3.1　Representations and Warranties of the Seller Relating to the Seller:
　The Seller represents and warrants to the Purchaser in relation to the Seller, as follows:
(a)　Good standing of the Seller
　The Seller is, as of the Closing Date, a company established and in good standing under the laws of Japan.

第3条　表明と保証

3.1　売主に関する売主の表明と保証
　売主は買主に対し，売主に関して以下を表明し保証する。
(a)　売主のグッド・スタンディング
　　クロージング日において，売主は，日本国の法律に準拠して有効に設立され，良好

に存続している株式会社である。

(b) Validity of the Agreement
The Seller has the right and power to enter into and perform its obligations under this Agreement, and has taken all necessary corporate action required to enter into and perform its obligations under this Agreement, and this Agreement constitutes the legal, valid and binding obligation of the Seller, enforceable in accordance with its terms.

(b) 本契約の有効性
売主は，本契約を締結し，本契約に基づく義務を履行する権利と権限を有しており，本契約を締結し，また本契約に基づき義務を履行するために必要な一切の法人行為を実行しており，また本契約は，売主の適法，有効且つ拘束性のある義務を構成し，その条件に従い履行可能である。

(c) Regulatory Approvals
All consents, approvals, authorizations and other requirements prescribed by any law, rule or regulation which must be obtained or satisfied by the Seller in order to permit the consummation of the transactions contemplated by this Agreement have been, or will have been as of the Closing Date, obtained and satisfied.

(c) 規制上の許認可
本契約によって企図されている取引を完了させるために売主が取得し満足させなければならないあらゆる法，ルール若しくは規則によって規定されているすべての同意，許可，承認及びその他の要求事項は，すでに取得され満足しているか，クロージング日までに取得され満足される。

(d) No Breach of Other Instruments
The execution of this Agreement and the consummation of the transactions contemplated hereby will not result in (i) a breach of any of the terms or provisions of, or constitute a default under, any agreement, or other instrument to which the Seller is a party or by which it is bound, or (ii) any breach or violation of any statute, judgment, decree, order, rule or governmental regulation applicable to the Seller or its properties or assets.

(d) 本契約が他の証書に違背しないこと
本契約の締結，及び本契約によって企図されている取引の完了は，(i) 売主が当事者となっているか若しくは拘束される契約その他の証書のいかなる条項にも違反せず，不履行にもならない (ii) 売主又はその財産に適用される一切の制定法，判決，決

定，命令，規則又は政府規則と抵触せず，又その違反とはならない。

(e) Good Title of the Shares

The Seller is and on the Closing Date will be the lawful owner of the Shares, which are fully paid-up, to be delivered by it hereunder, as set forth in Article 2 here of, and has full right and authority to sell and deliver the same in accordance with this Agreement and the delivery of said Shares to the Purchaser pursuant to the provisions of this Agreement will transfer valid title thereto, free and clear of all pledges, security interests, liens, encumbrances and claims whatsoever.

(e) 株式の良好な所有権

売主は，現在及びクロージング日において，第2条記載の通り，本契約に基づき売主が引渡すべき本株式の適法な所有者であり，当該株式はすべて払込み済みであり，本契約に基づき，この株式を売却及び譲渡する完全な権利と権限を有しており，本契約に従い本株式を買主へ譲渡することは，一切の担保権，質権，負担及びクレームのない，これに対する有効な所有権を移転するものである。

以下は売主の対象会社に関する表明保証であり，中心をなすものである。

3.2 Representations and Warranties of the Seller Relating to the Company:

The Seller represents and warrants to the Purchaser in relation to the Company, as follows:

(a) Organization and Authority

The Company is a corporation duly organized, validly existing and in good standing under the laws of the State of Delaware is duly qualified to transact business and is in good standing under the laws of all other jurisdictions where it now transacts business; has all requisite corporate power and authority to own, lease or operate its properties and to transact its business as now being transacted; and has all licenses, permits or other authorizations, and has taken all actions, required by applicable laws or governmental regulations in connection with its business as now transacted.

3.2 対象会社に関する売主の表明と保証

売主は買主に対し，対象会社に関して以下を表明し保証する。

(a) 組織と権限

対象会社は，デラウェア州法に基づき適法に設立され有効に且つ良好な状態で存在する会社であり，この会社が事業を行う一切のその他の管轄地の法律に基づき，営業を行う適法な資格を有し且つ良好な状況であり，その財産を所有し，リースし，

運営するため、並びに現在取引を行っているその事業を行うにつき、一切の必要な法人の権限を有しており、また現在取引をしている事業に関連し、適用される法律又は政府規則により要求される一切のライセンス、許可又はその他の権限を有しており、またそのための一切の手段を講じている。

ここで「good standing」はアメリカ会社法の実務で登場する。すなわち、設立州の法律に基づいて要求されるフランチャイズタックスなどをきちんと支払うなどの一定の義務を履行しており、その設立登記が抹消されない状態であることを意味する。この点については、Secretary of State（州務長官）が発行するGood standing Certificateによって証明する。

(b) Capitalization
The authorized capital stock of the Company is as listed below, of which the shares listed below are issued and outstanding and are duly owned by the Seller. All such issued and outstanding shares are validly issued, fully paid and non-assessable. There are no outstanding warrants, options, or other commitments of any nature relating to the authorized but unissued common stock.

Class	Authorize	Outstanding
Class A Common Stock	_____	100
Class B Common Stock	_____	___

(b) 資本
対象会社の授権資本は、下記の通りであり、そのうち、下記の株式数が発行され、現在存在しており、売主によって適法に所有されている。かかるすべての発行済みで存在する株式は、有効に発行され、全額払い込まれており、追加支払いを要求されることがないものである。授権されているが未発行の普通株式に関し、現在、ワラント、オプション、あるいはいかなる他の約束も存在しない。

種類	授権株式数	発行済み株式数
Ａ種普通株式	_____	100
Ｂ種普通株式	_____	___

売主に関する表明保証の前記3.1条(b)～(d)は対象会社に関する表明保証でも規定されるべきであるが、同じ内容であるのでここでは省略する。

(c) Financial Statements
The balance sheet, operation statement and profit and loss statement in Exhibit C as at December 31, 2016 prepared by the Company and certified by an Independent Certified

Public Accountant XX, heretofore delivered to the Purchaser, are in accordance with the books, records and accounts of the Company, and have been prepared in conformity with generally accepted accounting principles applied on a consistent basis as applicable to Company and are substantially correct and complete. The financial statements of Company present fairly the financial condition of Company as at December 31, 2016.

(c) 財務諸表
対象会社が作成し独立の公認会計士 XX が認証し、これまでに買主に引き渡された別紙 C の 2016 年 12 月 31 日現在における対象会社の貸借対照表、営業報告と損益計算書は、対象会社の会計帳簿、記録ならびに勘定に従っており、対象会社に常に適用される一般的に認められた会計基準に従って作成されており、実質的に正確且つ完全である。財務諸表は 2016 年 12 月 31 日における対象会社の財務状況を正しく示している。

(d) No material Adverse Change
There has been no material adverse change, since the date of the Closing Balance Sheet, in the aggregate in the business or properties of the Company, or in their financial condition, nor will there be any such change prior to the Closing in the business, properties, financial condition or earnings of the Company, whether or not arising from the ordinary course.

(d) 重大な悪影響の不存在
最終の貸借対照表の日付以来、対象会社の事業又は財産において、又はその財務状況において、全体として重大な悪影響は存在しておらず、また、クロージング日までに、通常の事業活動から生じるか否かを問わず、対象会社の事業、財産、財務状況又は収益においてこのような変化は生じない。

　これは、いわゆる MAC 条項（Material Adverse Change）であり、詳しくは後述（343 頁以下）する。

(e) No Undisclosed liabilities
Except as specifically reflected or reserved against in the March 31, 2017 balance sheet included in Schedule XX or otherwise disclosed in Schedule XX, the Company does not have any liabilities or financial obligations of any nature, whether absolute, accrued, contingent or otherwise, and whether become due or not, which in the aggregate exceed US$100,000 and that are material to the conditions (financial or otherwise), assets, properties, business or prospects of the Company.

(e) 非開示債務
別表 XX に含まれている 2017 年 3 月 31 日付け貸借対照表に特に反映されているか引当金計上されているか又は別表 XX で開示されているものを除き，対象会社は，その総額において 10 万米ドルを超え，且つ対象会社の（財務その他の）状況，資産，財産，事業若しくは前途にとって重要となる債務その他の金銭的義務は，無条件か，既発生か，偶発的か否かを問わず，また弁済期が到来しているか否かを問わず，有していない。

(f) Contracts
Attached as Exhibit XY is a list of all material contracts to which the Company is a party, as of the Closing Date. For each such contract, as of the Closing Date, (i) the Company has complied fully with all of its obligations owed under the contract (except where such non-compliance is not reasonably likely to have a material adverse effect on the Company), (ii) all other parties to the contract have complied fully with all of their obligations owed to the Company under the contract (except where such non-compliance is not reasonably likely to have a material adverse effect on the Company), and (iii) the contract is valid and fully enforceable against each party in accordance with its terms.

(f) 契約
添付別紙 XY は，クロージング日において対象会社が一方当事者となる重要な契約のリストである。各契約については，クロージング日に，(i) 対象会社は当該契約に基づく義務のすべてを遵守していること（但し，対象会社に重大な悪影響を及ぼすことが合理的にあり得ないような不遵守を除く），(ii) すべての契約の他方当事者は当該契約に基づく対象会社に対する義務のすべてを遵守していること（但し，対象会社に重大な悪影響を及ぼすことが合理的にあり得ないような不遵守を除く），(iii) 契約はその条件に従って，各当事者に対して，有効であり執行可能であること。

契約当事者が DD をするにあたり，買収により政府の許認可が取り消される可能性はないか，買収が独禁法等に基づく届出が必要であるか，対象会社が当事者である契約中に「change of control 条項」があるために当該契約の相手方から解除される危険がないか，などが検証される。

表明保証で規定され買収契約に添付される別紙としては，上記のほかに，不動産，動産，知的財産権，従業員，顧客及び供給業者に関するものが考えられる。

(g) Lawsuits

There are no actions, suits, proceedings or investigations, pending or, to the knowledge of the Seller, threatened against or affecting the Company, at law, or in equity or admiralty, which involve the likelihood of any adverse judgment or liability, not fully covered by insurance, in excess of $10,000 in any one case or $50,000 in the aggregate, or which may result in any material adverse change in the business, operations, properties or assets or in the condition, financial or otherwise, of the Company, except in each case as listed and described in Exhibit XZ annexed hereto.

(g) 訴訟
法律上か，衡平法か又は行政上かを問わず，対象会社に対し係属中か，売主の知る限りでその恐れがあるか，又は影響を与える一切の訴訟，手続又は調査は存在しない。但し，これは保険で完全にカバーされておらず，悪影響を及ぼす判決又は責任の可能性があるもので，且つ1件当たり1万ドルを超え又は合計で5万ドルを超えるものであり，あるいは，対象会社の事業，財産若しくは資産又は財務などの状況に重大な悪影響となるようなものであるが，但しこれらは別紙XZに記載の場合を除く。

Intellectual Property Rights
To the best of the Seller's knowledge, the Company has not and is not infringing the intellectual or industrial property lights of any third party.

知的財産権
売主の知る限りにおいて，対象会社は第三者の知的財産権ないし工業所有権を（過去において）侵害しておらず，また（現在も）していない。

知財権の侵害について上記のような規定を置くことがある。

(h) Compliance with Law
The conduct of business by the Company on the date hereof does not violate any Japanese or foreign laws, ordinances, regulations, in force on the date hereof, the enforcement of which would materially and adversely affect the business, assets, conditions (financial or otherwise) or prospects of the Company taken as a whole, nor has the Company received any notice of any such violation. This shall exclude any non-compliance which is not reasonably likely to have a material adverse effect on the Company.

(h) 法令の遵守
本契約日現在の対象会社の事業の遂行は，本契約の日現在効力を有している日本及び外国の法令条例・規則（但しこれを執行することによって全体として見た場合に

対象会社の事業，資産，(財務その他の) 状況又は前途に重大且つ不利な影響を及ぼすもの) に違反しておらず，また対象会社はかかる違反に関する通知を受領していない。但し，対象会社に重大な悪影響を及ぼすことが合理的にあり得ないような不遵守を除くものとする。

(i) Accounts Receivable and Inventory
Except as set forth in Schedule XA:
  (i) The outstanding accounts receivable of the Company have arisen out of the sales of inventory or services in the ordinary course of business. To the best knowledge of the Seller, based on its prior collection experience, such accounts receivable are collectible in full; and
  (ii) The inventory of the Company is salable in the ordinary course of business without discount from the prices generally charged for like products.

(i) 売掛金と在庫
別表 XA に記載したものを除き，
  (i) 現存する対象会社の売掛金債権は，通常の事業の過程における在庫の販売ないしサービスの提供によって生じたものである。過去の回収経験に基づいて，売主が知る限りにおいて，これらは完全に回収できるものである。
  (ii) 対象会社の在庫は，同種の製品の一般的な価格に対して割引きすることなく通常の事業の過程において販売可能である。

(j) Tax Returns
Except as disclosed in Schedule XB, all tax returns filed by the Company for the taxable years ending in 2010 through 2015 constitute complete true and correct representations of the Company's tax liabilities for such years.

(j) 税務申告
別表 XB に開示されたものを除き，2010 年から 2015 年までに終了した課税年度について対象会社が提出したすべての税務申告書は，当該年度についての納税義務を完全且つ正確に表明したものである。

(k) Full Disclosure
The disclosures of the Seller contained in this Agreement and any Exhibit hereto contain no untrue or misleading statement of any material fact and do not omit to state a material fact required to be stated therein or necessary to make the statements therein

The representations and warranties described in this Article will be correct in all material respects on and as of the Closing Date with the same force and effect as though such representations and warranties had been made on the Closing Date.

(k) 完全な開示
本契約及び別紙に記載された売主の開示は，重大な事実についての誤記又は誤導をきたす記述を含んでおらず，またそこで記載されるべき，又は記載することが必要な重大な事実の記述を省略していない。本条に記載した表明及び保証は，その表明及び保証がクロージング日においてなされたが如く，重大なすべての点において，クロージング日においても，正しく有効である。

(l) Finders and Brokers
Neither the Seller nor the the Company has entered into any contract, arrangement or understanding with any person, firm or corporation which will result in the obligation of the Purchaser to pay any finder's fees, brokerage or agent's commissions or other like payments in connection with the transactions contemplated hereby.

(l) ファインダー及びブローカー
売主も対象会社も，本契約によって企図した取引に関してファインダー報酬，仲介コミッションやエージェント・コミッションその他の類似の金員の支払義務を買主が負う結果となる契約，アレンジ，了解をあらゆる人，団体，会社との間でしていない。

以下は買主の表明保証である。

3.3 Representations and Warranties of Purchaser
The Purchaser represents and warrants to the Seller as follows:
(a) Organization and Authority （略）
(b) Validity of this Agreement （略）
(c) No Breach of other Instruments （略）
(d) Regulatory Approvals （略）
(e) Adequate Financing
The Purchaser has funds sufficient to pay the purchase price and there is no litigation, legal action, arbitration, proceeding, demand, claim or investigation pending or to the knowledge of the Purchaser threatened, planned or contemplated against the Purchaser which might adversely affect the ability of the Purchaser to consummate the transactions contemplated hereby.

(f) Finders and Brokers（略）

3.3 買主の表明と保証
買主は売主に対し以下を表明し保証する：
(a) 組織及び権限（略）
(b) 本契約の有効性（略）
(c) 本契約が他の証書に違背しないこと（略）
(d) 規制上の許認可（略）
(e) 十分な資金
買主は，購入代金を支払うために十分な資金を用意しており，本契約によって企図した取引を買主が遂行する能力に不利な影響を与えるような訴訟，裁判，仲裁，手続，要求，クレームその他の調査は係属しておらず，また買主の知る限りにおいてその恐れもなく，計画もなされていない。
(f) ファインダー及びブローカー（略）

買主の許認可は，独禁法上の届出や外国会社の株式取得についての外為法上の許認可などが考えられる。

（3） 義務条項（Covenant 条項）

Covenant 条項とは，売主及び買主の義務を定める条項であり，多くは契約締結からクロージングまでの両当事者の義務を定めるものであるが，一部，クロージング後も継続する義務もある。作為義務（affirmative covenants）及び不作為義務（negative covenants）が課せられる。

クロージング前の売主の義務としては，対象会社の事業及び資産状態が悪化しないように作為及び不作為が課せられることがある。具体的には，通常の業務以外の業務を行わせない義務や，それまでの慣行と異なる多額の配当などをさせない義務等である。また，売主買主双方に，クロージングに向けた必要書類の作成具備，許認可の取得，第三者同意の取得の義務が課せられることが多い。これらの具備，取得について，どちらがどれだけの責任・費用の負担をするかについては十分な検討が必要である。クロージング後も継続する義務として，売主の競業避止義務や秘密保持義務が定められることがある。この義務違反についても，一定の期限まで，補償請求が可能である。

Article 4. Covenants
4.1 Negative Covenants of the Seller

The Seller covenants and agrees with the Purchaser as follows:
(a) Conduct of the Company Business
From and after the date hereof, the Seller shall not take any action, the result of which would be to cause the Company to conduct its business other than, in the ordinary course consistent with past practice, including, without limitation, the declaration, setting aside or payment of any dividend or distribution with respect to the Company's capital stock. Without limiting the generality of the foregoing, the Seller shall not approve (i) the issuance by the Company of any capital stock or any options, warrants or other rights to subscribe for or purchase any of the Company's capital stock or any securities convertible into or exchangeable for the Company's capital stock, (ii)the direct or indirect redemption, purchase or other acquisition of any of the Company's capital stock, (iii)a split, reclassification or other change in or of any of the Company's capital stock, or (iv) any amendment of the Company's articles of incorporation.

第4条 約束
4.1 売主の消極的約束
売主は買主と以下の通り約束する：
(a) 会社の営業活動
本契約の日付から，売主は，過去の慣行と合致した日常業務以外の事業活動を対象会社に行わしめる結果となるような行為をしないものとし，これは配当の宣言，留保又は支払い或いは対象会社の株式の配当を含むがこれに限定されない。上記の一般論に制限を加えることなく，売主は以下を承認しないものとする。①対象会社による株式の発行，又は対象会社の株式を引受け又は購入するためのオプション，ワラント又はその他の権利の発行，又は対象会社の株式に転換ないし交換可能な証券の発行，②対象会社の株式の直接又は間接の償却，購入又はその他の取得，③対象会社の株式の分割，種類の変更又はその他の変更，又は④対象会社の定款変更。

(b) No Competition with the Company
For a period of five (5) years from the Closing Date, the Seller shall not engage or be interested, whether directly or indirectly, in any business that would be in competition with business as now transacted by the Company, or in any place in which the Company now transacts its business.

(b) 対象会社との競業禁止
クロージング日から5年間，売主は，直接間接を問わず，対象会社が現在事業を行っているすべての場所において，対象会社が現在従事している事業と競合する可能性のあるあらゆる事業に従事せず，且つ，かかる事業にかかわらないものとする。

(c) No Dealing with Customers and Suppliers

For a period of five (5) years from the Closing Date, the Seller shall not solicit or otherwise entice any of the customers or suppliers of the Company set forth in Exhibit XC attached hereto.

(c) 顧客及び供給者との取引の禁止

クロージング日から5年間、売主は、本契約に添付の別紙XCに記載された対象会社の顧客や供給者に対して勧誘したりそそのかしたりしないものとする。

4.2 Affirmative Covenants of the Seller

The Seller covenants and agrees with the Purchaser as follows:

(a) Management of the Company

From the date of this Agreement until the Date of Closing, the Seller shall carry on the activities of the Company in the ordinary course of business and shall not sell or dispose of any of the assets or properties of the Company in excess of $10,000, whether or not in the ordinary course of business, except with the prior written consent of the Purchaser. No material commitments, bids or binding offers shall be made, and no contract shall be entered into by the Company in any case in excess of $10,000, whether or not in the ordinary course of business, except with the prior written consent of the Purchaser.

4.2 売主の積極的約束

売主は買主と以下の通り約束する：

(a) 対象会社の経営

本契約締結日からクロージング日までの間、売主は、通常の事業の過程内で対象会社の活動を実行し、また通常の事業の過程内であるか否かを問わず、買主の事前の書面による同意を得ることなしに、1万ドルを超える対象会社の資産や財産を売却若しくは処分しないものとする。買主の事前の書面による同意を得ることなしに、対象会社は、通常の事業の過程内であるか否かを問わず、1万ドルを超える重要な約束、入札若しくは拘束力のある申入れをしたり、契約を締結しないものとする。

(b) Consultation

The Seller shall provide consulting services to the Company and/or the Purchaser after the Closing Date, in accordance with the Consulting Services Agreement, which shall be executed at or prior to the Closing.

(b) コンサルティング

売主は，クロージング前までに締結されるコンサルティングサービス契約に従って，クロージング日以降，対象会社及び／又は買主に対してコンサルティング・サービスを提供する。

売主の支援が特に必要な場合にこのような定めを置く。

(b) Further Assurance.
After the Closing, the Seller, upon request of the Purchaser, shall take such action and execute and deliver such further instruments of assignment, conveyance and transfer as may be necessary to assure, complete and evidence the full and effective assignment, conveyance and transfer to the Purchaser of the Shares.

(b) 追加の保証
クロージング後，売主は買主の要求に基づいて，本件株式の買主に対する完全且つ効力のある譲渡を確保し，完了し且つ証明するために必要な行動をし，また必要な譲渡証書を作成し，交付するものとする。

（4） クロージングの前提条件（Condition Precedent）

　株式譲渡契約を含め，M&A契約一般に，クロージングを一定の前提条件にかからしめ，その前提条件が満たされない場合には，予定されたクロージング日にクロージングを実行する義務から当事者を解放する旨を定めるのが通常である。

　クロージングの前提条件が不成就である場合の定め方にはいくつかあり，典型的には①条件の成就を放棄したうえでクロージングを行い，代わりに損害賠償請求を認める，②不成就となった条件が成就するまでクロージングを延期する，又は③契約自体の解除を定める，ということになる。

　買主がクロージングを行う前提条件として通常定められるのは，売主の表明保証がクロージング日に正しいこと，売主が契約上の義務（covenants）をすべて果たしていること，それらを確認できる書面を売主が買主に引き渡すこと等である。加えて，買主としては，具体的に想定できない問題が発生したときにクロージングを延期あるいは拒否できるよう，「対象会社に重大な悪影響を及ぼす変化（material adverse change）が発生していないこと」（通称MAC条項）をクロージングの前提条件とするよう求めるケースも多い。これに対し，売主としては，かかる条項の挿入そのものを拒否したり，受け入れるとしてもこの条項に該当

するケースを限定し明確化するような規定（例えば「重大な悪影響」を金額で明示する等）を求めることになる。売主がクロージングを行う前提条件も，基本的に同じ考え方である。

Article 5. Conditions to the Closing
5.1　Pre-condition to the Seller's Obligation
The obligation of the Seller under this Agreement shall be subject to the satisfaction of each of the following conditions prior to or at the time of the Closing:
(a)　Representations and Warranties
The representations and warranties of the Purchaser contained in this Agreement, or in any other document the Purchaser delivered pursuant hereto, shall have been true and correct in all material respects on the date such representations and warranties were made and as of the Closing Date.

第5条　クロージングの条件
5.1　売主の義務の前提条件
売主の本契約に基づく義務は，クロージングの時にまでに以下の条件のすべてを満たすことを条件とする。
(a)　表明及び保証
本契約，又はその他本契約に基づいて買主が交付した文書に含まれている買主による表明及び保証が，それがなされた日並びにクロージング日においてすべての重要な点において真実で正しいこと。

(b)　Performance of Obligation of Purchaser
All the terms, covenants and conditions of this Agreement to be complied with and performed by the Purchaser on or before the Closing Date shall have been fully completed with and performed in all material respects.

(b)　買主の義務の履行
クロージング日までに買主が遵守し実行するべき本契約の一切の条件が，すべての重要な点において，完了され実行されていること。

(c)　Counsel's Opinion and Board Resolutions of Purchaser
The following documents shall have been duly delivered to the Seller at the time of the Closing:
(i)　An opinion of counsel to the Purchaser, in the form set forth in Exhibit XD at-

tached hereto, and
(ii) A certificate of the resolutions of the Board of Directors of the Purchaser approving the execution and delivery of this Agreement and all the transactions contemplated by this Agreement.

(c) 弁護士の意見と買主の取締役会の決議
クロージング時に下記文書が売主に対して適正に交付されること：
(i) 添付の別紙 XD に記載された様式での買主の弁護士の法律意見書，並びに
(ii) 本契約の締結と交付並びに本契約によって企図されているすべての取引を承認した買主の取締役会決議の証明書

(d) Governmental Approvals
All approvals of the governmen(s) necessary for the performance of this Agreement, including approval for transfer of the Shares, shall have been obtained, and such approvals shall be in full force and effect on the Date of Closing.

(d) 政府の許可
本契約の実行に必要な政府のすべての許可（本株式譲渡の許可を含む）が取得されており，この許可はクロージング日において完全に効力を有すること．

5.2 Pre-conditions to the Purchaser's Obligation.
The obligations of the Purchaser under this Agreement are subject to the fulfillment, at or prior to the Closing, of each of the following conditions:
(a) Representations and Warranties
The representations and warranties of the Company and the Seller contained in this Agreement, in the Exhibits and Schedules hereto, or in any other document the Company or the Seller delivered pursuant hereto, shall have been true and correct in all material respects on the date such representations and warranties were made and as of the Closing Date.
(b) Performance of Obligation of Seller
All the terms, covenants and conditions of this Agreement to be complied with and performed by the Seller on or before the Closing Date shall have been fully completed with and performed in all material respects.
(c) Governmental Approvals
All Approvals required by applicable law to be obtained from any governmental entity to effect the transfer of the Shares shall have been received or obtained on or prior to the Closing Date.

(d) No material adverse changes
There shall not have occurred between the date hereof and the Closing Date any material adverse changes in the consolidated results of operations, conditions (financial or otherwise), assets, liabilities (whether absolute, accrued, contingent or otherwise), business or prospects of the Company.

5.2 買主の義務の前提条件
本契約による買主の義務はクロージング時までに下記の条件のすべてを実行することを条件とする：
(a) 表明及び保証
本契約，別紙及び別表，又はその他本契約に基づいて対象会社若しくは売主が交付した文書に含まれている対象会社及び売主による表明及び保証が，それがなされた日並びにクロージング日においてすべての重要な点において真実で正しいこと。
(b) 売主の義務の履行
クロージング日までに売主が遵守し実行するべき本契約の一切の条件が，すべての重要な点において，完了され実行されていること。
(c) 政府の許可
本株式譲渡の実行に適用法上必要な政府のすべての許可がクロージング日までに取得されていること。
(d) 重大な悪影響を及ぼす変化がないこと
本契約日とクロージング日との間に対象会社の経営，（財務及びその他の）状況，資産，負債（確定債務，既発生債務，偶発債務，その他の債務かを問わない），事業若しくは見込みを総合判断して，重大な不利益な変化が発生していないこと。

　MAC（Material Adverse Change）条項は，前述のように，契約締結日からクロージング日までの間に対象会社の資産や経営状態に重大な問題が発生したときに，契約を解除したりその他の救済を認めるものである。MAC 条項は，クロージングの前提条件（condition to the closing），又は，「特定の日（直近の財務諸表作成日）以降に MAC が発生していない」という内容の保証条項（warranty）として規定される。MAC の具体的な内容は，両当事者の協議により，又は力関係により決定される。

No Material Adverse Change
Since the date of the balance sheet attached hereto as Exhibit A, there has not been any material adverse change in the business, operations, properties, prospects, assets or condition of the Company, and no event has occurred or circumstances exist that may result in

such material adverse effect.

重大な悪影響が発生していないこと
添付の別紙 A の貸借対照表の作成日以降，対象会社のビジネス，事業運営，財産，見込み，資産又は状態にいかなる重大な悪影響も発生していないこと，及び，かかる重大な変化につながりうる事実又は状況が発生していないこと。

　曖昧を回避するために一定額以上の費用が発生したり，訴訟につながったりしうるトラブルは MAC に該当するといった規定をすることもある。

[10 万米ドル以上の場合に MAC になるとする例文]

For the purposes hereof, an event, occurrence, change in facts, conditions or other change or effect which has resulted or could reasonably be expected to result in a suit, action, charge, claim, demand, cost, damage, penalty, fine, liability or other adverse consequence of at least $100,000 shall be deemed to constitute a Material Adverse Effect.

　本契約の目的において，少なくとも 10 万ドルの訴訟，課徴金，クレーム，費用，損害賠償，罰金，責任又はその他の悪影響となった，又は悪影響となると合理的に予測されるような事情，事故，事情変更，状況又はその他の変更・効果は，重大な悪影響（MAC）を構成するものとみなす。

（5）　クロージング（Closing）

　売買のクロージングに関する条項であり，株式譲渡契約でいえば，株券等が売主から買主に引き渡され，売買代金が買主から売主に支払われる旨が規定される。

Article 6.　Closing
　The closing of the transactions contemplated in this Agreement (the "Closing") shall be held at 11:00 a.m. at the office of XXX Law Firm in Tokyo, on June 1, 2017 or at such other date, time and place as may be mutually agreed upon by and between the Seller and the Purchaser.
At the Closing,
(a)　the Seller shall deliver to the Purchaser validly issued stock certificates representing the Shares being sold by the Seller, affixing proper endorsement duly executed by the Seller on the back of the certificates;

(b) the Purchaser shall deliver to the Seller a check in the amount of Fifty Million United States Dollars (U.S.$50,000,000.00), or transmit the same amount to such bank account of the Seller in Tokyo as may be designated by the Seller.

第6条　クロージング
　本契約で企図する取引のクロージング（以下「クロージング」という。）は，東京のXXX法律事務所で2017年6月1日午前11時に，若しくは両当事者が合意するその他の日時と場所で行うものとする。
　クロージングにおいて，
(a) 売主は買主に，売主が売却する本株式を表章した，有効に発行した株券（その裏面に売主は適法に裏書を行う）を引き渡す。
(b) 買主は売主に，5000万米ドルの小切手を引き渡すか，又は売主が指示する東京の銀行口座に同額を送金するものとする。

　クロージングにおいては株式の譲渡と代金の支払いが同時履行として行われる。
　株式譲渡については，譲渡制限がある場合は取締役会の承認などが必要である。株券が発行されている場合には株券の引渡しと会社の株主名簿への記載を求めなければならない。株券不発行であれば，対抗要件は株主名簿への記載なので（会社法130条），その旨契約書に記載することになる。いずれにしても，株式譲渡につき何が必要か実質法を調査する必要がある。

（6）　救済方法

　Representation & Warranty, Covenant, Condition と論じてきたが，一見似たような条項が何回も規定されることがあるが，どのような差異があるのか。それに違反した場合どのような救済がなされるのか。前述したが，少し詳細に述べれば，Representation の違反は restitution（原状回復），詐欺的な Representation は損害賠償の対象となる。Warranty の違反は損害賠償となる。Covenant は損害賠償と specific performance，致命的なら cancel の対象となる。Condition の違反はクロージングしないだけであり，これが続けば解除となりえる。

（7）　補償（Indemnification）

　これは契約の相手方に契約義務違反があった場合の金銭による塡補措置である。クロージング前であれば前記の前提条件の不成就としてクロージング延期

又は契約解除をすることもできるが、クロージング後に契約義務違反が明らかになった場合は、クロージング延期はもはや行えず、解除も制限されていることが多いため、補償条項が買主にとってもっとも重要な救済手段となる。

Article 7. Indemnification
The Seller shall indemnify and hold the Purchaser harmless from, and reimburse for, any damages, loss or expenses (including, without limitation, the reasonable fees and expenses of counsel or others, collectively referred to as the "Damages") resulting from, or incurred in connection with or based upon (i) the inaccuracy as of the date hereof of any representation or warranty of the Seller which is contained in or made pursuant this Agreement, or (ii) the Seller's breach of or failure to perform or fulfill any agreement or covenant of the Seller contained in or made pursuant to this Agreement. However, the Indemnifying Party's liability shall be limited to the portion of the Damages that exceeds, in the aggregate, the amount of Five Million United States Dollars (U.S.$5,000,000.00). Additionally, the Indemnifying Party's liability for the Damages shall be limited to the amount of Thirty Million United States Dollars (U.S.$30,000,000.00) in the aggregate.
The Indemnified Party's right to recover the Damages shall expire on the first anniversary of the Closing Date, unless the Indemnified Party has, prior to such first anniversary date, either initiated legal action or delivered a written notice of claim to the Indemnifying Party specifying the relevant breach and the nature of the Damages.

第7条　補償
売主は、(i) 本契約に含まれるか本契約に従ってなされた売主の表明若しくは保証が本契約日現在で不正確であったこと、又は (ii) 本契約に含まれるか本契約に従ってなされた売主の合意又は約束に売主が違反し、若しくはその履行か遂行を怠ったこと、以上から結果的に招来され、又はそれに関連して生じ、又はそれに基づく一切の損害、損失又は費用（弁護士その他の合理的な費用と経費を含み、それらに限定されない。以下「本損害」と総称する）につき買主に補償し、買主を免責し、買主に弁償するものとする。但し、補償当事者の責任は、累計して500万米ドルを超える本損害の部分に限られるものとする。また、補償当事者の責任は累計して3000万米ドルを上限とする。
被補償当事者の損害を回復する権利は、被補償当事者が補償当事者に対して、関連する債務不履行及び本損害の性質を特定して、このクロージング日から1年経過する前に、その請求についての法的手続を開始するか、又はクレーム書面の送達を行わない限り、クロージング日から1年目の日に消滅する。

補償条項は重要である。例文は、補償責任の上限と下限を定めている。上限

は、補償金額が売買代金を上回らないようにする。下限は、少額な補償金額を請求する煩瑣な作業を回避するためのものである。いずれにしても、十分なDDが行われることが前提となる。また補償請求について除斥期間も設定すべきである。

[売主の補償責任に関する例文]

Without prejudice to, and not in limitation of, any other remedies or relief to which the Purchaser may be entitled under this Agreement or otherwise, the Seller agrees to pay to the Purchaser the amount in cash which would then be required to put the Purchaser in the position which it would have been in had such representation or warranty been true, correct and complete, or had such agreement been performed or fulfilled.

本契約により又は別段に買主が権利を有する一切の救済手段又は救済(それに限定されない)を損なうことなくこれに付加して、売主は、上記の表明若しくは保証が真実、正確且つ完全であったなら、又は上記の約束か履行が遂行されていたなら買主が置かれていた立場に買主を回復するために、必要な金額を現金で買主に支払うことに同意する。

[買主による補償の条項]

Indemnification by the Purchaser
The Purchaser shall indemnify and hold the Seller harmless against, and shall reimburse the Seller, for any loss or damage including without limitation attorney's fees reasonably incurred arising out of any misrepresentation, breach or nonfulfillment of any obligation of the Purchaser under this Agreement.

買主の補償
買主は、本契約に基づく買主の義務の不実表示、違反又は不実行から合理的に生じる一切の損害、損失(合理的な弁護士費用を含み、それらに限定されない)につき売主に補償し、売主を免責し、売主に弁償するものとする。

　前記の売主の補償義務の条項を売主・買主の相互の義務とする内容に書き換えてもよいが、上記では買主の補償義務の簡易な規定を示した。

(8) 解除 (Termination)

クロージングの前提条件が不成就の場合等に，契約の解除が認められることがあるのは前述のとおりである。しかしながら，一度クロージングが完了してしまうと，契約を解除した場合の影響が大きいことから，クロージング完了後の解除は制限される場合が多い。

[クロージングまでの解除を認める条項]

Article 8.　Termination
In the event that one party hereto (the "defaulting party") should default in the performance of any of the covenants or obligations to be performed by it hereunder, or any precondition to the obligation of the other party (the "non-defaulting party") to consummate the sale or purchase of the Shares hereunder is not performed or fulfilled to the reasonable satisfaction of the non-defaulting party, then the non-defaulting party shall have the right upon service on the defaulting party of written notice to such effect, to terminate this Agreement prior to or at the time of the Closing, provided however that the defaulting party shall have the right during a period of ten (10) days after the date of such written notice to perform such covenant or obligation or to correct or satisfy the condition precedent necessary to the consummation of this Agreement, in all cases to the reasonable satisfaction of the non-defaulting party.

第8条　解除
一方当事者（「不履行当事者」）が，本契約に基づき履行すべき約束又は義務の履行を怠り，又は本契約に基づき本株式の売買を実行する他方当事者（「履行当事者」）の義務の前提条件が履行当事者の合理的な満足に至るまで履行されない場合，履行当事者は，その趣旨の書面による通知を不履行当事者に行うことで，クロージングに至るまで本契約を解除する権利を有する。但し，不履行当事者は，この書面による通知の日から10日間，この約束又は義務を履行し，又は本契約の実行に必要な前提条件を是正し又は満足させる権利を有する。但しいずれの場合においても履行当事者の合理的な満足を得るものとする。

[一定期日までにクロージングが行われない場合に解除を認める規定]

If the Closing shall not have taken place, unless adjourned to a later date by mutual consent in writing, by September 1, 2017, either the Seller or the Purchaser shall be entitled to forthwith terminate this Agreement.

クロージングが 2017 年 9 月 1 日までに行われなかった場合で，相互の書面による合意によりクロージングが後日に延期された場合を除き，売主若しくは買主は直ちに本契約を解除することができる。

[表明保証等の存続条項]

Article 9.　Survival of Representations, Warranties and Covenants
The representations, warranties and covenants contained herein and any Exhibit, schedule, list or other instrument delivered pursuant to the provisions of this Agreement shall survive the Closing and transfer of the Shares.

第 9 条　表明，保証及び約束規定の存続
　本契約，別紙，別表，本契約の規定に基づいて提供されるその他の文章に含まれる表明，保証及び約束はクロージング及び本件株式の移転の後も存続するものとする。

修正契約・和解契約等

1　修正契約書

　修正契約書は既存の契約を正式に修正又は変更するための書面で，契約書として作成することが多い。これは既存の契約書に"修正・変更は書面による"との条項があれば当然のことといえる（一般条項のⅣ 13 参照）。修正契約書を作成する契機はいくつかあり，契約期間中に修正の必要が生じたり，また契約更新の時期に合わせて修正合意書を作成することも多い。

FIRST AMENDMENT TO AGENCY AGREEMENT

This First Amendment to the Agency Agreement (the "First Amendment") is made and entered into by and between ABC Corp ("Manufacturer") and XYZ LIMITED ("Agent") as of June 1, 2016.

Reference is made to that certain Agency Agreement between Manufacturer and Agent dated as of June 1, 2014 (the "Agreement"), pursuant to which Manufacturer engaged Agent to act as Manufacturer's licensing representative in respect of certain merchandise products, during the Term in the Territory. Capitalized terms not otherwise defined herein shall have the same meaning as set forth in the Agreement.

WHEREAS, the initial Term of the Agreement expires on May 31, 2016 (the "Initial Term"); and

WHEREAS, the parties hereto desire to modify the Term and certain other provisions in the Agreement as set forth below;

NOW THEREFORE, in consideration of the agreements set forth herein and for good and valuable consideration receipt and sufficiency of which is acknowledged, the parties hereby agree to amend the Agreement as follows:

1　Section 1.1(a)(i) of the Agreement is hereby deleted in its entirety and replaced by the following:
　TERM: The term of this Agreement is the period commencing as of June 1, 2014 and ending on May 31, 2018 (the "Term").
2　Section 2.2 of the Agreement is hereby amended as follows:
　The phrase ", nor shall Agent be entitled to any Agency Fee or other compensation in regard to," is hereby deemed inserted in the third line of Section 2.2 after the word "negotiate" and before the words "any prospective License Agreement"
3　Section 10.3 of the Agreement is hereby amended as follows:
　The words "Wall Street Journal" are deleted from the 6th line and replaced with the words "TTS rate."
4　The Inventory List in Exhibit E to the Agreement is eliminated, and Exhibit E attached hereto is substituted. Exhibit E attached hereto is hereby deemed incorporated into the Agreement.
5　Except as expressly modified herein, all the terms and conditions of the Agreement shall remain unaltered and effective.
6　This Amendment shall become effective as of the day and year first above written.

IN WITNESS WHEREOF the parties hereto executed this FIRST AMENDMENT TO AGENCY AGREEMENT as of the day and year first above written.

代理店契約に対する第一修正合意書

代理店契約に対する本第一修正合意書（「第一修正合意」）は，**ABC**（メーカー）と**XYZ**（代理店）との間で 2016 年 6 月 1 日締結された。
本契約は 2014 年 6 月 1 日付のメーカーと代理店との間の代理店契約（「本契約」）に関するもので，これにより，メーカーは代理店を，本地域において本期間中，一定の商品に関しメーカーの認可代理店として行動するよう委託した。大文字で始まる単語は，本第一修正合意に別段の定義がない限り，本契約と同一の意義を有するものとする。
本契約の当初の本期間は 2016 年 5 月 31 日に満了する（初期期間）。
両当事者は，本期間及び下記の通り本契約のその他の条項を修正することを希望している。
　したがって，本書所定の合意を対価として，また良好で価値ある対価（この受領と十分性は承認されている）により，両当事者は以下の通り本契約を修正することに合意する。

第1条　本契約の 1.1(a)(i) 条は全体として削除され，以下の通り交換される。
「本期間：本契約の期間は 2014 年 6 月 1 日に開始し 2018 年 5 月 31 日に終了する（本期間）。」
第2条　本契約の 2.2 条は以下の通り修正される。
2.2 条の 3 行目，「交渉」の後「予想されるライセンス契約」の前に，「代理店は‥に関する代理店報酬やその他の報酬を受ける権利を有しない」との文を挿入する。
第3条　本契約の 10.3 条は以下のとおり修正される。
「ウォールストリートジャーナル」の語を 6 行目から削除し，「TTS レート」に代える。
第4条　本契約に添付の別紙 E の在庫リストは除去されるものとし，本第一修正合意添付の別紙 E と交換される。別紙 E は本契約と一体となる。
第5条　本第一修正合意で明示に修正がある以外，本契約のすべての条項は変更がなく有効とする。
第6条　本第一修正合意は，冒頭の日において有効となる。

上記の証として，両当事者は本第一修正合意書を冒頭の日に締結した。

　修正合意書は，addendum とか amendment とか呼ばれるが，いずれにせよ，どの個所をどのように修正するかを，紛れがないように明確に規定する必要がある。また，残余部分や定義については，変わらず有効であることも明示するべきである。なお，英米法上は，修正合意でも新たな consideration が必要とされる。また，準拠法の指定については，元契約の準拠法規定によることになる。

2　相殺合意書

SETOFF AGREEMENT

（前文省略）
RECITALS
WHEREAS, ABC and XYZ have entered into certain loan agreements between the parties; and
WHEREAS, ABC and XYZ desire to setoff the payments to be made by the parties under said loan agreements against each other.
NOW, THEREFORE, in consideration of the agreements set forth herein and for good

and valuable consideration receipt and sufficiency of which is acknowledged, the parties hereto agree as follows:

Article 1.　Confirmation

1.1　The parties hereto acknowledge and confirm that XYZ shall pay to ABC in cash the amount of US$ 150,000 currently owed, due and payable by XYZ to ABC under the loan agreement dated XX, 2015.

1.2　The parties hereto acknowledge and confirm that ABC shall pay in cash to XYZ the amount of US$ 100,000 currently owed, due and payable by ABC to XYZ under the loan agreement dated YY, 2015.

Article 2.　Setoff

ABC and XYZ hereby agree to setoff XYZ's payment obligation to ABC specified in Article 1.1 hereof against ABC's payment obligation to XYZ specified in Article 1.2 hereof. As a result, the parties' respective payment obligation owed to each other under Articles 1.1 and 1.2 hereof will be reduced by US$100,000, resulting in (i) a balance of US$0.00 due from XYZ to ABC under Article 1.1, and (ii) a net cash payment due under Article 1.2 from ABC to XYZ in the amount of US$50,000.

相殺合意書

（前文省略）

前提事実

ABC と **XYZ** は両当事者間でローン契約を締結している。

ABC と **XYZ** は，このローン契約に基づき相手方が行うべき支払いにつき相殺したいと希望している。

したがって両当事者は，本書所定の合意を対価として，また良好で価値ある対価（この受領と十分性は承認されている）により，以下の通り合意する。

第 1 条　確認

1.1　両当事者は，2015 年 X 月 X 日付ローン契約に基づき XYZ が ABC に 15 万米ドルを現金で支払う義務を負っていることを確認する。

1.2　両当事者は，2015 年 Y 月 Y 日付ローン契約に基づき ABC が XYZ に 10 万米ドルを現金で支払う義務を負っていることを確認する。

第 2 条　相殺

ABC と XYZ は，第 1.1 条所定の XYZ が ABC に支払う義務を第 1.2 条所定の ABC が XYZ に支払う義務と相殺することに合意する。結果として，両当事者の各々の支払い義務は，10 万米ドルだけ減少し，したがって第 1.1 条に基づき XYZ から ABC に支

払うべき金額はゼロとなり，第1.2条に基づきABCがXYZに支払うべき金額は5万米ドルとなる。

相殺の準拠法について一言する。英米法では，相殺は訴訟法上の制度であり，したがって法廷地法による。これに対し日本では実体法上の問題として債権準拠法による。結論として，①自働債権の準拠法と受働債権の準拠法のいずれによっても相殺が認められなければならないとの説，②受働債権の準拠法によるとの説が鋭く対立している。いずれにしても準拠法の指定を契約書にすべきである。

3　和解契約書

和解契約は法的な紛争を解決するために作成される。和解契約を作成するには，紛争の対象の特定，和解金，その支払い条件その他和解条件，和解によりすべてのクレームから免除すること，紛争に関する秘密の保持などを規定する必要がある。

[ライセンス契約から発生した損害に関する和解契約書]

Settlement Agreement

（前文省略）
WHEREAS, certain claims were asserted by Licensor against Licensee in respect of the License Agreement dated XX, 2017 made between the parties hereto (the "Agreement"); and
WHEREAS, the parties hereto are desirous of resolving all such claims amicably through the compromise, settlement and release contained herein;
NOW, THEREFORE, in consideration of the agreements set forth herein and for good and valuable consideration receipt and sufficiency of which is acknowledged, the parties hereto agree as follows:

1　Settlement
　　In order to finally settle all disputes and claims between Licensor and Licensee as aforesaid and in consideration of the release pursuant to paragraph 2 hereof, Licensee hereby

agrees to pay to Licensor the sum of United States Dollars (U.S.$500,000.00), which shall be paid within ten (10) days after the execution of this Settlement Agreement by telegraphic transfer remittance to the bank account designated by Licensor.

2　Release

Licensor hereby agrees to accept the payment pursuant to paragraph 1 above as final settlement and in full satisfaction of all claims asserted by it against Licensee.

Further, in consideration of such payment, Licensor does hereby release Licensee and its officers, directors, shareholders, agents, affiliates, successors and assigns from all actions, causes of action, suits, debts, accounts, bills, covenants, contracts, controversies, agreements, promises, obligations, liabilities, damages, judgments, claims, representations, warranties and demands whatsoever in law, equity or admiralty which Licensor ever had, now has, or hereafter can, shall or may have, by reason of the Agreement, or the performance or non-performance thereof or any obligation or liability arising thereunder excepting herefrom only the payment obligation of Licensee pursuant to paragraph 1 hereof.

3　No Admission

The fact that Licensee is entering into this Agreement shall not be taken or construed to be at any time an admission on the part of Licensee that any claim by Licensor against Licensee whatsoever existed or exist.

4　No rights and obligations

The parties hereto acknowledge that there are no rights or obligations remaining between them other than those provided for herein.

和解契約書

（前文省略）

ライセンサーはライセンシーに対し2017年X月X日付けライセンス契約（「本契約」）に関し一定のクレームを主張している。

両当事者は，本契約所定の示談，和解及び免除を通してこのクレームを友好的に解決することを希望している。

よってここに，本書所定の合意を対価として，また良好で価値ある対価（この受領と十分性は承認されている）により，両当事者は以下の通り合意する。

1　示談

　　上記のようにライセンサーとライセンシーの間の一切の紛争及びクレームを最終的に解決するため，また本契約第2条に従い免責をすることを対価として，ライセンシーは，ライセンサーに対し50万米ドル支払うことに合意し，本契約の締結後10

日以内にライセンサー指定の銀行口座に電信送金することにより、支払うものとする。
2　免責
ライセンサーは、上記第1条に従い最終の決着として、またライセンサーがライセンシーに対し主張する一切のクレームの完全な満足として、その支払いを受領することに合意する。さらに、この支払い対価として、ライセンサーは、ライセンシー及びその役員、取締役、株主、代理人、関連会社、承継人及び譲受人を、ライセンサーが、本契約、又はその履行や不履行、又はそれから生じる義務や責任を理由としてかつて有した、現在有する、又は今後有するかもしれない一切の訴訟、請求原因、訴訟、負債、勘定、請求書、約束、契約、論争、合意、約束、義務、責任、損害、判決、クレーム、事実表明、保証及び請求から免責する。但し本契約第1条に従ったライセンシーの支払い義務を唯一除外する。
3　不承認
ライセンシーが本契約を締結するという事実により、ライセンシーに対するライセンサーのクレームが存在した又は存在することをライセンシーが承認したとみなされ又はそのように解釈されないものとする。
4　債権債務の不存在
両当事者は、本和解契約書に記載する以外、両者間にその他の債権債務が存在しないことを確認する。

いわゆる紛争解決のための示談契約では、WHEREAS 条項に紛争の経緯を記載することになり、したがって他の契約形態に比べても重要である。なお、英米法上は、和解契約でも新たな consideration が必要とされる。さらに上記では省略しているが、準拠法の指定も契約書にすべきである。

[ごく簡単な和解契約]

WHEREAS, there have been a series of transaction between ABC and XYZ with reference to the manufacture of the Products commencing on April 1, 2016, and disputes and differences have arisen between them, and
WHEREAS, both parties hereto have agreed to compromise and adjust all of such disputes and differences by the payment of the sum of US$100,000- by XYZ to ABC.
NOW, THEREFORE, in consideration of payment of such sum of US$100,000- made by XYZ to ABC upon the execution hereof, each of such parties does release and forever discharge the other party, his employees, XYZ's subcontractors and ABC's subcontractors, from all debts, claims, demands, damages, actions and causes of action whatsoever regard-

ing the above transaction from the date of XYZ's remittance of the money to the bank account specified by ABC.
The account designated by ABC means the following:
　Name of the bank and branch
　Name of the account:
　Account No.:

2016年4月1日に始まった本製品の製造に関連して，ABCとXYZにはこれまで一連の取引があり，それらに関して両者間に紛争及び意見の相違が生じており，
両当事者は，XYZがABCに対し金額10万米ドルを支払うことにより，すべての当該紛争及び相違について譲歩し調整することに合意している。
よってここに，本契約の締結に基づくXYZによるABCに対する金額10万米ドルの支払いを約因として，各当事者は，XYZがABCの指定する銀行口座に上記金額を振り込んだ日から，相手方当事者及びその被用者，XYZの下請業者及びABCの下請業者を上記取引に関するすべての債務，請求，要求，損害金，行為及び請求原因からも解放し且つ永久に免除する。
ABCが指定する口座は，以下をいう。
　銀行と支店名
　口座名義
　口座番号

　一つの継続的契約によらず個々の取引から損害が累積する場合がある。上記はそうした場合についての和解契約である。

[売買代金の支払い猶予を定めた規定]

Whereas, Seller and Buyer have continued transaction of certain products,
Whereas, Buyer has delayed in payment for the said products shipped and delivered by Seller, and has requested Seller to agree to reestablish the date for payment on the terms and conditions set forth herein, and
Whereas, Seller is willing to cooperate with Buyer in easing its difficult financial situation,
Now, Therefore, Seller and Buyer agree as follows:

Article 1　Grace for Payment
1　Notwithstanding each due date under the order sheets issued by Buyer and accepted by Seller, Seller hereby agrees that Buyer shall make payment as following payment schedule:

Due date	Amount of each payment
6/30/2015	US$500,000.00
9/30/2015	US$500,000.00
12/28/2015	US$500,000.00

2 In case Buyer should fail to make any one of payments due without a prior written consent of Seller, Buyer shall be deprived of the grace period for payment provided above and shall forthwith pay all balances then existing collectively.

Article 2   Interest

1 Subject to Buyer's full performance of its obligation hereunder, Seller shall waive its right to charge Buyer the interest incurred on the amount to be paid by Buyer hereunder on or before December 28, 2015, for saving Buyer's crucial situation in finance.

2 Notwithstanding the preceding paragraph, in case of Paragraph 2 of Article 1 hereof, in addition to the payment of all balances then existing, Buyer shall pay Seller the interest incurred in the period from each due date stipulated in the order sheets issued by Buyer to the date of Buyer's full payment on all of or any part of the amount stipulated in Paragraph 1 of Article 1 hereof, at the rate of ten percent (10.0%) per annum.

Article 3   Assignment

In the event of Buyer's default in payment stipulated in Article 1 hereof, Buyer shall, upon request by Seller, assign Seller a right to claim payment against Buyer's customer, who has purchased Products from Buyer, for appropriating customer's payment to the payment to be made by Buyer to Seller, provided however, that Buyer is not discharged from his obligation of payment to Seller until Seller fully collect the amount stipulated in Article 1 hereof.

Article 4   Joint and Several Liability

ABC Corporation which is Buyer's parent company, hereby agrees to undertake a joint and several liability with Buyer for all obligations of Buyer provided herein.

売主と買主はある商品の継続的な取引を有しており，
買主は売主から引渡しを受けた上記製品の支払いを遅延しており，売主に対し本契約所定の条件に従い，支払日をリスケジュールすることに合意するよう要求しており，
売主は，買主の困難な経済状態を緩和するため買主に協力することを望んでいる。
したがって，売主・買主は以下の通り合意する。

第1条　支払猶予

1 買主が発行し，売主が承諾した注文書に基づいた各支払期限にかかわらず，売主は，買主が以下の支払計画に従い支払いをすることに合意する。

満期日	各支払金額
6/30/2015	US$500,000.00
9/30/2015	US$500,000.00
12/28/2015	US$500,000.00

2　買主が，売主の事前の書面による同意なくして支払期限の到来したいずれか一回の支払いでも不履行があった場合は，買主は，上記に規定の支払いの猶予期間を取り消され，直ちにその時点で存在するすべての残額を一括して支払うものとする。

第2条　利息

1　本契約に基づく買主の義務の完全な履行を条件として，売主は，買主の困難な財政状況を救済するため，2015年12月28日以前に本契約に基づいて買主が支払うべき金額に発生する利息を請求する権利を放棄するものとする。

2　前項にもかかわらず，本契約第1条2項の場合，その時点で存在するすべての残額の支払いに加えて，買主は，買主が発行した注文書に規定の各支払期日から買主の完済の日までの間に本契約第1条1項に規定の金額の全部又は一部について発生する利息を年利10.0％の金利で売主に支払うものとする。

第3条　譲渡

本契約第1条に規定の支払を買主が履行しない場合，買主は，売主の要求に基づいて，買主が売主に行うべき支払いに顧客の支払金を充当するため，買主から契約品を購入した買主の顧客に対して支払いを請求する権利を売主に譲渡するものとする。但し，買主は，本契約第1条に規定の金額を売主が全額回収するまでは売主に対する支払義務を免除されない。

第4条　連帯責任

買主の親会社であるカリフォルニア法人ABC社は，本契約中に規定の買主のすべての債務について，買主と連帯責任を負うことに同意する。

　本合意にも，債権債務不存在の確認や準拠法指定の条項が必要であろう。

[参考：動産売買契約〔全文〕（1回限り・海上運送を伴う）]

SALES AGREEMENT

This SALES AGREEMENT, made and entered into as of this first day of June, 2016, by and between:

(1) ABC Corporation, a company organized and existing under the laws of the state of California, with its principal office at xxx California Street, San Francisco, California 94100, U.S.A. (hereinafter referred to as the "Seller"), and

(2) XYZ Co., Ltd., a company organized and existing under the laws of Japan, with its principal office at x-x, XX chome, Chiyoda-ku, Tokyo, 101-xxxx Japan (hereinafter referred to as the "Purchaser"),

WITNESSETH:

WHEREAS, the Seller is one of the leading companies in manufacturing and selling certain products hereinafter set forth;

WHEREAS, the Buyer has a marketing channel in Japan; and

WHEREAS, both parties hereto are willing to enter into a sales and purchase agreement concerning such products under the terms and conditions hereinafter set forth;

NOW, THEREFORE, in consideration of the premises and the mutual promises contained herein, the parties hereto agree as follows:

Article 1 (Definitions)

In this Agreement, the following words and expressions shall, unless the context otherwise requires, have the following meanings:

1 "Products" means _____ .

The Products to be delivered under this Agreement shall conform to or exceed the specifications set forth in Exhibit A.

2 XXX

3 "Dollar" means the lawful currency of the United States of America.

4 XXX

Article 2 (Sale and Purchase)

The Seller agrees to sell and deliver to the Purchaser and the Purchaser agrees to purchase and take delivery from the Seller the, Products set forth in Article 1.1 hereof in accordance with the terms and conditions under this Agreement.

Article 3 (Price)

3.1 The unit price payable by the Purchaser for the Products shall be One hundred U.S.

dollars ($ 100.00) on a F.O.B. San Francisco Port basis. Total price of the Products shall be Three Million United States Dollars ($3,000,000.00).

3.2 Unless otherwise expressly provided for in this Agreement, the price and trade term "F.O.B." shall be interpreted in accordance with INCOTERMS 2010, as amended.

Article 4 (Payment)

4.1 Unless otherwise stipulated herein, within fifteen (15) days after conclusion of this Agreement, the Purchaser shall establish an irrevocable and confirmed letter of credit, through a prime bank of international repute, which letter of credit shall be in a form and upon terms satisfactory to the Seller and shall be in favor of the Seller in an amount equal to one hundred percent (100%) of the total contract price of the Products, and shall be payable in United States Dollars. The terms of such letter of credit shall be in strict compliance with the terms of the Agreement.

4.2 The letter of credit set forth above shall be negotiable against a draft at sight signed by the Seller upon the presentation of the following shipping documents:

i) A full set of negotiable clean on-board bills of lading made out to the order of the Seller and endorsement;

ii) Commercial invoice duly signed by the Seller in three (3) copies;

iii) Marine insurance policy endorsed in blank for 110 per cent (110%) of the invoice value;

iv) Certificate of inspection issued by an independent inspector;

v) Consular invoices, if required by the Purchaser; and

vi) Certificate of origin, if required by the Purchaser.

4.3 The letter of credit shall:

i) refer to this Agreement by its number,

ii) be subject to Uniform Customs and Practice for Documentary Credits, 2007 revision, ICC Publication No. 600, or any subsequent revision or amendment thereto,

iii) provide for partial availability for partial shipment,

iv) authorize reimbursement to the Seller for such sums, if any, as may be advanced by the Seller for consular invoices, inspections fees, banking charges and other expenditures made by the Seller for the account of the Purchaser,

v) be maintained for a period of not less than thirty (30) days after the last day of the month of shipment for negotiation of the draft covering such shipment, and

vi) be available for negotiation with any bank.

Article 5 (Shipment)

5.1 Delivery of the Products shall be made at San Francisco Port, California, on or before April 1, 2017, on a F.O.B. San Francisco Port basis.

5.2 The port of the destination of the Products shall be Yokohama Port, Japan.

5.3 In case of a F.O.B. contract, the Purchaser shall, at its own expenses, arrange for ocean freight of the Products from the port of shipment stated in this Agreement to the port of destination of the Products. As soon as practicable after ocean freight is secured by the Purchaser, the Purchaser shall notify the Seller of the name of the vessel and the estimated time of arrival (E.T.A.) of the vessel at the port of shipment.

5.4 Time of shipment is of the essence of this Agreement.

5.5 Date of bill of lading shall be accepted as conclusive evidence of the date of shipment.

5.6 Partial shipment shall not be permitted.

5.7 The trade term "F.O.B." shall be interpreted in accordance with INCOTERMS 2010 as amended.

Article 6 (Risk and Title)

Risk of and title to the Products shall pass from the Seller to the Purchaser at the time when the Products are on board the vessel at the port of the shipment.

Article 7 (Insurance)

7.1 The Seller shall effect all risks (Institute Cargo Clauses) marine insurance with underwriters or insurance companies of good repute in the amount of one hundred and ten percent (110%) of F.O.B. value of the Products.

7.2 Any additional insurance required by the Purchaser shall be for the Purchaser's account. The Seller is not under the obligation to effect such additional insurance, unless the Purchaser's written request is received by the seller at least thirty (30) days before the date of scheduled shipment of the Products.

Article 8 (Inspection and Claim)

8.1 The Purchaser shall inspect the Products as to quantity and, as far as reasonably possible, as to conformity with the specifications promptly after discharge of the Products at the destination thereof. If the Purchaser finds any shortage of, or non-conformity in, the Products, it shall notify the Seller in writing the details of such shortage or non-conformity within fourteen (14) days of such discharge, accompanied by an authorized surveyor's certificate of inspection. The Seller shall have the right to be present at the time of such inspection. Unless any such notice is received by the Seller during said period, the Purchaser shall be deemed to have accepted the Products and to have waived all claims for any shortage of the Products or any non-conformity in the Products which should reasonably have been discovered during the Purchaser's inspection. Failure to specify such details shall also constitute a waiver of all such claims. Notwithstanding such alleged shortage or non-conformity, the Purchaser shall make payment in full for all Products as provided for herein, and the alleged shortage or non-conformity shall be treated as a claim subject to the provision of this Agreement.

8.2 In case of any claim for which the Seller is responsible, the Seller has an option to either repair or replace non-conforming Products or parts thereof, replenish the shortage in the case of shortage, or refund the purchase price of the non-conforming Products not exceeding the amount of invoice value of such Products or parts thereof, which are the sole and exclusive remedies available to the Purchaser. In case of replacement or replenishment, delivery shall be made to the Purchaser in the same manner as set forth herein.

Article 9 (Limited Warranty)

9.1 The Seller warrants to the Purchaser that Products shall conform to the specifications.The Seller's warranty shall continue for a period of twelve (12) months from the date of each applicable bill of lading. EXCEPT AS PROVIDED HEREIN, THE EXPRESS WARRANTIES SET FORTH IN THIS ARTICLE ARE EXCLUSIVE, AND NO OTHER WARRANTIES OF ANY KIND, WHETHER STATUTORY, WRITTEN, ORAL, EXPRESS OR IMPLIED, INCLUDING, WITHOUT LIMITATION, WARRANTIES OF FITNESS FOR A PARTICULAR PURPOSE OR MERCHANTABILITY SHALL APPLY TO THE PRODUCTS.

9.2 The foregoing warranties are conditional upon the Products being handled, stored, installed, tested, inspected, maintained and operated in the manner specified by the Seller, or if not specifically specified by the Seller then in a commercially reasonable manner. They shall not apply to any Products (i) on which the original identification marks and serial numbers have been removed or altered, (ii) which have been modified without the Seller's written approval, (iii) which have been subjected to abuse, misuse, improper instruction and maintenance, negligence, accident or tampering on the part of the Purchaser and/or the end user, (iv) which have been repaired by other than the service representatives approved by the Seller, (v) which fail to meet the warranty as a result of acts or omissions of any person other than the Seller, or (iv) which are normally consumed in operation.

9.3 Unless otherwise agreed in writing, the Seller's obligation under the said warranty shall be limited to repairing or replacing at the Seller's discretion any Products or parts thereof which, under normal and proper use and/or maintenance, proves defective in material or workmanship, provided that notice of any such defect and satisfactory proof thereof to the Seller shall be given promptly the Purchaser. The above remedies are the exclusive remedies of the Purchaser for any claim that the Products fail to the specifications.

9.4　When any Products are repaired or replaced by the Seller hereunder, the repaired or replaced Products shall be subject to the same warranties, the same conditions and the same remedies as the original Products, provided that the warranty period therefor shall be the balance of the applicable warranty period relating to the repaired or replaced Products.

9.5　THE SELLER SHALL NOT BE LIABLE FOR (i) LOSS OF PROSPECTIVE PROFITS, OR FOR ANY INDIRECT, INCIDENTAL OR CONSEQUENTIAL DAMAGES ARISING FROM ANY DELAY IN DELIVERY, DAMAGE TO OR DEFECT, NON-CONFORMITY OR SHORTAGE OF PRODUCTS, OR (ii) ANY PRODUCT LIABILITY CLAIMS MADE AGAINST, OR LIABILITY INCURRED BY, THE PURCHASER IN RELATION TO PERSONAL INJURY AND/OR PROPERTY DAMAGE ARISING FROM USE OF PRODUCTS. In no event shall the Seller's liability for any claim of any kind exceed the purchase price of the Products.

Article 10 (Hold Harmless)
Each party shall save and hold the other harmless from and against, and shall indemnify the other for any liability, loss, cost, expenses or damages, howsoever caused by any injury (whether to body, property, or personal or business character reputation) sustained by any person or to property arising out of any act, neglect, default or omission of it, or any of its agents, employees or other representatives, and it shall pay all sums to be paid and discharged in case of an action or in any such damages or injuries.

Article 11 (Intellectual Property Rights)
11.1　The Seller does not warrant in any way that the Products are free from infringement or violation of any patent, copyright, trade secret, trademark or other proprietary right, and if any claim by a third party against the Purchaser asserts that the Products infringe upon any patent, copyright, trade secret, trademark or other proprietary right, the Purchaser shall at its own expense defend any such suit and/or settle the same. the Purchaser shall immediately notify the Seller in writing of the commencement of any such claim. and upon the Purchaser's request the Seller shall assist and cooperate with the Purchas-

er in such defense and settlement; provided, however, that in any event the Purchaser shall assume any damages, losses, expenses and costs arising from such infringement or violation.

11.2 If any such claim is brought against the Purchaser or the Seller or if at the Seller's opinion the Products are likely to become a subject of such claim, the Seller shall be entitled at its sole option (i) to remove said Products and refund the purchase price thereof to the Purchaser, less a reasonable charge for depreciation, and/or (ii) to discontinue further supply of the Products in spite of any provisions hereof and without any breach hereof. Additionally, in the event that any dispute or claim arises in connection with the above proprietary rights, the Seller shall reserve any and all rights to cancel or nullify the Agreement at the Seller's discretion. The foregoing shall be the entire liability of the Seller in respect of infringement of any patent, copyright, trade secret, trademark or any other proprietary right of any third party and is in lieu of all warranties, express or implied, with respect thereto, and in no event shall the Seller be liable for any damages, including, but not limited to, loss of anticipated profits or other economic loss.

Article 12 (Force Majeure)

1   Neither party shall be liable to the other for any delay or failure in the performance of its obligations under this Agreement when and to the extent such delay or failure in performance arise from any cause or causes beyond the reasonable control of said party ("Force Majeure"), including, but not limited to, act of God; acts of government or governmental authorities, compliance with law, regulations or orders, fire, storm, flood or earthquake; war (declared or not), rebellion, revolution, or riots, strike or lockouts; provided, however, that the party that is in said delay or failure in the performance shall notify the other of the occurrence without delay and that good faith efforts shall be made to minimize the effect of such delay or failure.

2   The provisions of this Article shall not relieve either party of obligations to make payment when due under this Agreement.

3   If the Force Majeure conditions in fact persist for ninety (90) days or more, either party may terminate this Agreement upon written notice to the other party.

Article 13 (Term)

This Agreement shall become effective on the date first above written and unless sooner terminated pursuant to Article 13 hereof, shall continue in effect for a period of two (2) years from such date, and thereafter shall be automatically extended for successive periods of two (2) years each, unless either party shall have otherwise notified to the other party in writing at least six (6) months prior to the expiry of this Agreement or any extension thereof.

Article 14 (Termination)
Either party may, without prejudice to any other rights or remedies, terminate this Agreement by giving a written notice to the other with immediate effect, if any of the following events should occur:
(a) if either party fails to make any payment to the other when due under this Agreement and such failure continues for more than fourteen (14) calendar days after receipt of a written notice specifying the default ;
(b) if either party fails to perform any other provision of this Agreement, which failure remains uncorrected for more than thirty (30) days after receipt of a written notice specifying the default;
(c) if either party files a petition in bankruptcy, or a petition in bankruptcy is filed against it, or either party becomes insolvent, bankrupt, or makes a general assignment for the benefit of creditors, or goes into liquidation or receivership;
(d) if either party ceases or threatens to cease to carry on business or disposes of the whole or any substantial part of its undertaking or its assets; or
(e) if control of either party is acquired by any person or group not in control at the date of this Agreement.

Article 15 (Confidentiality)
15.1　Each party shall maintain in strict confidence and safeguard all business and technical information ("Confidential Information") which is disclosed by one party to the other in connection with this Agreement and which is designated confidential at the time of disclosure.
15.2　Each party agrees; (a) not to use the Confidential Information, except for the performance of this Agreement, (b) not to disclose the Confidential Information to any third party, except to its employees, officers, directors or advisors on a need-to-know basis, and, (c) to treat the Confidential Information with the same degree of care with which it treats its own confidential information of like importance.
15.3　The obligations under this Article shall not apply to:
    (a) information now in the public domain or which hereafter becomes available to the public through no fault of either party hereof;
    (b) information already known to either party hereof at the time of disclosure;
    (c) information disclosed to either party hereof by any third party who has a right to

make such a disclosure;
(d) information independently developed by either party hereof through the work carried by its employees, agent, or representatives; or
(e) information approved for release in writing by either party.
15.4 The obligation under this Article shall continue for five (5) years after the expiry or termination of this Agreement.

Article 16 (Governing Laws)
This Agreement and any dispute relating thereto shall be governed by, and construed in accordance with, the laws of the state of Cailfornia and the United States of America, without reference to principles of conflicts of laws. The application of the United Nations Convention on Contracts for the International Sales of Goods shall be excluded.

Article 17 (Arbitration)
All disputes arising under this Agreement shall be submitted to final and binding arbitration. If the respondent in such arbitration is the Purchaser, the arbitration shall be held in Tokyo, Japan in accordance with the rules of the Japan Commercial Arbitration Association. If the respondent is the Seller, the arbitration shall be held in San Francisco, California, U.S.A. in accordance with the rules of the American Arbitration Association.

Article 17-1 (Jurisdiction)
Any dispute arising out of this Agreement or any individual contract hereunder shall be subject to the exclusive jurisdiction of the Tokyo District Court.

Article 18 (Miscelleneos)
1 Notice
Any notice required or permitted to be given hereunder shall be in writing and shall be addressed the parties at their respective addresses first above written in this Agreement, to the attention of the person who executed this Agreement on behalf of such party (or to such other address or person as a party may specify by notice given in accordance with this Article). All notices shall be deemed given on the day of receipt of facsimile transmission, seven (7) days after mailing by certified mail, return receipt required, or seven (7) days after sending by an internationally recognized courier service which provides a delivery receipt, including DHL and Federal Express.

2 Entire Agreement

This Agreement constitutes the entire agreement between the parties hereto and supersedes any prior written or oral agreement between the parties concerning the subject matter. No modifications of this Agreement shall be binding unless executed in writing by both parties.

3 Remedies

Each right, power and remedy of each party hereto, as provided for in this Agreement whether now or hereafter existing at law or in equity, or by statute or otherwise, shall be cumulative and concurrent, and shall be in addition to every other right, power and remedy provided for in this Agreement now or hereafter existing at law or in equity, or by statute or otherwise.

4 No Waiver

No failure or delay of either party to require the performance by the other of any provision of this Agreement shall in any way adversely affect such provision after that. No waiver by either party of a breach of any provision of this Agreement shall be taken to be a waiver by such party of any succeeding breach of such provision nor a waiver of the provision itself.

5 Severability

In the event that any of the provisions of this Agreement proves to be invalid, illegal or unenforceable, that will not in no way affect, impair or invalidate any other provision, and all other provisions of this Agreement will be in full force and effect.

6 Relationship of the Parties

The relationship of the parties hereto under this Agreement is that of independent contractors. Nothing herein shall be deemed to make either party an agent, partner or joint venture of the other. Further, nothing herein shall be deemed to grant to either party in any manner any right or authority to assume or create any obligation or other liability of any kind, express or implied, on behalf of the other, or bind the other.

7 No Assignment

Neither party shall assign, sell, pledge, encumber or otherwise convey this Agreement, or any of its rights and interests in this Agreement without prior written consent of the other party. Any purported assignment, sell, pledge, encumberance or other conveyance made in violation of this provision shall be null and void, and shall be cause of termination hereof.

8   Survival

The provisions of Articles 15 (Confidentiality), 16 (Governing Law) and 17 (Arbitration) shall survive the expiration or termination of this Agreement.

9   Headings

The Section headings set forth in this Agreement are for convenience only and shall not be considered for any purpose in interpreting or construing this Agreement.

10   Language

The governing language of this Agreement shall be English. If a Japanese translation hereof is made for reference, only the English original shall have an effect of a contract and such Japanese translation shall have no effect.

11   Counterparts

For the convenience of the parties, this Agreement may be executed in one or more counterparts, each of which shall be deemed an original, but all of which together shall constitute one and the same documents.

IN WITNESS WHEREOF, the parties have caused this Agreement executed by their duly authorized representatives as of the date first above written.

the Seller: ABC Corporation

By _____
Name:
Title: Chief Executive Officer and President

the Purchaser: XYZ Co., Ltd.

By _____
Name:

Title: Representative Director and President

Exhibit A: Products:

索　引

〔欧　文〕

accounting period	312
addendum	357
affirmative covenants	342
agency agreement	148
agent	128
a.k.a	40
alleged	13
allowances	250
alternate director	298
amendment	357
annual leave	249
application of payments	230
arbitration	53
arm's length	11
as is	10
at one's discretion	11
at will	241
battle of forms	4
board of directors	295
bona fide	14
call option	310
change of control 条項	338
character merchandising agreement	203
C.I.F. 契約	80
CISG	70
civil law	4
class stock	291,296
closing	349
commission or omission	11
common law	4
common stock	291
compensation	248
compensation committee	300
condition precedent	13,345
confidentiality	48
confidentiality agreement	27
consideration	1,4,41
consulting agreement	277
covenant not to compete	318
covenant 条項	342
cross default 条項	233,235
d/b/a	13
deed	4
disclaim	101
dissolution	321
distributor	128
distributorship agreement	127
drag-along right	308,309
due and payable	14
due diligence	330
employee invention	260,261
employment agreement	241
employment at will	241
employment for hire	207
entire agreement	61
equity	5
executive committee	299
express warranty	97
FCPA	157
fiduciary duty	22
fiduciary-out 条項	22
fitness for particular purpose	97
F.O.B. 契約	80
force majeure	11,43
Foreign Corrupt Practices Act	157
F.P.A. 条件	91
franchise agreement	208
fringe benefits	251
frustration	5
general meetings	294
good standing certificate	336
governing laws	50
guaranty	97,236
here-	15

hold harmless	104	notwithstanding	12
hold harmless 条項	194	null and void	15
implied warranty	97	OEM	114
improvement	189	otherwise	12
including, but not limited to	12	pari passu	14
indebtedness	225	parol evidence rule	5,61
indemnification	350	par-value share	291
indemnify	11	pass-through	288
indemnify, defend and hold harmless	106	patent assignment	201
indemnitees	106	per annum	14
in full force and effect	14	PL 保険	195
in lieu of	14	pre-emptive right	291
inter alia	14	premises	13
interest	226	prepayments	230
job description	244	prima facie	14
jointly and severally	13	privity	141
joint venture agreement	288	probation	244
jurisdiction	57	pro rata	14
latent defects	95	proviso	14
letter of intent	17,330	put option	310
LIBOR	227	quorum	293
license agreement	161	recitals	42
liquidated damages	13,22	remedy	62
loan agreement	223	repayment	226
LOI	17	representations & warranties	332
MAC 条項	337,345,348	right of first refusal	130,305
material adverse change	337,348	save and except	15
may	7	scope of work	277
memorandum of understanding	17,330	secretary	303
merchantability	97	sell-off rights	196
minimum contacts	105	service agreement	267
mirror image rule	4	setoff agreement	357
more or less clause	81	settlement agreement	359
most favored treatment	130	severability	63
MOU	17	severance allowance	254
mutatis mutandis	14	shall	6
NDA	27	shareholders agreement	287
negative covenants	342	sole agent	132
non-competition	285	sole distributor	132
non-disclosure agreement	27	sovereign immunity	66
non-par-value share	291	specific performance	6
non-solicitation	285	standard of services	271,279
notice	59	statute of fraud	4

statutory auditor	302
stock purchase agreement	329
survival	67
tag-along right	307, 308
termination	47
termination for cause	255
termination without just cause	254
there-	15
threated	13
TOB	330
to the best of one's knowledge	12
to the contrary	12
UCP	83
upon one's request	12
waiver	63
warranty	97
whereas 条項	41
will	7
without prejudice to	13
work for hire	260

〔和　文〕

あ　行

アクセス制限	32
アサイン・バック	188
安全基準	121
イギリス贈賄防止法	157
意思主義	89
委託の範囲	277
一括売渡請求権	308
イニシャル・ロイヤルティ	175
インコタームズ	75, 78, 79
ウィーン売買条約	70
売渡権	310
営業秘密	28
英米法	4
エクイティ	5
エストッペル	63

か　行

海外腐敗行為防止法	157
会計帳簿の検査	179
会計年度	312
外国公務員贈賄	157
外国公務員贈賄防止条約	157
外国主権免除法	66
外国税額控除	179
外国仲裁判断の承認及び執行に関する条約	52
解散	321
解除	46
——に伴う補償	147
海上保険	91
解除制限	146
買取権	310
改良発明	187
額面株式	291
隠れた瑕疵	95
過失責任主義	73
株式譲渡契約	329
株式の譲渡制限	291, 304
過不足分の精算	81
株主総会	294
加盟金	215
仮採用	243
監査役	302
完全合意	61
元本返済	227
勧誘禁止	258, 285
期間	45
危険と所有権の移転	89
危険の移転時期	74
期限前弁済	230
技術支援	172
技術情報の提供	171
基本定款	290
機密保持	48
機密保持条項	198
キャスティング・ボート	299
キャラクター・マーチャンダイジング契約	203
救済方法	62
競業禁止	258, 285
競業禁止条項	318
競合品取扱いの禁止	169

鏡像原則	4
共同売付請求権	307
共同開発契約	218
共同研究開発のための役割分担	219
業務委託契約	267
禁反言の原則	63
グッドウィル	142
グッドウィルの保護	216
グラント・バック	188
グリーンフィールド投資	329
クロージング	349
クロス方式の準拠法選択	51
クロス方式の仲裁	54
経済スパイ法	28
形式主義	90
契約終了後の義務	145
契約終了後の措置	196
契約締結上の過失	24
契約適合性	73
検査義務	74
検査とクレーム	92
権利放棄	62
公開買付	330
口頭証拠排除法則	5,61
後文	68
衡平法	6
合弁契約	288
抗弁権の放棄	239
コール・オプション	310
国際裁判管轄	56
──の合意	56
国際司法共助	58
国際的消尽	168
国際物品売買契約に関する国連条約	70
国家主権免責放棄条項	66
個別契約	138
コミッション	155
コモン・ロー	5
雇用差別禁止法	242
コンサルティング契約	277

さ 行

サービス契約	267
サービスの基準	271,279
最恵条件	130,170
在庫品一掃の権利	196
最小限度の接点	105
最低購入数量	133
債務履行地	76
詐欺防止法	4
作為義務	342
差止命令	37
サンプル等の提出	185
下請け禁止	272
下請けの制限	124
自動更新条項	45
支配権変更条項	48
就業規則	252
修正契約書	355
従属法	323
重大な契約違反	74
種類株	291,296
純卸売販売額	164
準拠法	49
使用従属性	268
譲渡禁止	64
仕様の変更	119
商品適合性	97
情報交換と販売促進	135
情報の返還	35
職務専念義務	246
職務著作	207,260,282
職務内容	244
職務発明	260,262
職務発明等の準拠法	260
書式の戦い	4
諸手当	250
所得税に関する二重課税と脱税を防止するための租税条約	179
新株引受権	291
信認義務	22
信用状決済	83
信用状統一規則	83
随意契約	241
成果物の帰属	220
製作物供給契約	115

製造物責任	105
正当事由のある解雇	255
正当理由のない解雇	254
政府の許認可	165
絶対的強行法規	50
説明条項	41
設立準拠法主義	323
専属的管轄	56
前提条件	345
先買権	305,306
前文	40
専用実施権	168
相互保証	57
相殺合意書	357
総代理店	132
送達代理人	58
総務部長	303
属人法	323
属地主義の原則	162,200
租税条約	178
損害賠償の予定	21,36
存続条項	67

た 行

第一拒否権	130,305
タイトルセブン	242
タイムチャージによる報酬	281
大陸法	4
代理店	128
代理店の役務	153
代理店の役割	153
代理店保護法	147
代理取締役	298
タグ・アロン・ライツ	307
遅延利息	229
知的財産の保護	109
仲裁	51
仲裁適格性	53
仲裁法	53
懲戒処分	256
調停の条項	55
通常実施権	168
通知	58

定期売買	87
定足数	293
締約代理商	128
適時開示義務	23
撤退条項	322
デッドロック	299
デラウェア州法人	290
統一機密保持法	256
当事者関係	64,141
当然対抗制度	202
独占的交渉権	21
独占的代理店	149
独占的販売店	130,131
独占的ライセンス	168
特定目的適合性	97
特定履行	6
特許譲渡契約	201
特許・商標表示	186
ドメスティック契約	1
ドラッグ・アロン・ライツ	307
取締役会	295
取締役会議事録	324

な 行

捺印証書	4
二次代理店	136,152
ニューヨーク条約	52
ノウハウ	165
ノックダウン方式	116

は 行

ハードシップ条項	44
パートナーシップ	288
媒介代理商	128
媒介代理店	150
買収監査	330
パリ条約	162
販売店	128
秘密保持義務	31
表題	40
費用の償還	249
表明及び保証	332
品質管理	181

不可抗力	43	民事裁判権免除法	66
複写制限	33	無額面株式	291
不作為義務	342	明示の保証	97
不正競争防止法	28	黙示の保証	97

や 行

不争条項	109,186
附属定款	290
普通株	291
物権準拠法	89
プット・オプション	310
船積み	86
フラストレーション	5,43
フランチャイズ契約	208
フランチャイズ・システム	209
フランチャイズ・パッケージ	215
フリンジベネフィット	251
分損不担保	91
分離可能性	63

約因	1,4,41
有給休暇	249
輸出入許可	113
予定購入数量	120

ら 行

ライセンス許諾	166
ライセンス契約の準拠法	200
ライセンスの撤回	170
ランニング・ロイヤルティ	175
リコール製品	140
リサイタル条項	42
離職手当	254
利息支払い	227
レポート・ライン	245
ロイヤルティ	174,215
ロイヤルティ計算報告書	177
労働能力喪失	253
ローン	225
ローン契約	223

並行輸入	181
ベルヌ条約	162
弁済充当	230
返品	120
貿易条件の解釈に関する国際規則	78
報酬	248
法人の内部関係	323
保証	97,191
補償	104,350
保証契約の準拠法	240
保証債務の付従性	237
保証状	236
保証条項	98
本拠地法主義	323

わ 行

和解契約書	359
ワッセナー協約	166

ま 行

ミニマム・ロイヤルティ	175

【著者紹介】

大塚　章男（おおつか　あきお）

専門　国際企業法・会社法
1984年　一橋大学法学部卒業
1986年　弁護士登録，以降渉外事務所に所属
1990年　法学修士　サザン・メソジスト大学
1991年　経営学修士　サザン・メソジスト大学
2001年　博士（法学）筑波大学
2004年　東海大学　法科大学院　教授
2005年　筑波大学　法科大学院　教授（現在）
2011年　大塚総合法律事務所　所長弁護士（現在）

主要著作

『事例で解く国際取引訴訟－国際取引法・国際私法・国際民事訴訟法の総合的アプローチ－』（日本評論社，2007年）（改訂中）

『ケースブック国際取引法』（青林書院，2004年）

「会社法と牴触法の交錯」国際取引法学会誌（2016年）

「国際的な知的財産権侵害における国際裁判管轄と準拠法の考察」筑波ロージャーナル18号1頁（2015年）

「コーポレート・ガバナンスの規範的検討－日本型モデルの機能的分析へ－」慶應法学28号31頁（2014年）

「国際的合併の法的考察」『融合する法律学（上）』（信山社，2006年）

英文契約書の理論と実務

2017年10月10日　第1版第1刷発行

著　者	大　塚　章　男	
発行者	山　本　　　継	
発行所	㈱中央経済社	
発売元	㈱中央経済グループパブリッシング	

〒101-0051　東京都千代田区神田神保町1-31-2
電話　03（3293）3371（編集代表）
　　　03（3293）3381（営業代表）
http://www.chuokeizai.co.jp/
印刷／昭和情報プロセス㈱
製本／誠　製　本　㈱

ⓒ 2017
Printed in Japan

＊頁の「欠落」や「順序違い」などがありましたらお取り替えいたしますので発売元までご送付ください。（送料小社負担）

ISBN978-4-502-23601-3　C3032

JCOPY〈出版者著作権管理機構委託出版物〉本書を無断で複写複製（コピー）することは，著作権法上の例外を除き，禁じられています。本書をコピーされる場合は事前に出版者著作権管理機構（JCOPY）の許諾を受けてください。
JCOPY〈http://www.jcopy.or.jp　eメール：info@jcopy.or.jp　電話：03-3513-6969〉

◆好評書籍のご案内◆

国際法務の技法

既存の法律書籍と一線を画す内容でセンセーションを巻き起こした『法務の技法』(2014年刊)の第2弾がついに刊行！ 長年前線で活躍する著者の経験に基づく，現場で使えるノウハウや小技（こわざ）が満載。

組織力・経営力・防衛力・行動力・コミュニケーション力・英語力に分け，国際法務遂行の考え方とテクニックを余すところなく伝授。著者三名が各々の知見を縦横に語る座談会も特別収録。

A5版 240頁
ISBN 978-4-502-19251-7

芦原　一郎
名取　勝也 ［著］
松下　正

本書の内容

第1章　組織力アップ…コンプライアンス, Report (ing) Lineほか全8項目
第2章　経営力アップ…リスクへの関わり, 海外の法律事務所ほか全8項目
第3章　防衛力アップ…賄賂対策, 沈黙は危険なりほか全5項目
第4章　行動力アップ…根回し, 外国人の説得, 謝罪文ほか全6項目
第5章　コミュニケーション力アップ…雑談力, 中国人との仕事ほか全8項目
第6章　英語力アップ…HearingよりもSpeaking, テンションほか全10項目
座談会■6つの視点で技法"を使いこなし, 国際法務の世界をサバイバル